启微

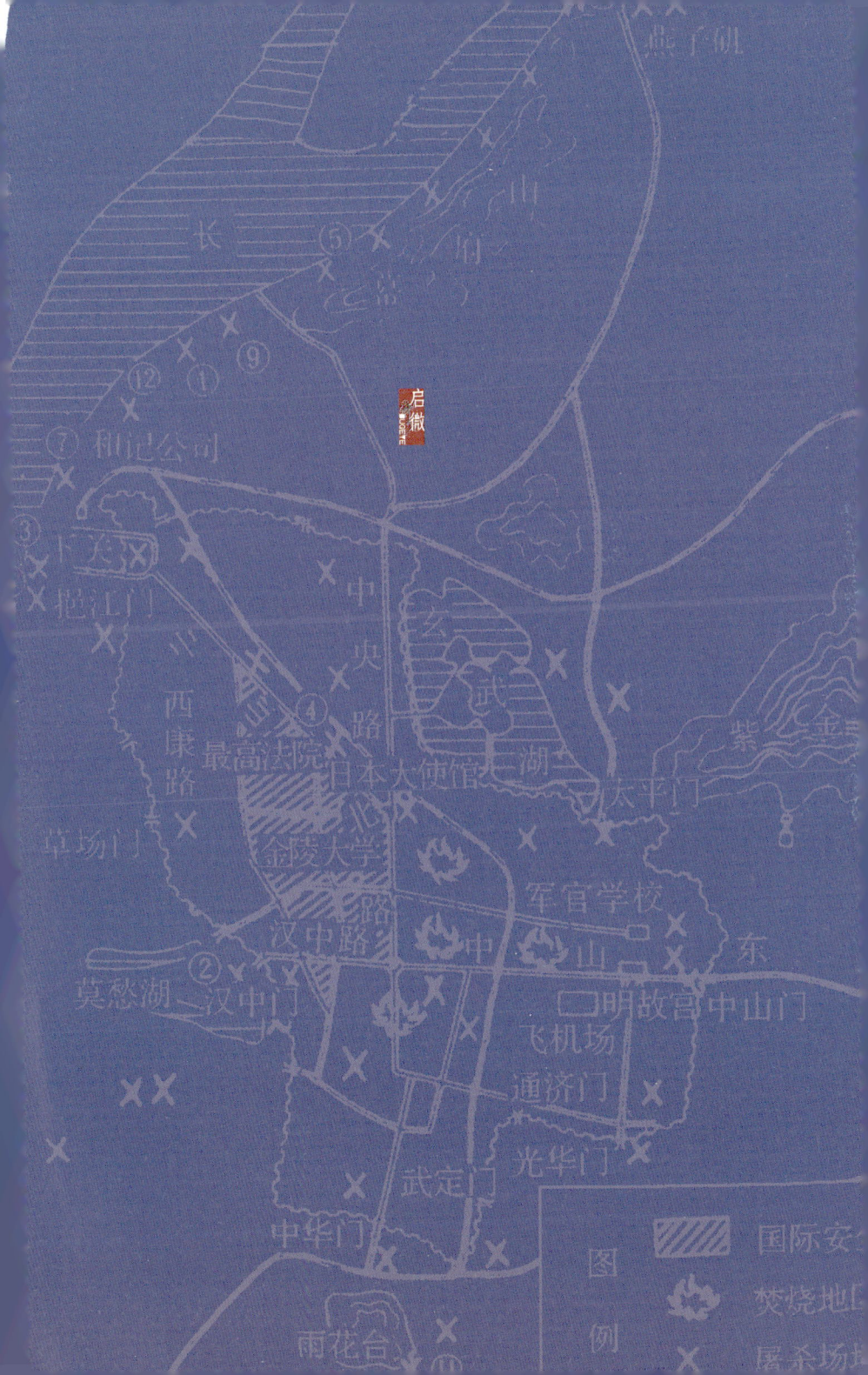

Nankin Daigyakusatsu wo Kirokushita Kôgun Heishi-tachi
edited by Kenji Ono, Akira Fujiwara, Katsuichi Honda
Copyright © 1996 by Kenji Ono, Akira Fujiwara, Katsuichi Honda
First published in Japan in 1996 by Otsuki Shoten Co., Ltd., Tokyo
Simplified Chinese translation rights arranged with Otsuki Shoten Co., Ltd.
trough Japan Foreign-Rights Centre/ Bardon-Chinese Media Agency

南京大屠杀
日军士兵战地日记

南 京 大 虐 殺
を記録した皇軍兵士たち
第十三師団山田支隊兵士の陣中日記

[日] 小野贤二　藤原彰　本多胜一　编

刘　峰　译

社会科学文献出版社
SOCIAL SCIENCES ACADEMIC PRESS (CHINA)

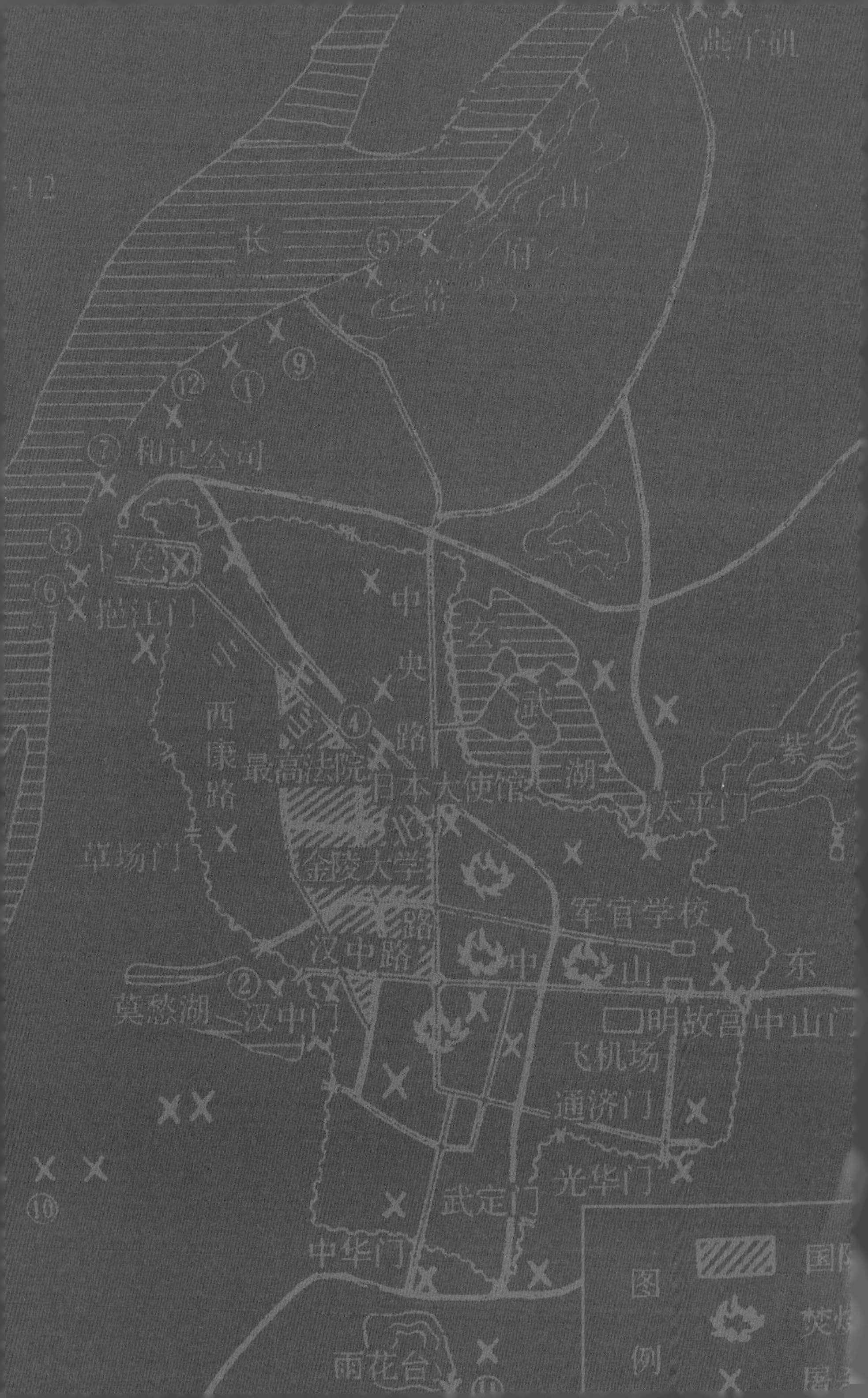

长
幕
府
山
和记公司
下关
挹江门
中
央
路
西
康
路
最高法院
日本大使馆
玄
武
湖
太平门
草场门
金陵大学
汉中路
军官学校
中
山
东
莫愁湖
汉中门
明故宫
中山门
飞机场
通济门
光华门
武定门
中华门
雨花台
图
例

目 录

序　本多胜一 / 1
解说　藤原彰 / 5
注解　藤原彰 / 16

1　斋藤次郎战地日记 / 24
2　堀越文男战地日记 / 98
3　远藤重太郎战地日记 / 140
4　伊藤喜八战地日记 / 152
5　中野政夫战地日记 / 174
6　宫本省吾战地日记 / 187
7　杉内俊雄战地日记 / 214
8　柳沼和也战地日记 / 233
9　新妻富雄战地日记 / 268
10　大寺隆战地日记 / 275
11　远藤高明战地日记 / 313
12　本间正胜战地日记 / 344
13　天野三郎的军事邮件 / 366
14　大内利己战地日记 / 384
15　高桥光夫战地日记 / 414

16　菅野嘉雄战地日记／436
17　近藤荣四郎战地日记／457
18　黑须忠信战地日记／490
19　目黑福治战地日记／522

后记　小野贤二／545
译后记／553

序

初识小野贤二先生是在七年前的1989年12月。当时我正在历史学家洞富雄先生家中做客。洞先生从很早便开始关注并研究南京大屠杀问题了,且作为南京事件调查研究会(由中日两国近现代史研究者和媒体工作者组成的团体)的代表在开会时经常与我见面。正是他把小野先生介绍给了我。小野先生此前一直在福岛县广泛搜集与南京大屠杀相关的日军士兵战地日记。

在结识小野先生并阅读了其辛苦收集而来的数篇日记后,我开始意识到这将是一项极为重大的工作。围绕日本现代史的国际性大事件展开如此重要的收集工作本身就是鲜有先例的。更何况这是一位非专业学者、非媒体工作者的普通公司职员(其本人自称"劳动者")利用数年的假期四处调查所取得的成果。当然,由"门外汉"所完成的壮举还包括日本首次发现的旧石器、恐龙化石等,实际上并非仅此一例。但小野先生的工作有所不同,其成果并非偶然所得,完全来自其专注而热情的努力与周密的调查活动。不得不说,这是让人倍感惊讶的。

日本战败后盟国组织的远东国际军事法庭审判(东京审判)让普通日本民众明确知晓了南京大屠杀的存在。当时亦有中方的人证出庭指证并留下了记录，但日本方面对此存在着"此乃战胜国单方面之判决"的反驳，也有人认为其证词太过简略，无法与这一重大事件相称而难以让日本人充分认识。尽管如此，正如前面所提到的那样，洞富雄先生从很早就关注了该问题并调查了国内外的各类资料，目前正在编写东京审判的相关记录。①

洞富雄先生的研究大多以文献为基础，而我作为媒体工作者主要参与了现场调查，并将1971年的调查取材发表在《中国之旅》上，将1983年的取材以《通往南京之路》为题发表在了《朝日新闻》《朝日杂志》上。进而又在1984年参加了以藤原彰先生为团长的南京事件调查研究会组织的现场调查团。

虽然那场以采访中国幸存者为主要任务的调查活动具有决定性的意义并取得了重要成果，但想方设法要让南京大屠杀事件"虚幻化"并予以彻底否定的势力一直在极力强调这些成果乃是"中方的捏造"。尤其是文艺春秋出版社，在其出版的杂志与书籍中长期声援否定派的言论，甚至还曾在报纸或电车的海报上用巨幅活字广告否定南京大屠杀的存在。这导致不少不是右翼的人也开始觉得真伪难辨、无所适从了。

向否定派发起反击的最有效办法，自然是找出参与屠杀的日军士兵当事人，抑或是发掘战地日记等一手资料。若能拿出日方的证人或证据，那么否定派将无计可施。包括我本人在内的一些媒体工作者、和平运动爱好者曾参与过此项工作，尤其是在京都周边取得

---

① 洞富雄編『日中戦争南京大残虐事件資料集』青木書店、1985。

了大量成果。① 而在南京大屠杀广大区域内的大小各种现场中，针对最大规模事件展开彻底且决定性证据收集工作的便是来自福岛县磐城市的小野贤二先生。

由此，以《文艺春秋》杂志为主要阵地的反对派遭到了完全的挫败，其所谓的"南京大屠杀争论"就此告结。在进行了四年时间的调查后，小野先生的工作终于在1990年9月19日被《朝日新闻》夕刊以《死者人数为14777人吗：南京大屠杀、长江之滨的最大规模事件》为名报道，进而又被收录进了名为《南京大屠杀之研究》的书中。② 关于"最大规模事件"，其情况可概括如下："关押在南京市北郊幕府山的一万五千余名中国俘虏，于12月16日、17日分两天在长江边被杀害。这场屠杀极有可能是在两个地点，至少分成三批实施的。即16日在中国海军的鱼雷营，17日除鱼雷营之外又在其下游两三公里处的大湾子附近实施，后者占据了多数。他们遭到了机枪的反复扫射，然后又被泼上汽油焚烧。光将尸体冲进长江就花了18日、19日两天工夫。"

本书所收录的战地日记，正是由制造这一人间惨剧的日军士兵所写，包含屠杀当天内容的记录，大部分均系小野先生发掘所得。同时还包括了其他日军士兵家属看到《朝日新闻》的报道后，声称"我家也有"并进而提供给我的内容。可以说，每一篇战地日记的背后都有小野先生辛勤调查的故事，但因本书终究是资料集，

---

① 京都周边的相关文献包括井口和起・木坂順一郎・下里正樹編『南京事件京都師団関係資料集』青木書店、1989；下里正樹『隠された聯隊史』、平和のための京都の戦争展実行委員会、1987。
② 洞富雄・藤原彰・本多勝一編『南京大虐殺の研究』晩声社、1992。

只得将此割爱，期望日后能有机会予以公开。

出版本书还有一个目的，即期盼看过本书的原日军士兵家属能够进一步提供相关的战地日记，抑或是出现更多有志于从事搜集工作的人士。毋庸置疑，尚健在的日军老兵（匿名亦可）本人若能提供口述的话，势必也将成为极宝贵的历史证词。

本多胜一
1996年1月21日于山形市

解　说

藤原彰

第十三师团与山田支队

本书所收录的是，在占领南京后对俘虏实施批量屠杀的日军第十三师团山田支队基层军官和士兵的日记。1937年12月11日，迫近南京的日本"上海派遣军"向第十三师团下达了"编组一个支队以切断中国军队自南京向东撤退之后路"的命令。由此，山田支队得以组建。其核心部队是步兵第一〇三旅团长山田栴二少将率领的三个步兵大队和一个山炮兵大队。其中的步兵是在日本会津若松①组建的步兵第六十五联队，山炮兵则是在越后高田②组建的山炮兵第十九联队第三大队。本书所收日记的作者均隶属上述部队。

第十三师团在中日战争全面打响后于1937年9月9日接到了动员令，系日军新组建的特设师团。所谓的特设师团，即与平时作为常备兵力存在的常设师团相对，在其动员计划以外为了配合战争目的又另行设置的师团。常设师团在被动员后，会在其

---

① 位于日本福岛县。——译者注
② 位于日本新潟县。——译者注

本身的现役士兵之外再征召预备役士兵以实现战时的齐装满员，即从"平时编制"转向"战时编制"，将人数扩大至原来的两倍半。与此不同，特设师团则是进一步征召了后备役士兵并以此为主干编制起来的新师团（关于日军的兵役问题参见后述）。因而，特设师团实际上等同于日俄战争时期的"后备师团"，其大部分士兵均系退役了5～15年的30多岁的后备兵。

当时之所以要动员这些特设师团，是因为中国军队的抵抗十分顽强，已出征的日军在上海陷入了预料之外的苦战。中日战争全面爆发后，日本政府和军部都曾乐观地认为让中国屈服是易如反掌的事情。但现实战局的发展并非如他们想象般顺利，所以不得不逐渐追加部队前往中国战场。同时亦因为防备对苏战争的需要，他们期望尽可能减少对常设师团的使用，故在调动驻扎伪满的第二师团之前率先动员了作为其后备部队的特设第十三师团。

在日俄战争期间的1905年3月，日军曾初次组建了第十三师团并将其司令部设在日本高田。但到了1925年，由于"宇垣裁军"政策的影响，该师团被裁除并撤销了番号。所以此时新组建的第十三师团实际上是对以往番号的恢复。具体来说，在那场裁军中，原本驻屯在若松的第二师团步兵第六十五联队被撤销了，取而代之的是仙台来的步兵第二十九联队；被裁除的第十三师团野炮兵第十九联队（驻屯高田），则被仙台的独立山炮兵第一联队所代替。所以在接到特设师团动员令之后，该师团用步兵第二十九联队的后备部队组建了新的步兵联队，恢复了步兵第六十五联队的番号；用独立山炮兵第一联队的后备部队组建了新的山炮兵联队，恢复了野炮兵第十九联队的番号，并将其命名为山炮兵第十九联队。

第十三师团在9月11日接到开往上海的命令后很快完成了动员工作，先乘火车前往日本关西地区，接着于27日在海军舰船的护卫下从神户、大阪两地搭乘运输船远渡上海。10月1日，该部队在吴淞与上海城区之间的地带完成了登陆，遂正式纳入"上海派遣军"的管辖指挥之下。

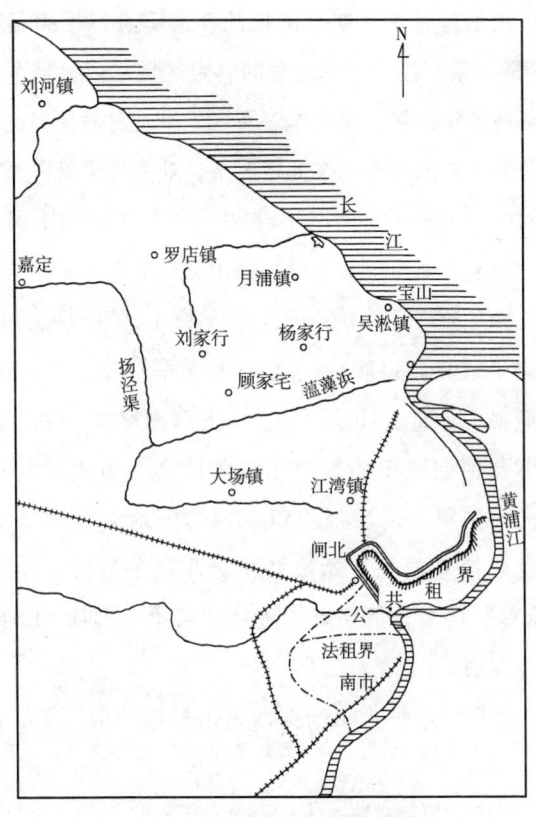

图0-1　上海及周边重要地点

此时的"上海派遣军"正在进行苦战。大致经过为：华北战线不断扩大时，上海的日本海军陆战队①于1937年8月与中国军队交火，当时的近卫文麿内阁做出了派遣陆军部队增援上海的决定并在此后的8月15日发表了政府声明，宣称要"惩罚暴戾的支那军队"，结果日军在松井石根司令官指挥下将第三师团、第十一师团组建成了"上海派遣军"并向上海发起了攻击。不过此地的中国军队利用牢固的阵地，在坚定的抗战斗志下进行了顽强抵抗，把"上海派遣军"限制在了上海北面的有限区域之内，日军不断出现死伤者且弹药即将告罄。而日本海军与天皇也对战局担忧不已，要求陆军方面继续增派兵力。在此情况下，陆军中央只得否决作战部长石原莞尔的"战争不扩大论"，自9月上旬开始向中国大陆增派第九师团、第十三师团、第一〇一师团和台湾守备队。

第十三师团在10月中旬正式投入战斗，对刘家行杨泾的中方阵地发起了进攻，以呼应"上海派遣军"主力部队对大场镇的攻击，但损失惨重。10月下旬，"上海派遣军"主力攻占大场镇并渡过苏州河向南挺进，第十三师团转为负责对其右翼的保护，奉命向西进军，进攻刘河镇以西的阵地。11月5日，日本第十军自杭州湾登陆并开始威胁中国军队的后方，才直接促使"上海派遣军"的总体战局有了进展，第十三师团11月14日最终攻占了刘河镇。

此后"上海派遣军"不断向西追击撤退的中国军队，第十三

---

① 全称"上海海军特别陆战队"，简称"上陆"，创设于1927年8月20日。——译者注

解 说

师团11月19日先后突破了萧家桥、谢家桥附近的中方阵地,沿着长江南岸展开追击并于11月28日、12月2日占领了青阳镇和长江边的江阴要塞。进而又继续沿着江阴、常州、镇江的路线往南京方向挺进,师团主力于12月13日自镇江横渡至长江北岸,在滁县附近切断了津浦铁路。在渡江之前的11月11日,他们还编组了山田支队留守长江南岸。

山田支队在此后被划归"上海派遣军"司令部直辖,奉命推进至右翼,在第十六师团的右后方负责切断中国军队朝南京东面撤退的路线。该支队12月12日自镇江出发之后迅速沿着长江沿岸,先后于13日、14日占领了乌龙山炮台、幕府山炮台,抓获了约1.5万名中方俘虏。

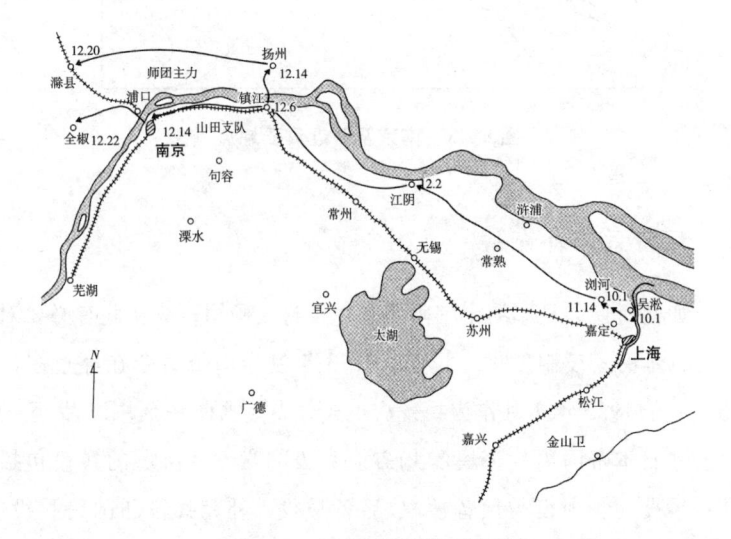

图 0-2 第十三师团行动概要

说明:图中数字为日期。

9

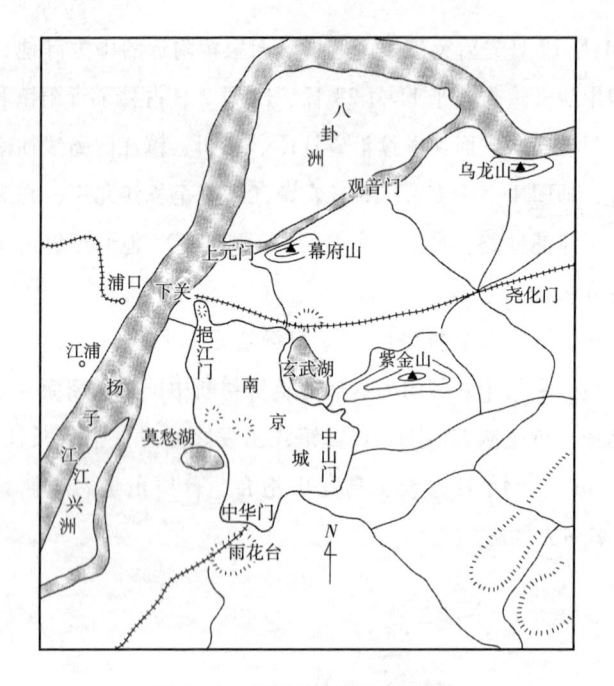

图 0-3　南京及附近重要地点

后备兵与补充兵

如前所述，日军第十三师团是一个特设师团，故在此有必要对当时日本的兵役制度做一说明。1873年制定的征兵令在经过多次修订后于1927年4月作为兵役法正式公布。据此法令，17岁至40岁的"日本帝国男性臣民"均有服兵役的义务。所谓的兵役包括常备兵役（含现役与预备役）、后备兵役、补充兵役和国民兵役。可总结为图0-4。即可认为，从17岁到40岁的日本男性只要没有得到免除许可，都将被纳入某种形式的兵役中去。

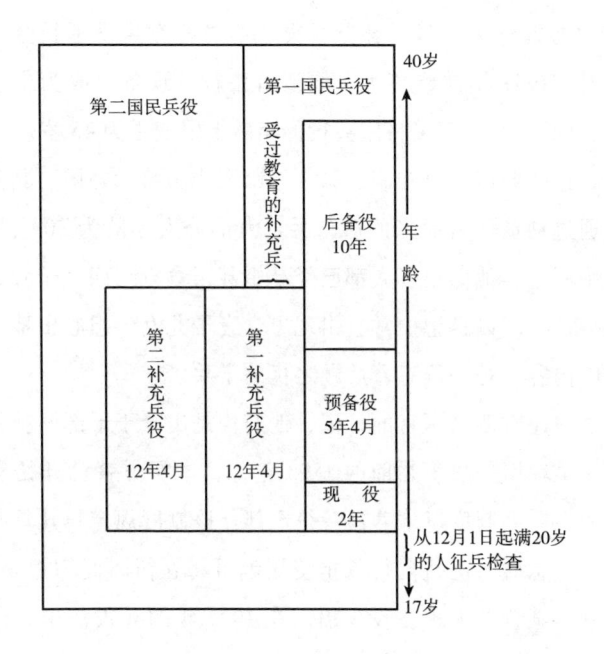

```
                    40岁
┌─────────────┬──────────┐
│             │第一国民兵役│
│  第二国民兵役 ├──┬───────┤
│             │受 │       │
│             │过 │       │
│             │教 │后备役  │
│             │育 │10年    │
│             │的 │       │
│             │补 │       │
│             │充 │       │
│             │兵 │       │
├──────┬──────┼──┴───────┤
│      │      │           │
│第二  │第一  │预备役     │
│补    │补    │5年4月     │
│充    │充    │           │
│兵    │兵    │           │
│役    │役    ├───────────┤
│      │      │现 役       │
│12年4月│12年4月│2年       │
└──────┴──────┴───────────┘
                17岁
```

年龄 ↑

从12月1日起满20岁的人征兵检查

图 0-4 日本兵役制度

日本兵役法规定，在上年度 12 月 1 日至本年度 11 月 30 日年满 20 岁的所有"日本帝国男性臣民"都应于秋季接受征兵检查，依据其体格与健康状况划分为甲种、乙种、丙种（合格）、丁种（不合格）、在次年需要接受复查的戊种，以及免除兵役共六个种类。进而将甲种、乙种、丙种分别编入现役、第一补充兵役、第二补充兵役。被编入现役的人员，在服役两年之后还需要经历五年零四个月的预备役和十年的后备役。海军方面则是现役三年、预备役四年、后备役五年，同时在一年时间的第一补充兵役结束后还会有十一年的第二补充兵役。这个兵役法，在中日战争扩大之后的

11

1939年又被修订为：第一补充兵役、第二补充兵役延长至十七年零四个月；1941年被修订为：取消后备役，预备役改为十五年零四个月；到了1943年又将服兵役的年龄上限变更为45岁。

通过这一制度可以知晓，第十三师团作为特设师团，其兵员主体应是通过动员征召而来的后备兵，大部分人年龄为30余岁。正如日记中所述，他们很多人都已经结婚甚至育有三四个子女，是家里的顶梁柱。所以日记中常会出现思念妻子儿女、担心田地庄稼无人收割的内容，是一群有着后顾之忧的士兵。

本书中还有四名军官的日记，他们均是出身于干部候补生的预备军官。早在甲午战争之前的1893年，日本军方就已开始实施一年时间的志愿兵制度以培养预备役干部。该制度规定：凡具有初中以上学历，志愿入伍并自行承担费用者可将在伍时间缩短至一年，并可通过考试晋升为预备役少尉。在1927年的兵役法中，这些人员被改称为干部候补生，在晋升资格中又追加了学校训练合格的条件。到了1933年，费用自筹的制度被完全废除，出现了新的区分：培养军官的甲类和培养下士官的乙类。进而在1938年，缩短在伍年限的规定也被废除了。故可以说，在此时期他们虽然是拥有高学历的特殊阶层，但却都只有一年的入伍经验，故作为军队干部来说军事知识是十分匮乏的。

此外，所谓的补充兵可以区分为：①虽然符合现役兵标准却因为人员超编而暂未编入的第一补充兵；②未被编入第一补充兵的第二补充兵。前者一般接受过120天以内的教育训练。在动员部队因战死或负伤而减员时，就有了补充的必要。所以留守部队的预备役、后备役干部或士兵就会征召这些补充兵来进行教育，然后实现军队的补充。他们在得到一定程度的集中训练后将接受带兵者的引领，开赴前线。以步兵第六十五联队为例，由于在上海出现了严重的兵员消耗，自动员令发布至11月共进行过四次补充征召。其中第三次补充的部队在总攻南京之前抵达，第四次补充的部队则在屠杀俘虏期间的12月18日到达前线。

当时日军在上海的兵员损耗过于巨大，许多部队都需要大量补充，所以这些补充兵员就被源源不断地从日本送往上海。此后随着战线向南京方向推移，补充兵员的大军便逐渐在中国江南的广泛地区铺开以追赶其所属部队。他们并非正规编制的部队，不过是由先入伍的带兵者率领，因此时常军纪紊乱。再加上向南京方向的追击太过仓促，后勤补给几乎未能跟上，也没有形成稳定的补给线路。所以这些补充兵便开始在行军过程中自行筹措口粮，掠夺、暴行、强奸等罪行泛滥。此类情况在不少日记中都是可以找到记录的。

日记记载屠杀的意义

下面将对本书所录日记的历史性意义做一讨论。以往认为南京大屠杀系捏造或幻想的主张业已破产。但目前仍存在大屠杀否定论者（少数论者），他们认为遭到非法杀害的人数并不算多，因此中方与日方肯定论者的见解是完全错误的。其代表性论著便是日本防卫厅的《战史丛书·中国事变陆军作战（1）》以及偕行社的《南京战史》。①

---

① 防衛庁防衛研修所戦史室編『戦史叢書・支那事変陸軍作戦1』朝雲新聞社、1975；南京戦史編集委員会編纂『南京戦史』偕行社、1989。

南京大屠杀

这种少数论否定南京大屠杀的根据之一,便是对于山田支队杀害俘虏事实的判定。据《战史丛书》所述,山田支队在15日俘虏了一万四千多人后曾释放过其中的一部分非战斗人员,留下关押了约八千余人,但是在当天夜间又有一半逃走。他们在17日晚上为了释放剩余的俘虏曾来到长江岸边,却因俘虏突然袭击警卫兵而只得开枪射击。在这场射击中约有一千名俘虏丧生,其他人都逃得不见踪影。而《南京战史》则认为,资料与证词的可信度是存疑的,若推测其实际人数可得出如下结论:当时山田支队的俘虏人数为六千人,其中三千人逃走、三千人被处决。这两部论著都认为大部分俘虏被释放或逃亡了,剩余的俘虏是出于自卫而被日军射杀或处决的。

本书所收录的日记,正是否定这一"释放论""自卫论"的有力证据。无论是哪一篇日记,都没有关于释放俘虏或俘虏起义的任何记载,而是极为平淡地记录了一万数千乃至更多俘虏遭到有组织屠杀的事实。

《南京战史》认为"下级军官与下士官兵的日记倾向于记载当时的流言蜚语与主观臆测",故不可信。《战史丛书·中国事变陆军作战(1)》则因为主要使用高级指挥官或参谋的日记与证词,对下级军官和下士官兵的日记不屑一顾。但事实上,高级指挥官或参谋的日记中充斥着自我显示欲,在撰写时会揣摩他人的看法而炫耀自己,抑或是倾向于自我辩解;相反,下级人员的日记则不会意识到他人的目光,大多根据自己的记忆所写,是不经修饰的私人记录。若加以史料分析与认真校订,是可以作为史料使用的。

尤其像现在这样,把隶属同一部队很多人的日记集中起来进行参考将会展现出极高的史料价值。单篇日记或许还会存在记忆失实、先入为主的观念而欠缺准确性，但如果有了很多人的重复记述就能够实现相互的比照分析，若再辅以确凿的旁证，则能够进一步提升其参考价值。

若将这些日记综合起来进行判断则可看到：山田支队12月14日在幕府山附近俘虏了一万四千余人，15日又俘虏了数千人，16日接到上级命令在长江岸边射杀了其中的三分之一，并在17日、18日两天不断处决俘虏。18日、19日为了清除尸体甚至出动了兵力，这些都是确凿无疑的事实。俘虏并没有逃跑也没有起义，正如"远藤高明战地日记"所记，当时士兵自己收缴的粮食终究不可能提供给俘虏，所以才有了上级传来的"自行处理"的命令。这便成了有组织屠杀一万数千乃至更多俘虏的历史记录。毫无疑问，这无论从国际法还是从人道主义来说都是绝不允许的行为。把这些事实直率记录下来的日记，显然作为史料是颇具意义的。

此外，这些日记还不加修饰地记录了士兵的内心感受，也是很有价值的。正如"斋藤次郎战地日记"中所看到的那样，一个需要抚养四个孩子和怀孕妻子、始终牵挂家中田地的农民突然接到征召令而被拉进了战场。热爱家人并过着平凡生活的农民和市民立于侵略战争前线时内心所泛起的波澜均被记录在了日记之中。士兵最初看到战地的孩子便会联想起家中的子女，但此后在反复抓捕并屠杀俘虏的过程中又不知不觉地开始施暴，变得冰冷麻木、毫不踌躇。这无疑让人再次感受到，把善良民众转变成刽子手的侵略战争是多么可怕。

注　解

藤原彰

接下来将对书中出现的词汇、军队符号、略称等做一简要说明。

对词汇的说明

掩体　为防御炮弹攻击而在堑壕等处的上方铺上木材、石头、砂土等物所进行的遮盖。尤其在防御弹道角度较大的迫击炮炮弹时效果显著。

会报、动员会报　师团或联队为了向下属部队传达命令或通知必要事宜而定期召集受命者或相关人员的行为被称为会报。动员会报则指召集相关人员下达动员事务。

补给职员　分担中队指挥班的一项职责，负责粮秣、薪炭等补给的人员。此外还存在人事职员、兵器职员，以及负责战地日记等事务的书记等，一般由下士官担任（人事职员多为准士官）。

军旗中队、护旗班　在联队中，作为预备队由联队长管辖的中队被通称为军旗中队。一般而言，联队旗手举着军旗（联队旗）在五名护旗兵的保卫下立于联队长身边即可，故军旗中队未必一定

注 解

存在。护旗班即指隶属联队本部的班长率领护旗兵组成的班级单位。

系驾 让挽马（牵引车辆的马匹）牵引大炮或车辆。或可以理解为正在牵引的状态。

后备大队 指后备步兵大队。主要是为了后方警备而召集后备兵组建的队伍。在上海派遣军中作为直属后勤部队一共建立了十个后备步兵大队，即第六师团后备步兵第一、第二、第三、第四大队，第七师团后备步兵第五、第六大队，第十一师团后备步兵第一、第二、第三、第四大队。

叉枪 指将三支步枪搭成三角锥状。在行军途中临时休整时为了避免把枪放在地上而采取的措施。

山炮 为配合山地军事行动而使用的，能够在分拆之后让马匹驮载（置于马背）的大炮。当时很多山炮兵联队都配备有四一式山炮（明治41年即1908年制式）。该炮与野炮口径一致，为7.5厘米，但因弹道弯曲而射程较短，为五六百米。此外，山炮兵第十九联队所属的第十三师团是驮马编制师团，其辎重和行李均由驮马运输，故比挽马所需马匹更多，曾在动员时大量征调过马匹。

指挥班 在中队长以下除了设有三四个小队之外，还另有一个为了方便指挥运转而由直属人员组成的指挥班。他们在战时负责传达命令或互递情报；在平时则分担人事、武器、补给等事。

辎重 指为部队补充、运输必要的弹药与粮食，抑或是指承担该任务的队伍，师团的辎重兵联队负责此项任务。此外在广义上还包括师团的卫生队、病患收容队、病马场，以及联队和大队的大行李、小行李部队等。

充员召集、临时召集 充员召集是指在动员之际为了补充部队人员而征召在乡军人。动员计划规定第十三师团作为特设师团进行动员，故为了满足这一编制需要征召必要的人数，在第二师团的驻地管区内对在乡军人进行了充员召集。与此相对，临时召集是指已经动员的部队在需要补充人员的情况下对在乡军人展开的征召工作。即在动员令发布以后为补充人员所进行的征召。

酒保 在军队内贩卖嗜好品、饮食与日用品的商店。在联队中归酒保委员管理，由联队本部的主计人员经营。

战地日记 中队以上的部队每天所做的记录，即作为战史资料或将来的参考，对部队的遭遇与必要事项进行记载的日记。中队内由书记负责，联队与大队内由副官负责，军或师团司令部由各部或各课负责。

战斗详报、战斗要报 战斗详报是指在一系列战斗结束之后，由各级指挥官以文件形式提交的报告。其中将详细记载战斗开始前的情况、战斗的经过、战斗结束后的情况、敌我的兵力与损失等。将成为战史资料或将来改善编制、装备、战术的参考。而战斗要报则可被理解为速报，是各级指挥官在战斗结束之后或一天结束之后将应该记载在战斗详报中的概要、敌我损失、使用弹药与燃料的概数等内容以文件、电话或其他形式进行的上报。

大行李、小行李 在步兵大队以上的部队中负责运输必要货物的部队被称为行李。其中，运输战斗所需弹药和资材的部队被称为小行李，运输与战斗无直接关系的粮秣、资材的部队被称为大行李。他们分别隶属联队本部、大队本部。

驮马、驭兵　与牵引车辆的挽马相对，背负行李进行运输的马匹被称为驮马，而牵着驮马的士兵则是驭兵。包含山炮联队的驮马编制师团无论是师团辎重还是步兵联队行李都需要用马匹驮载，所以需要大量驮马和驭兵。其中驮马几乎全是动员时征调而来的地方马，驭兵则是征召来的属于补充兵役的辎重特务兵。

段列　炮兵部队的编制中负责弹药输送与补给的部队。联队、大队、中队的段列分别称为联队段列、大队段列和中队段列。

传骑　指负责传令的骑兵。上海的战斗属于阵地战，无法集中骑兵参加战斗，故存在将骑兵以传骑的形式分配给各步兵部队进行使用的情况。

动员　指日本陆军的编制从平时状态转为战时状态。与此相关的敕令被称为动员令。在每个年度还会为了动员而提前制订计划，这被称为年度动员计划。常设师团会通过动员征召预备役士兵，补充了人员与装备之后实现从平时编制向战时编制的转变；而特设师团则是以动员而来的士兵为基干所构建的新师团。动员令下达后，从动员开始到动员完毕的整个过程之中，人马和装备的补充都将根据动员计划来实施。

特务兵　指辎重特务兵，他们在辎重兵监督员的监督下负责驭者的任务，原本被称作"辎重输卒"。作为辎重与行李的要员在战时需求量极大，故曾用未受教育训练的补充兵来充当。

迫击炮　炮身短、口径大、结构简单的大炮。因为发射角度偏大，所以射程更短、威力更大。中国军队大多使用此炮，日军在上海曾因此遭受了巨大的打击。

兵站、兵站司令部、兵站医院 所谓兵站是指向军队补充必要物资的行为，又或者是负责补给任务的机关。他们在军队后方进行军需品的整备与运输、人马的补充与住宿、伤病人马的收容、向后方转移等各类兵站事务。兵站司令部是管理此类事务的兵站基地。兵站医院则是负责收容野战医院送回的伤病员并予以治疗的医院，受军队直接管辖。

编制、编成 军令（天皇下达的军事命令）所规定的军队制度性构造被称为编制，而制定这一编制的行为被称作编成。临时编组部队的行为也可谓之编成。在动员时临时集合部队的情况有时还被称为临时编成。

放列、战炮队 放列是与"段列"相应的概念，指炮兵队中直接操作大炮进行射击的部队或其阵地。战炮队亦同。

野战重炮 拥有比师团炮兵的野炮与山炮更大火炮的野战炮兵之总称。比如包括射程更长的10厘米或15厘米口径加农炮、弹道弯曲而威力更大的15厘米或24厘米榴弹炮等。因为上海的中方阵地颇为坚固，日军曾紧急动员过野战重炮兵第五旅团、第十旅团、独立野战重炮兵第十五联队前往支援。

野战医院、绷带所 野战医院是指在前线收容伤病员进行治疗的医院。在师团的管辖之下，通常会设立第一至第四野战医院。而绷带所则是在战斗中，前线与联队、大队本部之间所设立的机构，负责对负伤者进行紧急处理，然后将其送往野战医院。患者在野战医院接受治疗后，康复者将返回自己的部队，重症患者则将被送往后方的兵站医院。

注解

野炮 在野战中最为常见的大炮。除山炮师团以外，各个师团都会编组一支野炮兵联队。其主力为口径 7.5 厘米、最大射程 10700 米的改造三八式野炮（明治 38 年即 1905 年制式）。部分野炮兵联队还会配备口径 7.5 厘米、最大射程 14000 米的九〇式野炮（日本皇纪 2590 年即 1930 年制式）。某些联队中的一个大队还曾配备了口径 10.5 厘米、射程 10000 米的四年式 15 厘米榴弹炮（大正 4 年即 1915 年制式）。

蓝衣社 以黄埔军官学校出身者为中心，拥护并推动蒋介石领导的秘密结社。曾以上海为据点展开抗日运动、反共活动与恐怖行动，希望蒋介石在国民党与国民政府内部实现独裁。

留守部队与补充 常设师团出征前线或事变发生地时，在其国内原驻地留下来负责动员、补充、整备等必要事务的部队被称为留守部队。一般会被称作留守第某某师团司令部、步兵第某某联队留守队等。当时第十三师团、步兵第六十五联队的动员分别交由留守第二师团、步兵第二十九联队留守队来负责。这些留守部队为其进行了此后人员的补充征召、教育训练等工作，曾多次分批将补充人员送往前线。

军队符号

D　师团

♂　师团司令部

B　旅团

✡　旅团司令部

i　步兵（步兵联队）

♪　步兵联队本部

Ⅰ、Ⅱ　第一大队、第二大队

♪　步兵大队本部

BA　山炮兵（山炮兵联队）

✤　山炮兵联队本部

✵　山炮兵的放列

⛿　山炮兵的段列

MG　机关枪

LG♂　轻机关枪

R*i*A　联队炮（步兵炮）

*i*TL♂　步兵联队的通信班

M♁　小行李、弹药班

N♁　大行李

FL⊞　野战医院

⛨　绷带所

13D　第十三师团

103*i*B　步兵第一〇三旅团

65*i*　步兵第六十五联队

19BA　山炮兵第十九联队

Ⅰ/65*i*　步兵第六十五联队第一大队

Ⅲ/19BA　山炮兵第十九联队第三大队

4FL/13D　第十三师团第四野战医院

注　解

相关部队的正式称谓

日记中的名称	正式称谓（备考）
荻洲部队	第十三师团（师团长荻洲立兵中将）
后宫部队	第二十六师团（师团长后宫惇中将，华北方面军隶下的新建师团）
天谷支队	第十一师团步兵第十旅团长天谷直次郎少将指挥的步兵第十二联队为基干的支队
伊佐部队	步兵第七联队（联队长伊佐一男大佐，隶属第九师团），此外还有第十三师团野战医院的伊佐部队
两角部队	步兵第六十五联队（联队长两角业作大佐）
鸿台的重炮	野战重炮兵第十联队或独立野战重炮兵第十五联队（均在千叶县国府台编成）
五十八联队	步兵第五十八联队（新潟县高田的步兵第三十联队留守队编成的隶属第十三师团的步兵联队）
骑兵的十七大队	骑兵第十七大队（仙台的骑兵第二联队留守队所编成的第十三师团隶属部队）
重藤部队	重藤支队（台湾守备队司令重藤千秋少将指挥的台湾步兵第一、第二联队为基干的支队）
上海军	上海派遣军（司令官松井石根大将，12月2日以后司令官为朝香宫鸠彦王中将）

23

1　斋藤次郎战地日记

所属：步兵第六十五联队本部通信班小行李部队，编成

军阶：辎重特务兵（1938年1月晋升一等兵）

住址：福岛县

职业：农民

收集来源：家属提供

日记情况：长约11.5cm，宽约7.5cm，含"川崎汽船株式会社"字样的记事本。纵向书写。栏外的简略标题内记载着当天的特征，因较为繁杂，故除了重要事项以外予以省略。此外在某些字句上还标记了横线，因无特殊意义而省略。

昭和 12 年（1937）

9月10日　阴有小雨

上午九点后在××①处有马匹检查，故骑着马顺田边走去。稻田半黄，起伏的稻浪预示着丰年的到来。出门后传来了"补充兵征召令"，于上午十点十五分接到此令。妻子去后边找我，结果从××回来时正好在稻山小径上与其相遇。返回后即做好准备前去拜见×××。途中顺道去了××国治君处并尽速返回，进而又匆忙赶往××公所驻地。因通知13日上午十点正式补充入队，故与其会面并处理好事情后于十一点回到家并于凌晨两点就寝。此时孩子已入梦乡，连面也未能得见。上床后辗转反侧难以入眠。

9月11日　雨

本期望今日能有个好天气却遭遇可恶的降雨。打算在今晨把事情办妥，故在早餐前便出门了。结果因为雨天直到九点多才完成。本计划今日全家拍纪念照却因下雨而泡汤。返回后立即赶往×处，在妻子娘家却只有喝两杯茶的工夫。其余时间大多用来会友。此后又是××、××、××，从早上开始便毫无闲暇地去了八十多家，腿都走僵了。十一点到家。今晚也睡不安稳。信治夫妇从平赶来，分会的勇君、青年团的武雄君、振兴会的弘先生都来为我饯别。但因返回时间太迟未能与其碰面，实在有些失礼。×的松一君和绥实君赶来给我帮了忙。

---

① 日记原件有涂抹，以×代替，下同。——译者注

9月12日　大晴

昨日的阴雨至今日转晴，预示着我等出征士兵将有好运。早上向××处的守护神祈求了武运长久，返回后将昨日剩余的五六家走访完毕并尽快拍好了纪念照。国防妇女会的会员在晴朗的天气中盛装相送，让人由衷地高兴。上午十一点在人潮的万岁声中出门，对于这种迄今从未有过的欢送场面心存感激。在列车于十二点五十五分出发之际，对××说：要好好听话，要锻炼身体。××流着眼泪不停地点头。俗话说"男儿有泪不轻弹"，但想到这可能成为永别，耳边又响起了"强者也会落泪"的话。父子之间的感情是永不会变的。众目睽睽之下不得不吞下眼泪，在山呼海啸般的万岁声中启程。××则在二三十步开外的人群阵前为我摇旗呐喊。我口中默念着诸位保重，而列车则将依依不舍之情化为两道铁轨，转进了弯道。

9月13日　晴

从宿舍前往联队。体检合格，结果被分配至联队本部。傍晚，住宿地定为米代町751号米畑常亥先生家中。

9月17日　晴

与熊田要、久保木安夫、高木友一、稻坂虎之助诸君会面。难耐怀旧之情，抓紧时间畅谈旧事。马匹全系地方马，联队本部的乘马、驮马共三十九匹，整个联队共五百六十八匹。

9月20日　晴

会客日，父亲要来。上午十一点半左右前往正门，与父亲、妻子、×××会面约三十分钟，纵有满腹的话想说却终究未能说出口。当场决定带其去看旧城遗址，又前往东山温泉与××的小松武二君等人看了包间。此后回到米代町751号米畑常亥先生家中，向其留宿表示了感谢。九点未到，父亲等人便依依不舍地离去了，送出五六町①路。问了宪兵，得知时间紧迫最好不要送至车站便往回走。一位素未谋面的妇女说愿意代为送往车站，让人感激。今晚他们何时才能到家呢？家里人又在想些什么呢？

9月23日　晴

拍纪念照。看上去似乎快到启程的日子，故着手准备。启程日似乎是25日。承蒙米畑先生等人的关照往老家寄去了明信片。晚上，坂下会津农林学校的铃木宇志三君来访。

9月24日　晴

预计明日启程，故开始集中进行准备。相片洗出来后连同相机一道打包送了出去。午间休息时请假去把邮包交给了米畑先生。同时为了表示感谢买了五十钱点心送去。晚餐后换上军装于十二点出发。与驯马不同，新征马匹容易受惊故需特别留意。

9月25日　晴

凌晨两点开始装载马匹。由我、有田祐一君、×××君三人负责一台车。因规定早上七点自西若松发车经信越线开往大阪，向老家发去了信件汇报。途中一片万岁之声，自新津进入了海岸线。下午一点半至傍晚通过了波涛阵阵的海岸，从柏崎能够远眺歌中唱过的佐渡岛，也能从车窗看到一路的险景。在夜色中穿越海岸，三人

---

① 当时日本的1町约为109米。——译者注

在昏暗的灯光下嚼着奶糖迷迷糊糊地打着盹。

9月26日　小晴

昨夜十点左右通过金泽时，欢送场面颇为盛大。人们点燃篝火，手提灯笼，摇晃着国旗，不住地喊着万岁。不仅仅是站台，连铁路沿线的田边地头也全是欢送的人群，内心十分感激。位于日本海一侧的金泽或许因为天气冷得早，麦田都已经收割完毕，让人惊讶不已。今日从车窗瞥见了樱井车站，却在几乎没有停车的状态下于上午九点三十分前进到了大阪筑港附近。下车后将马留在赛马场，而后乘卡车于两点抵达了大阪市南区道顿堀北诘的三国屋旅馆总店休息。夜间泡澡洗去了一路的汗尘，饱览了道顿堀的夜景，花一元六十钱买了一件毛背心。

9月27日　阴有小雨

出门看了大阪城。古老而宏伟的建筑令人惊叹。登上天主台能俯瞰整个大阪市区。到底是工业城市，景色如雾。高耸的国旗被烟熏成了灰色，默默地化为一种象征。下午还去了趟千日前大街，返回时顺便拍了张名片大小的纪念照，看了繁野君照片。

9月28日　阴

与××的有我君、×××的大谷君等人一道出门，在东洋百货店买了些点心给家里的孩子寄去。返回途中，每人花十钱玩了打靶游戏。晚上，一边思念着家乡一边和繁野、有我、××三人在咖啡厅喝汽水。

9月29日　晴

清晨四点起床，做好出发准备后将马匹牵上汽船，于下午四点十五分启航。在夜幕中通过淡路岛附近，隐约望见其模糊的黑影。不时登上甲板享受清风。濑户内海的风光亦因昏暗的夜色而只能看见几处黑色的小岛。海浪平静，让人感觉似在榻榻米上安稳地前行。

9月30日　晴

濑户内海的早晨一片晴朗，远近不一的大小岛屿四处散落，宛如一幅锦绘。① 下午六点离开下关，与此前业已出发的三艘汽船会后一同前行。联队本部所搭乘的巴拿马丸在船头装备了一门野炮以备不时之需。想到离开下关即意味着离开日本本土，开始在暮色的临近之中泛起思乡之情。晚上只能听到发动机的噪声，船舱内则响起了解闷的歌声，在闷热的室内天南海北地闲聊。

10月1日　晴

无论望向哪里都是一片无垠的蓝色，碧水连着蓝天，蓝天伴着碧水。唯有三艘同行的船只跟在后面，负责护卫的驱逐舰忽前忽后地游弋。今天是传统的×××节日活动，家里有谁去参加了呢？傍晚，吃了些郡山市送来的慰问品安积豆②。

10月2日　晴

今日仍在漫无边际的大海中航行，走上甲板依然只见同行的运输船。傍晚后进入长江。听说接下来随时可能遭遇敌军的攻击，所以被告知禁止再登甲板。晚上七点左右基本抵达了目的地。八点左右遭遇空袭。探照灯四处照射着，水面上一片严重戒备之状，不少

---

① 即浮世绘。——译者注
② 在大豆外裹上黄豆粉后制成的零食，日本福岛郡山市特产。——译者注

军舰在周围保护我们。

10月3日 晴

凌晨三点醒了过来，上海方向出现了火情。思念家乡，祈求家里的各位平安无事。此后开始从上海偏北方向的海关登陆，听到了轰隆隆的枪炮声。船上的海军下士拾到了一个敌军的哑弹，结果在船舱发生了爆炸，导致七名士兵、四名水手当场毙命，负伤者十余人。船上的军官室被鲜血染成了红色。向不幸的死伤者表示哀悼后牵马下船。目睹了海关遭炮击后留下的惨状。眼前亦有全副武装的中国兵尸体，腐烂不堪，散发着刺鼻臭气。

傍晚抵达日本人经营的昌康纱厂宿营，洗去了一路的汗尘。此处乃上海北面日本租界内的杨树浦路，夜路上有蟋蟀鸣叫。

10月4日 小晴

今日原地滞留。以部队的名义在明信片上写下问候，以便告知故乡的各位平安抵达。能写九十七八张。

10月5日 晴

做出发准备。把中国的情况写在明信片上告知××、××、××、×××，连同昨天的一共寄出约一百张。晚上八点半启程，九点遭遇空袭。探照灯的光线四处飞舞，高射炮轰鸣。出发一段时间后暂时休整，又遭遇了第二次空袭。好在距离略远。但头顶上不断有炮弹的轰鸣声掠过，困倦的双眼被惊醒了。

10月6日 阴

遭遇行军中的第三次空袭。感谢神灵护佑，三次均未出现伤亡。因走了一整晚而腹中空空、头晕眼花，于九点抵达目的地。离出发地有八里①距离的杨行镇，一路都是破败不堪的景色，颇为悲惨。尸体的臭气逼着人背过脸去。在目的地附近有十余名俘虏被枪决。因水质极差出现了霍乱患者。队长下达了指示："四周危险，需多注意。"附近房屋被烧毁，浓烟冲天。晚上用帐篷露营。抱着家人的照片入眠。

10月7日　雨

深夜骤冷，醒了过来。把背心翻出来穿上。在遥远的中国土地上感激骨肉亲情。故乡的人们现在正做着怎样的梦呢？上午开始架设连接师团的通讯电线。与××的关根平司君相见，聊着故乡的事情以解烦闷。四周的大小枪声充耳不绝。下午两点在雨中返回。从上到下都是湿漉漉的，待干透之后用背心取暖。地面上冒出的湿气让人心情不佳。晚上又响起了密集的枪炮声。雨下个不停，滴落在帐篷上。那些马真可怜，都被淋湿了。

10月8日　阴有小雨

今天仍是小雨。战地的雨真是讨厌。用上海带来的留声机消遣战地的无聊。晚上，前线遭遇了空袭。爆炸声轰鸣，无论哪里都一片漆黑。深夜连满是泥水的鞋子都没有脱，穿着衣服在寒冷中睁着眼。时钟已经指向了十一点。

10月9日　雨　星期六

今天还在下雨。大行李部队去取大米，是项艰巨的任务。今天家人们应该在忙着准备秋祭吧。金泽部队的运输工作真是值得同

---

① 当时日本的1里等于3924米。——译者注

情，腰部以下全都浸满了泥水。傍晚，大行李部队失去了联系，只有空马回来了。满身是泥，点火烤着。晚上雨势逐渐变小，传来了机枪和大炮的声音。今晚由我和有我祐一君两人负责马厩的值勤。

10月10日　雨　星期日

凌晨零点开始值勤马厩。停了的雨又下了起来。重炮的炮弹呼啸着从头顶划过后在前方远处爆炸。慢慢习惯了战地的环境，所以开始变得毫不在意。三点交班后就寝。清早的凉意打破了露营时的梦乡，用帐篷里的积水洗了把脸，遥拜故乡的××神社、二本松神社，祈求武运长久。冒雨做了体操。今日仍是待命状态，在滴着雨水的帐篷里闲聊。中午做饭时放了五六颗红豆，把水壶里的水当作敬神之酒、饭盒盖子当作神龛，营造出一种祭奠的氛围进行了遥祭。今天仍是一整天的降雨，道路变成了泥田。故乡的孩子们肯定陶醉在秋祭的气氛中吧。但出征者父母妻子的心情又当如何则可想而知。晚上传来大炮、步枪、机关枪的声音，不知道又是哪支部队正在发起猛烈攻击。雨仍未停歇，田边的沟渠已全是水。在枪炮轰鸣声中与神尾求君等人练习仙台的民谣《阵雨》。在战地也是有闲暇时光的。雨中露营。

10月11日　多云转晴　星期一

自接到动员令到昨日已满一个月。凌晨的枪炮声把人从梦中惊醒。昨晚发起进攻的部队实施了更为猛烈的攻击，大概是在宿营地南面一里地远的地方。今天为了协助大行李部队而被派往吴淞。途中道路泥泞，竟能达到没膝的程度。乘马出发，一路上横七竖八地躺着中国兵的尸体，臭气熏天逼人转过脸去。还有很多可怜的军马倒在路旁。吴淞的街道也被战火破坏得面目全非。中饭后装上粮食返回。大约在一小时后，太阳西沉，上弦月照向了凄凉的战地。久违的太阳把返程道路晒干了，感谢上天。返回驻地后承蒙有我君的厚意吃过晚饭，脱下满是泥水的鞋子和绑腿，面对着帐篷缝隙透过的月光就寝。晚上仍是炮声隆隆。

10月12日　小晴　星期二

今天从杨行镇三千米外的归家宅出发，前进至西南三里处的蔡宁宅。原本干燥的行军道路却因连日的降雨让士兵和马匹走得大汗淋漓。到达目的地后暂时休整。但我们第一有线班仍需要架设通往师团司令部的通信线路。由于马匹劳乏，与有线班的战友决定在司令部过夜。两三天前长出的肿块让人疼痛不已，在寒夜中睁着眼辗转反侧。

10月13日　晴　星期三

从战壕中爬出，沐浴朝阳。步枪流弹在四五间①处呼啸而过。今天友军的飞机在轰炸南面的敌军，能看到炮弹在三四千米远的地方倾泻而下。地面上则有野炮发射的炮弹，与飞机的轰炸之声隆隆呼应。有情报称敌军似在不断撤退。因炮兵阵地近在眼前，炮击声震动着大地。我现在身处第十三师团司令部所在地陈家宅，离蔡宁宅的联队本部南侧有两千五百米距离。傍晚以后，炮兵为了击退西面的敌军而开始实施猛烈的掩护炮击。随着夜幕的降临，炮击越发变得猛烈起来。可以看见炮弹爆炸后如同秋祭时点燃的烟花，壮观至极。同时还有机枪和步枪的声音，如同在铁皮屋檐下听到的雷雨

---

① 当时日本的1间等于1.818米。——译者注

声一般。为了打水饮马,前往二三十间距离的小河。有两枚步枪的流弹飞来。晚上八点左右在司令部前方的田圃中还落下了一发迫击炮炮弹。因昨夜睡眠不佳,今晚提前进入战壕就寝。里面能听到蟋蟀在无忧无虑地鸣叫。

10月14日 大晴 星期四

今日初秋晴朗,天空中无一点云彩。连续的隆隆炮声打破了清晨的寂静。在隆隆炮声中清洗了衬衫、袜子和绑腿等物。看了原籍双叶郡浪江町川添××先生的孩子寄来的书信,上面写着"请父亲精神抖擞地为国征战"。他和××都是七岁年龄,让人内心触动。中饭后开始动手给家里写信,里面放了在大阪时的照片,但不知何时才能寄出。写完之后便赶往一町远的野战重炮兵阵地观看射击。威力非常大,好像是千叶国府台的重炮。听说因为敌军阵地颇为坚固,昨天以来的炮击并未收到明显效果,司令部的参谋正在伤着脑筋。而且前线的一〇四联队毫无进展,在敌前二三十米处停滞了二十四小时,故接到上级指示:"今晚或许有大敌反攻,切实注意烟火。"可以说上海方面是互有攻防的。今晚仍在狭窄的战壕内听着秋虫的奏鸣入寝。见到了渡边长松君。

10月15日 晴 星期五

到了传统节日×××,和道山久君、×××而来的大塚太郎君等人尽情闲聊。中饭后因为无事,去了一趟野战邮局,给老家×××的信治父亲寄了封信。看了敌军的散兵壕,眼前浮现出了顽强抵抗我军的场景。敌兵的尸体四处都是,或是腐烂或是浮于河面。还有写着军马"高濑之墓"的墓碑。所见之处,房屋均布满弹痕,完全不成模样。正是因为敌军相当顽强之抵抗，战局不如预想般顺利。下午四点半，敌兵向我方气球①实施了射击。今天又目睹了太阳西沉于华中②平原的景象。烦恼了四五天的右手肿块在今天流出脓水，症状减轻了一些。在战壕里点着蜡烛给×写明信片。真不知道我这胳膊是怎么熬过来的。

10月16日　晴天有风　星期六

昨天因肿块的脓水排了出来，晚上睡得不错。但夜间有敌军的子弹射来是非常危险的。后方还曾有一发迫击炮弹打来，发生了爆炸。附近堆满了弹药箱，所幸没有发生事故。今晨看到了俘虏一中国兵的场景，在翻译面前双手合十地说着什么，或许是在乞求饶命。完全是一副中国兵的表情。那匹马前几日在恶劣道路上行军出现的疲劳至今日基本恢复，故将其牵出送到后方田地里吃草，沐浴秋天的阳光。不断有伤病员从前线被送回来。下午四点，六十五联队接到师团长的命令向三家村前线进发。我们通信班也开始做起出发准备来。首先赶往旅团司令部所在地待命，直到天明。仅披着一条毛毯在屋檐下躲避露水，故今晚是迄今为止最冷的一晚，哆哆嗦嗦地熬过了漫长的一夜。

10月17日　晴　星期日

寒冷刺骨的一晚终于结束。迎来了晴朗的秋日。今天是×××守护神的祭祀，老家也是这样的秋阳和煦吗？农家一定在忙着收割

---

① 日军当时用气球为炮兵射击提供观测。——译者注
② 日本当时大致将黄河流域称为华北，长江流域称为华中，珠江流域称为华南。——译者注

稻子吧？自八点启程，往联队本部搬送器材。因是在敌人炮火下的行动，所以枪弹不断飞来，非常危险。暂时休整的时候，敌弹变得更加猛烈起来。昨晚的受凉让人有了些感冒的症状，故稍做休息。但噼里啪啦的爆炸声又把人从梦中惊醒。爆炸的震动让屋顶的碎土七零八落地打在脸上。迫击炮炮弹亦在附近爆炸。继而又是第二发、第三发。通信班长下令："这样太危险了。把通信班的马都牵回旅团司令部去！此外，在三点以后会向敌方阵地发起攻击，届时枪弹会更加猛烈危险，所以务必要在三点之前返回。"于是我们立即着手准备，在子弹的呼啸声中赶往旅团司令部。返回的时候，班长的爱马已中弹死去，联队长的爱马也有两处负伤。旅团司令部也是枪林弹雨的。傍晚煮好饭，把海带卷供奉给了××的××神社、×的××神社，祈祷武运长久。今天和战友×××君见了面。晚上十点露营时被一声大叫惊醒："有敌来袭，武装出动！"在友军的枪炮声中，敌弹也嗖嗖地飞来。此处是大家桥，而联队本部则位于橹网湾。肚子有点不适。

10月18日　大晴　星期一

前天晚上的风寒导致下腹不适，或许肚子着凉了，但无大碍。今天秋高气爽，中午只穿一件衬衫也会感觉炎热。据称因昨日的攻击敌兵已大多撤退，但实际上似乎仅是其中一部分而已。友军的炮兵阵地又开始了猛烈射击。远远望去如飞机轰炸一般可怕。敌军则凭借着牢固的堑壕持续抵抗，使我军陷入相当之苦战，牺牲者迭出。来到中国后最感惊讶的乃是水质问题。地下水井没有一个是理想的，有些残缺的还被灌进了雨水。实在没有想到他们竟是一群不在乎肮脏的国民。下午一点左右又传来了密集的枪炮声。在昨夜的进攻中，我们两角部队攻陷了敌方阵地一角。第一〇四联队经过数日苦战未能取得进展的阵地，却被我等东北男儿一举攻破了。四点，接到了去蔡宁宅补充大行李的命令。金泽部队的负伤者被陆续送往后方。到达蔡宁宅后枪炮声已经稀少，战地的气氛淡薄了下来。晚上在我军炮弹所破坏的房屋里面对着天空的月光就寝。

10月19日　大晴　星期二

凌晨一点半忽然惊醒。前几日待命露营时受凉的腹部还有些疼痛。四周的枪声骤然停止后战场亦如同入睡了一般。几近满月的亮光照进了没有灯火的屋内。或许是因为敌人仍在试探射击，偶尔还能听到几声枪响。我军默默地筑好了堑壕，自拂晓开始行动，能够听到友军的枪炮声打破了清晨的沉寂。原本计划今天要去月浦镇，但由于昨天被马踏伤左脚，便休息了。腹部的情况也不好。衷心地向神灵祈祷，至少不要让我患上重病。此刻情绪不佳也意气消沉。意外发现了一颗我军子弹打穿柱子后嵌在上面，遂取下来留作纪念。华中地区的正午真是炎热，仿佛国内八月末柿子刚刚上色时的气候。很高兴看到了一份10月11日的《朝日新闻》，日本的报纸还真是难得。

10月20日　大晴　星期三

从昨夜至今晨起床如厕三次。昨天不适的腹部到今天更加难受了。或许是在归家宅时雨中露营导致的吧。往水壶里灌了热水用来暖暖肚子。今天基本处于绝食状态。在如厕时腹部阵痛。太田清八君帮我买来肠胃药服下，有我君等人则夜间行军前往月浦镇。我的那匹叫白玉的马，被×××君牵走了。因为来回走了八里路，想必人马都十分疲惫吧。

10月21日　大晴　星期四

去了月浦镇的战友于凌晨三点返回。白玉在返回时刚走了一里路就倒下了，束手无策只得将其丢下。虽然白玉得到的休养并不亚于其他马匹，但只去了两趟月浦镇就不行了，真是徒有其表。昨天以来腹部情况略有好转，但进食仍是极少，身体虚弱，走路费劲。真希望能快点好起来。心里不由得涌起思乡之情，要是在国内的话就好了。今天也是寂寞的一天。

10月22日　大晴　星期五

三家村的敌军阵地相当坚固，我军似乎陷入了苦战。上海军司令官发来了命令。今晨在上海方面、三家村方面都响起了激烈的枪炮声。腹部的疼痛仍未停止。上午九点前往就医。因为从前天开始基本没有进食，所以一路上晃晃悠悠的。或许今天会有所好转吧。出去干活的战友告诉休息了三四天的我：工兵部队挖了一个爆破坑，亲眼看到敌军的迫击炮弹当场炸死了三四个人，全是些战场上的话题。想听点其他方面的新事情也做不到。吃饭的时候没有副食，连味噌①也在昨天吃完了。但能够有晴朗的天气仍是让人庆幸的。老家应该在忙着耕耘麦田、收割水稻吧。家里的情况是怎样的呢？

10月23日　大晴　星期六

昨夜有空袭，巨大的爆炸声把人惊醒。想看看炸弹究竟落在何处，但不久便立即安静了下来。暂且起床如厕，此时为凌晨两点。

---

① 日本大酱，以黄豆为主要原料加入盐等佐料发酵而成。——译者注

能够听到前线部队的步枪子弹扑哧扑哧地穿过沉睡的战场。今天仍是风和日丽，早上看到一棵被子弹打断的无名小树，上面有日本那种小鸟在欢快地唱歌。被炸弹炸毁的房屋废墟里长着一棵金桂，似乎没有忘记这是秋天，散发着浓郁的芳香。我折了一枝放在枕边。这种说不出来的香气将我病中的忧郁一扫而光了。在枪炮的回响与飞机的爆炸声以外能够看到战场以外的新事物是让人无比欣慰的。今天也去看了病，估计情况已经好转。给老家写了封信，希望能把铂金怀炉、胃散药、薄荷软膏寄来。

10月24日　大晴

得益于连续的晴天，战场也呈现出活跃的态势。听闻久攻不下的三家村之敌终于被击退了，仙台第一〇四联队完成了占领。我们第六十五联队似乎也在激烈的苦战中出现了不少死伤者。我所在的通信班好像也有两人牺牲。××的石井荣君在昨天的战斗中死去了。久来石的×××君也说，有三四个朋友负了伤。今天似乎身体状况有所好转。晚上虽有空袭，但并没有投下炸弹，飞机在我军地面部队的攻击下飞走了。

10月25日　大晴

密集的枪炮声如今已经完全听惯了，宛如一种音乐。今天也有四五个人去看病。在诊所后面的酒保里贩卖着汽水和方糖，花了一个小时的时间终于买到了一瓶汽水（十五钱）、一袋方糖（十五钱）、一盒森永奶糖（四钱）。嘴里很久没有尝到甜味了，所以吃过之后的喜悦如同三四岁的孩子。给有我君分了十个。前往本部的佐藤忠惠君给我带来了朝思暮想的国内寄来的第一封信，是铃木留四君寄给我的,说是收到了我介绍登陆情况的明信片。一直在惦记着上海寄出的明信片是否已经送到,现在看来,我给家乡各位送去的问候已经到了。信上还写着:荣兄还在汽车学校接受训练,如果有什么需要的东西请尽管开口等。在遥远的异乡向其恩情表示感谢,双眼充满了感激的泪水。第六十五联队攻击的敌兵尚未撤退,但其他的大部分敌人已被击溃,故枪声逐渐消逝,今夜尤为安宁。

10月26日　晴转多云

今日又赴诊所。喝了昨天剩下的汽水。因为味道很好,所以非常珍惜地把一瓶分作两天,像喝药一样一点点地喝。又响起了猛烈的炮声。中饭喝了韭菜汤。身体的状态应是逐渐恢复了过来。给留四君写了封回信。

10月27日　大晴

今天仍是风和日丽。上午九点前往诊所。傍晚,南面的天空泛起了红灰色,得知是因为大场镇在我军攻击之下发生了大火所致。看着隆隆升起的烟尘,能够想象到火势之大。今天从×那里收到了义兄和松一君寄来的书信。是16日寄出的,告诉我金吉在十五日被征召入伍,进了若松的部队。看来老家有不少人都被征召了。由于我军出现了相当多的伤亡,陆陆续续有补充队派来。譬如前天就有从若松赶来的四五百人。仙台第一〇四联队的补充队从枪支到水壶、饭盒都是些旧东西。因为惦记着家里的马是否也被征召走了,还专门给家里写了封信询问。今天吃了奶糖,把里面的纸当作玩具一并寄给了家里的孩子们。今晚八点左右,向老陆宅的敌兵发起了猛烈的攻势。我们因为是后勤部队所以并不危险,唯有步枪的流弹偶尔穿过，让人心生怨念。爬上屋顶眺望，能够很清楚地看见炮弹炸裂之景。估计今晚又会出现很多牺牲者吧。晚饭有了肉汤，但因腹部不适只喝了点汤。

10月28日　大晴

今日仍旧前往诊所。基本上快痊愈了，但仍不可勉强自己。分三次服用了硝苍0.5，晚上只起床小便了两三次。在家里的时候我是不会夜里起床的。每天为了看病来回溜达的我实际上并没有太多的感想。给国治君和秀兄寄去了明信片。今天的饭菜实在难吃，既无副食也无味噌，蔬菜之类的也几乎没有。去了联队本部的人说，有很多步枪子弹射了过来。今天附近还有敌军的炮弹落下。在11月3日会有饮食的改善，每人可分到两合①酒。所以像孩子一样热切地盼望起来了。今天在蔡宁宅的酒保那里和××的并木君见了面，相互祝愿健在。

10月29日　阴有小雨

九点前往诊所，精神基本恢复。今天像要下雨的样子，战场是最忌讳下雨的。在归家宅的时候雨淅淅沥沥地下了起来，所以上午修理了驻地的房屋。因屋顶已被炮弹炸坏，所以需要为漏雨做些准备。基本上听不到枪炮作响，估计敌兵已撤退了吧。听闻同村的人有些已经牺牲，朋友中也有人负伤，不由得沉默起来。甚至连联队长、副官也都做好了随时阵亡的准备，上前线指挥官兵。由于第六十五联队进攻的阵地曾是蒋介石指挥的军官学校演习场，所以颇为

---

① 当时日本的1合相当于181毫升。——译者注

坚固，导致我军牺牲者层出不穷。联队里也有不少阵亡者，让人目不忍睹。那些负伤者和牺牲者的家属会是怎样一种心情呢？今晚起了风，或许是因为风声的缘故听不到枪炮声。继而到了深夜又下起雨来，但下得不大。给×寄了张明信片。

10月30日 晴

本是要下雨的样子却又放晴了。战友们的面容也开朗了起来。大家都在想着千万不要下雨。与铃木宗右卫门君一道前往诊所。今天听说了联队高级副官小畑哲次郎少佐牺牲的消息。据说是头部被子弹打穿当场死去。像父母一样关爱我们的副官在29日下午五点的战斗中死去，对于联队来说真是一大打击。乙副官的手臂也负伤了，一位大队长则是面部受伤，部队的很多干部都或伤或死，显然能够让人看到两角部队的奋斗与苦战。官兵的死伤人数达到了一千余名。从邻乡来的人还没有具体消息。通信班第一有线部队的吉田清寿君则是左臂挂了彩。昨天那副热闹的场景被副官牺牲的消息弄得沉寂了下来，大家都像失去了父母的幼儿一般难受。和青田兽医闲聊时，他拿出了孩子的照片说："你们家里还有这些孩子，可不能死啊！"听到这话，大家都不顾在上级面前的严肃，两眼无法控制地涌出了热泪。晚上，上海方面出现了大火，能够清楚地望见炮弹密集炸裂的景象。给铃木国太郎先生寄了明信片。

10月31日 小雨

战场忌讳下雨。即便是淅沥的小雨也会导致道路泥泞。旁边田地里的土和日本××的差不多，所以一下雨就泛出泥浆。而且不论是通过旱田还是水田，刚建好的军用道路都会变得泥泞不堪。甚至连军医部的诊断也不想去了。×××君因为感冒去了一趟。我在自己家里的时候晚上从不起床小便，最近却是每晚三次。或许是因为在土屋里睡觉遭夜风侵袭着凉了吧。其他都无所谓，只是希望能吃到新鲜的蔬菜，喝上干净的水。今天和×××的石堂政次郎君见了面，抽了两袋烟。他作为答谢，给了我一个牛肉罐头。所以久违地吃到了牛肉饭。但因为蔬菜不足，大家肚子都不好受。在一旁认真地听着他们各种捕风捉影般的传言：马上就要停战了，今年年底之前能够回到日本，云云。这也成了战场上的一道风景。给茂近兄、庄作先生、弟弟×寄了明信片。晚上，能够看到上海方面炸弹爆炸之后的光亮在闪烁，也能看到火情。据说大场镇已经被我军攻陷了。

11月1日　阴，夜有小雨

从凌晨开始就不断听到南面的炮击之声。西面的敌兵仍在抵抗，轻机枪的射击声非常密集。炮兵或许迂回到南方去了，能够听到阴沉的天空在不断地回响着炮声。今晨梦见了母亲和×××。我把沉睡中的×××抱起来，抿着嘴巴微笑时醒了过来。梦境非常的清晰。心里想着老家应该不会有什么事情吧，眼泪便流了下来。打起精神起了床，洗过脸后朝着东面老家的方向祈祷全家平安，自己武运长久。

今天一整天都是阴沉的。联队本部也转移到刘家行来了。和其他部队交接后，进行了阵亡者尸体回收与战场清理工作。前线步兵所说的话不能不让人落泪。堑壕中积存着齐腰的泥水，身体稍一动弹便会被敌兵发现而遭遇机枪的猛烈射击。晚上突击时若被绊倒，很有可能是踩到了战友的尸体。这些尸体已经腐烂发臭并招来了黑压压的苍蝇。即便如此,激战却一场接着一场,心里觉得难过也没有闲暇来清理收容。只能像对活人说话一样念道:"在击退敌兵之前请先忍一忍吧。"咬紧牙关地捏着扳机,拼命地连续向敌军射击。结果才有了一些效果,利用坚固阵地誓死抵抗我方部队的敌军终于走向了总崩溃。这才折下一根树枝拭去泥水,得以哀悼逝去的战友。他们流着男儿之泪,边哭边说这是最快乐的时刻。同乡的朋友和熟人不知情况如何。此后来了命令,说是要把通信器材搬送到刘家行去。由于我和有我君、××君都要去看病,所以请别人替我们去了。本部方面送来了留四君寄给我的明信片,上面说×××、同正忠、吉村吉一被征召入伍了,看来国内又动员了不少部队。我的马究竟怎样了,翘首期盼老家来信告知。今天没有下雨真好。晚上,来蔡宁宅之后首次负责前半夜马厩的值勤。给公所写了封书信。

11月2日　小晴、午后有雨

　　和有我、××君等人一道就医,但因为军医部也开始转移,今天白跑了一趟。从青田兽医那里领了些人工矿泉盐①。明天我们的部队好像也要转移了。祈祷在转移之前我的病情能够痊愈。结果真的有了效果,明天的转移行动应该不会受到影响,故向神明表示了感谢并向一直尽心关照我的×××××上等兵表达了谢意。原以为今天会是一个好天气,没想到下午突然下起了暴雨。让人担心起明天的转移来。给忠次君、仲藏、大森胜次郎写了明信片。战友正在专心致志地制作他的烟杆。

---

　　① 牛马牲畜用的健胃、缓泻药品。——译者注

1 斋藤次郎战地日记

11月3日　多云、时有小雨

联队本部终于在今日从刘家行转移到了齐家村。因为小行李部队需要搬运通信器材，所以久违地出动了。连日来天气都不理想，道路无比难行。今天是明治节，四处的楼房都悬挂着日本国旗，在晨风中呼啦啦地翻飞。同时还能听到嘹亮的国歌"君之代"。我也向东方遥拜，祈愿皇运昌盛、全家平安、武运长久。得到了印有红白徽章的点心。在刘家行见到了关根平治、有马兵部君等人。聊的全是开往前线十分艰苦的话题。第六十五联队中也有约五百名阵亡者、约一千名负伤者，此外还有不少战友行踪不明。大家都在大声嚷嚷着老家和邻村有谁牺牲了，家里有谁负伤了。主要是因为马家宅的进攻战太过艰苦。与朱家宅方面的联络始终未能接通，到了下午四点左右肚子饿得咕咕作响，便与繁野勇雄君、武田力君三人一起吃了一袋干面包。这时，也不知是哪一部队的辎重兵伍长给了我们半瓶啤酒。正好口渴便当水喝掉了，很好喝。一时间两眼朦胧、略有醉意。在本部见到了第一有线班的藤井、××、铃木、目黑、××诸君，互祝健在。回营时已是薄暮。××君已经为我们烧好了晚饭。途中看到有人在卖羊羹和苹果，便上前问价。结果一根羊羹三十钱、一个苹果十五钱，大家一听就不想买了。去酒保那里买了汽水、年糕红豆汤。和有我君一起分享了汽水。

11月4日　阴

今天休息了一天。稍微有点太阳，但天气不算理想。中饭喝了新鲜萝卜煮成的味噌汤。久违的味噌汤让人又有了活力。因为长期蔬菜不足，大家的肚子都不舒服。再加上连日睡在土屋里有点受凉，白天苍蝇、晚上蚊子，实在让人难以忍受。蚊子主要是傍晚活动，半夜就没有了，算是帮了个忙。一旦听说某部队出现了霍乱患者，大家就会产生出枪林弹雨般的恐惧之感。昨天去联队本部时，西边密集的迫击炮弹落了下来。今天则好像在本部附近发生了爆炸。今天总算恢复了昨天的疲劳。

11月5日　阴、夜间有雨

昨晚至今日拂晓，能够听到马家宅方面的激烈枪炮声。据称马家宅那边有敌军坚固的阵地，很难攻占下来，所以除了包围起来打持久战之外别无他法。面对我军的重重包围，敌兵只得在夜间向我前线部队展开试探性的射击，机枪的声音响个不停。而火炮应是我军发射的。今天也完整地休息了一天。给×××的姐姐、××的广卫先生寄去了明信片。久违地泡了一个木桶澡。完全泡在热水里洗澡还是自登陆以来的第一次。时隔三十多天泡了澡真是身心为之一振，感觉神清气爽。在国内泡澡时会经常浏览报纸号外上的照片。自己出征以后的这种久违泡澡的心情实在是难以言表。晚上雨势变强。今天把床也搬了过来，睡在床上真是很舒服，但仍然起床小便三次让人感觉麻烦。可能是身体受凉了吧。

11月6日　阴

装载好粮食送往第一大队和联队本部。除了我之外还有四人，另有预备兵和六匹驮马。我和菅野市治君带着一匹驮马去了联队本部。今天从国内寄来的书信堆积成山，高兴地在路上边读边走。以梅野那边为首，包括留四君寄来的两封，另外还有茂近兄、×的堂兄、安田等人寄来的一共六封。高兴得热泪盈眶。得知国内的各位一切安好，且10月15日、16日一直下雨导致无法种麦割稻。茂近兄还告诉我：父亲今天将会去参加节日典礼。留四君和荣兄则寄来了自己的照片。下午一点返回，用木桶泡了澡，然后以爽快的心情进入午休。在粮秣发放处见到了小松武二君，为彼此的健在感到高兴。傍晚开始淅淅沥沥地下起雨来，对于这样的天气开始感到厌烦了。留四君告诉我说华北地区曾因下雨出现过一米到两米的积水，连陆军都不得不用船来前行。而国内传来的消息则是，华南的中国军队不仅弹药不足而且经济上也陷入了困境。蒋介石好像已经从南京逃离，但估计他也撑不了太久。今晚与小泉常次君一同负责在院里的马厩值勤。十二点左右因为听到西面传来了密集的炮声故外出察看。炮弹在黑暗之中炸裂，瞬间发出了耀眼的光芒。似乎是敌兵从嘉定附近实施的炮击。可以猜想上海方面的敌军已经逐渐转移到嘉定去了。

11月7日　雨

伴随着咚的一声炸弹爆炸，阴沉的天空中出现了闪电一般的光亮。就在这光亮中，雨又淅淅沥沥地下了起来。战场的雨真是很糟糕的。两点换班之后便就寝了。被炮弹破坏的屋顶却漏下雨来。打开电灯一看，战友们居然在这样的房间内安心地睡着。今天也是下了一整天的雨。即便闲着没事也是感觉不适。今天出去干活的人们一定是在泥泞中行军的，腰部以下全是泥水，而且因为大雨从头到脚都会是湿漉漉的。进而又想到了前线的战友或许正躲在积水齐腰的战壕里与敌兵对峙。因为几乎每天都会下雨，索性把马全都牵到前面的屋里去了。

11月8日　晴

今天和预备兵冈本春吉君一起去罗店东北方向一里处搬运了四袋木炭到联队本部。因昨日降雨，在泥中行走。虽然从张家角往前道路好了不少，但仍因久违地往返行军六里地而让鞋子沉了不少。罗店镇是一个很像样的地方，但遭战祸之后惨不忍睹。小学等建筑因炮弹的破坏而没有了原先的样子，桥塌墙崩，电线杆被烧，电线散乱一地。路边的两台汽车也被烧毁，只留下骨架横倒在一旁。墙上的步枪弹孔如筛子一般，炮弹击穿的大洞随处可见。而道路旁边的田地里、河流中则散乱着大量敌兵尸体，正在无言地诉说着当时战斗的激烈。四处矗立着不少监视敌军的岗楼，可以看到高低悬挂着两三面日章旗，用以鼓舞我军的士气。今天没有遭遇任何敌弹的攻击，到本部时关根平治君招待我吃了花生点心。返回已是三点半。今夜漫天星辰，明天应是个好天气。

11月9日　大晴

昨夜至今晚颇为寒冷，居然被冻醒了。屋顶上有炮弹击穿的两坪①大小的破洞，星星正从洞中望着我们。至三点左右，有战友开始哆哆嗦嗦地起床烧火。因东方已经亮了起来，我也下床活动。遥望东面的故乡，祈祷故乡如往常一样平安无事、自己武运长久。天空秋晴，无一片云彩。自昨日开始突然起了秋风，前边的柿子树树叶一片一片地飘下，树枝大多掉落。因连日降雨，颇有凉意。天气一旦好转，战友都会打起精神来的。昨夜能够听到西面响起的炮击声、爆炸声。今天却是静悄悄的。只能听到零星的动静。飞机勇猛地穿越秋空，战友顺嘴又说出了那句口头禅：定要凯旋！真是一种别样的战场氛围。

---

① 当时日本的1坪等于3.305平方米。——译者注

11 月 10 日　大晴

难得地读到了 10 月 28 日的《朝日新闻》，上面公布了此前战斗中的牺牲者名单。在老家一定会有不少的议论与传言吧。今天仍是休息，故与有我君、冈本君三人造了个炉子，在其四面用砖头垒好。因为早上一直是阴天，所以牵挂着今天的天气将如何。没想到逐渐天晴了起来，是一个万里无云、秋高气爽的天气。真想在这样的日子里收割水稻，然后在休息的时候尝尝红透的柿子。据报纸报道，上海的战局大势已定。战事似乎将向西南转移。将 27 日陆军省发表的事变以来两国死伤者人数抄录如下。

		敌方遗弃尸体	我军阵亡者
华北	津浦线	12270	
	京汉线	25000	4467
	山西、绥远	7000	截至 10 月 24 日
上海		61700	5173
		截至 10 月 23 日	截至 10 月 24 日

下午与有我君前往第四野战医院的酒保。见到了第一有线班的吉田清寿君，他把××的山寺君介绍给我了。又与×××中町的小寺君见面，意外得知了添田千代治君被敌军炸弹碎片击伤的事情。没过多久就见到了他，他说 6 日那天遭到了敌军的反扑，万幸只受了点轻伤。

11 月 11 日　晴

我和松冈卯之吉君两人一道作为联络兵前往联队本部，与太田清八、细谷喜代巳两人交班。今天家里的第一封信寄到了，高兴得都等不及要拆封了。信上说，晚秋收了六百多匁①的蚕茧，价值四元五十钱，被村里评为二级。稻子也比往年增收了，小麦是三级十八元的价格，将八大捆换算成四级，一捆八十元，和蚕茧的钱合起来一共存了一百五十元钱。×的情况也不错，10月14日来住了一晚就走了。感慨长期以来的祈祷有了效果，收到好消息真是让人安心。××也在修学旅行时去了一趟浜通。但我因为是外出打仗，不可能静下心来四处旅游。茂近、国治、元、荣次郎、节男、利平、金吉、松一、金一郎等人都时常为我祈祷平安。所以在向故乡遥拜时特意对他们的关心，以及青年团各位的帮助表示了感谢，流下了热泪。据说，在东京的父亲还给我送来了一套千人针②，但因为是在启程之后才送达的，所以我毫不知情，太失礼了。今天还收到了国治、秀之助、父亲、××夫妇、宪太郎等人的书信。这些故乡寄来的书信让人无比高兴。此外还得知国治君的弟弟、善太郎君也被征召入伍了。

11月12日 阴、雨

今晨不断有情报传到通信班。接到命令称：前线的敌兵正在撤退，第十一师团已率先挺进至距南翔一千米处，敌兵正大举向嘉定方向转移，第六十五联队今后将进入追击作战，故本部隶下的大小行李部队应立即着手出发准备工作，前往本部。早饭后即返回蔡宁宅完成了出发准备。十二点半出发，偏巧又下起雨来了。真是不希

---

① 当时日本1匁等于3.75克。——译者注
② 日本妇女为了祈祷男子平安凯旋而请附近熟人乃至在街头求众人帮忙，一人一针在布袋上缝线，缝好之后的布袋由男子系在身上，称为千人针。——译者注

望老天在这个时候下雨。联队本部计划三点出发,在出发后不久雨势渐增。从罗店镇北上二里半路程前往目的地,途中其他一些部队遭到了敌机的空袭,有三匹战马和十余名士兵牺牲。雨淅淅沥沥地下着,天色也暗了起来。在行军的时候淋雨和天色变暗是最糟糕的事情。今晚,本部移动到了杨家桥。虽然是在房屋内宿营,但不过是像国内马厩一样的环境,在稻草上盖着毛毯睡觉而已。即便想要晾干裤子也无法彻底干透,湿漉漉的让人感觉不适。上衣因为完全湿透了,所以索性脱了下来,换上毛衬衣或棉衬衣才感觉好了一些。由于太过疲劳直接就睡着了,连做梦的工夫都没有。

11 月 13 日　晴

本部在今晚移动到了杨家桥八百米开外的吴家宅。在稻草小屋中吃了早饭。口渴的时候什么都变得美味了起来。来到战场之后能够亲身经历到这些宝贵的经验。中饭吃的是土豆和味噌汤。云彩渐渐散去,露出了蓝天,把上衣和毛毯晾了出去。听到了关于昨天空袭的消息,原以为是敌机,结果却是我军飞机误将罗店镇当成了嘉定,导致两角部队第三大队遭遇劫难,牺牲了四名士兵,另有大量负伤者。马也死了四头。×××町的佐藤源次郎君死了。我曾和他在若松鸟万宿舍里欢乐地聊过天,他让人笑得前仰后合。这样一个人缘很好的人逝去,真是令人惋惜。你就安心地成为护国之神,来保佑我们皇国吧!今天在两餐之间用盐水煮了南瓜吃。很久没吃南瓜,竟忘了它是富含水分的,吃掉了四五块。能够听到北面很近距离的枪炮声。

11月14日　大晴

昨晚的枪炮声并不大，比较安静。仅仅能够听到北方较远处的零星炮声。今天天气还算不错。我们联队也不断挺进，已弄不清本部究竟现在何处了。昨天去本部的大行李部队今早仍未返回，让大家非常担心。隶属小行李部队的我和有我君被抽调去补缺领取粮秣的任务。早晨，坦克队里的十几辆坦克停在附近吃早饭，就过去看了看。因为天气晴朗，能够看到重型轰炸机在侦察机和战斗机的护卫下飞向西北方。据说坦克队也是从华北方面用船运输到吴淞登陆的，于今早赶来。华北那边的大部分战事已经结束，所以各个兵种的部队将会源源不断地被派到上海来。估计上海这边不久也会平定的吧。虽然还听说了嘉定已被攻陷之类的消息，但这并不确切。各支部队不断向前进击，目前也不知道它们具体挺进到哪里了。总之可以感到：敌军已经撤退，前方几乎没有了抵抗。下午两点左右，看到一名像是探子的二十五六岁的中国人被枪决了。仍不知道联队本部现在何处。嘉定附近在傍晚出现了熊熊大火，浓烟冲天。中国的农民都陆续回来了。

11月15日　小晴、午后多云

上午天气一直不错，所以清洗了衣物。附近所有的房屋几乎全都被烧毁了。中午吃饭时，有一对中国农民夫妇以为后方已经安定就回来了，却发现他们的家已被烧毁。那种黯然失落的神情真是可怜。没有食物果腹、没有衣物御寒，在路边不停地徘徊。战败国的百姓真是可怜。所以把中午的剩饭和白米施舍给了他们。这段时间的伙食还算不错，昨天领到了一个鸡蛋、一袋冰糖、一个海螺罐头、一双鞋、两人一份的罐头、两包响牌香烟、一包中国烟。今天又吃到了一袋甜纳豆、一个牛肉罐头、白菜汤和南瓜汤等美味。下午以后,天空开始阴沉起来。青田兽医等人去打听本部的行踪,结果毫无收获地回来了。嘉定城确实是被攻了下来,太仓那边似乎也已经没有了敌兵。所以他们应该是挺进到了相当远的地方。本部的大行李部队也仍旧没有回来,可能是从其他部队那里取得补给之后运输到本部去了。今天仍旧没有与本部取得任何联系。晚上有了下雨的迹象。把昨天剩下的感谢信写完,还写了些明信片,但目前寄不出去。

11月16日　阴雨

早晨淅淅沥沥地下起雨来。最近天气实在不好。今天仍旧未能取得任何联络。×××大行李部队长官自13日出发后就再也没有回来。可能是因为在途中得到了粮秣的补给所以才没有联络的吧。对其行动状况完全不清楚。

现在,才终于得知本部的消息:转移至刘家镇偏南的杨家桥以西十四五里的涂淞镇。计划明天向那里进发,真希望不要再下雨了。昨天通过大行李部队送来的牛肉发了下来,所以中饭意外地吃到了一顿美味的牛肉煮白菜。上海今天还算暖和,中午的苍蝇如黑山一般。国内到了11月中旬应该已经相当冷了吧。因为好几天未能联络上本部,而本部明天又要转移到涂淞镇,所以为出发而做了些准备。今晚好像要下雨,希望明天是晴天。

11月17日　小雨

稍早起床忙着出发准备。通信班把背囊留下走了,所以拉了四个中国人来搬运。因最近的降雨,道路情况非常差。而且无论是旱地还是水田，其困难程度都是登陆中国以来所未有的。我们目前待命之处位于杨家桥东面两町远的王宅，预计赶到钱家宅还需约三里的行军。从早上九点出发至下午三点左右抵达。钱家宅一町远的前方有条小河，上面的桥十分危险。繁野勇雄君的马在桥上踏空，惊跳之间把腿嵌在桥板缝隙里跌倒了，惨死时后腿都骨折了。为其惨状而落泪。我前面的××君在过桥时也倒栽着落入水中。所以轮到我时一边祈祷一边渡桥。好在得到保佑，顺利通过，放下心来的时候已是满身冷汗。衷心地感谢神灵庇护。到达钱家宅后擦干了满身的汗水，搓下了成团的泥垢。晚饭吃了青菜味噌汤。在土屋里铺上稻草，疲劳地横躺着身子。今天雨不算大，上衣湿得不多，所以睡下来并无不适。附近因为有中国人出没所以设置了岗哨警戒以防万一。傍晚，天空基本恢复了晴朗。明天应该是个好天气吧，这样就可以避免雨天行军的辛劳了。

11月18日　小雨、小晴

凌晨五点起床后做出发准备。今天仍是小雨。不知道是否还会像昨天那样遭遇河沟和战壕而导致人马在雨中弄得汗流浃背。今天虽然没有大雨，但行军还是遇到了阻碍。早上出发时目睹中国人在众目睽睽之下随处大便，一边还抽着烟。那副满不在乎甚至悠然自得的表情似乎正是中国人的品性。八点半出发。今天仍在没有道路的旱地和水田中通过，但没有昨天那么艰难了，好了不少。昨天的行军连马都疲惫不堪。上午，几乎完全不见敌兵的踪影。这种在敌国远离部队的行军是让人倍感孤独的。下午两点左右才好不容易走上了像样的路，看到正在南下的第一〇一联队士兵。大家应该都已舒展愁眉了吧。经过一天半的行军，我们终于追上了本部，让人惊喜不已！在通过陆渡桥时，看到桥梁已被战火摧残得面目全非了。途中还能看到不少中国人的尸体，料想是那些曾拼死抵抗的人吧。不过这附近似乎也不是什么激烈战斗的地段，稻子基本上已经收割完毕，麦子也种上了。逃难的农民挑着自己的行李赶了回来。像××和××那样还走不稳路的小孩子也赤着脚背着东西走着。看到之后不禁涌出了泪水。战败国的国民真是可怜啊。由于昨晚恰巧梦见了××等人，这种思念之情变得更重了。在穿过陆渡桥之后二十余町的地方，我们才终于走上了军用道路。能够看见很多的坦克队和炮兵队。这条路应该就是通往刘家镇的，所以即便是在陌生的土地又语言不通也不会感到不便。途中，有一辆坦克从受损的桥梁上过河，结果掉了下去，打捞起来时已是满车污泥。今天的宿营被安排在陆渡桥以北约一里的无名小村内。小行李部队抓来了一只鸡，让我们意外地饱餐了一顿。在土屋中铺上了棉絮，用以消除行军的疲惫。今晚十点至十一点由我负责步哨。

11月19日　雨

夜半时分突然醒来。雨啪嗒啪嗒地下着。今天又会是一个雨天吧，一边想着种种事情一边又不知不觉地睡着了。凌晨五点起床做饭，整理装备准备启程。恶劣的天气越发变得糟糕了起来，又开始了降雨。一边担心着今天的行军，一边洗着脸。向神灵祈祷今天不要出事、一切平安。正想把马鞍装上做些准备，却接到青田兽医的传令：今天又是雨天且连续艰苦行军两天的缘故马也疲惫不堪，干脆原地休息。大家听了真是松了口气。相反地，却又不得不面对兵马粮秣日趋不足的问题。无法实现联络，也不知道部队现在何方，这种流浪一般的行军究竟要持续到什么时候。一想到这里，尽管能够休息一天我们的心情也是无法轻松的。尤其是身处异乡,在风土不同且语言不通的敌国,即便中国人胸前佩戴着"欢迎大日本帝国军人"的布条也是不可掉以轻心的。因为不知道什么时候意想不到的灾难就会发生。总之,征集兵马粮秣的事情是一个前提问题。上午和下午都有战友出动,四处搜罗了些大米、马料和小鸡。中饭之前稍微吃了些甘薯填填肚子。整个一天如日本入梅时节那样下着雨,夹着凉飕飕的北风。驮马因为一直背负着沉重的装备行军,背上的鞍伤虽然得到了治疗却仍是恶化了。看到了附近的枫树才意识到晚秋将至。由于粮秣日趋不足,我们计划明天赶到涂淞镇去。下午除了我和佐藤忠惠君留下之外,其他的小行李部队战友全体出动去征收粮食了。结果他们抓来了鸡鸭,还带了一瓶中国酒。托大家的福,今晚痛饮欢闹了一番,完全没有了战地的气氛。喝了中国酒后原本打算舒服地睡上一觉,却一想到古代"桶狭间之战"遭袭的场景,又打消了这个念头。既然是在敌国的土地上,那么即便是一个农民也绝不可对其掉以轻心。十一点至十二点负责步哨。

11月20日　雨

今天仍是雨天。虽然不大,但每天下雨是很让人厌烦的。按照预定前往涂淞镇。在大约三尺宽的田边小路上走了半天时间。途中经过的村庄全都高高挂起了白旗,真是战场上难得一见的风景。中饭后走上了刚刚建好的新路,大致是日本县道的水平,但因为连日的降雨,泥泞得几乎无落脚之处。无奈之下,只得返回旧道。在渡过小河时,×××君的马因为桥板断裂而半身悬在桥下,实在无力将其拉上来。只好把马连同桥板一起推下去然后再设法将其拉起,这才终于放下心来。当时有三四十个骑马的机枪队经过,领头的少尉说：有情报称此处尚有残敌，故我等奉命前来扫荡。其他也没听清楚他说了些什么。今天天气寒冷，所以即便行军艰苦也没有出汗。棉花已经落叶，房子边的大树也被秋风吹散了枝叶。仅仅从蔡宁宅往北前进了十余里，气候却有如此之不同。到达涂淞镇已是下午四点。途中仅遇见了其他部队的一批骑兵，真是一场孤单的行军。即便是到了涂淞镇，我们部队的人也是不多的吧。但愿能够与其他部队实现联络。结果到了之后才发现，联队本部已于18日启程离去了，真是让人垂头丧气。晚上点名的时候，青田兽医和五十岚伍长发表了讲话，说由于粮秣短缺，以后每天只能喝上一次汤，同时还要特别注意避免浪费粮食，尽可能外出征收以补充不足。此外，我们还与外界失去了联系，且听带路的人说，我们手头并没有涂淞镇以西的地图，以后就不知道具体往哪里走了。听了这话大家都面面相觑、失望不已。不知道部队的位置、粮食短缺、有三个病号（菅野福治、繁野勇雄、步兵暗号班长），四周还有很多中国人，不知何时将遭遇危险。在如此情况之下便出现了其他的意见：明天再试着摸索联络一下，且补充马料已势在必行；而另一些人则认为，应该尽早追上主力部队并取得联系，否则将会十分危险。最终大家决定明天上午八点出发的事情之后就休息了。在遍地马粪的地上铺上稻草，躺下开始舒展因行军而疲惫不堪的双腿。

11月21日　雨

仍是雨天。原本计划要出发的，结果因为尚有病患、马料不足，最终未能成行。留下来征收马料和粮食。今天是寒风冷雨，手冻得刺痛。返回的途中发现了一个敌兵建造的碉堡，有两间半宽，是一个颇为坚固的混凝土建筑。它朝着军用道路开了两个机枪孔，可以自由地对外射击。敌军撤退时为了防止我军发现用沙土将其掩埋了。下午去涂淞镇逛了一圈，各家各户都贴着"欢迎日军""大日本万岁"之类的纸条，又或者悬挂着日本国旗。去中国人开的餐馆吃了四五个馒头，非常好吃。作为纪念，兑换了五六枚二十钱、十钱、五钱的银货和白铜货。今天是迄今最为寒冷的一天。中午时分下了些雨夹雪，果然是降温了。晚上因为太冷而被冻醒了两三次。

11月22日　晴

半夜时寒冷至极。凌晨四点至五点，与石原庆太郎君两人在马厩值勤。出现了久违的晴空，繁星浮现了出来，下弦月发出了清亮的光芒。早上八点完成准备后便出发了。道路不错，天气也很好，对于行军来说再好不过了。但是既无地图也无前方部队联络，前进的方向只能靠指南针和兵马的足迹来判断，别无他法。真是一次孤独的行军。途中曾响起过几次步枪射击的声音，担心是残敌，所以在前方号令的指挥下暂时停止了前进。侦察之后发现是友军的射击声，遂安下心来继续前行。从涂淞镇走了一里多地，终于迈上了由上海通往南京的大道，开始朝西北方向进军。沿途能够看到中国兵的尸体横七竖八地倒在一旁，路边的民舍几乎被烧得没有了模样。下午三点通过支塘镇后到达白苑镇，开始宿营。今天出发时内心颇感孤单，但在迈上大道，看到行军的部队和军用汽车、炮车、高射炮后便一扫而空了。在沿途的移动商店买到了两根二十钱的羊羹，真是几十天来难得尝到的美味。大家都在商量明天的行军问题，因为与部队前方、后方均未实现联络，故决定原地休整一天，以便征集粮秣、派出联络兵。有人提出：如果无法找到联队本部，那么也至少期望能确认第十三师团司令部的位置后再出发。但有一位高级军官说：若尽早朝着南京的方向进发，则迟早能够得到一些本部的消息，所以还是早上八点出发为好。遂做下了明日出发的决定。

11月23日　阴、寒冷

早上八点出发。原本以为是个好天气，却未料到又阴沉了下来，北风凛冽地吹着。我们的部队到底在哪里呢？由于支塘镇的右侧有条军用道路，我们又回到了该镇。在刺骨的寒风中走了七八町的距离，打听情报后得知：若绕过支塘镇则可能会发现我们的主力部队，如此将会有十五里的路程。若走主干道则需要走七八里远，主力部队也可能会迂回过来，于是便决定向主干道进发。但今日仅仅走了半里地便中止了行军，原地宿营。预计明日将派出联络兵寻找部队的确切位置。青田兽医、五十岚伍长等人在这次行军过程中不知道花费了多少苦心。现在味噌汤没了，酱油也只剩最后一点，食盐也所剩无几，今后若无味噌和酱油的补给则无法再做汤喝，真是令人不安。此外，我的爱马"白玉"今天因为过度疲劳而累倒了，虽然离宿营地也只有四五十间远，和它却是永别了。也担心师团调来的"泰容"是否健在。爱马的命运不济更是增加了我行军的孤单，不禁流下了伤心的泪水。无论如何催马站起都无法奏效，无奈只好把它留在原地，把器材、装备、马鞍运回后便宿营了。今晚依旧寒冷。

11月24日　晴转阴

今天五十岚伍长、加藤上等兵、××君等人作为联络兵外出了。天气不错，清洗了一件衬衫和两面国旗。早上爱马居然又站了起来，便将其牵回。它累得双腿只能勉强挪动，所以用水给它稍做清洗后便开始进行治疗。中饭后，外出联络的人回来了，他们说师团司令部就在支塘镇前方七里远的地方，联队本部则在十五六里远处。尽管如此，路况之差如同在泥田中行军一般，故部队无法列队前行。除了粮秣之外，今日还征收到了猪、鸭等物，所以每天都能美餐一顿肉食。在晚上点名时，五十岚伍长通报了今天的联络情况：我们第十三师团正从支塘镇开始追击敌军，将朝西北方向前进以迫近南京，所以我们应确定沿大道行军，并将暂时在原地休整两三天后再出发以恢复兵马士气。此次行军实在太过艰苦，所以现在回想起来仍是记忆犹新的。从涂淞镇出发后，沿途的民居几乎全被烧毁，白苑镇也没了模样。它们在昨天的寒风中呼呼地燃烧着。甚至今天在宿营的民居北面还有两户人家在猛烈地起着火。战祸是何等的残酷啊！如果不是亲身参加这场实战，或许是很难体会到的吧。

11月25日　晴、霜

昨晚寒冷彻骨，今晨落下初霜后一片雪白。有人去支塘镇领了味噌回来，也有人去弄来了车辆、征收了蔬菜与马料。上午启程出发，与加藤班长、××、太田、××、深谷、荻原一同组成了车辆班。但因为一路上堵满了坦克和汽车，无法行进，只得作罢。午饭后洗了个澡，时隔蔡宁宅冲澡以来已经二十多天了。从热水中出浴之后的舒适感真是难以用语言来表达。晚饭的内容是红豆饭，久违地吃到了美味佳肴。要是能在每天吃的牛肉和猪肉汤里再放点葱花就更好吃了。今天终于领到了两桶味噌，放心了不少。而且还在返回的途中拾到了约一百匁的食盐,足够为十天的饭菜调味用。然而,却仍未能与其他部队取得切实的联络。在道路中有大量的坦克、汽车和其他车辆。由于马匹实在过于疲劳,本日在原地休整了不少时间。晚上九点至十点负责马匹的监视岗哨,明天好像也是一个好天气。

11月26日　晴、霜

没想到昨天晚上竟那么冷,早上起来是一片白霜,甚至在北面迎风的地方还出现了薄冰。不过天气还是不错的。由于无法与部队取得联络,故对其所在地一无所知,青田兽医和勤务兵酒井君、辎重兵山口勇君外出去尝试联络了。我们则负责马料的征收工作,结果带回了一些麦糠和四个中国人。下午休息。因为明确了第十三师团司令部的位置,明天打算启程行军,赶往四里外的常熟。今天在外征收到了不少东西,可惜明天要离开了。

11月27日　阴

清晨一点至两点负责马匹的监视岗哨。早上八点完成出发准备,半小时后出发,遇到了正在行军的第十三师团辎重兵部队。而且途中还碰到了××××的××君和××的佐藤肇君、×××的佐浦文雄君等人。见到同乡的熟人真是倍感亲切。在此后又穿过了古里村,随处可见激战后的痕迹、堑壕、碉堡、小河里的敌军炮车。另外还有十七八个死在路边的青年,全副武装,像学生的模样。总之敌兵的尸体散乱在四周,民宅被烧、桥梁塌陷,完全没有了以前的样子,一副凄惨的景象。下午四点终于到了常熟。原本常熟的街道是很繁华的,但现在只能看到官兵和军马。今夜我们将在此宿营，没想到搜出了不少白糖，大家高兴极了。不过让人牵挂的天气又开始啪嗒啪嗒地下起雨来。结果上级决定：若明日下雨就原地休整。在今日行军中原本非常担心马匹的情况，结果没事，放心了不少。晚上喝饱肉汤之后就寝。

11月28日　晴

今天原地休整。昨晚的降雨淅淅沥沥地一直下到了半夜。看常熟的街道，遭受了巨大的战祸而不堪入目。有两三处地方仍在冒着熊熊火光，抗日的宣传标语随处可见，另外还有三四个炸弹炸出的大坑，十分凄惨。我和有我、××君一起去看了九重塔，顺便找出了两三块毛皮。因为天气逐渐变得严寒起来，所以一门心思地为防寒做着准备。但我们终究是后勤部队，在此之前已经有其他部队先来过了，所以也没有留下什么好东西。好在傍晚时分还是弄到了一些瓜果、胡萝卜、青梅、可口的咸菜，美餐了一顿。晚上，四处仍有火灾，能远远地听到炮声。

11月29日　晴、小霜

虽然霜不大，但仍是一片雪白。今晨略早出发。八点从常熟向南京挺进，行军了六里左右。虽然一直担心驮马的情况，但一切平安无事。途中仍散乱着不少敌兵的尸体，甚至还有一些血肉和断肢挂在汽车上，惨不忍睹。全天的行军并没有遭遇任何障碍，效率是比较高的。承蒙第一大队藤田伍长的厚意，很顺利地备好了宿舍。因为原本以为很难找到合适的就寝地点，连晚饭都提前做好随身带着了。到达宿营地点已是下午三点半。那是一个不知名字的寒村农舍，在土屋里铺上稻草以缓解行军的疲劳。顺便还征收到了可供一匹驮马食用的粮草。明天将按计划挺进无锡。我负责在十点后守卫马匹。

11月30日　晴、霜

马因为太过疲劳而不愿进食，担心地做着出发准备工作。原本并不觉得昨晚很冷，今晨却发现四处都是白霜。快到十二月了也不是没有道理。家里应该已经很冷了吧。××、××、××、×××没有感冒吧？五点起床至八点出发的一段时间里，一直在黑暗中做着准备。继而又在初冬的晴日启程行军。能够看到西面大火引发的浓烟遮满了天空，也不知道烧成什么样子了。沿途两侧的田地都已犁好并种下了小麦。穿过名曰安镇站的小镇抵达了东亭站。此地能够看到敌兵的抵抗痕迹，被炸弹毁坏的房屋正在诉说着那场战斗的激烈。由于桥梁也被烧毁了，所以我们的工兵队正忙着修理。路旁和田地里的敌兵尸体则以可怜的姿势卧倒在一旁。下午三点，到达无锡。据称其人口有三十万，是一个相当大的城市，附近能够看到桑园和四周的松树。莫名的感觉亲切。今晚宿营的地点在街道尽头的民居，虽然看上去不错但没有床铺，只得铺上干草，和××、有我、竹田君并排睡下。晚上仍以肉汤果腹。八点半在×××××君那里吃了砂糖红豆。因为火势逐渐迫近，此后接到命令称：要安排人员值夜班注意火情。此外，联络兵山口勇、藤田重雄、高野君回来了。

12月1日　晴转阴

从零点到一点负责值夜班。火情基本平息了下来。在似睡非睡的状态下两点左右睡着。五点起床做出发准备。原本计划今天原地休息以补充马料、整顿士气，却因为联络兵的返回得知若启程行军则有可能追上联队本部，所以便出发了。无锡市内的敌兵死者已经是不计其数。兵马困乏的缘故，未到达预定地点便就地宿营了。躺在农家的土屋里铺上稻草，伸展开疲惫的双腿不久便进入了梦乡。今晚，自登陆以来首次吃到了大葱，更增加了肉汤的美味。云彩出来之后无法再看到繁星。估计明天会是不好的天气。能够听到很近距离的火炮声。

12月2日　晴

让人担心的天气却意外地转晴了。在初冬清晨的阳光下，九点启程行军。因为估计上午就能追上联队本部，所以大家都干劲十足。据称获洲部队正在进攻江阴，所以我们离开了去南京的路线而向北面的南闸进发。虽然途中看不到敌兵的尸体，但能发现像×××那么大的孩子似乎已饿死在田地中。另一边有个女人则被流弹击中致死，身边的孩子仍在搂着她的乳房不放。虽然是敌国的人，但不懂事的孩子终究是非战斗人员，其可怜的样子让人潸然泪下。沿途的民宅大多被付之一炬。可以看到西方连绵的山脉，也能看到获洲部队的弹药库和粮秣分发处。这让人开心地意识到：主力部队已近在眼前了！到达南闸已是深夜十二点半，时隔十六天终于又见到了大行李部队的战友，大家开心地闲谈，完全把时间抛在了脑后。旅途的疲惫、雨夜宿营的艰辛都成了话题。为了尽早吃饭就寝，众人开始烧饭。但是忽然又接到了原地待命准备出发的命令，不得不停下手来。连马鞍都暂时保持着原样。直到晚上七点半才确定将出发时间改为明日上午七点半，于是才卸下马鞍入睡。此外，下午四点左右友军的加农炮在距离宿营地四五十间的地点开始实施炮击，巨响竟把屋顶的瓦片都震落了，吓得马群边叫边转。

12月3日　晴

凌晨两点起床值勤马厩。今晨将很早出发，故提前做好早饭。只睡了片刻饭就好了。稍事休息后七点启程。白霜满地，太阳未出之际开始向江阴北进。此地是我们两角部队作战区域中最先攻占之处。在晴朗天气中开进城内，终于快追上联队本部了！该城四周有两丈宽的城墙，是个颇具规模的城市。中饭后抵达本部，如释重负地卸下重荷放下心来。午休时登上金山，眼前的长江如银蛇一般横亘，有两艘中国军舰被我军火炮击沉。向南面望去，江阴城区到其近郊的范围内一望千里，铺展在我的脚下，能够清晰地看见炮弹弹坑与铁丝网，火情无数，让人深切感受到了战祸的悲惨。今天庆祝战捷的典礼颇为隆重，有清酒、苹果、牛肉罐头、小樱糖等物品发放，到处都能听到万岁之声。午饭后收拾宿舍、搬运床铺。今天住宿的地方是迄今为止从未有过的舒适之处，能在被褥上完全伸展双腿缓解长距离行军的疲惫。赶路时一直牵挂的马匹也平安到达了，发自心底地感激神灵的护佑。想来，从嘉定出发至今已有十七天了，甚至连通信班的背囊也一并运了过来，体会到了种种辛苦但也有开心的瞬间。总之是一场让人泪水打转的艰苦行军。

12月4日　晴

因为心情放松了不少，所以昨夜睡得很香。在原地休整的感觉总是让人舒畅的。从附近征收来了砂糖和红豆，做了甜食。今天天气也不错，所以清洗了衬衫、裤子、袜子和其他两三件物品。最近水土已经适应了，身体也恢复了健康，胖了一些。下午去搜了些马料回来。

12月5日 晴

今早结冰了。那些马在晚上一定也很冷吧。全天是典型的初冬阳春天气。上午和××××、有我祐一君等人一起搬了个大缸当作澡盆,下午又和××君、小林常右卫门君等人去爬了金山。在山顶可以看到着火的地方比前天多了不少,到处都冒着白烟和黑烟,而刚刚起火的地方则是火光冲天。我们海军的飞机正忙着猛烈轰炸长江北岸。今天的晚饭原本是想做牡丹饼的,但因为红豆太少只能做馅。在战场上这可是无与伦比的美食了。此外还有肉汤。大家都享受到了久违的甜食。9月20日父亲和妻子带给我吃的牡丹饼至今仍让人无法忘怀。后天将启程行军前往镇江。马匹所受的鞍伤十分严重却得不到充分的休养真是太遗憾了,但毕竟身在战场毫无办法。据说第六十五联队预备队的四百三十人将会于今晚赶来。如果金吉也一同到来的话,明天就去见见他。在附近发生了火灾。

12月6日 晴

今晨也结冰了。早上八点半,联队长在金山脚下传达了令旨[①]并对补充兵发表了讲话。他说我们联队在马家宅、老陆宅、陆渡桥、江阴立下了赫赫战功,希望大家不辱使命、再立新功。在解散之后,去看了看江阴的要塞。敌兵撤退时在里面遗弃了很多口径为25厘米至35厘米的火炮、炮弹。有这样的巨炮和如此有利的地形却溃退了,可以看出他们是多么地没有斗志。今天在市区各地仍有大量火灾。和樽川正、名泽、熊田要、熊田留雄、小池忠次等人见

[①] 日本皇太子、亲王等皇族下达的命令。——译者注

面并互祝平安。一直在牵挂着补充兵里是否有金吉的身影，四处找寻了一遍却没看到。傍晚，听×××来的战友说起了××、吉村吉一君加入机关枪队的事情。下午给泰容装蹄。晚上领到了三包响牌香烟、两袋点心、菠萝罐头等。预计将在明天早上七点半做出发准备，随后的三天会向镇江进发。晚上给老家写了封信，并于十点收到了福岛市长佐藤卓的贺电。

12月7日　霜、晴

凌晨四点起床，开始忙着做出发准备。早上降霜很多。只要是行军，就会一直处于忙碌状态。因为把通信器材全都塞进了行李，所以那些马可要辛苦了。西进镇江。行军距离为七里半，按预定计划于傍晚平安抵达宿营地，但明天的米不够了，只得和佐藤忠惠、×××、××××、云野留五郎等人外出征收。缺乏粮秣的行军是非常艰苦的，用水坑里的脏水做饭、烧水。晚饭后躺在铺着稻草的民房里休息。宿营地位于芯密镇。

12月8日　晴

今晨仍是大霜。联队本部打算抄近路行军，但通讯班有马车，不得不走大路。凌晨四点起床后于七点出发。在一个小时后通过了常州、常熟，于晚上九点抵达宿营地。全天的行军里程在十里以上。尤其是天色变暗后双腿疲惫的行军更加让人痛苦。到达宿营地后连饭也不想做，腿肚子抽筋般地疼痛，完全动弹不得。原本以为那些马会负荷不了，却没想到今天顺利地完成了行军，看来每天早上向上天的祈祷发挥了作用，保佑我们一切顺利。晚上仍旧是在土屋里铺上稻草休息。傍晚时曾与××的安藤君会面并拿了些砂糖，还和二瓶庄一郎君见面，听说他在大行李部队一切都好。因为是在行军之中，所以见面聊天的时间很短。与同乡战友的叙旧真是让人倍感亲切。从镇江方向传来了炮声。

12月9日　晴

凌晨四点起床，一如既往地进行清晨祈祷。昨天的高强度行军让人疲惫不堪。早上八点启程出发。途中经过的村庄附近有民房正在燃着熊熊大火，有一个与××、×××年龄相仿的女孩呆呆地站在那里，便从口袋里翻出了一些点心给她。虽然只有一点点而已，但她那副满心欢喜的样子着实让人觉得可怜。看着她的身影想起了自己孩子的事情，不禁眼眶发热。在今天的行军过程中遭遇了两三次桥梁被烧毁的情况，武田君等人负责牵马所以费了很大的劲，细谷君的驮马也落伍了。晚上没有味噌也没有酱油，只能用盐和糖做汤喝，用征来的面粉做了糖丸子。在民房的稻草上很快便睡着了。行程达到了七里。

12月10日　阴、有风

凌晨五点起床。昨天行军太过疲惫，所以一觉睡到了天亮。冷水洗过脸后清醒了不少。向东方遥拜全家平安、自己武运长久。早饭仍是用盐、糖做的汤水，有股青菜的味道让人感觉奇怪。七点启程出发。马的左后腿劳累得似乎有些行动不便了。所以途中我便不停地在心里默念请保佑行军平安完成。前进到离镇江三里处的谏壁站时，出现了一个石头做的太鼓桥，结果马在上桥时后腿滑了一跤跌倒了，即便把它背上的驮鞍、器材全部取下也没法重新站起来。结果第一有线班的九个人，外加××伍长、××伍长和其他三四个人一起帮忙才好不容易把它弄起来过了桥。行军过程中最艰苦的就是马匹落伍了。敌兵曾为了破坏太鼓桥而准备了大量迫击炮弹，点火之后却并没有爆炸，原封不动地遗留了下来。这才让我们幸运地得以通行。不过这些没有爆炸的炸弹在桥上滚来滚去却是非常危险的事情。把器材装载在马背上吃过午饭后便又出发了。人马俱疲。尤其是腿疼的士兵走起路来更是惨痛不已。在镇江附近的招呼站旁有一处堑壕曾遭到过友军15厘米榴弹炮的轰击，且较近距离仍有机枪的声音。傍晚时分抵达镇江，发现这是一个很大的城市，所以今天能够在有电灯的房间内就寝。这是离开上海以来首次使用电灯。午饭后曾与××的吉村吉一君匆匆见过一面，只有说两三句话的工夫。9月10日是我接到动员令的日子，光阴似箭，至今已经如流水般过去了三个月时间。国内应该已经很冷了吧？大家应该在忙着脱谷等农活吧？上年纪的老父亲或许正在一个人操劳，收拾着那不到二十袋的粮食吧。想到这里不禁流下了泪水。虽然大家再三叮嘱我不要太过牵挂，但实在是非常惦念他们。身在军营却思念着千里之外的故乡。

12月11日　晴

接到了准备上午九点出发的命令。原以为今天会原地休整，所以大家都很悠闲，没想到却是这样的安排。出发之后便从大路向右转向了小道捷径。一路上颇多危险地带，人都出汗了。走了不到一里路便开始午饭，关根平司君递给我一瓶汽水。下午再次启程时由我充当挽马的预备兵。途中有不少地方已被敌兵挖坏以图阻止我军前进。这些艰难的道路真是让人想哭。尤其是不少路段需要让马和车分开通行，导致我逐渐落到了队伍末尾。傍晚，在高田山炮的宿营地偶然遇见了二瓶庄一郎君。此时已经无法紧跟部队且天色渐暗，所以一边走一边和他寒暄起来，在互祝平安之后便依依惜别了。晚上七点左右在永泰第一蚕种制造所里宿营。这是一个具有相当规模的大型建筑，很像日本某些试验场的结构。今晚仍旧躺在用稻草铺成的临时床上，揉着数日行军疲劳发烫的双腿就寝。似乎将在此休整三四天时间。行程五里。

12月12日　晴

迎着万岁之声从老家出征已是三个月前的事情了。一想到这里大家都会流下泪来。已经许久未能收到老家的来信了。大家都还好吧？起床后便祈祷全家平安、自己武运长久。在行军过程中一切顺利，发自心底感谢神灵的眷顾。今天，小行李部队的有我君、××君到镇江去补给粮秣，我和××君、冈本春吉君三人去征收大米和蔬菜。预计会在此地逗留两三天时间。不过，却又收到了明天凌晨五点开赴南京的命令。马匹在长途行军后极为疲劳，真是可怜。而友军的飞机则在猛烈地轰炸着长江对岸的敌兵。初冬温暖的阳光如春天般照耀着大地，却只能用很短的时间清洗手套和袜子。正要做晚饭时忽然接到命令：傍晚五点出发，尽速完成准备。所以只好丢下手头的饭和汤，满头汗水地开始准备。五点准时出发。夜间行军了大约三里地。挽马艰苦地走在狭窄的小道上，踉踉跄跄地赶到了一处村庄，铺上稻草便入睡了。十一点，部队为了进攻南京继续前进，在桥头镇完成了宿营。

12月13日　晴

凌晨五点起床做了祈祷。自桥头镇出发向南京进军，行程十里。沿途均是山岳地带，高耸的山峰连绵不绝，栽种着松树和榉树，如老家的风光一般让人感觉亲切。那些碉堡和战壕似乎是为了顽强抵抗而准备的，但由于我军的追击太过迅速，敌兵没来得及使用便逃走了。头顶的飞机掷下了通讯筒，发来了"敌军正不断后撤，在我军的追击之下已陷入混乱状态"的消息。傍晚在南京以东四里处的一个小村宿营。至七点左右，大行李部队第二大队的熊田君和另一战友抓了一个敌兵回来。他在被俘时似乎受了点伤。有一个军官想拿他试试军刀是否锋利，没想到这个俘虏却逃跑了。结果由我和××君两人负责追捕，追到了四五十间远的田地里。我们装上在若松打磨的刺刀，乘着几近满月的光亮匆忙追杀的样子像极了国内上映的电影。我赶在××君前面先追上俘虏，抬起手臂用力把刺刀捅了下去，那人便当场昏死了。随后赶来的战友们全都围拢了上来，前述的军官拔出了刀，把俘虏的头顶劈成了两半。因为是在他昏死之后劈的，所以为了确认是否劈中要害又去拨了一下那人的头。这是我出征以来第一次用刀杀人。那俘虏似乎是二十六七岁的样子，或许也像我们一样是抛下妻子儿女后奔赴国难的吧。一想到这里，畅快之感便骤然消逝了，转而涌起了一股悲哀之情，低下头来为其祷告。此后吃了晚饭。预计明晨四点半做好准备，五点出发，所以提前备妥了早饭和中饭后于十二点就寝。今晚与关根平司君睡在一起。

12月14日 晴

凌晨四点起床，一如既往地做了祈祷，然后于五点启程。因为是初冬季节，五点还没有天亮。行军约半里后忽然听到前方约三十间的位置有一颗手榴弹爆炸。这附近残敌较多，故料想是从左面高山上投掷下来的，又或者是故意安放在了路旁。这导致我军机关枪队有五名战友身负重伤。夜间行军是相当危险的，沿途能听到不少步枪的射击声。直到东方发白后，早上的行军才舒畅了起来。看到了第一大队俘虏的残敌，有五六百人。在整个过程中挥舞白旗投降的人实在是不计其数。至下午五点左右，被集中到一处广场的俘虏已达数千人了，如一座黑色的山坡。他们的年龄从十二岁到五十岁不等，服装杂乱不一，不禁让人感慨：这能算是军人吗？若只计算山田旅团所俘虏的人数，就已经多达一万四千余名，另有大量的机枪、步枪、手枪、弹药。自入伍以来从未有过如此畅快之感。此处是幕府山的要塞地段，布下了铁丝网和战壕，似乎是南京附近的最终防线了。血红的太阳西沉之后，开始向宿营地进发。我们小行李部队的人在一处十字路口右转后又左转，迷迷糊糊地走了十町左右的距离，好不容易才联系上其他部队，抵达了南京城面前约一里半位置的中国海军兵营。此处也是两角部队本部的营地。因为有我君最先抵达，他已提前找好了宿舍。我们饥饿不堪，用肉汤果腹之后便入睡了。今晚的南京上空火光耀眼，四处都是熊熊大火。行军里程约为四里。与××的安田龟治、×××、池征二、××的荒牧末吉、×××的青木君等人见了面，互祝平安。［此处栏外有记：俘虏共一万四千七百七十七名（14日）旅团本部的调查］

12月15日 晴

早上七点起床，祈祷武运长久。由于今日原地休整，起得晚了一些。步兵的那些战友为了扫荡残敌于九点出发前往要塞地段。我和×××、×××君三人则去征收马料。下午给马匹疗伤，我负责给爱马泰容治疗鞍伤。此后又蒙青田兽医厚意，吃到了砂糖红豆。

今晚又抓到了五六百名俘虏，且提早入睡以恢复体力。

12月16日　晴

今晨极冷，四处白霜。早饭后，××、××君等人去征收大米时登上要塞看了炮台，里面有大量发电机、探照灯、口径八寸左右的巨炮和精致的高射炮，炮弹等物则残留在地下室。通往此处的道路也覆盖着伪装网以防我军发现。下午午休，老家托东京每日新闻记者带来了明信片。父亲、妻子和××则寄来了三封书信。信上说国内在12月2日至4日下了一尺多厚的大雪。那真是很冷啊！而南京这边则是国内九月末或十月中旬的气温，不过只降了些霜。家人还真是在为我牵挂呢。信上还说，种麦子的时候仍然是和内村各分一半，××还到家里来帮了忙。义兄×和松一君、金一郎君、绥实等人则来帮忙脱了谷。正因为在国内后方能得到如此充分的关照，我们出征士兵才能心无杂念地战斗。老家的马似乎没有什么变故。身在异乡，没有比收到家乡音讯更开心的事情了。然而由于不断的追击，野战邮局的设备也不理想，自11月12日以后就再也未能收到书信，内心惦念不已。听到南京被攻陷的消息之后，四处洋溢着战捷的气氛，今晚到处是哼唱着流行歌曲和民谣的声音。十点就寝。××伍长是演艺会的主办人，和他一起合唱了军歌《露营之歌》（以下记载了歌词，省略——原文注）。

在南京郊外的海军水雷学校宿舍。

12月17日　晴

今天举办南京入城仪式，故各班除了勤务兵以外都须参加。小行李部队分成两部分，我和××、武田、冈本三人负责勤务，其他战友则于早上八点出发。上午除了留下值勤外，还去征收了一些马料。看到十余架我军飞机从上空轰鸣而过，去参加入城仪式，非常威武！今天是旧历的15日，所以和乘马的××××君等五人一起做了砂糖红豆，一边吃着一边围着篝火闲聊说："要是能在国内就好啦！"还谈到可能会被派到长江对岸十余里处负责守备的事情。看到了那些难民，实在是可悲之状。心里想着：无论做什么都千万不要成为战败国的国民。傍晚，有一百五十人的补充队赶来，与×的安藤房雄君、桥本佐武郎君见面时得知了金吉君的消息，据说现在隶属留守部队。

12月18日　阴、寒

凌晨零点接到命令去收拾残兵的尸体。小行李部队全体出动，在沿途不计其数的累累死尸中前行。吹来的风里都夹杂着血腥味，实在是杀气腾腾。在长江岸边有〇〇〇名俘虏被枪决。明明直到昨天还是月光皎洁，今夜却又阴沉了下来，四周灰蒙蒙的。雨水如薄雾一般淅淅沥沥地降了下来。凛冽的北风刺得耳朵发痛。负责去处决俘虏的第十二中队战友被流弹击中了腹部，濒死之际发出的呻吟声如切肤般悲凉。凌晨三点回营就寝。早上悠闲地起床祈祷，准备了早饭。然后和××、冈本、××三人去南京参观，看到此地被宏伟的城墙所环绕，惊愕不已。这些城墙高三四丈，宽十四五间。城区内到处是惨不忍睹的焚烧与毁坏景象，面目全非。敌兵的尸体和解除下来的武装在路边堆积成山。傍晚前后返回营地并于九点就寝。[栏外有记：处理枪决俘虏之尸体（18日零时）]

12月19日　小晴

昨夜极冷，今晨出现大量白霜、结冰。洗脸时都感到冰冷刺骨。早饭后去了南京码头的野战邮局，给老家、中泽荣次郎、村田元、安田庄作、影山喜治、安藤松一、佐藤金一郎、大森胜次郎、铃木茂近、山岸荣太郎、×××、道山国治、××村公所、××村在乡军人分会、××村公所、××村在乡军人分会等寄去了明信片并盖上了纪念攻陷南京的印章。今晚已不太有枪炮声了，得以从容地入睡。昨晨在南京附近的山上看到了初雪，但九点左右便消融了。由于爱马泰容的状态不甚理想，大行李部队的渡边明君把它托付给了有我君，把白玉又牵了过来。真是一段奇缘。白玉是我刚入伍时的马，现在居然又回到我身边来了。它的腿情况还不太好，但应该快要痊愈了。如果原地休整的话，我定要好好地照顾它。

12月20日　晴

五点起床做了祈祷。今日启程从下关渡河到达浦口，并向北面行军二里后宿营。早上做出发准备时发现白玉情况不太好，所以还是把它归还给大行李部队，牵来了一匹中国马。泰容看不到好转的希望了，只好遗憾地将其扔下。自蔡宁宅以来，它代替白玉陪伴着我已经度过数旬，与我们一起不断辛苦地行军、追击却因为身在战场的缘故连照顾它的时间也没有，虽在行军途中曾有两次面临绝望但仍坚持到达南京并听到了胜利的消息，对其鞠躬尽瘁实在是感激万千。如果它在行军中落伍，不仅会给我个人，也会给整个小行李部队的行动造成巨大的障碍。想到这里，眼中不禁充满了泪水。可是现在已经到了非抛弃它不可的境地，真是无奈至极。泰容虽然已经年老，却展现出了优良军马的素质。在心里不断泛起告别的回响：爱马泰容呵，再见了！八点出发之后于下午一点自下关渡河，长江对面的浦口也是满目疮痍、面目全非。向宿营地浦口镇进发，沿途净是些贫寒的民舍、寒酸的房屋。在日落之际赶抵，为了去本部领取物资而从大小行李部队牵出了十一匹驮马。归营已是十一点，放松双腿入眠。

12月21日　小晴、寒

供水情况不佳，今晨没洗脸就去吃早饭了。上午九点离开浦口向滁县进发。沿途有两座桥梁被烧毁、炸坏，让人体会到了艰难得直冒冷汗的行军之苦。今天毫无缘由地变得严寒，在田地里冒着凛冽的寒风吃了午饭。全天行程六里。傍晚在一处村庄宿营，遇见了太田春正君。宿营地名曰汤泉枭，住宿的房屋和国内的马棚一样，但能消除疲劳比什么都强。

12月22日　晴

昨夜极冷，今晨大霜。田里的水坑都已结冰。凌晨四点起床祈祷。有我君到第三大队转了一圈看望他的爱马，说是一定要找到。早上八点出发，因为辎重队负责的不仅仅只有自己的装备和武器，所以需要很早起床把车装满。今天虽然到了冬至但还是比较暖和的，甚至在行军时还出了汗。国内大概已是一片银色的积雪世界了吧。行军的目的地是滁县南方七八里的全椒县，经过了两个薄冰处。于下午三点抵达，当地居民挥舞着日章旗、放着爆竹迎接我们的到来。此时联队长特意提醒大家说："不可对妇女儿童施加暴行，征收物资时须按价付钱，禁止胡乱开枪。"我们部队被安排了警戒任务。据说，我们第十一师团可能会于一月上旬胜利归国，所以大家在行军时都竖起耳朵收集这方面的信息，高兴得把腿疼的事情完全抛在了脑后。

12月23日　阴、小雨

今天原地休整，心情放松了不少，感觉睡觉好像迅速地缓解了疲劳。昨夜睡得很舒服，做了一个年底放假回乡的美梦。今早悠闲地起床，感觉长时间行军的疲劳逐渐得到了缓减。晚上到关根平司君那里去玩了一会后，于八点就寝。一个完全听不到枪声的寂静之夜。小雨停了，战地一片宁静。唯有远处的中国人的狗不知受到了什么惊吓吠叫了几声。我想着：即便我们作为守备部队留下来，到了来春三月也应该能胜利回国了吧。

12月24日　晴

有我君装着器材去了前方三里之外的地方，所以我和其他两三人于五点起床做饭。原以为会阴雨连绵，却幸运的是一个久违的晴天。每次吃饭的时候都会和战友热烈地谈论几月份胜利回国的话题。所在的全椒城是一个与江阴、镇江、常熟等地有着天壤之别的乡下，四处净是些穷苦人家。傍晚后，小行李部队的战友全都围在一起打扑克消磨时间，输了的人要唱一首歌。××君、武田君、××君等人打着节拍一边跳一边高声唱着歌。大家喧闹不已地度过了欢乐时光。

12月25日　晴

确认将负责守备全椒一月之久。由于现在居住的宿舍采光不佳、卧室多有不便，决定换到别处去。上午去布置了宿舍，下午以后进行打扫。晚上又用扑克打发无聊的战地之夜。

12月26日　晴

×××君和第三有线班的战友一起去了师团。凌晨五点起床，早饭后立即开始转移。今天用桶浴缓解了长期以来的疲惫，陶醉于难以言表的舒适氛围之中，用毛巾一搓就沙拉沙拉得像褪了一层皮。看来洗一次是不行的。做饭和洗澡都雇了两三个中国人帮忙，轻松了不少。今晚和××君下棋打发时间，上床后放松着浴后清爽的身体。接到守备任务后整个人都心神安定了下来。和武田君一起躺下进入了梦乡。

12月27日　晴

早饭后清洗了上衣。入伍以来从未清洗过，所以洗起来是很麻烦的。换上的干净衬衣不久便脏了，遂令中国妇女帮忙洗了。那放在洗衣石上边打边洗的景象真是别有一番异国情调。下午泡澡，入浴时的心情无论何时都是特别的，尤其是身在战场时能够体味到国内没有的情趣。今天与其他部队实现联络后开始收取文件指令。傍晚，小松军曹和××伍长来了一趟，喝酒之后胡来了一通，让人感慨：身为榜样的军官无论何时都有必要保持威严。

12月28日　阴、雪

度过了乱哄哄的一夜。岁暮的天空泛灰阴霾。今晨收到了老家10月30日寄来的书信。信上说，种麦时曾有十三个人带着盒饭来帮忙播种了，从我家到石川家的一半田地。正是后方有着如此的关照，我们才能在前线取得战果。给内村弘、须田宪太郎、荒牧义一、大河原平太郎、××××、政春、彦八、彦作、铃木留五郎、铃木平八、吉村亨太等人写去了书信。今天气温很低，下起雪来。

是雨夹雪。但并没有想象中那么寒冷。今年国内似乎比往年要冷得更早一些，所以现在应该也已经下雪了吧。一想到这些，就不由得思念起故乡来。掏出照片看着家里的每一个人，真是倍感亲切。眼中泛出了泪花。但如果被战友看到实在有些难为情，便将帽檐拉低到了眼眉。晚上写好信十点就寝。

12月29日　小晴

昨晚下起了雪，故今晨一片白雪皑皑，乃入冬以来首次。但也融化得极快，至十点左右已不见了踪影。今天给××小学写了封信，下午两点到通讯班下士官办公室委托其寄出了书信和明信片。寄给老家的信包括三封附带照片的，其中一封还写着××的名字。午饭让中国人擀了面条，那人很会做饭。明早预计八点出发。奈良部伍长因为要从本部调任第一大队副官，请假来辞行。想到了在蔡宁宅腹痛难耐时他曾关照过我的那句："斋藤腹痛虚弱，请予帮助"，宛如地狱中听到的佛祖之声，如今仍在耳边回荡。人不可无情，如此心善的人才会成为伍长。但说道别可不是什么好词。今天将举办两角部队牺牲者的慰灵祭。明天武田、冈本、××三人将与第二、第四有线班一道外出，故备好早饭便入睡了。慰灵祭于上午十一点举行。

12月30日　晴

凌晨五点起床祈祷，××君等人要外出，故提早起床做了准备。冬季的五点尚漆黑一片，夜空中有繁星闪烁。今天也是个不错的天气，与佐藤忠惠、××××两人一道去搜了些盐和米回来。然后给末畑常亥、吉田弘康两人写了明信片。大小行李部队的两位班长喝醉了酒，弄得吵吵嚷嚷的，真希望他们能规矩一点。不知是否因为思念故乡的缘故，昨晚梦见和吉田君两人在火炉边谈起了肥料的价格和签署契约的事情。如果身在国内的话，肯定会出现这种事的吧。今天少了三个人，感觉很孤单。已经到了年底，国内的城市里想必都是一片繁忙的景象吧。各家各户可能都开始摆起门松①了吧。当兵的可没有闲工夫为正月做准备。傍晚有事去了趟大行李部队，小林常右卫门君招待我吃了砂糖红豆和晚饭。晚上，通讯班的××、×××两位伍长来了，用流行歌曲和民谣排遣战场之愁。一幅在战场迎接新年的景象。②

12 月 31 日　晴

　　早餐后清理了澡堂准备洗澡。雇来的两个中国人黄仪明和王德祥正忙着在门上做新年的装饰，干劲十足的样子。中饭后洗澡。傍晚收到了下发的过年物品，包括装有日用品的慰问袋、香烟、金米糖、苹果、羊羹、年糕、鱿鱼等。从本部那里拿来稻草装饰大门，在日章旗上写好"天照皇太神宫"和"武运长久"的字样后朝东面悬挂了起来。到了晚上，供上年糕、神酒、米饭，点上灯，感谢神灵保佑我们平安度过了 1937 年。战友的心情都特别好，在联队本部的门口装上了七五三的标饰，还编了一根稻草绳挂了上去。这种经历，或许人生中只会有一次吧。摄像班的大槻来拍了纪念照，我领到了一张作为纪念。战友都睡下以后，我便独自坐在桌前写下

---

① 日本庆祝新年时摆在大门两侧，用松枝和竹子等物做成的装饰品。——译者注

② 此时日本已不过阴历的春节，而是按照阳历在 1 月 1 日过新年。——译者注

日记和感想。寂静的房间里只能听到时针的嘀嗒声，让人更加产生孤寂之感。老家的父母兄弟妻子儿女应该已经进入甜美的梦乡了吧。关俊治君回来了。

回顾 1937 年

1937 年，是迄今为止人生路上的一道难关。一回想起来就会潸然泪下。在年初的二月，曾为了二弟××的事情彻夜往返于医院的险路。六月上旬，因为妻子的脚痛而艰辛不已，不说出来是没有人能理解的。还曾对年幼的××说过一些难听的话。到了 9 月 10 日，收到了征召令，开始意识到自己已转变为军人身份，需要做好随时出发的准备。但留在家里的父母妻子儿女等人又会是怎样的心境呢。虽然振作起精神来，在离开家门时打了声招呼，但内心始终是依依不舍的。亲情和爱情是不会有任何变化的。9 月 20 日那天的见面，也因为内心的感慨连十分之一的话也没有说出来。虽然一起去东山温泉转了一趟，但即便父亲和妻子当时近在身旁也很难表达出来。初秋蚕上茧的时候，×摔断了右边的胳膊。一听到这个消息，整个人就像傻掉了一样，简直无法相信自己的耳朵。骑着自行车冲到医院推开病房的大门，只见弟弟面容憔悴地躺在白色的床上。当时实在震惊得连眼泪都哭不出来了。在日中两国关系告急之后，各地被补充召集入伍的士兵日渐增加。我也希望在自己尚未被召集之前他至少能够出院。所以长期往返于家里与医院之间的四里地。结果就在这时收到了征召令。不过我的愿望却得以实现：在出发之前他幸运地出院了。这真是让人高兴至极，终于能够心无杂念地出征战场。想来，弟弟也真是有些不幸。回顾这一年的曲折时光，能够平安地穿着军装活下来也是无上的幸运，要记录的事情数不胜数，但因时间关系只能就此搁笔。

中国安徽省滁县全椒

于全椒警备宿舍

上海派遣军荻洲部队转交

两角部队本部转交 ［斋藤次郎］

昭和13年（1938）

1月1日　晴

迎来了充满希望的新一年。今晨八点三十分后在八五高地举行遥拜仪式，故与细谷喜代巳君两人一道前去参加。大家在高地上集合，枯草被霜染成了白色，声音震耳欲聋。面对军旗行礼之后，为天皇、皇后、皇太后陛下、皇太子殿下三呼万岁，并在太阳从东山升起之时遥拜了皇宫。在庄重肃穆之中回响起了军号之声，国旗在高台竖立的旗杆上迎风招展。听到号令后，大家向皇宫方向鸣枪示意，刺刀在阳光下闪闪发光，当时的心情实在难以名状。联队长两角大佐宣读了新年致辞："与诸君进击敌国首府南京，在全椒遥拜新春之旭日，对我等来说尚属首次，实在意义重大。今后也请大家忍辱负重，努力发扬皇威。"至此仪式结束，众人解散返回。今天暂用昨日配发的国产大米果腹，早上沐浴，沉醉在元旦的气氛之中。虽然听不到日本板羽球的声响，但四周有此起彼伏的爆竹声。装饰好的门松让新年的气氛更为浓厚。此后从队里领取了日用品，包括一条裤子、一条毛巾、一个肥皂、一条牙膏、一把牙刷、用纸一百五十张、一册便笺、十个信封、十张私制明信片、一支铅笔。战友在领取之后都是笑眯眯的,就连被雇用的四个中国人看上去心情也非常不错。无风无云的平静一天就此迎来了夜幕。同时在今日得以晋升一等兵。

1月2日　晴

在1月1日的好日子里,我们联队本部小行李部队的八名士兵得以晋升一等兵,故与大行李部队的十六人、乘马班的五人共二十九人一道去向联队长等司令部军官致意。联队长祝贺说:"出征战地仅仅四月便得到晋升实属难得,此乃对诸君最好之奖励,今后请为他人树立榜样,更加努力。"结束之后,又去向兽医部的青田少尉、通信班的××、×××两位伍长致谢。下午去逮了三头猪回来,在追赶时一枪将其击毙真是让人畅快淋漓。我们小行李部队至今已捕获了七头猪,如果卖掉肯定能值不少钱。30日离去的××君等三人在傍晚时回来了。故在班长的带领下,我们小行李部队的六个人去拜访了通信班金成少尉。通信班长表示祝贺之后,东京日日新闻的摄影班为我们拍摄了照片,想到老家的父母兄弟妻子儿女若看到我光荣的照片被刊载在报纸上一定是非常高兴的吧。此外还接情报称:向全椒方面溃逃的敌兵基本已被肃清,其余敌人向其他方向逃离了。即便如此仍不可掉以轻心,前方的大队仍派出了扫荡部队以防万一。在外出之际也一定要带好武器。向老家发去了欢喜的消息。

1月3日　晴

今天的午饭做了牡丹饼。有我、××两人来了,有一周没见颇觉亲切。今天从中泽荣次郎先生那里收到了两封信，也从影山喜治、影山金吉、安藤松一、铃木茂近、铃木留四、后藤一郎、樽川喜保那里各收到了一封。得知1937年度被征召的新兵已于12月10日入伍，还听到了若新兵到来则将与我们换防的传言。战友都是翘首以盼，每个人嘴里都在念叨着胜利归国的事情。给山岸荣太郎、影山、安藤、后藤、樽川等人寄去了明信片。午饭时的牡丹饼真是别有一番滋味。傍晚，×××村长寄来了书信，××郡联合町村长的军事员也发来了祈祷武运长久的纪念照。看到家乡领导的邮件真是感觉亲切。中泽荣次郎先生11月19日寄来的虽然是航空邮件，但因当时已经开始实施追击作战，所以直到今日才终于收讫。

1月4日

今天要去滁县的师团总部领取邮件，所以上午八点半外出。途中汽车却发生了故障，只得返回联队本部负责整理书信、包裹和报纸。里面有村田元、岩谷猪次郎寄来的，也有福岛民报社寄来的福岛民报增刊，另有妻子××、妹妹×××的邮件。从字面上看，似乎是蔡宁宅寄出的回信、家里寄出的书信都没有送到，所以在询问情况如何之类的。当时因为已经进入了迅速地追击作战，再加上此前的野战邮局本身并不完备，故未能收到也是无可奈何之事吧。今天整理的明信片、书信特别多，堆积如山。收到了第一个慰问袋，寄赠者是：

东京市京桥区银座西七丁目三番地五
弥生无尽株式会社　峰崎喜八　阁下

下午，内村武雄君来与我见了面。昨天才刚刚从须田宪太郎的明信片那里得知他已出发的消息。在战地与亲切的同乡相聚真是让人如若梦中。得知了袋田的大原茂作君确认已经阵亡的消息，也询问了一些家乡的情况，放心了不少。晚上下发了天皇御赐的美酒。今天真是迄今为止最为幸运的一天。与××的吉村吉一君相聚，据说老家下了很大的雪，非常寒冷。下午还收到了广卫、茂近、留四等人的书信。

1月5日　晴

今天泡了桶浴，清洗了毛线、衬衫等两件衣物。有我君、××君来为马匹钉蹄，提醒我说牵马散步的时候不要走得太远，因为昨天其他部队的五个特务步兵牵马散步时曾遭到五十多名残敌的猛烈射击，目前仍有一人下落不明。在异国他乡是非常忌讳单独行动的。晚上的新年宴会很热闹，看到了大原君阵亡的报道。

1月6日　阴、寒

今天是异常寒冷的一天。早饭过后拿着中国烟去拜访了第五中队第一小队第四分队的内村武雄君，聊了不少家乡的话题，他说大家都曾悲壮地告诫他，既然来参加了两角部队的补充队就必须做好随时阵亡的准备。因为两角部队目前已经有多达六百余人阵亡，国内的人们有这一想法是很自然的。还听说××村曾组织了一个后勤会，村民都处在紧张焦虑的状态之中。我想，正是有了出征前线的官兵、守护后方的国民，我们的国防才会变得如此井然有序吧。另，有信从老家寄来。

1月7日　晴

赴联队本部领取并整理书信，顺便去了趟樽川正君那里。青木君也来了,开心地聊了些故乡的传闻。因有两封寄给根本佐七准尉的明信片,故专程送去并与其会面。返回后洗澡并清洗了衬衫、裤子、绑腿等物。晚上读了12月30日的福岛民友新闻,得知了三浦藤八先生去世的事情。今天池塘里的冰块融化了。收到了××村长铃木国太郎先生寄来的慰问信。

1月8日　阴

天气有些冷。昨天洗的衣物变得硬邦邦的。上午给××村长铃木国太郎先生的慰问信写了回信表示感谢,另把写给××、××、××、仲子、贞子、元卫、贵子等人的明信片放进信封里寄了出去,还向大河原广卫伯父汇报了近况。今天从弟弟信治的义父大森胜次郎先生那里收到了一些慰问品:三百勾点心、三条手帕、三条裤子、三条羊羹、一盒葡萄味的糖果、纸张和报纸等。还从×××村的后勤会那里收到了一盒水果糖、两个盘子、一条手帕、两双袜子、一条裤子、十套用纸、一封慰问信、一本儿童成绩单。对于家乡人民在后方所做的工作、倾注的心血表示由衷的感谢。慰问信上说:本月12日、13日前后你们向北方转移了七十多里路实在是辛苦了,天气酷寒请注意不要冻伤,可弄些毛皮之物来御寒。晚上给后勤会、大森胜次郎先生写了回信表示感谢,信上说:如果部队转移可能暂时无法发去问候,感谢从国内寄来了书信,今后可能会出现短时间内无法联络的情况。

1月9日　晴

去本部把信寄了,包括寄给×××村后勤会、大森胜次郎先生、大河原广卫先生和老家的。大小行李部队都收到了不少包裹,所以去领了回来。返回途中在吉村吉一君那里喝了茶水和年糕红豆汤，还去见了桥本佐武郎君，得知金吉也来了，便打算过去与其寒暄叙旧，让人激动得直落泪。晚饭后，带着一罐菠萝、一罐水果糖、两个盘子、一袋冰糖去了金吉那里，再加上桥本佐武郎君、安藤久雄君，四人一起开心地围着桌子一边吃菠萝一边闲聊老家的大小事。一转眼就到了十点多，道别时叮嘱大家注意食物和战地安全，并约好明天再继续聊未完的话题。

1月10日　晴

今天天气很好。上午无所事事，喂了马后与××、细谷、武田、××、冈本等人玩了掰手腕的游戏。下午去金吉那里玩，但他碰巧去挖菜不在，所以和滩山三郎君闲谈并得知了村山岩吉君在马家宅一带的战斗中负伤并送返回国的消息。晚上，通过报纸得知了柳沼泰一君也负伤归国的事情。

1月11日　晴

内村武雄君来访，愉快地聊了不少故乡的事情，看了后勤会收割水稻的照片，从他那里得知了××各位的情况。中饭时去联队本部领取邮件，收到了星秀之助、小岸荣太郎、根本龟三郎、×××村代表、增子银平先生、星秀雄君等人寄来的新年贺词。另外还收到了弟弟×发来的第一封信，告诉我手臂痊愈之后从一个月前已开始参加劳动，让人回想起来不禁落泪：在日中两国战云密布、形势日渐告急之际，即将应征入伍的我骑着单车前去陪护并促其好转的努力没有白费；神灵并未抛弃我们；经历了激战、身体抱恙，以及不眠不休的追击之后，我们总算是完成了重任。一想到这里，我便低下头来抹眼泪。虽然古话有云：自助者天助，但终究是多亏了神灵的护佑。下午金吉来访，两人一起泡了桶浴一边聊了故乡的传闻。直到傍晚他才离去，临行前送了我一盒响牌香烟。晚上，从12月9日的报纸得知：×××的铃木荣兄家里发生了火灾。据说火情肇始于12月8日凌晨两点左右其隔壁单车店的路边，真是让人震惊，希望没有遭受太大的损失。荣兄的内心究竟是怎样的感受啊。另给星秀之助、小松荣一、影山喜治等人寄去了书信。

1月12日　阴

极冷的寒日。上午去联队本部领取书信，收到了老家的包裹，那是在蔡宁宅时请求他们寄来的东西。因是10月23日发出的请求，距离现在已经过了相当长的时间。包裹里面有铂金怀炉、胃散药、薄荷软膏、六神丸、仁丹、风热散和十五个鱿鱼干，梅野家还寄来了五份森永奶糖和五张明信片。晚上给他们写信告知物品已收讫并表示了感谢。

1月13日　阴、寒

去领包裹，村田元君寄来了明信片，告诉我妻子平安分娩的消息。因为信上的日期是12月30日，所以生孩子应是当时的事情吧。据称母子平安。在遥远的异乡一直惦念着此事，故收到消息后如释重负。

1月14日　晴

上午去取邮件发现只有两三封其他战友的。因收件人道山善三郎君目前行踪不明，只得把另外两封取了回来。金吉说要我分他一些煤油，所以下午去拜访并把出征时的照片也带了过去给他看。家乡令人怀念的景象至今仍让人感觉温暖。烧水洗澡时惊讶地发现自己身体略显臃肿，三号军服被撑得紧紧地。晚上围着炭火闲聊凯旋和女人的话题，开心极了。送给金吉一包响牌香烟。

1月15日　阴

今天也是阴天，没有降雨却很寒冷。四处乞食的中国人在路边一直徘徊，甚至还有穷困潦倒的老人拄着拐杖站在门口恳求施舍些剩饭，可怜巴巴的，都是些难民的模样。听说中国的贫富差距甚大，再加上此次战祸，估计他们连饭都要吃不上了吧。上午煮了些纳豆。原本打算下午去趟道山君那里，但因为其住处依旧不明只得打道回府，去拜访了熊田要君。还计划到金吉那里转转，但听说他外出负责两天警备任务，只得作罢。傍晚发酵了纳豆，并给铃木家重、铃木留五郎等人写信，请求代向荣兄家失火表示慰问。同时还向安田庄作、高原文尚等人汇报了近况。晚上，围着篝火和中国人笔谈一直到十点。用只言片语聊着×××等事十分有趣，与××、××、××等人同龄的孩子玩得很开心。无论在哪里，拿到奶糖和点心的孩子都会是特别高兴的。故乡的孩子现在都应该已经进入梦乡了吧。今天还查阅了征兵年度计划和预备役相关事宜，大家都认为在新的征兵年度到来之际我们是能够返回国内的，所以聊的主要是胜利归国的话题。

1月16日　晴

附近有武器检查，故上午领了把刺刀。下午闲来无事，看杂志打发时间。今天气温有所回升所以泡了个澡，感觉非常爽快。至下午六点，有情报称：西南方向二里距离有约两千名敌兵来袭，故接到命令后各自进入迎战准备。有部分战友乘汽车出门迎敌，随后从南面传来了枪声，应该是与敌军交上火了。此外还有情报称：今天通往南面和县的桥梁被破坏了，所以工兵队前去架桥，结果中了敌兵的埋伏，死伤五人。为此有部分战友赶去扫荡了。另，全副武装的步哨加强了警戒，有一名步兵少尉牺牲。

1月17日 雨

似乎是春雨，从早上便开始淅淅沥沥地下了起来，让人感到春意盎然。国内也会在三月迎来这样的春雨吧。从窗外透进来的和煦阳光让人察觉到了春天的气息。这在一月中旬的冬天是很难想象得到的。前天发酵的纳豆基本上已经好了，久违的饱餐了一顿。明天师团长阁下会到我们联队来，所以冈本、武田、细谷三人去布置会场了。晚上，和雇佣的中国人笔谈。因为终究是语言不通，弄得有点滑稽。今天没有收到扫荡残敌的情报。

1月18日 晴

今天师团长、旅团长阁下前来视察了部队。正巧是个晴天，很幸运。××君、细谷、冈本三人外出了，由我和××、佐藤君等人留守原地。中饭时，若松出身的小椋诚君来给我们小行李部队拍摄了纪念照。由于通往和县的桥梁被破坏，工兵队正在架桥，所以战友用卡车不断往那边运送架桥资材。从傍晚开始能够听到炮声，晚上又下起雨来。围坐在篝火边的那些雇佣中国人听到炮声后脸上写满了不安，直到晚上十一点左右才去睡觉。大雨没有停下来的迹象，一直下个不停，外出执行警备任务的金吉他们一定是很辛苦的吧。

1月19日　雨

今天也是一整天的雨。虽然不是特别冷,但是雨天让人忧郁。给弟弟×、××小学四年级的石井渊分别写了信,另外收到了老家、茂近兄、义兄喜保等人的贺年卡。老家的信上告诉我:妻子在昨冬28日上午十点给我生了一个女儿,母子平安,给孩子取名叫作胜子;糙米的产量比去年增收了五分,全都被评为三等米;目前的行情是,粳米一捆二十四元五十钱,糯米二十六元五十钱;从××后勤会那里收到了年末慰问金三元钱,另还因为孕妇是军属所以免除了分娩的费用。对于后勤人员、父老乡亲的全力帮助,我要表示由衷的谢意。由于金吉今晚完成警备任务回来了,所以赶去其宿舍拜访,结果他刚返回不久正在吃着晚饭。他说烟抽完了,我便给了他三包烟和一包点心。他那幅欣喜的表情真是让人动容。在晚上部队点名之前领到了十月、十一月以及九月的补发薪水共计十八元一钱,且第一次领到了五十钱军票四张。想到妻子顺利分娩、粮食增收了五成、全家平安健康、×的伤情痊愈,实在让人感慨不已。在昏暗的灯光下拿着笔,听着时钟寂寞地滴答作响,看着孩子的照片,思绪已飞往千里之外。

1月20日　雪

昨天的雨水在今天变成了雪花。因为要去联队本部此前的旧址接受体检,所以早上做好准备,洗了澡吃过午饭,于下午一点前去体检。雨雪交织,下个不停。给老家寄去了三本《支那事变画报》①。有传闻称:我们联队将会在近期向北面四五十里的地点实

---

① 日方当时将侵华战争称为"支那事变"或"日支事变"。——译者注

南京大屠杀

施转移。

1月21日　小晴

略有寒意，雨夹雪在昨夜停了下来。从灰色的云层中透出了柔和的阳光。接到命令：我们部队将在四五天时间内从滁县赶往明光，负责守备那里的铁路线，故需着手进行准备。一路上没见到过像样的民宅，因有残敌躲藏于山岳地带，所以估计行军是不会轻松的。妻子从老家寄了明信片过来说捣米的事情已经做好了，分娩一切顺利请不要担心，但我心中仍是很牵挂的。还从根本政春、内村弘先生那里收到了明信片。××的渡边好一君、金吉来看了我。给了金吉一个罐子，里面装了五十支香烟。另外还给老家、村田元、星周藏、根本藏三郎等人寄去了明信片。我和逃难的中国人已经混得比较熟了，和那些小孩也能够玩得很开心，所以这四五天一分别也会想念起他们来。晚上，战友难止冲动，淫乱不堪，还想把我也叫到那个小巷里去。结果我系紧了心里的缰绳，终于从紧张的境地中解脱了出来。

1月22日　晴

让人心烦的夜晚终于过去，一直牵挂的天气也放晴了。因为最近是在行军，所以总是盼望天气能好一点。给铃木留四君、××寄去了明信片。今天收到了以天皇陛下名义下赐的一包香烟，对其鸿恩感激涕零，作为小行李部队的代表接受了下赐品。战友都如获至宝似的收了起来，打算把它作为礼物在胜利归国时带回去。傍晚，×××的渡边好一君与××的渡边利海君来访。在行军途中，突然想到从南京逃难而来的黄义明、王德祥、李长富、陈余金等人在我离去之后能否一切安好，不禁落下泪来。他们曾尽力为我们提供帮助，虽是敌国百姓却四处逃难，和我们的处境没有什么不同。感情，是能够超越国境的东西。一边想着我们离去之后的场景一边咽下了思念的泪水。

1月23日 晴

今天天气不错，应该比国内更温暖。在阳光下能够感到一些春日的氛围。渡边好一君来访但也无事可做，便翻了翻杂志之类的东西并画了一幅桶浴的画寄给××。

1月24日 晴

下午一点后有军装检查，故在上午准备好了马鞍和马，还忙着整理装备。下午到联队本部门前接受检查，青田兽医负责查看了马匹情况。一切结束之后便洗澡休息。关俊治君作为辅助兵来到了小行李部队，告诉我说：古石忠次君因为眼疾住院了，但情况不甚理想，又被送回了国内，所以接到命令来代替他管理军官的马匹。

1月25日 小晴

今晨接到加藤班长的命令，要去滁县指挥粮秣的领受工作，所以比平时更早起床进行准备。由于需要外出好几天，所以为××、武田君和自己备好了必要的马靴，共十四双。手头没有稻草只好用麻来制作。这种麻制马靴还真是挺稀奇的。下午打了疫苗，返回途中和××君去看了全椒监狱和全椒政府。

1月26日

为外出而整理装备，有战友说出发时间定在了28日，但也有人说本月之内应该会一直原地不动，所以具体情况尚不清楚。还听说了一些传闻：其他师团的部队已经胜利归国了；我们部队也会在新一轮征兵年度中回国；二月上旬会调回去一部分，四五月前后其余的人员也都能够归国。据渡边军曹的消息，为了完全修复南京与上海之间的铁路线，国内已经派来了身着黑衣的铁路人员进行全力抢修，同时还忙着修理电话线路，所以完全的恢复应该会比预想得更早，令人震惊。现在回想起当时在被毁铁路和隧道中行军之事仍如梦境一般。今天去了护旗班的渡边君那里，领来了30、31、32三组套装的收音机，里面装有美国产的真空管却没有电池，所以暂时是用不了的。铃木弥给我寄来了慰问品，里面有一个怀炉、两个火门部件、一罐薄荷软膏、一袋胃散药、一盒仁丹、一盒点心、两副手套、两个绷带。还从安田庄作、西牧彦司、道山国治那里收到了明信片。

1月27日 晴

第三大队将于上午十一点出发。因为其隶下第十中队第一小队的渡边义一君也要启程，所以去看望了他。我们的部队也将于明日八点出发。想来这一个多月的时间真是和在蔡宁宅一样留下了不少回忆，长期的原地驻留经历了不少事情。得知我们即将离去的消息后，黄义明、王德祥等人都流下了眼泪，真是让人伤感。但因为我们将要行军的道路太过危险，所以是不能带上他们两人的。更何况沿途会有残敌，一旦落伍就会是死路一条。总之，大家都在忙着做出发准备。今天安藤松一君告诉我一些老家的事情：自从我出征上海之后他就一直没有收到我的音讯，非常担心，所以在此后得知我参加南京入城仪式的消息便高兴得欢呼起万岁来。用老家的书信来排遣战地的无趣真是一件比什么都让人开心的事情。傍晚收到了铃木司、吉村亨太、影山金吉的明信片。同时为了在战事结束后与王德祥、黄义明等人取得联系,还确认好了其地址和姓名。住所具体为:南京市外中山门外孝陵卫小卫街。明早七点要在联队本部门口列队,故今日较早就寝。

1月28日　阴

凌晨四点起床,终于到了出发的时刻,心里有些紧张。王德祥和黄义明等人今晨沮丧着脸,连给我们洗衣服的中国女人,虽然语言不通却也一脸依依惜别的表情。居住了一个多月的宿舍也让人有些不舍。清晨六点完成了出发准备,七点准时出发。前进到全椒北方的高地后,朝霞刺眼地照了过来,房屋如被点燃了一般和杂志上的图片几乎一模一样。继续北进后能够看到山岳地带附近的山峦上有些许积雪,不禁让人想起了国内的景色。中饭后开始传来枪炮声。在山脉中穿行一段时间后夜幕逐渐降临,故在附近的一处村庄留下宿营。但此村庄因为战火蹂躏已是几近焚毁。深夜十二点被说话声吵醒,才发现自己误入了第一大队的宿舍,只得起身到通信班下士官办公室睡觉。晚上被叫醒后拖着疲惫的身躯更换宿舍真是件痛苦的事情。战友都异口同声地给我回了一句:"行军真是艰苦啊。"据说我们的行军是为了前去进攻凤阳南面的定远地区。行走在中国特有的烂路上,真让人郁闷。

1月29日　阴、雪

凌晨四点起床出发。边走边说话,不久便来到了八点。今天终于要走爬上爬下的山路了,在满是石头的狭窄小路上走得冷汗直流。在中饭前后,一直惦念的天气开始恶化,下起雪来。道路上的雪融化之后变得特别泥泞,沾满泥巴的鞋子很沉重,让人感觉疲急。而且夜幕降临之后仍旧未能找到住所，有不少战马和骡马都因为脚底打滑而跌到了田边。直到晚上九点左右才赶到一处小村休息。因为能够听到前方传来的敌军军号之声，故上级下令进入待命状态，在寒风中过了一夜。

1月30日　阴

凌晨四点起床，八点出发。昨天的大雪让马脚受了伤，所以是非常危险的。行军一段距离后在吃午饭时到达了一个村庄。接到了前方有五六百个敌兵的情报，所以我们用山炮、轻机枪对其进行了射击。饭后过了一个小时才出发，看到在此次战斗中阵亡的两名战友被担架抬回了联队本部，另有一名伤员的手臂被子弹打穿，上衣和裤子一片鲜红，鲜血甚至已经渗出了临时缠裹的绷带。战友见此都是一脸悲壮的表情，我也不禁摘下了军帽向其哀悼。两三小时的战斗迫使敌军撤退，所以我军抓紧向前追击，在破烂的道路上行军，完全不顾满是泥巴的鞋子。用信治君送我的菠萝罐头解了渴，那滋味真是特别。因为路况恶劣，我们几乎是走十步歇一下，又走十五步停一停，再加上黑暗中伸手不见五指，整个行军过程真是艰苦不堪。能够听到左侧远处传来友军第三大队进攻敌人的炮声和机枪声。身边战友的香烟火光在雪野中如同萤火虫一般零星闪烁。仅前进一里路便花了两三个小时，而且全天炮声不断。

1月31日

昨天以来的行军仍在持续，最终找到宿营地是在凌晨一点半。在那里吃过了晚饭，用毛毯卷了些稻草便睡了进去以消除行军的疲劳，结果冷得难以忍受。凌晨三点才睡着。早上八点起床后，发现晚上的露水把稻草都打湿了，同时还下起了小雨。今天是旧历的春节。用水壶里不多的剩水洗了脸，向东面遥远的故乡祈祷皇军战捷、全家平安、武运长久，然后把脏水倒进饭盒里做了顿饭。中国的水不论哪里都是很脏的，让人郁闷，真想喝一口国内的水啊。在早饭前便听到隆隆的炮声。副官此时下令说：立即把篝火灭掉以免暴露成为敌军的攻击目标。哨兵则登上屋顶观察敌情。原本接到的命令是下午一点出发，但此后又提前到了上午十点，故加紧准备并待命了约一个小时。没想到命令却又改了：下午两点将转移到两千米以外的位置去宿营。所以按照命令抵达了目的地开始做过夜的准备。久违的用战地肉汤充饥。今天仍是在稻草中就寝，抱着怀炉入睡，能够看到天空中星光闪烁，落下了霜。于是便想起了那句"霜满军营……"的诗。四周能够远远地听到狗吠，有几处大火把天边都烧红了。

[以下省略]

2　堀越文男战地日记

所属：步兵第六十五联队本部通信班（有线分队长），编成

军阶：伍长

住址：福岛县

职业：农民

收集来源：家属提供

日记情况：长 18.5cm，宽 12.5cm 的记事本。纵向书写。栏外的简略标题内记载着信件的发件人和收件人列表，因较为繁杂故省略。
---

2 堀越文男战地日记

（两行内容无法识别）

穿衣

购买联队敕谕全集

被服上只写名字（墨水）

防毒面罩放在前面下方口袋

概算领取日

各中队

非正式婚姻登记的整理、认领孩子

调查军事救护关系

让马得到充分运动

20 日中午至晚饭前三十分钟会面

昭和 12 年（1937）动员计划
步兵第六十五联队第六动员一号　职员表

联队本部

队长　　　大佐　　两角业作

副官　　　少佐　　小畠哲二郎

　　　　　少尉　　伊藤武

通信班长　少尉　　金成正二

瓦斯人员　少尉　　大田铁藏

旗手　　　少尉　　久米正元

兽医　　　少尉　　青田岩

大队本部

大队长　少佐　　山田宪三

南京大屠杀

副官　少尉　铃木进
军医　大尉　伊狩小太郎
补　　　　　木村守江

大队长　少佐　山口武臣
副　　　少尉　菅野薰
主计　　少尉　绀野清次
军医　　少尉　鹫津头一
补　　　　　　高桥正光

大队长　少佐　平显美
副　　　少尉　日下部春雄
主计　　干候　大久保一男
军医　　大尉　小野寺寅之助
补　　　　　　佐腾邦夫
步兵炮　大尉　铃木数马

乘马九匹
驮马二十八
铃木强
横须贺邮局转交
编号"ウ27"　胆第18316部队
大友队
安斋博勤阁下

（栏外有"南京军报道部验讫证"的印章）

9月29日

入住大阪市南区大和町稻田旅馆，在此停留三天。今日终于从大阪港出发。清晨起天色一直阴沉，不时有细雨飘落。七点多分别乘坐卡车向港口方向进发。十一点吃过中饭整顿好马匹，装载好其余武器弹药。第一批于下午两点前开航，紧接着大约三十分钟过后从弥彦丸出港。我们联队本部仍未完成装载，耳畔传来了吊车的滑轮轰隆作响之声。

国防妇女会为我们提供了茶水招待，这也是在国内最后一次饮茶，所以和战友一边聊天一边品味。在忧虑中品茶总有一种渗入身心的滋味但又有些特别，小蒸汽船发动机的响声给繁忙港口所独有的忧愁中带了一丝新意。我如此觉得。

两点三十五分，浅香丸号启航。甲板上排列整齐的士兵呼喊着万岁，与站在住友仓库屋顶前来送行的国防妇女所呼喊的万岁之声交相呼应，振奋人心的口号所散发的勇猛之中又隐隐透着离别的哀伤。我们乘坐的巴拿马丸号于四点启航。虽然有命令禁止送行，但国防妇女会及其他少数人还是来了。在他们真心诚意的欢呼声中动身离开，薄云飘零的天空下向着晴好的大海驶去。

心想，这是最后一次看到祖国了吧。所以内心十分沉重，一直站在甲板上眺望远去的大阪。

天色渐黑，甲板上凉风习习。但下到船舱之后，突如其来的闷热又使皮肤冒出汗来。七点左右，在匆忙混乱中解决了晚饭。于是我又披上衣服登上甲板，远处闪烁的光应该是濑户的灯光吧。夜晚居然下起了雨。

难以入睡，几度登上甲板迎着凉风眺望远处故国的天空。

南京大屠杀

9月30日

六点起床，船现在大概行驶到播磨海滩附近了吧。下午两三点，终于到达了下关。这才意识到在大阪并不是和祖国的最后一别。原来我们在两三点之前仍是身处国内的，想到这里，内心多少平复了一些。

风平浪静，近处群山重叠。清晨在雾色中望去隐约一片青黑，黎明的小舟悬着灯火，热闹起来的我们抚摸着日章旗，船只依旧静静地行驶着。

按照昨天的命令，每日作息规定如下：
六点前起床、六点半以前点名、七点吃早饭、八点至十点清洗、十点开始训练、下午一点会报、洗澡（有时取消）、五点半吃晚饭、八点点名、九点就寝。

有通知说由于缺水，下午开始将无法洗澡和清洗。

五点左右进入了下关港，住在两侧房屋的人们、过往的船只都挥动着日章旗高呼万岁，前来相送。其中有一艘汽船驶到了我们右侧，不断传来万岁的呼声。

10月1日

昨夜就寝之后雨便停了。虽然天空阴沉沉的，但船还是在稳稳地前行。检查了为战斗准备的器材弹药与人员数量。时而起身时而躺下，所幸的是没有晕船，能和战友热闹地聊着家乡之事，谈谈母亲父亲与妻子儿女等，洋溢着一片谈笑祥和的气氛。

今日清晨登上甲板，四面尽是大海。人在海浪的迤逦起伏中显得格外渺小。终于远离故土数百里，向着中国笔直地前行。

时而小雨时而放晴。傍晚风平浪静，夕阳通红，波涛起伏，太阳淹没在了水平线的尽头。

船舱内热闹无比。合唱着《啊，尽管如此》《佐渡袈裟调》《浪曲》等民谣，其中也有说杂耍唱开场白的。大越上等兵滔滔不绝地谈笑着："快进来看啊，背上背着孩子怀里抱着孩子，腹中怀着胎儿的免费哦，开始的演出节目是《一之谷》，最后是《坛之浦》，您里面请，欢迎光临，欢迎光临。"

台阶上面唱着会津舞的歌，手拿筷子敲打着啤酒瓶，听着上野一等兵筷子和啤酒瓶撞击的声音。我登上甲板吹着微风，夜空繁星点点，望着遥远的北斗七星和北极星。我们的船在一片漆黑的深夜乘风破浪，不断地向西前行。

10月2日

通宵值勤者发出的"起床"号令让人立刻睁开了眼。联队内的各位都呼喊着"起床了"，还夹杂着不少"好吵啊"的怒声。

"喂，点名啦！"1、2、3、4、5、6……

"7号怎么了？"

"报告，他上月被送到当铺去了，报告完毕！"随之而来的是众人的爆笑，仿佛大阪的相声一般。

"还有没起床的，快叫他起床！"

小泽上等兵感慨道："这些人真是能睡，睡了起，起了睡，晚上睡白天也睡，醒着的时候还能打盹，真是让人吃惊。"而我此时又登上了甲板，看着船依旧向着西南方向不断前进。

天气晴朗，万里无云，海面上破碎的浪花泛出粼粼波光。

船仍旧向西前行，下午两点若站在左舷一侧便能看到五六片小岛的黑影。不过因为太远也只能隐隐约约地看到。天空没有一丝云彩，只能眺见远处水平方向的天际中飘着几片薄云。

感觉要靠岸了，将在长江边登陆。而且总有一种随时登陆后连地方都没有弄清楚就要向要塞发起攻击的样子。

下午一点，领取了弹药。

波涛愈来愈平静，也不再溅起白沫了。

下午三点登上甲板，看到海水颜色逐渐变黄并且越来越浑浊，四点之后浑浊逐渐减少。甲板上在办酒宴，应该是通信班的那些人吧。军歌覆盖了逐渐昏暗的海面，万岁的呼喊声也摇曳着整座船。左侧有座岛屿，逐渐靠近。海面暮色降临，一片苍然。

明天就要登陆，交战的日子终于来临了。我也暗自做好了心理准备。夜里不仅有空袭，陆地上还架着照明灯和高射炮。

（一行内容无法识别）
①背靠背为枕，怀里紧握枪
困意浮脸颊，梦中归故里，路遥情自笑
炮声隔百里，黎明云惨淡，听闻轰炸声
紧抱钢头盔，站在第一线
②即使是历经百炼的钢铁也无法斩断之玉石，正如大和之魂，征途中被赐予的日本刀
③"致母亲"
想着一直鼓励我的满头白发的母亲，暗自起誓：一定要活着回去
内心坚若磐石，毫不动摇
④（致那些为我送千人针的人们）
美丽的姑娘欢欣雀跃，在千人针的腹带上

凝结着女孩的心思

钢盔也带着勇猛之心

⑤妻子啊，年迈的母亲要靠你了

妹妹啊，家里的田地要好好照料，不要荒废了

⑥每天都会做梦，持续不断的战争

在繁星的夜空下，谁又能明白奔向故乡的思绪呢

10月3日

凌晨两点吃饭，下发了本日晚饭。

左面的陆地上发生了火灾。我们的船四周被大量军舰保卫着，六点左右炮声从远处隐隐传来。上午十点十五分在虬江码头登陆，建筑全部被炮弹所毁，场面惨不忍睹。

前方（西面）炮声隆隆，两架之后又有三架飞机组成编队从头顶上飞过向前线扑去，时而又飞了回来。

已经有七个师团在此登陆。

虽然处于有利的战斗形势，但前进仍是不易。

登陆前方一带已成战场，横卧在秋草之上的中国兵尸体几近腐烂。到处都有，臭气熏天，令人掩鼻。隔着红砖墙的战壕前方就是饭田少佐战死的地点。木桩上写着名字，供奉着几朵野花，摆在一旁的馒头已经腐烂，苍蝇乱飞，遂脱帽行礼。原来在虬江码头战线之后是如此的荒凉。天色也沉了下来。

炮声依旧没有停止，四点左右太阳出来了。侧耳倾听，草丛中还有蟋蟀在小声地鸣叫。

此地距离上海市区约二里。

六点五十分开始行军，九点左右终于抵达上海。此处是日本人

经营的纺织工厂。

10月4日

四点左右所有人都起床了。一边想着会发生什么事,一边拿出随身携带的口粮准备早饭。

此后又稍微打了个盹。吃过早饭后,上午八点三十分,第一、二、三班集合并接到了与各大队、旅团司令部取得联络的任务。现在所处位置是上海杨树浦大康纱厂。

下午到海军航空酒保那里买来了啤酒和汽水。啤酒二十钱,汽水十三钱。又在市区步行与小柳(才七)见了面。他是一名海军士兵,很有精神的样子。

10月5日

晚上八点集合。恰好有敌机袭来,照明灯交错闪烁,高射炮猛烈地点火开炮,噼里啪啦得非常激烈。

两角部队将向月浦镇前进。途中曾问过在永安宿营的战友,才知道此处附近在前天发生过战斗。一个大队里出现了两百人死伤,其中阵亡者有五十人。

10月6日

七点,拉着滤水车出发。不仅沉重而且路途遥远,实在没有办法只好请求支援。尽管如此,路途还是太遥远难以赶上。预备班下午四点左右回来了,抵达了归家宅的东侧。枪毙了中国的妇女孩子等俘虏,场面惨不忍睹。这就是战争。

(一行内容无法识别)

10月7日

全天下雨,营帐漏雨寒冷至极。到了晚上更是冷到不行,道路也泥泞不堪。

10月8日

雨淅淅沥沥地下了又停,用滤水器来淘米做饭。在那条河里漂着中国妇女的尸体,战争居然变成了如此景象。下午两点后外出去征收物资,军靴没进了泥潭。在村里转来转去,不断找寻屋里的东西。每个村子里留下的中国男人、女人和儿童都已所剩无几。

弄到三个锅就回来了。棉花田里,洁白的棉花成熟了落在地上无人去拾,稻田开始枯萎也没人收割,只是等着它腐烂下去。真是一个悲哀空寂的秋天,雨依然下下停停。

10月9日

整日下雨,炮声依旧不断,或远或近。当了一日三餐做饭的杂役。

夜晚若雨停的话方能安心睡觉。蟋蟀小声地叫着。

黎明时分雨势好像增强了,偶尔会有雨滴落在脸上,顿觉冰冷。炮声依旧连绵不断。

电话只能通到李家纲的师团。

10月10日

又是全天下雨,身心清冷,觉得有些头痛便在营内休息。蟋蟀的声音无处不在。电话时有断线。

入夜之后炮声更甚,能感觉到近处机关枪猛烈的射击声。

下午五点左右,第一大队下达了增援山田部队的命令。

傍晚小林诚上等兵来说也许要分别了，脸色变得严肃了起来。据晚上十一点三十分下达的命令：将按××上等兵、我、×××上等兵的顺序依次任命步兵伍长，包括了联队的一百四十五人。

雨停了。原地宿营到今日为止已有五天。

10月11日

早上，向联队长报告任职并向各位干部致意。穿上了征收来的中国女孩的上衣，很暖和。

即便升为伍长也没有颁发肩章，仍旧如现在这样，所以也没有成为上等兵时的那种喜悦。

10月12日

天色阴沉，终于从归家宅的东侧出发一路向蔡宁宅前进。

道路泥泞，没过脚踝。

八点十五分出发，十二点左右终于到达了蔡宁宅北侧墓地。在此搭好帐篷，把中国人的枕头（一行无法识别）。电话将会连通此地到陈家宅、师团参谋部之间的范围。下午四点完成了线路铺设，如昨夜一样附近时有迫击炮弹片落下，对面只有一片棉花田和一条河沟。今日傍晚开始炮声终于接近停止。

10月13日

清晨十分寒冷，走出营帐外找点东西来烤火却一无所获。好不容易弄到了一些竹叶来焚烧。天蒙蒙亮便能看到远处炮兵观测台升起的热气球，飞机在我们营地上空飞来飞去，投下了通信筒。好像被蔡宁宅的第九师团司令部捡到了。

下午两点二十分和班长金成少尉同行去师团司令部，油座一等兵也一同前往。从张家角到陈家宅之间铺设电话线是十分困难的，但第一有线班的铺设任务还是完成得不错。

沿途看到了大批负伤者，大多是左手与左眼附近受伤。从此处到前线相距一里半。在师团司令部向师团长荻洲立兵阁下敬礼问候。

下午三点多出发。途中看到了小河边中国部队的战壕，尸体陈积。

据称今日下午一点开始发起了总攻。

七点左右有电话打来说：增援山田部队的右翼队第一大队，伤亡人数已达到了六人。

入夜之后炮声更加剧烈了。根据前方师团通信所的报告：那是迫击炮炮弹落下的声音。

（一行内容无法识别）

10月14日

清晨寒冷。昨晚的月亮很漂亮，又圆又新。

在昨夜的战斗中，前线部队似乎已到达了预定位置。中午时分，曾冒出一条很肥的锦蛇引起了一阵骚动。下午又稍做了通信演习。

有些士兵在采菱角

棉花落在泥泞之中，脏而可悲

伴着枕边的蟋蟀之声入睡

棉花田被秋蝇之声缠绕

河边的茭白在月光下伫立，随秋风摆动

听说古川腾吉的弟弟古川腾男上等兵，在昨日下午两点左右被子弹从嘴部打穿喉咙当场毙命,对古川表示了哀悼。

下午五点四十分,接到命令去铺设王家桥一〇三旅团和橹网湾六五第一大队之间的电话线。

第四有线班立刻开始准备,我带着山口一等兵指挥此有线班。集合完毕后,两角联队长站在第一线给我们布置了注意事项。下午六点二十分大家勇敢地出发了。包括驮马驭兵在内总共九人。从刘家行的十字路口处向西进发,距离尚有一千五六百米时忽然有枪声一闪而过,结果被告知走错了路并且进入了敌方区域,非常危险。于是便换了条路,从途中的一座桥向南前行。我与山口一等兵一起去目的地侦察,八点五十分到达了王家桥一〇三旅团,九点十五分径直开始铺设作业。虽然已是月夜(一行内容无法识别)但仍在依稀的枪弹声中完成了工作。在确认铺设无误之后,于晚上十点五十分回到了第一大队。

和大队长山口宪三阁下会面,山口队长对线路铺设的完工非常高兴,送了我两块餐桌上的面包。在返回途中和旅团的带路兵、山口一等兵一同分着吃了。回到旅团后又做了汇报。接近十二点左右从此地出发在旅团(陈家宅)宿营,此时已过一点。

[栏外记事] 接受了部队长的训示,寒风凛冽。

10月15日

六点半起床,七点五十分回到了蔡宁宅六十五联队本部,向两角队长传达了山口大队长的口信:他对于自己无能而使大批部下死去表示十分抱歉,今后会调整作战方法,继续努力。

上午一直休息。下午开始进行修筑战壕的演习。

晚上进行了同样科目的夜间演习。

10月16日　晴

下午两点三十分，接到了师团长向两角队长下达的命令，希望派一个大队带上联队炮和联队机枪到前线去。所以联队全员紧急撤掉了营帐开始向王家桥出击。

根据命令将于五点半出发，且五点半之后需要收回电话设备，直接赶到联队集合地点王家桥（旅团司令部）。所以大家按照命令着手准备前往王家桥的事情。

晚上九点左右，虽是月夜却如同白昼。

因整夜寒冷不已，睡得瑟瑟发抖。

［栏外记事］今日开始处理邮件，由我负责通信班工作。

10月17日

（一行内容无法识别）出发时有迫击炮炮弹落下，十分危险。所以在屋内从三点开始准备迫击炮的战斗，打算轻装上阵。

夜晚有敌军来袭，差点就被迫击炮打中了。

因为电话线路出了故障，整晚几乎没有入眠。

但前线并没有遭受损失。第九中队出动后应该是击退了从三家村附近来的敌兵。此时是晚上十一点三十分，远处不断地传来微弱的枪弹声。

下午与小林诚见了面，他的手和右眼附近受了伤，不过没有大碍，还是非常精神的。

10月18日

天气晴朗，时常与第一大队方面失去联系。上午九点左右，渡边上等兵等人出发去和第四有线班交接。途中，伊藤芳卫一等兵被敌军子弹打死。

另有两名轻伤者。下午四点多，召集××上等兵等四人组成了敢死队前去拉线，最终接通了线路。但在临近晚上十二点时又断了线。故××上等兵等三人又出发前去，终于在三点十五分恢复了通信。此后直至清晨都未再出现故障。

10月19日

上午八点三十分，伊藤芳卫一等兵（后备）的遗体被运送了过来。我不禁流下了眼泪。这个性格温良的男人想必昨夜整晚沐浴在清月的微寒之下吧。

上午九点二十分，蒲生一等兵归来。其肩膀下方的背部被迫击炮的弹片划破了。

感觉自己太不中用让战友伊藤阵亡，实在是非常难过，眼泪止不住地往下流。

10月20日

昨夜将近十二点时第一大队断线了。故长峰、×××、宫森、菅野四名战友抱着为保线而牺牲的决心出发。一点、两点、三点，虽然知道情况已经无法挽救，但他们最终还是在五点三十分返回了营地，说线路已断无法再复使用，且战斗正盛之时曾尝试越过河流保线，最终还是没能成功。他们四人都哭了，我也不禁眼角发热。

昨天晚上和前天晚上月光都很明亮，一边责备自己的思乡之情一边工作着，为排除电话故障而忙碌。

枪声日夜不休，尤其是迫击炮炮弹四处落下。今晨尚在昏暗之中就曾有弹片在我身边落下，谁也没有想到。紧接着便听到了两三名战友的呻吟声，好像身负重伤。飞机在天空中盘旋，不住地向炮兵集中轰炸。

上午七点左右，电话线终于接通了。但到了下午两点左右再次断线，××上等兵等三名战友出发前去修复。结果在下午一点零五分接到了渡边上等兵负伤的消息，继而得知其最终牺牲，壮志未酬就倒下了，不知道他的心情是否悲愤交加。我和他自入队第一天开始就一同起居，是关系很亲密的朋友。为什么牺牲的人会是这个可怜的男人，我心中思绪万千，眼泪不禁夺眶而出。

在名册上写下了他的住址，算是最后的绝笔。夜晚月明星稀，迫击炮一刻也未停止过，思念的依然是遥远的故乡。

10月21日

昨夜开始和第一大队方面断了联系，直至今晨才恢复。

第一大队为保线而出动后，第一有线班在第一大队与第三大队之间铺设好了电话线。××上等兵由于在第一大队方面进行保线工作，满身泥泞犹如褐鼠一般。早晨开始流鼻涕且有些便秘，故下午休息。

10月22日

今晨有流血事件。上午十点二十分，星猪一郎君去保护线路时受伤，腹部下侧被子弹打穿但应该没有生命危险。

多次通便，吃过药后休息。师团今日正午开始发起攻击，炮声激烈不休。

昨夜敌弹非常猛烈，旁边的炮兵部队营帐中的一个小队，十二中队就有两人当即毙命，另有其他损失。

昨夜第二大队正面遭遇夜袭，在十五米远的眼前。但一发起猛烈还击敌人便仓皇失措，丢下一百多具尸体撤退了。

夜里梦到了儿岛姐姐。

与第二大队、第一大队换班，第一大队仅剩余六十多人。

夜晚比较平静，一次也没有出动去保护线路。大家都在闲聊家里的事情，内心十分平静。

10月24日

清晨不太冷，但必须要在营帐门口做饭。腹部尚不舒服。飞机早早地就在空中盘旋起来了。

迫击炮弹在各处落下，每天都会出现负伤者。

下午五点左右，吉田清寿一等兵左部大腿骨折，且背部被子弹打穿而受重伤。即便如此他仍是非常坚强（一行内容无法识别）。

迫击炮在入夜后进一步猛烈了起来，炮弹频繁落下。

10月25日

早晨白雾蒙蒙十分寒冷，白天虽然很热但晚上寒气加重。

现在增补的部队已经到达。通信人员增加了五人。天气晴朗，但迫击炮依旧不停地落下。

10月26日

上午在增补部队的第五中队中找到了岩渊伸市兄，看到他如往常一般精神饱满的面庞。听他说接替穴沢嘉八担任了分会长。

此外，还与同年兵中的久保木义明、梁泽德兵卫君等人见了面，遇到了龟冈胜男、渡部忠一郎、佐藤富一等人。

10月27日

每日都是风和日丽的暖秋。十一点过后收到消息说已经占领了老陆宅,战友欢欣雀跃地歌唱起来。下午四点左右,得知敌方得到增援并正在反攻。小泽正过来说,他的小队长被打中了。

今天从小泽三郎那里收到一张明信片。而我自己的情况是,每天等不到来信,总觉得少了点什么。所在地的前半夜是比较暖和的,但后半夜很冷。好想快点收到家里的信啊。

10月28日

早上晴空万里。下午收到了一封信,上面写着"×××的信及耕人(杂志名)",看来我的小说入选了《白沼》。这还是首次发表小说,上面有"老练"的评价,应是键山先生的点评吧。

夜里收到了隆摩兄的书信,为出发做准备。

10月29日

今日是联队为了全歼敌军而发起总攻的日子。天还未亮就向前线进发,翻过战壕不断前行,在三家村东北方向的战壕里突然发出了白昼般的光亮。此后迫击炮弹在各处落下,还有飞机的轰炸,场面十分壮观。夜里检查电话线路时,由于迫击炮的轰炸背部与肩部感觉落下了很多土块一样的东西,于是毫不犹豫地趴在了地上,尘土如雨点一般扑簌簌地落了下来。

10月30日

联队由于要和第一〇四部队换班,赶往王家桥。九点开始回收设备,仅留下✡(旅团司令部)与♪(联队本部)之间的部分未回收。抵达王家桥已是下午一点。

29日，R（联队）副官小畠哲次郎少佐阵亡。

夜里久违的安稳入睡。

10月31日

一整日都没做什么事，傍晚去上海领取了电池。待上野、松岛两人把电池取来就全都备齐了。

包括民谣在内写了四部战时作品，但不打算投稿《耕人》。整日下雨不停。

11月1日

近五点时从王家桥出发向刘家行前进。这是今晚的宿营之地。师团轮流换班，将会负责警备。

焚烧了渡部寅雄上等兵、伊藤芳卫一等兵的尸体。

通信器材中线损失惨重，有十多卷在长期使用后已所剩不多。

今日由于向野战局转移而没有收发邮件。

刘家行是一个不错的地方，有南下去上海，北上前往罗店镇的大马路。夜里接到命令和十一师团换班警备，依照命令为守备地域侦察，决定明日上午八点三十分由通信班长在内的三名下士和山口一等兵共五人出发前往。

11月2日

八点半整队集合，为了和十一师团换班出发去侦察战地情况。位于刘家行与罗店镇中间地区的齐家村成了联队本部的驻地。从右侧配属第三大队去金家店，第一大队去苏家宅，第二大队去白沼。如上所述是大致的驻地情况。因为下雨浑身湿透，到了晚上才终于晾干并就寝。明治节将至，有酒和红白点心。

2 堀越文男战地日记

11 月 3 日

今天终于到了明治节。上午八点在刘家行西边的小丘上集合,联队长带领大家面向遥远的东方高呼了三次万岁。

恰好此时雨停了,真好。接着便向齐家村出发行进,道路泥泞不堪,绕来绕去,下午一点才终于到达齐家村。

径直向各个大队架设线路。我负责第三大队的引导。五点返回。今天起还将负责守备工作,大敌当前之际实际上和前线一样。

11 月 4 日

早晨久违的能悠闲起床。下午两点半,独自一人去和第一大队联络。迫击炮在四周落下,子弹声在耳际掠过。今日是守备的第二天,四点出发返回了齐家村。多亏了××、油座、深濑等人的努力,每天的饭菜都很香。正是天高人肥、秋高气爽的时节,非常感谢三人的劳苦。

11 月 5 日　阴

下午收到了来信。没有比这更令人高兴的事情了。

去第一大队进行联络,步枪子弹又从耳边掠过。键山送来了十一月号的《耕人》。

［栏外记载:今日收信一览(省略)］

11 月 6 日

没有来信。听闻昨夜第三大队方面遭遇了夜袭,但狠狠地击退了两百名敌军并继续展开追击,抓到了七个俘虏并带回了R本部。油座一等兵砍死了其中一个,渡部军曹也杀了一个。(两行内容无法识别）。干净利落地把他们的头砍了下来。

晚上为了预防迫击炮挖了壕沟，可还是塌方了，没什么用。

［栏外记载：今日发信一览（省略）］

11月7日

全天下雨，修筑战壕度过一天，但潮气太重没办法用。

［栏外记载：今日发信、收信一览（省略）］

11月8日

天空终于放晴，听闻昨夜十点左右第三大队遭遇了夜袭。

请××伍长、××一等兵给我买来了烟、明信片、便笺。

晚上写了明信片。第三大队方向又传来了枪声。

［栏外记载：今日收信一览（省略）］

11月9日

天气很好。整日无云，如同国内那样晴朗。收到了儿岛姐姐的来信和明信片。抓到了俘虏，油座把他砍死了。

入夜时分又杀了两名女子、一个孩子。

吃过晚饭后在灯下久违的享用着××一等兵买来的羊羹，喝着汽水，每人一份，真是美味极了。第一次聊起了现役军人时期的事情，大笑。战地的夜晚又愉快了起来。

［栏外记载：今日发信、收信一览（省略）］

11月10日

九点去旅团保养武器，出门。××、夏井（一行内容无法识别）。下午四点左右收到了国内寄来的信。

院子的花开得很漂亮，这就是×××信中夹着的那种花吧。

读着二本松女子学校送来的慰问信，晚上又开始热闹起来。

［栏外记载：今日发信、收信一览（省略）］

11月11日

天空没有放晴。昨夜九点半集合点名并挖了战壕，R本部采取了直接警戒的态势。第二大队方面好像遭遇了夜袭，耳畔不断传来枪声。一整日都阴沉沉的。写下了通信班的新闻轶事。

［栏外记载：今日收信一览（省略）］

11月12日

凌晨一点左右接到命令：早上七点以后开始撤退收线。下午将近一点时，第十三师团开始向罗店镇北部地区前进。

罗店镇北部传来了空袭轰炸的声音，可能是友军的飞机吧。傍晚到达小高宅，又下起了雨。此后到达了杨家桥，天黑路更不好走。晚上在此地宿营。

11月13日

清晨六点R本部出发，××伍长和我等着各班撤线之后再启程。十点过后，经金家宅、吴家巷到达了陈家桥。

飞机在高空中盘旋，路边散乱地开着野菊。昨日与××的吉马兄，×××的大竹兼一君见了面，今日又见到了山口少尉（千芳）。想要追上联队，但因为他们进入了追击战而难如愿。在□□□中国人的家中住下。本部应该位于金家宅。中国人很热情地接待了我们，晚上又让我们留宿，同领事馆的人说了话。

11月14日

七点出发，傍晚开始进入新的大路。宿营在旁边的一座寺庙里。晚上非常昏暗，大概是十点，领事馆的室井也在一起。

11 月 15 日

经过支塘镇，在某地宿营。

11 月 16 日

上午十点三十分到达梅李镇，与第五有线班会合。大家都精神饱满。此外，深濑上等兵、小口一等兵看上去也很有精神。

泥水没过了膝盖。下午六点左右发现一处村落便住下了。我和高桥少尉、藤井上等兵三人去征收了八只鸡鸭回来做饭。晚饭很香。另外又用油、糖、盐把一头猪炒了，当作午饭的副食。

11 月 17 日

六点之后出发。十一点休息时×××伍长过来联系，终于知晓了 R 本部的所在位置，在此地已度过四日。

下午三点左右到达本部。因屋内无处休息，就在稻草堆下面搭了个睡觉的地方。刚睡下子弹就啪啪地打了过来。敌人是从前面的碉堡打来的，我们进行了顽强抵抗。（一行内容无法识别）

晚饭结束。入夜后下起了雨，屋内也漏雨不断。

雨滴打在竹叶上发出沙沙的声音。

11 月 18 日

细雨在竹林中悄然落下，时有秋风吹来飘过耳际，身上顿时感到一丝寒意。清晨雨停了，枪声在附近响起。子弹从耳畔掠过。

上午做了准备，下午一点将去 R 本部。但刚一出发，右侧便遭到了敌兵的射击，只得暂时中止了前进。两点再次启程，进入一个小镇后又遭到侧方射击，极其危险。下起雨来。晚上要安装电话却没有电话线，决心和大家一起担任传令任务。就寝。

11月19日

预定上午六点出发，故开始做准备，但还未准备好敌人就开始了猛攻。因为无法继续前进，只得留了下来，枪声非常激烈未曾断绝。

细雨绵绵。下午赶上了部队（通信）。第二有线班马上向旅团司令部拉线，桥本正夫负了伤。

11月20日

凌晨三点从谢家桥镇出发。在天未亮时的昏暗之中沿着新铺设好的泥泞道路前行。

一直顽强抵抗到昨夜的敌人已经撤退了，很多地方都只剩下残兵。谢家桥镇西面约二里半。

上午八点二十五分左右在某个村子里发现了一名敌军正规兵。把他杀了。这是我第一次杀人，手法非常规范，但刀刃有点受损。没想到我杀人时内心竟如此沉稳，虽然曾一度惊恐，但心情逐渐平复了下来。在西徐野住了一晚。

敌人几乎全都撤退了。让剩下的人做苦役然后再枪决或是斩首。没有愤怒或兴奋的感觉，看到喷涌的鲜血很平静。

可能我已经养成了战场心理吧。

11月21日

雨仍未停歇，烟雨蒙蒙。河边的枯芦苇随风发出飒飒的声响，雨落在河面溅起一个一个的圈，觉得全身冰冷，手几乎要冻掉了。

□枯芦苇呼呼作响，化作雨声。去南国落脚休息。

11月22日

上午七点吃过早饭。今日没有行军，所以马上和×××、××二人出去征鸡。渡河。中国人的小船停在一旁，故察看后选择了一艘乘上去。到达对岸后弄到一壶香酒返回，鸡大概有十只。

中饭很香。直到傍晚也没有出发。敌军大概有两千人，一直在顽强地抵抗。旅团、前卫、第三大队之间用电话联络。

天空久违的放晴了，但还是感到了寒意。湛蓝的天空让我想起了故乡。此地名曰南国，房屋脏乱路不好走，但名字还是很好听的，让人喜欢的地名。

11月23日

上午六点从南国出发向西进军。八点到达了正驻扎在寺院的R本部。八点三十分要去勘查第十中队方面的地形。出发后，用圆木做的资材尝试渡河，结果不小心滑了一跤，一只脚陷了进去。但最终还是打探到了敌情。九点四十分返回。十一点吃了中饭，然后立即前进。三点半，部分队伍先行进入了长经镇。

晚上有些感冒，身上发热，头疼不止，冷得睡不着。敌人好像越来越顽强了，传来消息说无锡的一部分已被攻占。

雪花一片片地飘落。

11月24日

预计凌晨两点出发，但准备的安排偏晚，结果在上午八点左右才启程。进入长经镇，街道很宽。两角部队的先头部队占领了这条街道后卸去其任，改为师团预备队。到长经镇南面的一个小高丘上休息，不久便收到了联队长和师团长发来的嘉奖。

出发前对军旗举行了持枪礼，在联队长的号令下一同举起的刺刀闪烁着光辉。在庄严肃穆的进行曲中夹杂着难以言表的哀愁，浸染了四周的空气，渗透到了全身。

联队的将士全都紧张严肃，一言不发。进而毫无缘由地潸然泪下，此时已是下午四点四十五分。此后继续向北进军，战斗进入了尾声阶段，大家都劲头十足。

夕阳西下，一片火红。我坐在枯草丛中认真地观赏着夕阳。夕阳唤起了对故乡的思念，战友在热闹地讨论着故乡的事情。入夜后不清楚该去哪里，故再次返回长经镇睡了一晚。已到凌晨一点。宿营地是中国上等家庭的房屋，很气派。

11 月 25 日

上午七点出发，向西行进并转移到了师团的位置。路边枯草凝结成霜，田里的小草白茫茫一片，呼出的空气立刻变成了白雾。手、耳、脸颊冻得冰冷。部队将向修同镇①进发。

上午十一点，与金成通信班长一同前往师团进行联络，步行，在深夜来临前共联络了两次。接到消息说第五中队出现了死伤。祈祷伸市兄平安无事。

夜空繁星点点，十分美丽。昨晚的月亮也很美。久违的晴天也终于进入了日暮时分。此时此刻，我正借着烛光来写这篇日记，师团所在地在大河之上。

---

① 此处只有日文注音，故按其发音暂拟此地名。——译者注

11月26日

有命令称上午十点出发，故需要从师团前往联队传达此项命令。奔跑在田甫道上，身体虽冷但跑起来还是马上出汗了。

十一点三十分出发，下午四点过后回到宿舍。从昨日上午开始，每日清晨都会下霜。晚上保养自己的军刀。日本刀真是好啊！砍人之后仍然锋利如新，内心平静而满足。喝了些香酒，更觉得精神高涨了起来。

11月27日

上午七点半出发，下午四点抵达王家村。天空阴暗，寒风瑟瑟。喝了些白色的浊酒，感觉香甜。但是喉咙痛，感冒未痊愈。

11月28日

早上七点半从王家村出发，向西行军至青阳镇。时间是上午九点五十分。在通向江阴的道路上野战重炮隆隆作响不停地前进。途中曾在小丘附近休息。

四点左右到达南闸镇南面的村庄，名曰涂镇。入夜后战斗逐渐加剧，晚上十一点十五分××少尉（××）负伤，无比悲壮。我们的分会长万岁！

11月29日

上午十一点做好了出发准备，吃完饭立刻出发。为了回收线路，我和九名士兵留下工作。在敌前五百米处遭到了高地方向射来的子弹，打在身边。地上的尘土都飞了起来。所以干脆横插了过去才终于完成了任务，返回南闸镇。晚上在南闸镇住了一晚。去六桥时与卫生队佐治半造兄见了面。

2 堀越文男战地日记

11月30日

早上六点左右被冻醒，心中不快。与此同时敌人又猛烈地展开了射击。故立即编成了一个小分队，由我担任分队长，一共十人到本部领受了任务。满天繁星退散，暗夜逐渐光亮了起来。

占领了南闸镇东部的高地，联队本部开始前进。十一点左右，敌军丢弃死尸开始撤退。到达横塘里南面的一个小村时，炮弹猛烈地飞了过来。入夜。看样子要在此地落脚了。繁星很美。

12月1日

万里无云，天朗气清。八点三十分出发，终于抄近路走上了直道，抵达江阴西部街道。流弹又击倒了军旗小队的一名士兵。稍做休息时把××少尉负伤的事情拜托给了大每、东日①的报社记者石井，请其写稿。前方战斗似乎相当激烈，越往前枪声越盛。

下午两点二十分两角部队顺利开进了期盼已久的江阴城，在江阴城城头的西门上高高地扬起了日章旗。此刻真是非常感动！眼泪顺着脸颊流了下来。第三大队平大队的卓越功勋是必须称赞的。应该现在就把它贴在城墙上！

12月2日

第三大队在上午九点三十分通过工兵的爆破炸毁了西门进入城内，联队主力则于十点入城。第二大队占领了吊钟山。联队在此山集结，向军旗行了举枪礼。不胜感激，大家不禁流下了泪水。军号

---

① 即《大阪每日新闻》《东京日日新闻》的略称。——译者注

声悠长而悲壮。江阴城终于被我们占领了！

若从吊钟山远眺北部，可以看见长江此刻正在脚下，狭长的对岸正被雾气笼罩。感激地高呼了三遍万岁，这一场景被记录在报纸写真班的镜头之中。

12月3日

今日联队本部要转移了。于是做好准备后原地待命。今日被侍从武官差遣做事，诚惶诚恐。

加藤上等兵指挥小行李部队赶来。

12月4日

给各个大队架设了电话网。

从明日开始将按以下时间安排作息：七点前起床，七点十分前点名，八点前吃早饭，十点进行会报与判断，正午吃中饭，五点之后吃晚饭，傍晚七点值勤、点名。

12月5日

天气晴朗，上山参观了炮台。×××伍长、××、油座一等兵一共四人观看了三十二厘米的大炮，真是庞然大物。从山上眺望了长江。看到了远处的小舟，漫无边际地一边看一边不时地想起国内的事情。今日也频繁地涌现出渴望回家看看的心情。

12月6日

早上八点在吊钟山南部山麓举行了传达天皇圣旨、令旨的仪式。天气晴好，万里无云。

下午为明日的出发忙乱地做着准备。夜晚发书信，收到了几个包裹。拜托高桥少尉把四个不用的器材和七个机具铁筒，总共十一捆物品送往上海。

[栏外记事：中午通过无线电广播得知了南京已被攻陷的消息。四处传来了高呼万岁的声音。]

12月7日

预计将花四天三夜的时间从常州向镇江前进。早上七点十分整队集合。我指挥小行李部队到达了江阴城西门的十字路口，向山田旅团长阁下敬礼致意。

夜晚，在大路一侧的村子里宿营。行军路程为七里半。晚上听闻攻占镇江的消息（一〇一师团所为）。

12月8日

早上七点从龙窟镇出发，上午九点半到达常州，下午五点到达夏野镇，晚上九点半到达石桥湾。

听消息说镇江是在昨日下午三点被攻陷的。

12月9日

早上八点出发。我负责断后，提醒并收容那些快要掉队的士兵。腿脚没有出现问题。骑牛进行了前后联络。下午六点二十分之前，日暮时到达了本部。

12月10日

早上八点出发向镇江方向前进，下午四点半左右抵达。街道非常气派，宿舍也很不错。二楼的洋楼里有留声机、风琴，还有好看的衣服、酒和味噌、咸菜，而且还设有电灯，皎白明亮。这是在登陆之后第一次住进像样的宿舍。

12月11日

上午十一点出发向炭渚镇前进。从旅团所在位置开始铺设电话线直至入夜，月亮升起。

在山丘上面的一个大楼里住宿。这里是炭渚镇蚕种制造厂。

12月12日

早上七点起床，竹林上天蒙蒙亮，薄雾一片。对面有座小山丘，山丘上有户人家。桑叶悉数干枯凋落，寒风瑟瑟。

下午五点半出发。师团终于为进攻南京出动了。晚上十点到达一个村子，进行了长时间的休整。月亮很美，虽然诗情频现但行军途中也无法作诗。

［栏外记事：此地名曰仓头镇。］

12月13日

在栖霞山的第五有线班预定向分午村铺设电话线路，对南京战线的进展十分有利。有飞机传来的消息说已经有三个师团开入，目前正在扫荡敌兵。

换言之，✡（旅团司令部）将要转移到前面的村子。

仍有残敌，枪声不断。

12月14日

天还未亮，油座君便抓回来一个中国工兵大尉。据称年龄二十五岁。联队本部五点出发，因为我需要等候第五有线班回收线路，故于八点半出发。

下午一点四十分击毙了一个残兵，捡到的敌枪还能用。第一大队抓到了一万四千多名俘虏并带到路上监视。（上午）天气很好，让那个工兵大尉拉着车同去南京。缴获的枪支被遗弃在路上，破破烂烂。翻过一座小山后，南京的城墙已近在眼前。下午四点在城墙前方一千米处枪决了那个工兵大尉。他表情从容淡定。

下午五点半到达了 R 本部，但联队本部人员还未到达。他们直至六点四十分左右才最终抵达。

12 月 15 日

上午九点吃早饭，十点左右开始与×××伍长两人一同前去征收东西，但什么也没征到，只弄到一本《唐诗三百首》便回去了，此时已是五点。

在长江岸边观看枪杀俘虏，每批三四十名进行一轮扫射。

12 月 16 日

收到了稻田先生托《东京日日新闻》记者给我送来的明信片，得知日本已经下雪，还说上个月 28 日举办了音乐会。

整天无事，×××伍长带着两个有线班去南京游玩了。

［栏外记载：发信一览，省略］

12 月 17 日

上午八点列队。山雾弥漫，踏着遍地枯叶的道路向南京城进发。上午九点三十分从和平门入城。松井石根大将（军司令官）、朝香宫亲王、长谷川第三舰队司令官等人在此处阅兵。

下午两点二十分，看到国民政府楼上举行了升国旗仪式，向祖国的天空高呼了三声万岁，真像是戏剧里的一幕。在军队邮局寄出了一张明信片。

［栏外记载：发信一览，省略］

12 月 18 日

上午九点整队集合,为铺设到下关的线路前去侦察。

参加人员包括通信班长、我和×××伍长、石川上等兵、八木沼、××一等兵,还有养马兵桥本。

我们有的乘马,有的骑自行车,还有徒步的。为驻扎此地的司令部架设电话线。早上开始就寒风凛冽。和盛冈见了面。

12 月 19 日

联队渡过长江担任警备,也有建立冬营的目的。预计将于明日即 20 日出发。部队长官下达命令:在南京城内应征收一些烧炭时必需的斧头和锯子等物。于是,小泉准尉带着十名士兵去了南京城。时间是上午九点。到达难民区之后,吃了难民卖的像是扁平面包之类的东西,油炸食物很好吃。往南边的山上走去,进入了一栋不错的建筑,好好地吃了一顿,很高兴得到了不错的招待,非常好吃。下午骑车回去了。

12 月 20 日

上午九点出发,预定从下关渡江到对岸。包括我在内的五名士兵征收了中国的电线,有十多卷。联队本部已经过了江,故无奈只得和驮马一起渡江。时间是下午两点左右。

到达浦口镇后睡了一晚。有一箱烟,价值四百元。

12 月 21 日

上午九点出发,到西葛镇睡了一晚,寒风瑟瑟。住在像是农家的屋子里。晚上十分寒冷,凌晨一点到早上都没能睡着。

12 月 22 日

上午八点出发，向警备地全椒前进。昨夜松岛一等兵来了，听他说第十三师团预定在二月中旬胜利回国。

下午五点到达全椒。夜里喝了香酒，气氛高涨。把歌唱了个遍又吟诗一首，不由得感到心情舒畅。当地居民举着国旗（日章旗）迎接了我们。脚底下长了水泡，真难受。

12 月 23 日

清晨天空阴沉，终究还是下起雨来，非常寒冷，雨水如细线般簌簌而下。终日无所事事。

傍晚拜访了联队少尉佐藤久嘉君，他当了第一小队长。

明日开始有线班将要转入警备状态。

12 月 24 日

随着 R 本部的转移，我们也将随之搬走。在同一城里有暖炉，还有床铺。真的非常不错，一步一步地开始整顿。

12 月 25 日

全天无事。听说第三中队的战友去征收东西时被当地居民击毙了。油座、上野一等兵带着遗骨出发去了上海。

12 月 26 日

第三有线班为了和师团联络，上午八点在×××伍长的引领下出发。下午久违地洗了个澡，摆设着南天竹的台子真是好看。在冬日倍感亲切，渗透全身。

12月27日

下午收到了信。这是从11月12日以来的第一次。果然是亲切故乡发来的书信。(以下是七人来信的一览,省略)

12月28日

清晨开始下着雨夹雪,到了夜里完全变成了雪花。初雪。

12月29日

给下列诸位写信。(以下是八人发信一览,省略)

12月30日

上午八点从全椒出发,前往江浦。下午五点到达汤泉枭宿营。这里有温泉,微温。入住的温泉旅馆非常气派,有床、被褥,日常用品都特别好。晚饭是中国的炒面。另外还有中国人为我们准备的欢迎酒宴,好吃得让人咂嘴。

12月31日

上午八点半从汤泉枭出发,当地镇民摇着旗子欢送我们。道路很宽但满是泥泞,下午一点半到达了目的地江浦。此地是第一大队的守备地,但无法与滁县取得联系,随后通知了R本部。今夜正值除夕,发放了很多补给品。只有这么多,就吃这些。

1938年

1月1日

万里无云,天气晴朗。第一大队(江浦)与岩仲部队(浦镇)之间应该已经用铺好的线安装了电话。于是指挥第一有线班出发。江浦城内响起了万岁之声。寒风凛冽。沿途重新立起电线杆并完成了作业。下午四点与岩仲部队本部取得了联络，对方为我们安排了宿舍故在此处宿营。

1月2日

上午九点左右，班长等人要开车过来向岩仲部队传达必要事项。故立刻出发，乘汽车走上了通往联队的道路。

R的汽车来了之后，在浦口上车并吃了中饭。因汽车的原因留下第四班后便回去了。我带着第四班在警备队的第二中队宿舍过夜。有四架敌军飞机飞过。

［栏外记事：清晨开始便有要饭的中国人挤在门口。］

1月3日

九点五十分集合，与一直关照我的会田上等兵告别。随后赶去仓库前面，十一点各自搭上了车。受高桥少尉关照，在四点左右终于到达了联队本部，回到全椒。收到下列诸位给我寄来的信函。此外，妹妹和岩松宣子给我寄来的慰问袋也送到了。

［收信一览，省略］

1月4日

上午十点开始举行天皇诏书奉读仪式。

夜里给以下诸位写信和明信片。

［发信一览，省略］

1月5日

给以下诸位写信。［发信一览，省略］

××伍长去联络♂后，夜里返回。×××君出院归队。

［栏外记载：收信一览，省略］

1月6日

终日无事,天色阴沉。从民子姐姐那里寄来的包裹到了,是一件衬衫。她好像作为护士长去了桦太。

1月7日

清晨有些腹痛。

枪火落叶风醒秋。

膺惩暴支正义剑。

决死望敌夕阳红。

铁血散花老陆宅。

1月8日

在八五高地举行了阅兵仪式,从陆军开始。天空阴沉。

1月9日

无事,腹部不适,全天躺在床上。

给小松勋、××久子、××辉江发了信。

1月9日①

今日腹部仍然不适。

1月10日

全天无事。

1月11日

同上。晚上有节目,很有趣。

---

① 原文如此。——译者注

1月12日

全天无事,不时有人离队。

1月13日

稍微有些腹痛,全天休养。稻田敏子、佐治靖一两人和妻子寄来的贺年卡到了。

1月14日

腹痛仍然未好。昨日×××君到师团去了,今天傍晚回来。

听说师团开了妓院,联队也将要开设。但我出征时内心坚定,决意"不近女色",所以对我来说并没有任何意义。

1月15日

一月已过半,大家都在谈论着胜利回国的事情。腹痛依然不止,只好去看医生,说是急性肠胃炎。天色不定,不时觉得寒冷,于是往水壶里加了些热水来暖暖肚子。

伟大的个性便是伟大的艺术。

1月16日

今日也去检查了身体。下午五点左右听闻有敌兵来袭,大家便武装出动。今日向南二里处因有匪贼袭击,导致五名战友牺牲。×××伍长为了铺设电话线外出了,至今未归。

1月17日

肚子稍微舒服了一些,久违地下起了雨。

××伍长等人向五家桥第三大队出发,把已经铺好的线路用了起来。雨越下越大,与夏井君两人一起吃了午饭。

1月18日

天气阴沉寒冷，无事可做。听说好像在三四天内要转移。

1月19日

最近毫无国内方面的消息。×××伍长的父亲来信了。下雨更加寒冷。××伍长与××、×××两人一起去了浦镇，×××伍长上午回来了。

晚上到第三大队处查看电话故障，听说遭到了敌兵的袭击。夜里发了工资，有二十七元九十钱，打算寄给母亲。

1月20日

腹部完全恢复了，清晨起雪纷纷而落。

下午一点开始在原R本部进行了体检。

1月21日

下午一点之后要回收五家桥方面的电话线，故出发前往。山丘上的枯草落了浅浅一层雪，白茫茫一片，路不好走。返回后到第二大队财务室领取了四元五十钱的赏金。

能看到小丘塔上的展望哨在活动。

1月22日

发了一些烟，一盒十根。军官三十根，下士官二十根，士兵十根。天色不错。最近终于要开始行动了，故积极准备着。×××伍长从滁县回来了。我们部队在确保津浦线之后将与中国北方的友军取得联络，预定于二月中旬回去。

夜里久违地拿出口琴吹了起来，无尽的乡愁。

1月23日

早晨的天空高远清爽。母亲和妻子寄来的包裹送到了,眼前不禁浮现出两人辛苦劳作的模样。

《耕人》也随之寄到,里面说我在《白沼》的每一个结尾部分都有所欠缺。下午四点前收完信,要着手最近的行动了。

1月24日

下午两点左右开始军装检查,通信班中有五人参加。第一有线班与第一大队一同前去浦镇并于今日到达。夜里感觉头脑沉重。××一等兵上午与通信班长一起去了滁县,晚上归来。

这里有吉他和口琴,每天晚上都很热闹。有人唱着《浪花节》或《佐渡之桶》。《战友》《露营之梦》《进军之歌》,好不热闹。战地的夜晚如此这般,完全不顾炮火声、露营的寒冷、生死之事。战友欢快的歌声让人倍感亲切。

1月25日

上午阅读了对空联络事项的规定。下午一点开始接种牛痘。要小行李部队的姑娘给我们准备了毛皮帽子,但是太大不合适,打算明天再去换。第五班藤井上等兵、小笠原君来访。晚上在此处住了一宿。战友对打牌很有兴趣。

昨夜以前一直是玩麻将,今晚换成了纸牌。

1月26日

与×××伍长和后备大队的三名通信兵去滁县执行任务,和第三班轮班拉线,将于明日返回。夜里看了皮影。

1月27日

上午十点去城外等汽车过来，×××一个人回来之后又等了四个小时才返回，晚上整理了器材。

后备大队的换线班长不在，故没有提交给他。不断向副官申请并最终得到了受理。晚上十点开始准备明日对定远的攻击。

妻子送来了《家之光》二月号，我写的《战地素描》《露营之梦》在上面发表了。此外，斋藤五郎、渡部德治、铃木喜代八、金子丰美兄和妻子寄来了书信。十二点就寝。

1月28日

上午七点出发，开始向定远方面发起进攻。山路很多且相当难走，下午六点到达了周家岗。由于接到了命令，急急忙忙地前去传达。喝了冰凉的酒后不久就睡了。上午九点曾遭遇敌兵，把他们击退了。

1月29日

上午八点出发，在昏暗中吃了饭。行军之路层山叠嶂，又是高山，行路十分艰难，越过了一座又一座山。

到达大李庄已是晚上八点。上午十一点左右曾出门张望，大雪下个不停，寒冷。农家什么也没有。

1月30日

泥泞没膝，道路不好走。下午一点左右曾遭遇三百名敌兵并将其击退。一直步行前进至十二点多，结果仍未到达目的地。而且还迷了路，在一个小村里宿营。今日有两人阵亡、五人负伤。

2 堀越文男战地日记

1月31日

身心俱疲,极其困倦。不知今晨是否会出太阳。按照上午十点出发的计划进行了准备,昨天和今天都是阴雪天。下午将近两点出发。抵达离大计家庄仅一千米处,预计在此宿营,但什么都没有,也没去农民的土屋。在屋外盖着稻草就睡了。天空中没有星星。接到命令后与藤井上等兵在屋外一边烤火一边聊天。

〔以下省略〕

3 远藤重太郎战地日记

所属：步兵第六十五联队第一大队本部大行李部队，编成

军阶：辎重特务兵（1938年1月晋升一等兵）

住址：福岛县

职业：农民

收集来源：家属提供

日记情况：长约10.5cm，宽约6.5cm的记事本。纵向书写。与南京大屠杀相关的部分，有两页内容被损坏。

10月3日

在位于吴淞和上海中央的虬江码头登陆，入住上海公共租界日东纺织宿舍一户三重县人的住宅。

晚上八点从宿舍出发，夜间行军。次日早晨七点抵达归家宅，又住了一夜。我军工兵铺设的军用道路泥水没过了膝盖。

凌晨五点从□出发，向前线的老陆宅前进。在晚上八点到达了前线，有一人负伤一人阵亡。在此停留的十天里，六十五人中有一人牺牲，所以第四班的大行李特务兵现在共有六十四人。运载货物的十九匹驮马被炮弹炸死。故向后方转移了两千米，但仍有枪弹打来，便一直退到了蔡宁宅。在此地驻扎一月之久。

我从此地出发去了吴淞的第一兵站病马厂，在二十二天时间里负责看守行李长的马匹。其间因为大行李部队向前行军，我们这些留下来的人员只得在其之后不断追赶。在马家宅、老陆宅、新木桥的战斗中，我们第六十五联队的战绩最好。此后，我们又从罗店镇出发行军，经嘉定城到达了无锡。依靠军队的通信，我们赶到了江阴县的江阴镇，部队主力也抵达了此地。在此之前，我们六十五联队先后在四个地方进行过战斗才最终得以进入江阴。其中最先入城的是第三大队的第十二中队。××君的著名战功便是在江阴一带立下的。

我与××君一起从江阴到镇江行军两天。拿着枪，背着背囊。我因为没有骑马，脚也很疼，所以就骑了自行车。

从江阴出发后的第五天到达了镇江。镇江已经有了电灯，如同上海一样。在此地睡了一宿后再次启程。乌龙山炮台对面的地带已经被我们第六十五联队的一中队和仙台骑兵占领。所以又转向南京北面炮台，结果发现南京的残兵举起了白旗。由此我们共俘虏了两万敌兵。宗形君 12 月 17 日晚上十点牺牲。

12 月 19 日

明天即 20 日将要渡过长江向北进军,朝滁县进发。见到南京城还是 12 月 17 日的事情。

12 月 20 日

渡过长江向西北方向进军。

12 月 21 日

行军七里,不见敌兵的踪影,也没有敌人的阵地。他们破坏了所有的桥梁后撤退了。这样我军的前进也就被迟滞了。

12 月 22 日

我们第六十五联队到达目的地的时间是下午五点。此时敌军已经撤退了,所以没看到一个敌兵。在距离南京北面一里处的幕府山炮台附近俘获了敌兵,对于我们特务兵来说是难以忘却的事情。所以想记录下来。

到达幕府山的那天,凌晨五点便出发了,但走了还不到一里路。依旧是在天色昏暗之时,有敌兵举着白旗来投降。一眼看去全是中国兵,服装乱七八糟的并不统一。我很惊讶,就凭这个样子也能和皇军抗衡吗?在此地,第一大队缴获了一千八百名士兵的武器和马匹,第二大队和第三大队也是如此。

(此后两页有损坏,内容缺失。)

此后我和×××君、××君三人一起去参拜了英灵,收纳了他们的骨灰后归队。对此真是感到非常遗憾难过。19 日休息。12 月 20 日又从此地出发。从南京渡过长江后在浦口登陆,可以看见南京就在对面的不远处。从此地花了两天时间赶到了全椒，时间是12月22日下午五点。当地的人们举着日章旗迎接了皇军。我们部队好像是要在此地负责警备任务的。

12月23日

今日是皇太子殿下的诞辰，在此遥拜。

待在全椒，此地完全不见敌兵的踪影。

12月24日　阴

《福岛民报》的记者要把新年的感想刊登在国内的报纸上。我们大行李部队的所有人也都写了一些。

我也写了。希望信行等人也能看见吧！从蔡宁宅出发以来一直在行军，所有也没有写信的空闲，没有野战邮局，无法投递信件。仅仅12月19日在南京北部一里处的幕府山炮台处理俘虏时拜托《日日新闻》的记者把我写的信通过南京野战邮局寄了出去。待在全椒的时候也没能寄出信件。

12月25日

今日和昨日一样天气晴好。明天又要从全椒出发了。听说好像是要从全椒行军十里，到达后方浦口西面四里处的地点。浦口就在南京的对面，长江旁边。

12月26日

上午八点从全椒出发，向后方十里的地点进军。走到了此前走过的路，途中睡了一晚。

12月27日

九点前出发，按计划到达了江浦，时间是下午三点。今日行军三里半后又折返回江浦，好像要在此地负责警备。

12月28日　晴

持续了约有四十天的降雨终于停了。中国如果不下雨的话道路就很好走，易于行军。从蔡宁宅出发之后并未下雨，所以行军了一百多里，非常不错。登陆后曾在老陆宅进行战斗时下过雨，路特别不好走，搬运东西也非常费劲。听说中国的十一、十二月份是不会下雨的。路面坚固但尘土飞扬。所在的江浦是一个很不错的城镇。今天是28日星期一，旧历十一月二十六日。

下午开始下雪，变得冷了起来。四点左右雪花纷纷飘落。

12月29日

早上起床看到积雪有一两寸厚，雪越下天气越冷。雪花纷飞的天空阴沉沉的，估计此后的天气也不会好了。27日到达此地，至今日已是第三天，除了收拾下马匹之外并无他事。今日从十点半到十二点半是大行李部队的洗澡时间。每日的食物是南京产的大米和肉，但最近好像也会有日本米来吧。貌似是要在此地长时间停留，从蔡宁宅出发以来几乎吃不到日本米，如果不配着一半南京的糯米就会很难吃，吃不下去。

已经不打仗了，炮声也少有听见，估计最近可能要停战了。

胜利回国应该也就是最近的事了吧。

12月30日

雪很快就融化了，今晨下了很重的霜。八点半后太阳出来了，十分耀眼且万里无云，天气非常好。今天要到南京对面的浦口去，即是到距离现在江浦有三里半距离的地方去领取粮秣。我是作为佐藤少尉主计的马夫去的。后天就是1月1日了，我所在的住处门前也立起了门松，有新年的气氛。虽然身在中国，但也不禁涌动着正月的心情。只要身体健康我就很开心。

南京和浦口夹着长江相对。在长江岸边吃了中饭，江面大概有五百米宽。从我们舰队中派来了运输船，来来往往，络绎不绝。江水是长江有名的浑浊之水。

今日从浦口领到的东西都是正月需要用的：两斗①装的酒七瓶、香烟、罐头、羊羹、酱油、味噌、日本大米、年糕等，还有二十袋木炭。罐头有很多种类。

12月31日

年末发了很多羊羹、苹果、年糕、鱿鱼干、点心等，从稀有的东西到日常用的东西一应俱全。晚上全班举行了联欢会，在盛会之中告别了昭和12年。

昭和13年（1938）

1月1日

清晨天气晴朗，太阳也从我们帝国的方向缓缓升起。小队长阁下来本部与大行李、小行李部队一起举行了新年典礼。

今天也发放了很多食物。我们一班在捣年糕中度过了值得庆贺的一天。夜里大家唱起歌来，在欢声笑语中度过。

1月2日

换上了洗好的衣物，心情不错。给老家、关谷信行、庄藏、贞

---

① 当时日本的1斗相当于18.051升。——译者注

吉兄还有屋敷寄了信。

江浦是一个很安静的城市，能泡澡。商店也一直开着，治安也不错，是一个很好的城市。虽然没有电灯，但是猪肉、蔬菜等食物很齐备，位于南京以西三里处。

1月3日　晴

给马更换了稻草，打扫了卫生。领取了枪和刺刀。第五次补充兵今早抵达了，一个中队共二十六人，但是没有来我们村子，不知道要在此地警备到什么时候，可能是1月10日左右吧。听说接下来我们部队要去山东济南，从此处到那里有一百八十里距离，会更加寒冷。正期待着何时出发，做着准备。

1月4日

颁布军人敕谕五条的大日子。警备江浦的第一中队、第三中队全体集合，由大队长宣读了敕谕。结束后大队长又进行了训话。下午开始检查武器、整顿马具和马匹。蓝衣社是排日的秘密机关。大多数日本报社职员都是被他们杀害的。

1月5日

检查马具和马匹并遛马。下午休息、洗澡。

拜读了1月3日收到的书信。庄藏、信行、关谷末一、直光、渡部大次郎、为作阁下、小针君、役所寄来了两封信，驹井和久寄出的包裹如今还未送到。

1月6日

到浦口领取粮秣，我没有去。行李长的书记要员给了我一个慰问袋，里面放着日用品、点心等，还有一只鲣鱼。

家人给我寄来了护身带、短裤、四盒朝日香烟、腹带、丝绵、怀炉，非常高兴。还收到了很多信，非常开心。

1月7日

今日作为辅助兵前往浦口领取粮秣。因为长时间休息突然走这么长路感到很累。下午三点半，在太阳尚未落山前赶了回来。今天领到了羊羹、酒等珍贵物品。9日又要向全椒转移了。1937年10月的工资发了九元二十一钱。

1月8日

今天是陆军初次庆功的日子。我们大行李部队中×××君等六十一人被晋升为辎重特务兵一等兵，并接受了队长、副官、佐藤主计等人的训话。队长心怀感激地说，在老陆宅和马家宅的战争中我们后方部队的表现得到了上级赞赏。在1月1日得到晋升之后，8日正式收到了相关命令。

1月9日

上午九点本应从江浦出发，但临时取消了。遂去浦口领取粮秣。我因为负责做饭就没有去。何时出发尚无定论，但大家都非常期待。

1月10日　晴

非常寒冷。下午两点半各班派出两名人员乘坐货车到浦口领取马粮。我们一班选出了三人，除我之外还有两人，四点返回。

1月11日

到浦口领取粮秣。因为我昨天已经去过，所以今日休息。写了野外饲养马匹的传票。最近每天天气晴好,今天很暖和。

1月12日

今日阴沉,稍微有些寒冷,在班里打扫卫生。给马搬送了稻草。截至今日已在此地逗留了十五日,正好半个月。

早上七点半下达了点名的命令,也送来了会报。

部队如果是被安排警戒任务的话,会比战斗行军更轻松。能看到信也能寄信,包裹也能送达,还会收到军队里配发的酒、香烟、点心、慰问品等。若在战斗之中就什么都不能想了。在警备的话还能想想家乡。领取了羊羹、麦芽糖。寄了信。

1月13日

早上开始雪花漫天飞舞,稍微有些冷。

天空也阴沉沉的,不禁想到夜晚的寒风。需要去浦口领取粮秣,但我因为值勤无法成行,整顿了马匹,遛马。

好像要在此地长期警备。因为要从步兵中选出负责烧炭的人,同村的阿部君被派去了。今日给今井五介、信行寄了包裹和感谢信。给村长、庄藏那里也寄去了。

1月14日 晴

整理武器。联队长来到我们部队所在地江浦。第三中队的侦察军官遭到了当地民众的袭击,所以我们派出了机枪队和步枪第一分队乘坐汽车赶了过去。

1月15日

去浦口领取了粮秣。稍微休息了一会儿所以全身懒洋洋的。据称明天有去前方十六七里处攻击敌军的任务。我们第一大队将要出动,所以应该也会去参加的吧。

第十三师团司令部位于滁县,两角部队的第二、三大队在全椒,而我们第一大队则在江浦。明天只有第一大队出动去攻击。

1月16日

本来要和我们本部一同转移的,但此后又接到命令:大行李和小行李部队、财务部和步兵一个小队兵力原地留下。

步兵分乘汽车出发了,粮食由卡车运送,坦克也去了。

1月17日

早晨开始天色就一直阴沉沉的,下午开始下起了雨。

去浦口领取粮秣的人要受罪了。我今天休息,刚好轮到做饭。第二中队派来了大小行李的监视兵。此时残留江浦的士兵一共有二百七十人。中国的雨下起来就要持续一周,让人困扰。

1月18日

很幸运,雨停了,天气转晴。

今天仍是休息。

1月19日

18日夜里开始下雨,到现在也没停。今天完全是下了一整天的大雨。这可能是中国特有的长雨吧,和前日一样。

上个月17日到达此地,至今日已是第二十四天。

1月20日

昨日的雨到今日清晨转变成了雪花,持续不断,整日未停。一望过去银装素裹、白雪皑皑。这是第二次下雪了。

下午又变成了大雪。我们第一大队去了和县，扫荡敌军的残兵。至今仍未归来。

1月21日

雪停了但仍有些寒冷，未完全融化。没去领粮秣就休息了。

1月22日

天气转晴，大行李部队队长等四十人去征收东西，弄回来一些鸡和猪。听说明天就要从此地转移了。

到今日为止已在江浦待了二十七天。

1月23日

上午九点半从江浦出发，朝此前宿营过的全椒进军。途中住了一宿，24日下午四点到达全椒。

1月25日 阴

今日休整。

1月26日 晴

为接下来的行动做准备，非常期待。原本下午开始要进行武装检查，但又变更到了明日。第三大队过来搬运了防寒用具。××××来我这里拜访。

1月27日

早上发放防寒用具。下午两点起检查军装，次日向滁州进发。

1月28日

从全椒出发，早上八点向西北方向的徐州进军。

听说中国北方的友军将从济南开往徐州，正不断南下。近期应该会和我们部队会合吧。那样的话,中国军队就会遭到我们的夹击,然后战争就会结束了。

今天一直行军至晚上十二点,停留之处连睡觉的地方都没有,吃了些冷饭然后野营,太冷睡不着觉。

1月29日

清晨八点出发,晚上十二点之前一直在行军。到达宿舍睡下之后因为太过寒冷而难以入眠。早上稍吃了些饭便于八点出发。

1月30日

上午十一点左右开始下雪,路面湿漉漉的,到处粘着泥巴,脚很重不好走。

在大雪纷飞中不吃中饭是特务兵的本领。晚上九点左右发现前面没有路了,泥泞不堪,马摔倒后掉进了沟里,导致一个小时都没有继续行军,也未能到达目的地。

1月31日

早上八点出发,果然雪停了之后道路就好走了。上午十一点到达了我军步兵主力所在地点,战场近在眼前。第二大队有两人阵亡,另有大量负伤人员。战斗在南京西北方向的二十五六公里处。我们第六十五联队、骑兵一个联队,再加上山炮部队会合成一个大部队向前挺进。战线拉得相当长,对敌军发起了包围攻击。我军飞机也不断出动,让人感觉心情舒畅。

[以下省略]

4 伊藤喜八战地日记

所属：步兵第六十五联队本部第一中队，编成
军阶：上等兵
住址：福岛县
职业：农民
收集来源：本人赠予
日记情况：长 11.5cm，宽 7.5cm 的记事本。纵向书写。

10月3日

巴拿马丸上的哑弹导致十三人死伤。遗憾至极。

第二中队出现了第一批光荣牺牲者,两人,岩城□□□。

10月4日

步哨,下午上岸。

骑自行车到达上海东洋纺织公司,我的宿舍。

10月5日

过了一夜。

今晚十点在战场行军八里抵达前线。(一行内容不明)

10月6日

夜间行军八里。

在□上的大队兵营,夜幕降临。去砍竹子时听闻有十余名敌兵攻来。大队出动迎战,由我们小队组成火线。前线真是让人紧张。仅抓回了十五个中国人,就地枪决,真是残忍。昨晚,高射炮和海军军舰实施总动员并展开了激烈的空战。共展开了三次。在吴家宅露营。

10月7日

早上六点半,从吴淞搬运师团武器至杨行镇。

10月8日

雨天在野外露营,真倒霉。

10月9日

晚上担任大队警戒步哨,在皇军的炮声中过了一夜。

10月10日

今天在滂沱大雨中露营，位置是距离归家宅杨行镇一里半的地点。师团司令部在周家宅后方约一里半的位置。

10月11日

凌晨五点出发，前往旅团司令部途中看到中国兵的尸体堆积如山，感觉很愉快。

敌军的迫击炮袭来，故向右侧转移。真是激烈。

10月12日

旅团司令部戒备森严。皇军的野炮、野战重炮之声偶尔在头顶上空轰鸣。敌兵的迫击炮曾数次在我们眼前爆炸。

第一〇四联队出现了大量伤员，负伤有轻有重，被担架抬走。

旅团司令部位于王家桥。

10月13日

早上起床做体操。此后向故乡方向祈祷武运长久。

今天飞机轰鸣作响，我们第六十五联队的战友中昨天有人负伤，均为敌军迫击炮所致。

下午，分队长带领三名中队联络员赶往刘家行的荻洲部队第二野战医院。返回途中惊讶地发现了敌兵堑壕。

10月14日

凌晨四点出发，抵达大队本部。

负责橹网湾（第一大队本部）的警备，位于第一、第二小队的前线后侧。

10 月 15 日

今日修复前线堑壕。

敌兵顽强地抵抗我军进攻，前线无疑陷入困境。

晚上七点起，我们第三小队的第三、第四分队原本计划与工兵合作在第二中队前线距敌前百米处挖掘堑壕，但因对方机枪的斜射，遗憾未能如愿。凌晨三点返回大队本部。寒冷至极。

10 月 16 日

今日第一〇四联队向一处发起总攻，战况惨烈。就在昨天，安积郡出身的中队上等兵大桥正雄被打穿了心脏而光荣牺牲。

上午十点战斗开始，经过激烈的总攻后第三中队全军覆没。

前线的牺牲者颇多。

10 月 17 日

晚上仍持续向一处发起攻击，因太过泥泞而攻击困难。

成田上等兵今日牺牲。彻夜未眠。

10 月 18 日

今天也颇惨烈。中队有大量死伤者。

凌晨五点突击时，仲野伍长面部中弹当场阵亡。

下午三点左右发起突击，从堑壕冲出时肩膀中弹。腿部也中弹负伤。晚上八点左右回到联队临时绷带所接受治疗。

10 月 19 日

早饭后前往第四野战医院。途中乘船两小时，十二点半左右结束治疗后进入病房。

岩仓部队第四野战医院。医院生活的第一天。

10月20日

第二天,看着每天从病房搬送出去的伤员,无限感慨又颇觉寂寞。全天在炮弹声中度过。

诊断结果:背部右侧柔软位置子弹贯通伤、左腿弹片创伤、左膝下侧弹片创伤。

10月21日

同上。第三天的生活。

10月22日

今天也不好受。

战事每天都在不断进展吧。在枪弹声中生活。

昨夜敌军炮弹在附近爆炸,无法入眠。

病床日记编号一四七号。

10月23日

早上八点从野战医院被搬送到吴淞串田部队医院。

入住第十二号预备病房。

10月24日

每天依然百无聊赖,一直躺着。

在长江沿岸和村上君闲聊了两个多小时,思念起故乡。谈了很多事情,非常开心。期待能早日胜利归国。

10月25日

战事仍在顺利进行吧。若如此应该能早点停战。在病房里祈祷那一天早日到来。

10 月 26 日

从预备医院眺望吴淞风景，满是弹坑，真是悲惨。

10 月 27 日

上午八点被送去上海后方的兵站医院。

上午十一点半抵达，下午三点进入病房。

房间号码：三楼第一一六号。

10 月 28 日

今天在三楼房间俯瞰上海城区，中国的民居惨不忍睹，外国民居却袅袅炊烟，都在精神抖擞地工作着。

10 月 29 日

凌晨五点左右梦见家里的孩子，惊喜地醒了过来，原来是梦。

10 月 30 日

今晨又梦到了孩子那健康精神的身影。天空阴沉，才意识到自己仍身处上海前线，期望能早日康复返回部队。

10 月 31 日

小雨，惦念着前线的情况，在医院遥想。

11 月 1 日

每天为身处之地发愁。无聊。

11 月 2 日

今日似要下雨，下午乌云登陆上海，迎来大雨。

从医院向外眺望。一直牵挂着老家是否一切都好。

11月3日

今天是明治节，有不少美味佳肴，尽情地饱餐了一顿。

11月4日

今天用餐时心情愉快。为了新建一个临时病楼，木工士兵正在院子里努力工作。

11月5日

厌烦每天在医院的生活，期待早日归队。孤单得不得了。

11月6日

今天下午收到了台湾产的慰问品，味道不错。给大家分了一点，很开心。

11月7日

今日阴天。十六号病房有一人归队。我也应该快回去了吧。

11月8日

帮忙做饭，什么也不想地活着。

11月9日

精神不错，吃饭是最令人期待的事情。

11月10日

十六号病房有很多人都归队了。又有新的伤员到来。全天无事发生，漫漫长夜令人发愁。吃饭真令人期待。

11月11日

昨夜医院的斋藤部队发生火灾，吵吵嚷嚷的。我的伤口已基本愈合了。

11 月 12 日
阴天。全天扫除。

11 月 13 日
过得很开心。今日下午收到了慰问品,分给大家一点,希望他们能喜欢。饼干也分给了他们。这是登陆以来最开心的事情。收到了一位女学生的书信。高兴。尽早给对方回了信。

11 月 14 日
阴天。打扫卫生很开心。

11 月 15 日
本日亦同。

11 月 16 日
下雨,前线官兵很辛苦吧。

11 月 17 日
今日下雨。天气恶劣。

11 月 18 日
同昨日。

11 月 19 日
同昨日。
今日收到了慰问品:肥皂、便笺、信封、明信片。

11月20日

送新纳战友返回原部队。收到了奶糖、汽水、慰问品。

11月21日

今日阴天,下了点雨。

11月22日

同昨日。

慰问品,面包和朝日香烟。

11月23日

今日天气晴朗,真好。

前线也应该进展顺利吧。

明信片、中国香烟两包、葡萄味糖果一份,慰问品。

11月24日

又是好天气。让人高兴的是,×××来信告知家里一切都好。可以放心上前线了。

11月25日

好天气在持续。

11月26日

本日亦同。

收到慰问品:面包、苹果各一个,汽水两人一瓶。

11月27日

继续好天。

今天收到了妻子来信。感激、高兴。如此便可放心上前线了。

11 月 28 日

给妻子回了信。可放下心来。另，伊佐部队从宫内省侍从武官阁下那里领取了天皇陛下的御赐品。

11 月 29 日

今日天气仍不错。下午一点至三点左右举行了演艺会。真是开心。

11 月 30 日

高兴地度过了一天。

今日慰问品：奶糖一份、朝日香烟一包、汽水两人一瓶、一包饼干。

12 月 1 日

天气不错，开心地度过了一天。傍晚，有汽车相撞事故导致不少死伤，真是可怜但也无奈。护士只有五人，却有九师士兵五六人，令人同情。

12 月 2 日

今日多云。期待返回原部队。

12 月 3 日

医院生活还剩一天便可归队。满心期待返回前线部队。

12 月 4 日

今天是最后一天了。令人高兴之事还有：从国内学校寄来了学生的慰问作文，非常感谢。另还要感谢西本愿寺大谷伯爵送来的慰问品。

12月5日

今日返回原部队。照井部队的人不少,有一百四十一人。返回部队是盼望已久的事情,所以特别高兴。乘汽车从兵站司令部前往南翔支部。今日在此处宿营。

12月6日

清晨七点半出发。昨夜未能安眠,太冷了。

向昆山进发。沿途见到中国人悲哀的身影,感觉无法□□。

小孩很可爱,来讨要剩饭。我给了他奶糖,让他开开心。

今日在安亭镇小学宿营。

12月7日

清晨六点半向昆山前进。沿途净是敌兵尸体,经过时不禁感慨皇军的努力。到达昆山镇已是下午四点,将在此休整一日。

12月8日

天气很好。上午登上昆山镇的山头四处眺望,只见一马平川,是个好地方。山上似乎经历过相当之苦战,有不少中国兵尸体。且旁边的昆山县测量所已被毁坏,完全没了模样。

下午充分休整。

12月9日

早上八点半出发,向苏州进军,乘汽车。

穿过苏州后抵达无锡,在此地住一晚。

12月10日

从无锡启程仅一里距离后便乘汽车通过常州抵达了丹阳。宿营。气温很低。

12 月 11 日

上午九点出发，乘汽车到达了位于句容的军队司令部。得知了师团的行动。今夜在此地宿营（句容）。

12 月 12 日

今日宿营，充分休整。

12 月 13 日

昨夜吃油炸食物闹了肚子，但并无大碍。

今日仍原地休整，希望早日返回自己部队。

想和战友见面聊聊天。

12 月 14 日

上午离开句容，乘汽车途经步兵学校（汤水）到达了军队司令部。此地名曰汤水镇。抵达时间为一点半之前。

从军队司令部听闻：我所属的部队正从镇江向对岸转移，故自下午两点返回，抵达句容、丹阳附近过夜（四点半）。

12 月 15 日

今天早上八点从丹阳启程，向镇江进发。

第二野战医院的义光君位于镇江前方一里距离的地点，在他那里过夜。

12 月 16 日

上午十点出发，十一点左右抵达镇江。因部队已向南京挺进，故追赶而去，沿途自丹阳经句容抵达了汤山镇。在汤泉镇过夜。此处乃蒋介石别墅所在地。

12月17日

早上八点出发，自汤山镇乘汽车经过了军官学校、总理墓。联想到了战友的墓地，默默祈祷。穿过南京的中山门就应该能回到自己的部队了吧。上午十点抵达。

穿过中山门后有励志社、陆军军官学校、警卫司令部等。

下午一点举行了南京入城仪式。

傍晚在大队所在地与第四中队过了一夜。

当晚，两万名敌兵俘虏在长江边被处决。

12月18日

前往大队本部。下午前往处决现场参观，真是人间地狱。

我军有十人阵亡，另有人负伤。

傍晚乘中队汽车前往乌龙山炮台警备地点，终于回到了自己部队，安下心来。

12月19日

负责警备第一中队占领的乌龙山炮台。

12月20日

步哨两次。

下午两点出发。与第十六师团第三十三联队换防。

第四中队在幕府山过夜，我们则在大队本部宿营。据此地有四里距离，下午五点左右抵达。

12 月 21 日

今日休整一天。中队收管了战友的遗骨。充分休整。

12 月 22 日

早上六点出发。七点半左右抵达了南京津浦铁路的中山码头前方。从此处乘船，在下关港对面的浦口上岸。中饭后进入浦镇并在此地宿营。

12 月 23 日

早上七点半通过花桥营，路上心情不错，但下午略有降雨导致行军艰难。傍晚五点半抵达滁县乌衣街，征收物资后宿营。

12 月 24 日

早上七点半出发，一路顺利，在距离全椒一里半的地点宿营。抓了只鸡来饱餐一顿。晚上充分休整。

12 月 25 日

早上七点半出发。十点左右到达后与第二大队小行李部队会面，非常开心。

第三中队的第四批补充兵前往三里之外的地点征收粮食却被杀害。似乎是敌方残兵所为，令人憎恨。

12 月 26 日

早上八点出发，随大队行军了八里地，不久将可抵达我军守备区。今日的宿营地在小店，八点左右抵达。晚上寒冷，难以入眠。

12月27日

早上八点半出发,向守备区前进,距离约三里半。下午两点左右抵达,负责江浦镇的防卫。四处征收物资很有趣,弄到了不少战利品。

12月28日

今天负责巡查城区,四处游览。下午也不知道又干了些什么。无所事事。晚上去医务室住了一夜。

12月29日

上午为了给正月做准备,四人一起去城外摘了松枝,还买了豆腐回来。

12月30日

上午清理武器,下午自一点半开始作为卫兵负责东门步哨。警备步哨的工作必须好好做。

12月31日

昨夜的卫兵工作让人犯困,下午一点左右发现南京方向似乎发生了空袭。听到了高射炮的声音。

早上非常困乏,但仍无碍地完成了任务。下午一点半交班,晚上迎来了1937年的最后一夜,开心地参加小队聚餐,过得很高兴。上床入睡已是十一点左右。

昭和13年(1938)

1月1日

七点半起床,四周还是一片漆黑。进行了各种准备,吃了不少东西后前往学校门前集合,向皇居行礼致敬后返回,悠闲地休整。

准尉过来说:第一〇四联队现在已被敌军第二十四师包围并陷入了苦战,所以我们的第二机枪队已经出动前去支援,大家要各自小心,都紧张起来。估计在此地不会停留太久吧。

今天上午和大家一起去中国民家取乐,很是开心。

1月2日

早上六点出发。九点四十分,汤泉镇、五柳池、苏家巷。

在分队长的带领下十人一同行军了五里地,以便与联队本部进行联络。途中在九点四十分左右受到了当地中国民众的欢迎,不仅饱餐了一顿中国荞麦面,还得到了欢送。继而向苏家巷前进,但抵达后发现联队本部尚未赶来,故于下午一点半左右返回。途中在汤泉镇又得到了欢迎。晚上八点半返抵后充分休整。

汤泉镇的五柳池非常漂亮。

1月3日

行军后充分休整。上午去商区参观,此后在班里进行座谈。

1月4日

上午九点列队参加了敕语奉读仪式(明治十五年1月4日下达的敕语)。接到指示要求在各种警备上多加注意。

1月5日

(内容无法辨认)

1月6日

(内容无法辨认)

1月7日

充分休整。

1月8日

上午去看了中国市场，买了些香烟后进入休整。估计日后的行军还会很累吧。

1月9日

上午八点二十分列队完成军装检查，待命。上午充分休整。

下午一点三十五分再次列队，自南门出发行军三里地。途中抓了只鸡，很开心。傍晚四点四十分左右归营。运动了一下，真是很好。

1月10日

上午外出征收东西，弄了些葱来，给中国人一元钱令其帮忙搬到分队室去。下午在班里休整，然后悠闲地给家里写了信。

1月11日

上午充分□□，下午泡了澡很舒服。随后进入休整，并无其他任务。

1月12日

今日没有任务。充分休整。

1月13日

上午休整。下午自一点起作为卫兵负责北门步哨。傍晚从西北方向传来了炮声。显然是战友正在为东洋之和平与正义而扫荡残敌。在炮声中交了班。

1月14日

早上困乏不已。

今天仍是十一点左右传来了炮声。战友一定很冷吧。下午一点半在炮声中交了班。

1月15日

清晨七点穿好军装列队,于七点半抵达北门外。此后大队长阁下进行了分队编成,预先安排好了每个人的配属位置。大家都将应对敌军一个中队。九点五十分左右结束,大队长做了发言,继而由部队长阁下训话。此后归营,为明日的出发做准备。

1月16日

今天为出发支援第三中队做准备,但尚未传来正式的出发命令。我方部队的空袭声、机枪声从西面传来。估计应是我军守备城外的坦克队正在不断挺进,突入前线。敌军不久便会被全歼的吧。在未接到命令时一直保持待命状态,原地休整。

明日将向和县镇进发。第一小队下午四点乘汽车启程。

1月17日

清晨五点起床做饭,六点吃过后于六点五十分在小队门前列队,七点抵达北门外。八点,乘汽车向和县镇进发以支援第三中队。途经桥林镇并吃过午饭。据称,第三大队已有三人阵亡。在和县镇前方下车后一字排开,继而向前发起攻击,但没有子弹飞来,未遭遇抵抗。

傍晚四点半结束攻势后自西门进入镇内。或许会在此地稍做警备。大雨滂沱。

和县镇。大小坦克共计二十辆，卡车三十九台。

1月18日

上午八点二十分列队出发，乘汽车支援第三大队。因敌军在路面上挖了坑，工兵队正在进行修复作业。我们只得在车上观望，不知何时才能完成。其间曾一度尝试绕经西埠镇前进，但道路亦遭毁坏无法成行。结果只好返回和县镇的财务室整理粮秣，且取来了分队的外套给大家分发下去。三点半乘汽车返回，却听闻中队已经转移，只得再次乘车出发。沿西埠镇向前时发现了两三百名敌兵，故派出坦克配合小队前进并将其击退。此后，坦克队与我们第三小队一同在村庄中宿营。同时从分队派出了三人负责守备桥梁。包括我在内的三人倍感孤单。傍晚下了些小雨。

1月19日

早上七点四十分列队，接受了坦克小队长的指示。

但结果计划取消，改与中队一同行动。九点四十分启程，乘汽车前进到桥梁被毁之处。此后与第三大队实现了联络，在叫作后河巷的地方吃了午饭。折返后从桥梁处又乘汽车于下午两点左右抵达了汤泉镇（交战地点位于□利家）。

再次取得联络后赶往和县镇，经西埠镇时道路被毁狼狈不堪，花了不少时间。傍晚七点半终于抵达，进入休整。

第三大队与敌军残兵作战，阵亡五人。其中包括伍长一名、上等兵两名、补充兵两名。另有两人负伤。

1月20日

本日雨雪，寒冷。

下午转移时吃了不少苦。估计此后会有积雪。对于降雪我还是很乐意的。晚饭后在宍户上等兵的带领下四人一道前往门镇望楼担任卫兵，值勤直至天明。六点半结束。

1月21日

清晨六点半结束卫兵任务，七点三十分在中队列队，站哨直至八点。随后在大队本部门前列队并于十点出发。中队作为先锋一路急行军了八里地，穿过乌江镇于下午五点半抵达桥林镇过了一晚。行军真是让人苦不堪言。要好好休息一下了。

1月22日

上午八点三十分列队出发，一路艰辛。

下午两点左右抵达江浦镇，返回了以前住过的地方。入浴后打算今晚好好休整。明日又将行军。

1月23日

本日，各分队都安排了一名弹药守备兵。因桥梁被毁，中午前往侦察后返回并乘汽车于下午两点归营休整。

1月24日

早上七点出发，在江浦镇一路乘车直至正午。穿过浦镇后到达浦口吃午饭，随后又离开浦口到达乌衣区滁县、全椒县附近，下午五点左右抵达宿舍。

1月25日

今天充分休整。

上午与第二大队小行李部队的熊坂物藏君见面聊天后返回。下午一点接受了新任代理中队长高桥中尉的训示。此外，还与前任中队长谈了话。

今日天皇陛下下赐了香烟，皇后陛下也给康复归队的人员下赐了慰问品。

1月26日

上午九点至十点接种了疫苗。下午自□时开始进行小队军容检查，此后又从两点至三点到全椒县中学校园内接受了大队的军容检查。天气寒冷。偶尔能遇到以前的战友，真是无比高兴。

晚上八点左右，第三小队为了支援第四中队而乘车向汤泉镇进发。用水壶烧了些热水备用。

1月27日

无任务，休整。

1月28日

今天清晨七点出发。联队在山林中行军，我中队追随其行军一里有余。

敌兵恐怕已经溃逃了吧。晚上九点前抵达丽新，吃了顿冰冷的晚饭。此后为明晨做了些准备，进入休整。

1月29日

今天清晨七点半启程，继续在山林中行军，疲惫不堪。晚上十一点左右到达一处无名村庄宿营。

1月30日

早上七点十五分出发，在泥泞中行军。穿过定远县，凌晨十二点左右抵达某村庄宿营。机枪队有一人阵亡,两三人负伤。负责担任步哨。

1月31日

早上八点左右出发,行军半里地。因为坦克、重炮都没跟上来,无法实施攻击,所以在附近的无名村庄休整了一晚。此地名曰杨家署。

[以下省略]

5　中野政夫战地日记

所属：步兵第六十五联队第一中队，第三次补充入伍
军阶：上等兵
住址：福岛县
职业：农民
收集来源：家属赠予
日记情况：长15cm，宽8.5cm的记事本。纵向书写。主要用日文片假名书写，其中夹杂平假名。按原状收录。

11月20日

中午抵达广岛，在武田小学午饭。下午两点与一等兵佐佐木正雄在鹤见町藤里藤吉先生那里过夜。

11月21日

下午两点起担任部队卫兵。凌晨两点交班。

11月23日

上午十一点从宿舍出发，一点列队完毕前往宇品，五点乘船，六点启航。

11月24日

早上抵达门司，上午停靠岸边。待夜晚昏暗时出港。

11月26日

从早上开始就能眺见大量岛屿，晚上抵达吴淞。

11月29日

下午一点登陆上海，晚上到中国人的纺织工厂内宿营。将在30日、31日停留此处。

12月2日

清晨六点出发，在某地登船后沿长江而上。于四点登陆许浦镇，六点开始行军，十一点抵达梅里镇。因是首次行军且道路不佳，故十分辛苦。在许浦镇有不少编外人员。

12月3日

向江阴进发。晚上铺稻草睡觉。

12 月 4 日

行军,将近十二点才就寝。

12 月 5 日

晚上十二点左右抵达两角部队,在第十二中队休息。

12 月 6 日

清晨七点列队,面向军旗,接受部队长官□□训示。

编入各个中队。第一中队第三小队第五分队长。我队队员:椎根保吉、阿部寿惠、白岩文次、横田寅太郎、××××。

12 月 7 日

从江阴出发,前去进攻南京。清晨一片漆黑,六点列队。

下午四点在无名村庄宿营,所有食物均靠征收而来。

我不愿这么做,所以没去,用南京大米和粗盐对付了一顿。

12 月 8 日

继续昨日的行军,分队成员白岩、××落伍。

我帮白岩背着弹夹行军。今天第一次去征收了东西。

大米、面、腌菜等。

12 月 9 日

清晨六点从宿营地出发。

下午四点半在无名村庄宿营。今日也出去弄东西了。

征收到了被子、大米、猪肉、土豆等。

与第一分队一起行动。

不少人都腿疼不已,但我感觉还能忍受。

12月10日

清晨六点从宿营地出发。

下午一点抵达了传闻中的目的地镇江。原以为会在此地宿营,却没想到又继续前行。晚上八点半到达山林中某无名村庄住下。

离开日本已久,却受到了中国人的热烈欢迎。

但无食物,且有不少中队过得很苦。

12月11日

清晨六点从宿营地出发。

下午五点抵达龙×镇住下,大家都觉得腿疼,行军非常辛苦。我此时也或多或少地感到了不适,却仍需负责援护骑兵队。

刚抵达便又和武藤上等兵等人外出征收东西,弄了些大米和猪肉回来。晚上,第一次去喝了中国酒。

今天与××的×××町的饭田君等人相见,看到他满脸的胡子以为认错了人。

12月12日 晴

上午八点起床,与其他分队成员一起去某地找船。

没过多久便和末长上等兵乘船进入了一处村庄,征收了不少大米。此地因为河流决堤而导致田里涨水,如一片汪洋。故村庄之间只能用船只通行。

下午两点左右返回。征来了一些豆酱和腌菜等。

下午五点列队,行军约三里地,在一处无名之地宿营。

此时已是十一点。所以行军时一边开枪一边试探着前行。

12月13日　晴

清晨六点从宿营地出发。沿途击毙了几十名残兵，十点左右能够听到枪炮声。逐渐迫近的枪炮声让我们顿感紧张。

不知何时我们中队被孤立了，且第一小队并未派出兵员侦察。在此地附近的道路约二十米距离埋有地雷，山上还有堑壕、铁丝网，看似是一处坚固的阵地。

下午三点左右得知了乌龙山炮台的位置并将其占领。

炮台大多面向长江，地面上构筑了碉堡，似乎正在修理中。

12月14日　晴

警备。为了扫荡敌方残兵，中队长准尉的第一小队第一分队和我们第四分队前往炮台方向。

击毙的人数不明。

12月15日　晴

接到情报，有数百名敌方残兵来投降。故全军出动约两千米。

敌兵在山林中丢弃了几百把步枪、四挺捷克式、两挺重机枪及其他大量弹药。

用前几天虏获的汽车将上述武器运往中队。

12月16日　晴

警备。攻击部队开进南京。奉中队命令警备炮台。

12月17日　晴

警备。小队成员中，××××、××××两人负责步哨，遭敌方残兵投掷的手榴弹袭击而负伤。

每天都能击毙好几个残兵。

12 月 18 日　晴

警备（大队处理了一万七千名俘虏）。

无异常事态发生。

12 月 19 日　晴

警备。第四次补充兵抵达。

从医院归队的佐藤清重被编入我们分队（步枪手）。

12 月 20 日　阴

下午两点交接了炮台警备任务。

从宿营地出发。下午五点抵达南京城外一处无名村庄宿营。

缴获了一些行囊交给汽车运输。

12 月 21 日　晴

原地驻留。可谓春日，天气不错。

前往小山处给国内寄去了第二封信。

12 月 22 日

清晨六点从宿营地出发。

上午七点抵达南京城外码头附近。十点，在海军协助下横渡长江抵达浦口午饭。此后行军。下午四点抵达浦镇，宿营。

12 月 23 日　晴

清晨六点从宿营地出发。

在小雨中行军。下午六点抵达乌衣街，宿营。

抵达时已经很晚且缺乏食物，非常糟糕。

12月24日　晴

早上七点从宿营地出发。

上午的行军走错了路。下午五点在一处无名村庄宿营。

12月25日

早上八点出发,前往全椒。

十一点抵达全椒。与饭田君重逢。

第一次与小队长当面交谈。

12月26日　晴

第一大队接到了警备江浦镇的命令。

早上八点出发,行军八里。下午六点在无名村庄宿营。

12月27日　晴

早上七点从宿营地出发,下午一点进入江浦镇。

与第四分队在同一处宿营。

在以往行军的日子里都是趴在土屋睡觉。此次在像样的房子里,睡在床上,乃登陆以来的首次。

去征收了一些煤油回来,食物也弄了不少。

12月28日　雪

下午开始下雪,积雪两寸。

今天也征来了不少东西。

今年的初雪。

12月29日　阴

无事度过。

12月30日　阴

今日自登陆以来第一次泡澡。

用的是中国的浴缸。

12月31日　阴

年末，立起了门松。但因阵亡战友很多，情绪并不高涨。

昭和13年（1938）

1月1日

战地也迎来了新年。早上起床后见到的所有东西都让人神清气爽。上午九点在小学的广场里举行了皇城遥拜仪式。

领到了年糕、干青鱼子、干海参之类的东西。

1月2日　晴

第五次补充兵抵达并入队。

同郡××村的两人在补充兵队伍里。

构筑防线。战场的正月如今仍是一如既往。

1月3日　阴

今日结束。构筑阵地。

1月4日　晴

上午八点在小学的广场内举行了大队长奉读敕语的仪式。

此后大队长训话。准尉向大家说明了注意事项。

1月5日　晴

难耐严寒。全天在屋内度过。

1月6日　阴

下午一点收到了慰问袋。

这是编成人员登陆以来的首次,大家均欢欣雀跃。

为了给故乡寄去书信,第二次送出了邮件。

1月7日　晴

无事度过一日。

1月8日　阴

接命令,明早将向某方面出动,故做好出发准备。

1月9日　晴

上午八点列队,通过□阳。

接到了进攻徐州的命令,全军待命。但十点后中队仍一如既往地行军,行程四里。我外出负责值勤。

1月10日　晴

待命。据称将一直待命至1月13日。

1月14日　晴

两角部队长官来城。

早春,在异国他乡进行演习。

1月15日　阴

接命令,明日早晨向某方面发起进攻。

1月16日

未有出动,原地待命。

1月17日　雨

上午八点在城外列队，乘伊知地部队的汽车前去进攻和县。下午四点在距离和县三千米的地点下车，完成了分散战斗准备。

与坦克队一道开始发起攻击。

下午六点全军毫发无伤地入城。

除物资以外还征收到了不少东西。

1月18日　雨

上午八点列队，在坦克队的护卫下出动，负责与全椒而来的第三大队取得联系。仅第二小队前往，乘汽车。因道路被敌兵毁坏无法继续前行，等待工兵队修补好之后再行军。

下午三点在某处山坡遭到了敌兵射击，遂进入交战状态。占领了山的右侧后，缴获步枪两支、其他枪支与弹药若干。

敌兵约三百人，都溃逃了。

下午五点战斗结束。自此地向后撤退约一里地宿营。

晚上，步哨面前约两千米处有电线杆被毁。此后天明。

1月19日　雨

上午九点出发，再次乘汽车前进约三里。架桥作业。因难以继续前行，故徒步前去寻求联络。雨下个不停，外套已失去了意义。行军二里地后，下午一点在某地取得了联系。

四点返回，与车上的战友一道前往和县。因雨天道路泥泞，晚上七点抵达。没有可供更换的衣物，冷得全身发抖。

1月20日　雪

昨天的雨水在今天变成了大雪，积雪两寸。上午十点离开宿舍，搬到一个更大的房间里。在傍晚之前征收到了不少东西。

晚上，接到了明日出发返回的命令。

1月21日　阴

清晨六点列队，视线所及之处一片雪白。冷得全身发抖。因为路况太差无法乘车，仅把行李放在了车上。

下午五点抵达桥林镇宿营，入住的是一间无名的土房。

1月22日　晴

清晨七点出发，下午一点抵达江浦镇。返回此前的宿营地休息。当地居民热烈欢迎。

1月23日　晴

清晨七点出发，前往全椒。

行军。下午五点在一处无名村庄宿营。

今天得了感冒，无法进食。且行军非常辛苦，缓慢地跟在部队末尾前行。

1月24日　晴

上午九点从宿营地出发，行军。

已连续行军五日，下午四点抵达目的地全椒。

今天抓来一个中国人令其帮忙背行李，把枪放在了大队本部的汽车上，走在队伍的前列。

1月25日　晴

今天感冒仍未痊愈，卧床一天。听说还将往某方面出动。

1月26日　晴

上午领到了防寒用品：衬衣、裤子、毛毯、袜子等。

在床上躺了一天。

下午两点左右牛渡少尉来见我，真是好久没见。

1月27日　晴

分队进行了编成。阿部寿惠进入了第四分队，而第四分队的佐藤久实则被调到我们这里来了。

××××去第三小队，第一小队的吉田惟一调到我们这里。

1月28日　晴

为了进攻定远城，早上七点出发行军。被安排保护卫生兵，故走在队伍的末尾。此后负责保护第一大队左翼，晚上十点在一处无名之地宿营。

村里发生过火灾，在仅剩的几处房屋内就寝。夜晚极寒。

1月29日　雪

清晨七点出发行军。早上降雪，故步行艰难。

晚上十一点在无名村庄宿营。

因天气恶劣、路况不佳，再加上夜间行军，人马困乏。比起迈步来说，原地站立的时间更长。

虽然确定了宿舍，却没有像样的房屋。也没有柴火做饭，喝的水是从田里打来的泥水。

1月30日　阴

清晨七点从宿营地出发行军，路况恶劣且是强行军，疲劳至极。下午一点左右得知率先出发的第二大队出现了几名死伤者。

改成夜间行军，凌晨一点在无名村庄宿营。负责步哨。

1月31日　晴

上午九点从宿营地出发。

行军约两个小时，得知出于战略考虑将停止前进，在无名村庄宿营。用肉汤充饥。

［以下省略］

6 宫本省吾战地日记

所属：步兵第六十五联队第四中队，第三次补充入伍

军阶：少尉

住址：福岛县

职业：农民

收集来源：家属提供

日记情况：长约 9.5cm，宽约 6cm 的记事本。纵向书写。有些句子旁边画有横线，因无特别含义故省略。1937 年 11 月 3 日之前主要以片假名书写，11 月 4 日之后用平假名书写。

10月15日

上午做出发准备并到村里告别。此后和家人、堂兄、军人会的职员以及青年学校学生一同拍照直至下午两点半。

下午三点半从学校出发,伴着喇叭声和大鼓声,唱着军歌,意气高涨地、勇猛地前进。下午四点二十三分搭上火车,在全村人热情的欢送下终于向若松出发了。

去福岛时,健七先生、元七先生、利伊先生、□□来车站为我送行,还见到了助役先生、松先生、恭七、龙七先生。父亲一直送我到郡山车站。在该车站还见到了美代七先生,他把我送到了猪苗代车站。晚上八点半到达若松,直接住进了小林旅馆。市区的旅馆没有空房间了,还好因为以前和这间旅馆比较熟悉才得以入住。十一点就寝。

10月16日

早上七点入队。在雨中与入伍人员一同办理了手续并接受体检。下午进入各中队后参与了动员。晚上十点左右回到宿舍。

10月17日

早上七点出勤,参与动员事务,整理了各类文件。在动员会报方面做得比较晚,空着肚子回到宿舍。此时已是八点。

10月18日

早上七点开始领取兵器的皮具及其附属品。十点又领取了三八式步枪和三十年制式的刺刀。下午进行正式的领受仪式。

10月19日

早上七点领取枪支和用具、油品后又领到了轻型掷弹筒等物，其他物品也全部领取完毕。下午在集会所进行了动员会报，一点后前去迎接遗骨归来。四点在集会所参加了为部队举办的聚餐。

今天稍早返回。晚上寄了信，然后又去买了些东西。因秋寒与时局的关系，市区里人并不多。四处的收音机大多播放着军歌，到处洋溢着战时的气氛。

10月20日

动员全部结束。上午作为留守队队员接受了队长的训话。随后补充兵又向天皇照片进行了参拜。士兵在天皇面前起誓。

下午，所有征召来的士兵都可以对外会面，故宽阔的庭院里挤满了当地民众的身影。各处都召开了野战宴会。

10月21日

上午八点半，绀野大尉在集会所就改正草案做了选讲。

下午进行了补充兵教育的见学活动。

10月22日

上午参加了宫崎少佐的图纸战术课。

下午参加了教育召集兵的教育见学。

10月23日

上午参加了队长的图纸战术课。

下午士兵去靖国神社参加了祭祀。我们也返回休息。

10月24日

上午，教育兵进行了小队训练的观摩，气氛相当不错。

下午，普通兵外出。

下午六点起，中队干部共同举办了晚宴，回去较晚。

10月25日

上午和昨日一样进行小队训练，首次进行了实兵指挥。反而是教育兵更容易指挥。

下午观摩了战斗相关的各种训练教育法，接受了指导。

10月26日

今天早上七点集合后到高田镇行军，途中实施了演习，过程非常激烈，但士兵一点都感觉不到累，反倒更加精神。下午一点半到达高田镇，然后发放了被服，参加了中队长的授课。

军裤做好了，十三元。

10月27日

上午进行了步哨教育的实地考察。

下午进行了教育研究。

大队长率领着我们进行，实在很辛苦。

10月28日

上午参观了火力点攻击演习。

下午又进行了分队战斗训练研究见学。

新草案尚不完美，今后还要进一步展开研究。

10月29日

上午进行了阅兵仪式的彩排。

下午参观了小队战斗训练。

10 月 30 日

检阅。早上七点集合,阅兵结束后紧接着又进行了小队模拟训练,午饭也没吃就参加了图纸战术点评课。

完全没有休息的时间。傍晚一起聚餐。

传来消息说将前往上海,进行第三次补充。

10 月 31 日

今天终于确定要作为两角部队的第三次补充队出动,和此前计划的一样,做好了心理准备,跃跃欲试。

上午对武器进行了检查,然后又领取了被服。

中队干部拍下了在国内最后的照片。下午回到宿舍,抄写了火力点的要领。然后又写了信,公务兵把礼服拿了过来。

晚上要修补被服就去预约了服装店。

11 月 1 日

上午有中队长的课,下午有留守队长的图纸战术课。

因为要为明天做准备,中队内部进行了各种检查。

11 月 2 日

终于要去厂营进行演习了。

上午五点起床,六点半在兵营集合。军号声气势高昂,七点四十五分从若松出发向厂营行进。途中出乎意料地居然在伊达车站碰见了家人。下午四点十分到达了中新町,直接向厂营进发,七点半到达。这是在厂营度过的第一个夜晚。

11 月 3 日

清晨开始一直下雨。今天是明治节,上午参加了中队长的课,整理了宿舍。下午尽管下着雨还是进行了实地考察,去了王城寺原,对此地的宽广感到惊讶。

11月4日

清晨雾气消散,天空放晴,非常适合演习。上午进行了分队基础战斗训练以及小队训练。

由于今天开始能够携带中饭,故可以从容地进行演习。下午休息之后从二台向爱宕山出发,进行小队战斗训练。下午三点半结束演习后回到厂营。

11月5日

今日上午在柏木台进行了防御演习,下午做防御设施。

第二大队全员做了夜间迎击敌军的战斗演练。

晚上八点归营。

11月6日

凌晨三点起床,与昨晚一样,在黎明时分进行了攻击演习。上午十点起,观摩了碉堡攻击大队训练。

11月7日

今天上午开始进行明日大队战斗训练的预演,以及防御阵地的演习。下午又进行了大队防御演习。第一大队作为攻击队吃了不少苦头。

11月8日

今日在教育总监畑大将①的统监指挥下进行了大队战斗训练。

---

① 畑俊六(1879~1962),1937年8月26日由军事参议官调任教育总监,负责日本陆军的教育训练事务,11月1日晋升陆军大将。——译者注

前日重复了三次图纸演习，今日上午又重复了一遍。下午全部完成，请阁下来查看验收。

演习也同样重复练习了五次，虽然是头一次，但只要是军队就应该认真执行。傍晚时分接种了霍乱疫苗。

11月9日

早晨开始大雨持续不断，上午八点注射了疫苗。第二次牛痘接种。下午因接种而进入休整。若在平常，将会按照安排在上午进行碉堡演习，但今日因下雨中止而改为实地战术训练。下午同样因大雨中止了支队演习。士兵本来做好准备要参加训练却因大雨中止，听到消息后大家欢欣雀跃，高声大叫。

11月10日

上午按照昨天的安排进行了大队训练火力点攻击演习。下午又实施了遭遇战演习，场面相当激烈。尤其是在倾盆大雨之下，大家的实战气势高昂，非常兴奋。

11月11日

今日开始进行支队演习。上午伪装行动，然后与第四联队一同在王城寺原进行了遭遇战演习。

士兵有些疲惫，有些人因空腹而虚弱。即便如此，大家仍觉得在实战中还能再坚持努力一下。下午休息并保养武器。

11月12日

上午实施了中小队训练。下午为师团演习做出发前的准备。

下午四点从厂营出发，七点到达古河，一点到达宿舍休息。

凌晨两点二十分，搭乘古河发出的列车向日和田进发。

11月13日

九点半到达日和田，直接进入师团演习状态。我方中队率先挺进战壕，继而向喜久田方向发起了攻击，演习结束。中饭后开始讲评，随后又直接开始了演习。我们首先撤退到平井一线掩护了部队撤退。晚上八点，准备晚饭并分配步哨时突然遭到了敌方攻击。于是晚饭也顾不上吃就开始后退，撤到了杉田一线，在小餐馆休息，吃了点晚饭又带了两顿干粮。凌晨两点开始行动，穿过象日田攻击了宫前一线，结束了拂晓之战。

在此期间我作为侦察兵去确认了友军的前线，然后想要返回到原来的队伍中，但本队转移了无法找到其位置，最后没有报告就结束了。在友军突击的间隙好不容易找到了我方小队。

[栏外记事：有一人倒下，某农民家庭收留他休息。]

11月14日

讲评之后，下午两点开始演习。从宫前出发经过平井，越过小山，又经过羽濑石、堀之内到达了片平。

晚上十点终于停止了行军，设置前哨，进入警戒状态。吃晚饭时发生了情况，遂根据命令转移到叶山去。其间作为侦察兵搜寻了大谷方面的敌人，途中骑自行车在一个十字路口遇到了一名步哨，便扔掉自行车到附近搜查。借着月光行进，不久月落西山进入漆黑。返回路上不能再骑自行车了，十分辛苦。

11月15日

拂晓时分开始攻击，从右侧攻击了大槻的敌人。

上午十点中止演习吃早饭，十一点开始在开成山接受司令官的检阅，地方民众也前来参观。整个街市的人群都挤到了队伍的两旁，十分混乱。会面者左来右往，人头攒动。士兵都在张望会面者的到来。虽然要遵守军纪，但确实让人动容。

下午军官进行了讲评并设了招待宴，士兵休息之后又向喜久田行军。下午四点继续在喜久田车站乘车，向原部队行进，八点半到达若松。士兵脸上看不到疲惫，大家都气势高昂地向兵营前进。队长表扬我们之后解散。回到宿舍，悠闲地洗了个澡躺在被褥上就寝。

11月16日

上午慰劳休息，下午接种了痢疾疫苗。

下午三点左右，助七先生第一次带着家人来看望我。然后一起愉快地晚餐，仅助七先生回去了。

11月17日

今日休整，作为演习后的慰劳。早上接种了痢疾疫苗。随后带着家人到柳津与白虎队的墓地参拜。返回途中参观了旧城遗址和兵营内部，开心地与妻子度过了一天。晚饭后返回。

11月18日

终于到了出征的日子。上午检查军装，接受队长的训话，编成了部队。我被任命为第二中队长，感到责任重大。晚上八点从若松车站出发，在郡山与第四联队汇合后一路向广岛进发。

11月19日

经过东京附近时天渐渐亮了，火车轰隆隆地前行着，到达浜松附近时太阳下山。

11月20日

上午十点终于到达了广岛。

下午各自返回宿舍,悠闲地在里面睡了一觉,做了个梦。

11月21日

一大早就开始下雨,在国内的休息时光只剩今日了。如此说道便缓缓地入睡了。

11月22日

本以为今日会乘船出发,没想到延迟了一天,今日休整。因为天气晴好,便去拜访了宫岛。

11月23日

今日终于乘船出发了!上午做好诸多准备,正午集合,下午两点开始登船,三点登船结束。在市民欢送的呼声中于五点扬帆起航。傍晚,船在昏暗中向前航行。因在船中感受不到身处内海,倒有种乘坐汽车的感觉。

11月24日

月夜将过时靠近门司港,抛锚靠岸。

除了部分有事联络之外,所有人都被要求不得上岸。整个白天停泊在港口,晚上八点才再次扬帆起航,终于向上海进军了。上午接种了疫苗。

11月25日

今天在船上度过了一整天,因预防接种的缘故,大部分士兵都好像已经就寝了。不过海面十分平静,没有一点晕船的感觉。听船员说士兵看上去都很开朗,这是此前未曾有过的。

11月26日

今日天气晴朗,海面平静,甲板窄小,场地也很紧张。好像是在傍晚还是入夜的时候到达了上海附近。想到终于来到了敌方领土,我的内心真是无限感慨。

11月27日

终于到达了目的地吴淞,抛锚停靠,全体做好了下船准备。

但是还没有登陆的命令。中午过后直至傍晚也毫无消息。今日在船上度过了一整天,吃饭是用饭盒解决的。看样子船上的粮食不多了,所以船长等人都期盼着我们早点下船。

11月28日

早上看样子像要下雨,但此后转晴了。今日也备好了盒饭,依旧不能上岸便在船上一直待着。海面上有海军轰炸机飞过,军舰入港后令人安心。国内港口应该也是这样的吧。

11月29日

今天终于接到了下船的命令,一大早就开始做准备。早上七点集合,船在九点停靠在上海华顺码头,随后就直接下船。这是踏上上海的第一步。下午准备宿营。

傍晚在恒丰纺织公司内休整。第一个夜晚过去,天亮之后,看到上海公共租界的景象惨不忍睹,当然也有很气派的大都市的房子。看不到一个中国人的身影。路上只有军用汽车,但是道路很混乱拥挤。

11 月 30 日

今日按预定要前往常熟，但因接种了预防疫苗所以休息。

外出到日本人街，途中利用军用汽车往返。即便此地被中国人的街区所包围，仍能够明显地看出和中国街道的不同，损坏的地方较少，非常热闹，买东西也丝毫不会感到不便。庆幸。不管去哪里都是军人，一点也没有置身上海的感觉。

12 月 1 日

今日终于按计划出发，粮食补给希望渺茫，说粮食只能再支撑一两天。今天仍旧待命。派人去目的地取得了联系。

今天也去日本人街买了东西，顺便洗了澡。久违地洗去了连日尘埃，感到身心舒畅。

12 月 2 日

半夜，师团突然下达了命令（佐藤中佐来了联系），说我们部队务必要在 5 日之前赶抵江阴。因船舶之便，决定以牛渡部队为先遣部队，剩下的部队作为第二批乘船，顺着长江前去常熟，然后再从常熟开始行军，进军江阴。

早上七点乘船，溯江而上在浒浦镇登陆（晚上七点），然后直接发起夜间行军前往梅李镇。夜间行军非常辛苦，十一点到达后便立刻睡去。受守卫队的照顾得以在农业仓库宿营。

12 月 3 日

上午十点出发，向常熟行军。到达时已是下午五点半，在此宿营。因炮弹的轰炸，到处都是残垣断壁，一间完整的房子也没有。据说常熟的人口大约有二十万，是一个大城市。只是道路狭窄，房屋几乎全被摧毁，化为一片废墟。置身此地不由得感到痛心，但也进而意识到皇军威力之大。下山田少尉今日病故。

12月4日

早上六点向无锡出发，沿途道路良好。今日的天气很适合行军。夜间行军，晚上十点抵达，走了相当长的一段路程。路上敌兵横尸遍野。和炮兵、辎重兵一同行军，道路非常拥挤。

12月5日

昨日的疲劳还未消退，今日清晨就开始做准备。上午九点出发，首先向青阳镇前进。

继续数日的行军。原本按预定计划今天下午早些时候能进入宿舍休息，但联队的联络员传来消息说希望今晚哪怕晚一点也要到达江阴。于是部队到达青阳镇之后直接朝目的地前进，丝毫不在意连续几天的夜间行军。终于到达了江阴，进入了两角联队长的指挥之下。队长非常高兴，我们也倍感光荣。暂时把我们分配到了各个中队中，同时还下发了补给。

12月6日

终于进入两角部队的战斗序列了。上午九点在吊钟山麓集合，举行了圣旨领受仪式、军旗奉拜仪式、队长训话和联队编成仪式。队长说了一些激励我们的话。下午，师团长过来给我们训话，联队长向旅团长（山田）做了汇报。

12月7日

今天终于作为前线部队参加了追击战。

早上七点出发，向常州前进。听闻"荻洲部队将向镇江方面追击敌军,另有部分士兵在江阴对岸登陆之后又转移到南京对面展开作战"。下午五点,在常州东面两千米的村子里露营。

到村子里征收了给养。吃了猪肉、鸡肉以及香酒等美味。

12月8日

早上六点半出发,与昨天一样继续前进。中队接到了掩护工兵大队的命令,所以比其他中队更早出发并与工兵队一起行动。下午五点到达宿舍,与昨天一样准备好了次日的行动,领取了给养。今天我被任命为部队的值班军官,派出卫兵进行警戒。

12月9日

早上六点出发,因为要继续追击所以再次行军。不变的是天气,依旧很好,适合行军。但大家都走得脚痛,便开始抓中国人赶牛、赶马,几乎与中国军队无异。下午四点到达宿舍。传来报告说仍有一些残兵潜伏在四周。途中重炮的声音和骑兵队搜索残敌的重机枪声可以让人判断:离敌人已经不远了。

可能是因为有中国军队住过,征收来的东西中没有什么好的,为给养问题伤透了脑筋。

12月10日

早上七点出发。今天我们中队作为先遣部队继续向镇江前进。途中接到了中国军队占领华街阵地的情报,遂暂时加强了戒备向前推进。能听到轰炸声和炮声,飞机也在头顶不断地飞来飞去,呈现出一片战场的景象。沿途没有看到一丝敌军的踪影便进入了镇江城,发现此地与其他市街不同,受损不大且电灯还亮,让人非常吃惊。本以为会到镇江附近宿营,结果只有第二、第三大队驻留此地。我们第一大队要去距离镇江四里左右的地方安营扎寨（似乎攻占镇江的是第十一师团和第十六师团之一部）。

12月11日

早上七点出发向南京挺进。只有我们第一大队被安排了单独任务：掩护骑兵前进。一路上能听到飞机的轰炸声。情绪激昂高涨，知道终于逼近南京了。路上有工兵队在道路施工，据他们说南京还未攻克，但已呈包围态势，正在发起攻击。

连日来一直行军没有休息，战士看上去疲惫不堪，在傍晚六点到达。终于进入了宿舍。接到任务说我们小队要去前线确保宿营地大路的安全，故前往任务地点勘察了地形，以主力部队保护道路安全，另派一个分队去左侧一千米处的桥梁警备。

12月12日

今日暂缓出发，决定驻留此地。清晨开始外出征收粮食，和前一天不同，弄到了很多好东西。挂面、红豆、酒、砂糖、鸡、猪、盘子、煤油灯、木炭等应有尽有，真是可喜可贺。士兵高兴不已。晚上吃到了牡丹饼，饱餐了一顿。这是在战场前线从未经历过的高兴之事。下午，大队长田山少佐传来消息：依照骑兵队的通报，今日下午一点零七分南京已被完全占领。

12月13日

昨晚七点突然接到命令：要去攻击乌龙山炮台。于是便出发前往，途中没有得到像样的休息，于凌晨五点出动。上午十点作为侦察军官前去搜查乌龙山方面的敌情，途中碰到了一些残兵，与骑兵队一起把他们击毙了。

在敌人的枪声中潜入乌龙山附近搜查，但此处除了少许残兵之外，阵地未见其他敌兵，便返回了。回到本部之后，部队已经往前走了，所以非常费劲地才追赶了上去。

傍晚向乌龙山的敌方阵地发起了攻击，没有□，但俘虏了很多残兵，枪毙了其中一部分。晚上十点在野外宿营。

12月14日

凌晨五点出发，去将南京附近的残敌一网打尽，但还没开始攻打，所有的敌人便毫无斗志地赶来投降了。所以不费一兵一卒地将其解除武装，有几千人之多。傍晚带着俘虏来到南京，让他们进入城外的一处兵营，没想到人数达到了一万以上。立即对其进行警戒。中队担任了八个步哨的任务。这些俘虏中有空着肚子在路边摸菜吃的，也有两三天没吃饭的，也有说渴的，非常可怜。但是没有办法，既然是战争就应该坚决采取解决措施。半夜，卫生队又带回来两百多名俘虏，还抓了两百多名巡警，也有队长、一些经过相当训练的审讯人员等，还有人说自己是少校或者参谋的，挺有意思。通过翻译向他们传达："日军不会伤害大家，但是如果发现有人逃跑或出了乱子就会立刻枪毙。"对那些中国俘虏传达了意思之后，大家都安静了下来。但因为水和食物不足，陷入了非常困难的境地。

12月15日

因昨日太过疲劳，把警备任务交给下士官便睡觉去了。今天也没有要出发的样子，依旧担任警戒工作。

中队派出了不少卫兵。我又被任命为巡查军官进行严密戒备，非常疲惫。傍晚给他们分了一些食物，但士兵看上去食物都不够分，所以给俘虏下发食物就更非易事了。

12月16日

警戒日益加重。上午十点和第二中队轮换了卫兵才暂时放下心来。但这也只是暂时的事。吃午饭时突然发生了火灾，引起了一阵骚乱。火势蔓延，烧掉了大概三分之一。下午三点，大队决定采取最后的必须手段，把大约三千名俘虏带到长江岸边处决了。这种场景即便在战场上也是很难看到的。

12月17日　小雪

今日，部分士兵参加了南京入城仪式，其他的大部分人被安排去处理俘虏。我在八点半向南京进发。下午天空放晴，参加了盛大的南京入城仪式，庄严肃穆具有历史性的一幕在眼前呈现。

晚上才返回。回去之后直接加入处理俘虏的工作，处决了两万以上。有失体统。友军中还出现了一些死伤。

中队有一人牺牲，两人负伤。

12月18日　阴

因昨日的大事，所以拂晓之际才就寝。好像一起床就开始吃午饭了。下午处理了敌兵的尸体，到天黑之后也没处理完，明日还要继续接着做。寒风瑟瑟。

12月19日

继昨天之后，今天一大早又投入处理尸体的工作。下午四点才处理完。

傍晚又因收拾俘虏的衣服而发生火灾，差一点就烧到了宿舍，还好抢救及时。明天终于要按预定计划渡江了。士兵为准备好一直忙到晚上。做了炸牛肉，久违地配发了大米和味噌，做好了明日的口粮。寒风瑟瑟，江畔也逐渐像一个冬天了。

12月20日

凌晨五点起床，终于踏上了渡江北上的征途，行军一里多。在中山码头坐船渡河。在海军的帮助下安心而顺利地到达了对岸。长江两岸感觉和国内差不多。皇军的威严光芒万丈，感到十分兴奋。休息之后又再次行军二里多到达了住处，没有想到此处（浦口镇）物资富饶。士兵都不胜欢喜，非常高兴。

12月21日

昨夜的喜悦之情尚有不舍，但今日还是在早上六点出发，向滁县前进。接到命令被分配到独立工兵联队十二联队的第二中队岩井中队，与其协作并予以掩护。途中由于各种部队的行动再加上修补被毁桥梁的工事，显得特别忙乱。傍晚和工兵队暂时分开宿营。虽然没有了大米和味噌的补给，但是有肉、红豆等物，非常丰盛，大家都特别开心。

12月22日

早上八点出发，尽速赶往工兵队的作业场地。天气寒冷、皮肤发凉，领略到了大陆冬天的感觉。上午十一点左右与工兵队取得了联系，暂时住在乌衣街。除了工兵队之外，也得到了其他部队的热烈欢迎，物资也很充足。此外还有洗浴服务，久违地理了发、洗了澡。四点左右突然接到命令去掩护工兵队，便回到了中队，有些恋恋不舍。此后又继续行军。

下午六点在一处偏僻乡村宿营。只有部队伙食，勉强吃了。

12月23日

早上八点出发，终于结束了工兵队的掩护工作。中队开始独立行动，向滁县方向进军。途中与高田山炮兵等部队相遇，再加上桥梁被毁，场面非常混乱。跟在山炮兵后面，却没有想到居然和××××君碰了面，感觉非常亲切。

下午五点半到达滁县。在雨中找到住处，总之先在此落脚。

12月24日

防守滁县的传闻并不可信，早上八点又出发了，向全椒县前进。寒风吹在身上，带来丝丝冰冷，不过对于行军来说却是不错的天气。沿途征收了几只鸡，晚上立刻做了鸡汤，饱餐一顿。听消息说，我们第一大队好像会在江浦县附近负责警备任务。

12月25日

今日是大正天皇忌日，同时也是圣诞节，原地驻留一天。

士兵骑马出去征收了一些蔬菜和猪，做了一顿丰盛的饭菜。早上七点半，小队抽调六名士兵去滁县参加慰灵祭，真是辛苦。

12月26日

早上八点出发向江浦县进军，途中由于桥梁被毁只得绕路前进。到达预定的宿舍后，那里已经被火灾烧成了一片灰烬，结果走到傍晚才在永宁街找到住处。没有想到的是，这里为犒劳我们的辛苦准备了热气腾腾的饭菜和汤，美美地吃了一顿。

12月27日

寒风瑟瑟,早上八点半出发,继续向江浦县前进。因昨日行军超出了预定行程,所以正午便抵达了江浦。中饭之后直接去了宿舍,依旧负责警备工作。

中国军队和日本军队迄今为止都未进驻过此地,好像在中午之前一直有商店营业。他们看到日军的到来一副满脸吃惊的样子,不过还是摆出了欢迎的姿态。接到命令说不要在征收物资时做些无理的事情,所以就按买卖的方式进行了。当然使用的是中国货币。晚上,被任命为值班军官,夜里到处巡视。

12月28日

隔了很久才下雨,今日下雨后又慢慢变成了雨夹雪。仍旧执行警备任务,下午与大队长一起在步哨沿线巡视并做警戒。

中队(小队)也不断派出兵力外出警备。

12月29日

今日天气阴晴不定,但最终还是阴沉了下来。

外出与高尾镇的第三小队第二分队进行联络。

逐步做好了警戒准备,大致完成了机枪掩体的工事。

12月30日

中国民众慢慢平静了下来,街上做生意的人也逐渐多了起来,有些乱哄哄的。下午继续执行值勤任务。

我们小队需要派出一个分队去浦口联络,顺便也要领取日常用品,所以和辎重队一同出发了。傍晚返回。

12月31日

终于到了岁末。下发了物品。大家兴高采烈地准备好了门松。有一个小队去桥林镇联络了，顺便领回了砂糖等物。

傍晚在中队办公室举办了除夕的晚宴，大饱口福。在战场上度过除夕之夜真是让人无限感慨。

昭和13年（1938）

1月1日

今天是元旦，可喜可贺。

一大早就开始捣年糕迎接正月。小队首先高呼了陛下万岁、皇军万岁。然后，中队全体成员在南门也三呼天皇万岁以庆祝新年。十一点半开始在大队本部庆祝元旦，下发了抚恤品、年糕、水果、罐头、酒等。在战场上迎来了如此可贵的元旦佳节，街道上家家户户都挂起了日章旗，还有新年装饰。再加上天气晴朗，士兵开心不已，处处洋溢着正月的氛围。

1月2日

迎来了正月的第二天，第二小队去高尾镇联络情报了。×××伍长则去浦口监督公用行李的搬运工作。

下午轮到卫兵当班，与下士哨换班。虽然是正月，但大家在战场上仍是十分辛苦的。

1月3日

今日是正月的第三天。开始捆东西，写贺年卡。卫兵值完班后不再换班，好久没有这样了。随后小队全员都回宿舍就寝。

1月4日

上午九点整顿列队,在小学校园里举行了敕谕奉读仪式。在战地再度检阅了军人风貌。

下午第五次补充兵入队,我们小队也分来了十三人。此外,医院方面也编入了两名值班人员。晚上进行了小队编成:步枪三个分队,轻机枪两个分队,掷弹筒一个分队,总计六个分队。小队长直接率领五十三人。

1月5日

早上七点半送走了阵亡者的遗骨。

上午给各个分队分配了人员,决定好了宿舍。

1月6日

上午收到了一直盼望的慰问袋,按照三人分两个的比例下拨,大家都高兴得不得了。下午,士兵都在专心致志地写着信。

1月7日

上午在大队本部听取了关于下期作战的训示,终于要在江北发起进攻了。下午在小队内部也听取了各种训话。晚上发了一些酒,在中队办公室里好好地喝了一次。好景不常有。

1月8日

上午做好出发准备,尤其是准备好了防寒的帽子。

下午又分配了各种补给品。场面嘈杂。

1月9日

出发的计划中止了。因此为了和第三中队取得联络,×××伍长带着分队夜间行军赶了过去,真是辛苦。

1 月 10 日

中队主力一边和第三中队联络,一边行军前往桥林镇。上午九点出发,正午时分到达了高旺镇,受到了热烈的欢迎。晚上到达目的地,得到了第二中队的关照。

1 月 11 日

上午九点出发返回,和昨天一样在途中受到了热烈的欢迎。虽然行军了四里,但仍未习惯,感觉腿脚有些受伤。

傍晚发了酒,不胜感激。

1 月 12 日

上午接受大队长的训示并上了课,此后作为巡视军官值勤。

1 月 13 日

下午一点在小学校园里进行了操练。晚上突然点名,大家平静地去了,没有看到附近居民的不安,放下心来。

1 月 14 日

上午整理了宿舍。傍晚得到了第五分队的款待,饱餐一顿。

今天联队长过来巡视,到东门去集合迎接了他。

下午联队长为我们做了训示,此后还巡视了各个卫兵。

1 月 15 日

一大早开始准备,中队在联队长的检阅下进行了操练。他大体表示了认可。感激地从联队长那里得到了训示。

1月16日

今天终于出发去和县的大创会进行扫荡,依依不舍地离开了警备地,完成了准备工作。但是到了下午,因为坦克队和汽车队尚未就绪的缘故并没有出发,就此中止了。

1月17日

终于在今天八点向和县方向出发,下午三点抵达和县东面,有坦克十余辆,汽车三十余辆,全是机械化部队,非常气派。

有了坦克,对和县县城的攻击变得非常轻松。仿佛一瞬间和县就被攻占了。我们入城后直接去了宿舍并进入警备状态。傍晚进入地形不熟的地区,所以面对的困难较大。

1月18日

一大早就开始下雨,今天是进入和县后第一次对残留的敌兵进行扫荡。出发之后坦克打头向西北的马标挺进,大扫荡之后返回。并没有发现残兵,只有难民,但是征收到了不少鸡。

1月19日

零星的小雨不断落下。小队派出两个分队在佐藤主计的指挥下开进江浦县。留下的人员则进行休整并整理宿舍。

1月20日

昨日的降雨在半夜变成了雪,久违地积累了厚厚一层。

小队要负责下士哨,在雪中着实辛苦。下午转移回了宿舍,但是晚上突然接到了出发的命令,士兵神色慌张。

1月21日

清晨六点半整顿列队，踏上了返回江浦县的归途。

把背囊放到了汽车上，但因积雪融化路面难行，特别费劲。汽车在中途好像走不动了，估计是因为"到处都是泥泞"。

到达桥林镇是下午六点，稀稀拉拉地进入宿舍。用棉絮代替褥子铺下去就睡觉了。

1月22日

上午九点从桥林镇出发向江浦前进。今天背着行囊行军真是非常辛苦。终于回到原来的宿舍，连中国人也让人感到亲切。

◎收到了□木先生写给我的信。

1月23日

半夜又接到命令要去全椒县。所以今晨八点出发行军，途中在一处无名村庄落脚宿营。像猪一样钻进芦苇里烤火，火光照亮了暗夜。没有征收到任何东西。见到了藤作君、传七君。

1月24日

早上八点出发前往全椒，下午五点抵达宿舍。今天能走军用道路，感觉非常轻松。

这条路上一直有警备队，所以无法自由征收食物。

1月25日

终于整理好了宿舍内务，领到了许多东西。休整。下午第四中队的斋藤初太郎等五人在东泉镇附近遭到土匪袭击并遇难。斋藤当场毙命，其他四位好不容易保住性命回来了，却把自己的行囊和防毒面具都丢在了那里。

1月26日

外出寻找昨日死者的遗体,早上七点出发。十一点左右到达小河边便立刻开始了铺设桥梁的作业,却没想到对面河边的村子里射来了子弹。于是中队迅速应战,尤其是我们小队陷入苦战,有四人负伤。因为有机枪队和小队的严防死守,最终击退了敌人。入夜后回到宿舍,此时夜已过半。

1月27日

明天开始终于要去江北作战了,做好了所有准备,领到了防寒用品,还配发弹药、被服等物。

1月28日

上午九点出发,首先要进攻定远。我们中队充当辎重大行李部队的掩护部队。第一小队作为大行李部队的掩护队启程了。

途中,尤其是夜间行军十分辛苦。晚上十一点到达了周家岗并与联队主力会合。宿营。

1月29日

上午九点出发,经得宁寺章古集到达了怀贤集宿营。

夜路难行,看到辎重部队的马倒下了,深表同情。今日计划赶往永兴集,但最后改变了计划,去怀贤集宿营了。

1月30日

早上八点出发,在后面追赶主力部队。经过永兴集到达了三十里铺并宿营。时间是晚上十一点。

1月31日

早上八点出发奔赴前线。部队派出先遣部队进行掩护,下午六点追上了大队,但没有宿舍。所以就作为骑兵、山炮兵、行李部队的掩护队实施了警备。

[以下省略]

7　杉内俊雄战地日记

所属：步兵第六十五联队第七中队，编成

军阶：少尉

住址：福岛县

职业：农民

收集来源：家属提供

日记情况：长约 11.5cm，宽约 7.5cm 的记事本。纵向书写。片假名和平假名混用，沿用原文假名。

昭和 12 年（1937）

10 月 5 日

晚上十点三十分从北家宅出发，夜间行军途中在吴淞遭到了敌军的空袭。

10 月 6 日

上午十一点三十分，到达月浦镇南方的胡家浜。

10 月 7 日

胡家浜有部分人员正在修整道路。

10 月 8 日

雨天。露天宿营但帐篷漏雨，非常惨。

10 月 9 日

雨天。因为牙痛在帐篷里休息。辎重兵在运送物资，因为路况太差，泥水没过膝盖，着实辛苦。

10 月 10 日

听说中国把双十节之类作为纪念日。

×上等兵等十一人负责十天的伍长服务工作。

10 月 11 日

岩仓伍长等四人去吴淞镇搬运器材了。

10 月 12 日

早上七点三十分从胡家浜出发，经扬子镇于十一点三十分到达刘家行。下午一点三十分又从太平桥出发。因道路施工绕道七傍宅。施工于下午四点三十分完成。在蔡宁宅宿营。

10 月 13 日

下午在蔡宁宅营地进行了演习。

10 月 14 日

六点三十分集合列队。因道路施工,去了刘家行。八点从老宅北面的十字路口经过老宅。与孙家头之间的小路正在施工,北老宅的道路也在进行修缮。

第二小队的折竹丰村,因上臂被子弹打穿而住进了第二野战医院。这是中队最初遭到的打击。

10 月 15 日

上午进行演习,战场上的演习让人提不起劲来。

带领渡边正等其他七人去了刘家行北部,负责监管器材。

10 月 16 日

开赴前线的命令下来了。下午五点从蔡宁宅出发,被配属到孙家头西南地区。深夜十二点,高桥伍长负伤。

10 月 17 日

在战壕里过了夜。早上七点四十分,轻机枪分队的橘上等兵右腿被子弹击中。接到攻击猛家宅的命令,故转移到北米三房。

江尻忠治、铃木勉被迫击炮打伤。铃木勉不久后牺牲。

10 月 18 日

上午九点接大队命令,第七中队作为预备队驻留相家湾。

上午十一点,第五中队搬运了掩体资材。

第五中队长高久武中尉阵亡（在后巷的战斗中）。下午三点，第八中队的金沢少尉被迫击炮打成重伤。下重准尉，××出身，丹谷源弥阵亡（在应桥头）。

10月19日

早上八点从相家湾再次来到北米三房，援助第五中队在后巷的攻势。渡边安治负了伤，但伤得不重，所以返回了小队。

第七中队令第三小队固守北米三房（其中一部分是南米三房）。主力部队负责须宅的占领警戒任务。井上分队，第四分队。

10月20日

枪声此起彼伏，即便如此仍能安然入睡。

10月21日

北米三房没有任何异常状况。轻机枪分队长田中定纪伍长负伤。下午六点，依照命令到达须宅担任警戒任务。晚上十一点有敌兵的袭击，第一次遭到了手榴弹的洗礼。

10月22日

再次来到北米三房实施警戒。岩仓伍长派岩井三郎去大队本部联络。昨夜与第五中队ⅡMG合作反攻，给敌军重创。尸体一百五十具，俘虏三人。正午，作为师团预备队与新发田第一一六部队换防，在刘家行北部地区宿营。晚上九点命令突变，要转移到大队本部ⅡMG去。此时落下了迫击炮弹，威力巨大。

10月23日

从刘家行宿营地出发，下午三点到达三家村。

我们与一〇四联队换防，在前线负责警备任务。炮弹在头顶掠过。平野上等兵入夜后负伤。下午两点，敌军猛烈发射迫击炮，全员都保持着沉默（在三家村）。约有两百发，令人惊讶。

10月24日
下午六点得知：铃木勉当时因腹部被子弹打穿，虽然住进了医院结果还是去世了。井上伍长因急性肠胃炎住进了医院，此后检查结果称得了痢疾。

10月25日
在三家村南部展开激战，佐川常雄军曹阵亡。
大山德直、清野弥十也牺牲了。他们都非常勇敢。
渡边伊作、菅野由雄、川西喜八郎、桥本寅治负伤。佐川军曹骁勇奋战，小玉光一负伤。

10月26日
早川正、五十岚六五助伍长负伤。
可谓一片枪林弹雨。

10月26日
下午四点三十分，大场镇被攻陷。马家宅附近的敌兵对我们发动了夜袭，经受挑战。我们给其沉重的一击并将其击退了。在这场战斗中，高桥实、渡边忠治、阿部松治壮烈牺牲。

10月27日
在准备攻击时敌军实施了猛射。友军炮击轰炸声也很激烈。

10 月 28 日

上午九点四十分，第二次补充入伍的高桥王喜阵亡。

10 月 29 日

占领了马家宅北部的高地，第二小队骁勇奋战。凌晨四点渡过小河，占领了一角。早上六点三十分开始了激烈的战斗。

我们很顽强，一步也不退缩，直到晚上八点仍在激战。因为敌兵利用小河进行顽守，所以第二小队出现了大量死伤：马场荣八、野田清秀负伤，××、岩仓仍在奋战，本田国喜非常勇猛但最终还是壮烈牺牲。新田德治、岩井三郎、菅野三郎阵亡，古川卯三郎、矢吹忠一负伤。

10 月 30 日

下午两点和一〇四联队换防撤退到回忆诸多的马家宅。非常疲惫，在橹网湾吃了饭，将在此驻留两日。领到了一些砂糖。

11 月 1 日

在王家桥为牺牲将士举行了火葬仪式。
时隔两天才好好吃饭，所以胃不舒服拉肚子了。

11 月 2 日

在阵亡将士曾奋战过的地方为他们建造墓碑以告慰英灵。

11 月 3 日

明治节。在战场向遥远东方的帝国高呼万岁，朝皇宫方向遥拜。下午一点出发，到唐家宅与第十一师团警备换班。

11月4日

无异常情况。让五名士兵去领了粮秣。

11月5日

在中队主力所在位置挖掘交通战壕。第二小队派出第一分队增援中队。

11月6日

依然在挖交通战壕,第十一师团的人还在。大米、酱油、味噌等很充足,每天吃韭菜、胡萝卜和菜汤,猫、狗的肉也还不错。为领取轻机枪,联队长派了两名士兵前去本部。

11月7日 雨

上午十点三十分,与右侧第Ⅰ方面的第一中队(万年桥)联络。

与大队本部联络,初次见到继任大队长的后藤阁下。

收到铃木政一的来信,这是登陆以来的第一次。

11月8日 晴

田中定纪伍长康复后归队。

11月9日

第Ⅰ方面的枪声激烈,但天气晴朗。

11月10日

第Ⅰ方面与我们第六中队方面的枪声越来越紧,迫击炮炮弹不停地往下落。下午,友军对三个村子实施了空袭,敌军不时用重机枪射击回应。

7 杉内俊雄战地日记

11月11日

本以为天气要变差，没想到很快就晴了起来。很感谢友军能派出飞机帮忙。铃木四郎身负重伤，虽然立即接受了治疗但还是中途死去了，表示沉重的哀悼。

11月12日

一大早从唐家宅北部村子出发。想着昨夜没有听到枪声，所以顽固的敌人应该已经撤走了。

11月13日

抵达沈家行，花园宅南部的村子。

11月14日

凌晨零点出发，占领了花园滩，时间是早上八点。八点继续出发，过河后于中午十二点三十分在王宅附近露营。

11月15日

八点三十分从露营地出发，向西北方向实施追击，占领了支塘镇。下午六点到达后宿营。

11月16日

早上七点出发，下午四点因为遭到敌兵的射击，阵地被暂时占领。

11月17日

下午一点三十分，桥本寅治在谢家桥镇东部的一个村子里阵亡。进入谢家桥镇。在这场激战中，第×小队长×××少尉身负重伤。四点三十分，吉田□也负了伤，蛭田仓之助牺牲。

11月18日

敢死队破坏了谢家桥镇对岸的桥梁，远藤宽、××××、××××、樋口长三郎、织田铁男都非常勇敢。没有死伤。

11月19日

想击退谢家桥镇的敌兵却遭到顽强抵抗，前进困难。

11月20日

凌晨一点，××××、××××、××××进行了侦察。下午四点开始追击敌人，四点十分宿营。

11月21日

早上八点开始追击，下午四点十分到达宿营地。

11月22日

早上七点吃早饭。看样子天气将要好转，心情不错。

11月23日

从南国宿营地出发，遇到小河后乘船，一个小时之后下船。侦察长、××上等兵、远藤喜一、织田铁男、樋口长三郎、浅香喜兵已勘察了敌情。下午三点，岩仓伍长负伤。

11月24日

凌晨三点敌人发动夜袭，小队的×××身负重伤。×××上等兵受了轻伤。白土、捧、功、大。①

11月25日

因感冒没有参与战斗，跟在大队后面前进。

---

① 原文如此。——译者注

11月26日
依旧跟随前进。

11月27日
身体颇为虚弱,走路困难,但还是尾随前进。

11月28日
早上八点从宿营地出发,上午十一点到达青阳镇。
十有余日,初次走上汽车道,非常欣喜。
见识到了友军汽车、坦克、野战重炮的威力。

11月29日
敌军非常顽强。正午时分,开始了南闸镇市街的战斗,逐步压迫敌军。

11月30日
占领了南闸镇,一路向江阴城挺进。

12月1日
敌军顽强。小队的渡边安治阵亡。夜间进行了转移。

12月2日
上午十点进入江阴城,第三大队在昨晚已经入城。在江阴城北部的高地上举行了军旗参拜仪式。在编成时包括小队长在内的五十六人如今只剩下十余人。无限感慨。从此处远眺,能看到长江向远方逝去。

12月3日
侍从武官派往第十三师团,感激之至。

12月4日

参观了江阴炮台,感觉震撼。

12月5日

上午九点举行军旗参拜仪式,三百七十名补充兵入队。第七中队有二十五人补充进来。

另举行了圣旨传达仪式。

12月6日

新田肇伍长、加藤四郎上等兵、角田喜次郎上等兵被补充到了第×小队。村山助义、阿部政男、渡边肇、近藤嘉平、五十岚一正。

12月7日

早上七点三十分集合,从江阴城西门出发。按第Ⅰ、第Ⅱ、第Ⅲ的顺序依次向镇江方向前进,行走七里后露营。

12月8日

行军,里程七里。在江巷里宿营。

12月9日

早上七点出发。行军里程六里并在姬庄露营。9日夜,11D开进了镇江城。

12月10日

第Ⅰ大队向前卫镇急进,镇江现在已被第十一师团占领。

正午时分作为设营队长与各大队设营队长一同先行。下午两点三十分入城,四点三十分到达并安设营地,完成了负责区域的分配。征收到了大量的砂糖、汽水、南京大米、酱油等物。

12 月 11 日

七点起床，联队于上午十一点出发（镇江），第二大队作为先头部队在下午六点到达了桥头镇并宿营。途中碰到一大群鸭子，感到很吃惊。

12 月 12 日

油炒卷心菜、紫菜、猪肉、鸡肉，美美地吃了一顿，都是很滋补的东西。下午五点突然接到命令要出发。待准备完毕后于六点从桥头镇出发，前进三里并宿营（晚上十点）。

12 月 13 日

八点三十分出发，下午六点宿营。

12 月 14 日

五点出发，一路向南京快速推进。在南京城外大约六千米处的幕府山脚附近俘虏了大约一万七千名残兵，解除了他们的武装。第Ⅲ大队成了收押队。第七中队为了护卫军旗在下午六点二十分抵达南京城外的元门，在中国海军学校宿营。

12 月 15 日　晴

中队主力（缺×小队）为扫荡残敌而出动。小队因要护卫军旗，待在原地。

12 月 16 日　晴

正午到达，昨晚收到了伯父、××、□□、××明雄的来信，是从东日新闻社①直接送来的。信上说家里积雪很多。南京附近却

---

① 东京日日新闻社。——译者注

是垂柳青青，温暖得完全看不出是十二月。

早饭之后，九点到小队下士哨那里，把感想文交给了《东京每日新闻》的记者松本泽荣，然后拍了纪念照。下午到南京市参观见学（×小队长××少尉指挥的中队一部分）。

12月17日

早上七点三十分集合，第六十五联队代表第十三师团参加了入城仪式，第七中队作为军旗护卫队。另有第九、第十六、第十八师团、海军相关人员，以及朝香宫殿下、松井大将等多位将军参加。皇军的南京入城仪式是历史性的壮观之景，敌将应该也会无限感慨吧。

12月18日

编入第四补充×小队的是××××、铃木胜一、××××、酒井三郎、大田清吉、国分朗、吉田菊夫、加藤博、石田友次郎、渡边仙助。在长江岸边监管俘虏。

12月19日

×××归队。新田肇伍长带着材料去了南京。阿部政男住院，吉田三五郎（18日）住院。

12月20日

上午九点集合，乘坐军船在十一点渡过了长江，登陆浦口（××××作为驾驶员给大队本部搬运船上的行李，时间是早上七点三十分）。下午四点，在浦口镇宿营。

12月21日

上午九点五十分从浦口镇出发，于下午四点到达西葛镇宿营，桥梁被破坏。

12月22日

早上六点三十分出发,第七中队作为先遣部队向全椒方向前进。下午一点三十分到达,没有敌人。在当地居民的欢迎之中,本队在下午四点三十分进入城内。

12月23日

阴天过后下起雨来。下午五点新田伍长归队。

12月24日

松崎准尉去了上海(目的是清理战场)。拜托福岛民报社记者给大家发去了新年祝福。正午久违地洗了澡。

12月25日

今天是大正天皇忌日。早上八点,×小队的捧昌治、高野温、远藤喜一、织田铁男、浅香喜兵已为参加师团的慰灵祭而向滁县出发。上午十点洗了澡。

12月26日

下午××少尉指导了演习。第三分队的桥本寅治归队。

12月27日

指挥蔬菜的征收工作。下午三点三十分参加慰灵祭的人回来了。接到命令出任部队的值勤军官。×小队北部警备卫兵。

12月28日

清扫道路。下午落下初雪。

12 月 29 日

联队慰灵祭,旅团长阁下光临。我因感冒没能前去参加。

12 月 30 日

因感冒休息。每个小队都立起了门松、挂上了草绳,做好了迎接新春的准备。

12 月 31 日

在 1937 年最后一天回顾往事。思考着应该回顾些什么。Ⅱ向全椒北部行军了七里,下午四点三十分返回。为了庆祝正月,下发了酒、水果等物。今日将军、士兵将一同欢庆。

昭和 13 年（1938）

1 月 1 日

庆贺正月。为了东洋永远的和平,初春向中部的全椒地区进发。希望我们皇室繁荣昌盛,也祈祷所有将士幸福美满。早上七点三十分集合列队,在全椒北部举行了遥拜仪式,朝天皇所在方向进行了参拜。仪式结束后联队军官举办了初春宴会。

1 月 2 日

因为感冒没有参加大队的行军。写下了阵亡者的战斗经过。下午五点进行巡查工作。

1 月 3 日

行军部队在晚上八点三十分回来了。第五次补充队于十一点到达。

1月4日

举行天皇敕谕奉读仪式。下午给×小队补充了十名补充队员，分别是高野佐次郎、菊地忠治、阿部竹司、大山四郎、郡司清、近内七郎、佐藤嘉代美、沟井金次、铃木良雄、铃木嘉四郎。

1月5日

下午五点举办了大队准士官军阶以上人员的新年宴会。

1月6日

早上八点出发，为与第六中队换班前往腰铺警备地，正午时分完成换防。吉田元五郎、阿部政雄康复后归队。

1月7日

×小队行军六千米，从腰铺西部地区返回并于正午时分归队。征收到了很多鸡。

1月8日

×小队新田肇等九人被编成联队乙中队，包括×××、门马上等兵、吉田三五郎、渡边仙助、北村一、白土权、捧昌治、水野谷清太郎。

1月9日

除新田肇之外，乙中队编入者于七点出发前往全椒。老家寄来了包裹，还收到了大木守五、××凉、父兵吉寄来的信。

1月10日

滁县西部的枪声越来越密集了。

1月11日

九点集合，在腰铺北部进行了警备演习，由××少尉攻击，××少尉防御。

1月12日

为了抓鸡，向腰铺西面行军六千米。正午返回腰铺。

1月13日

与第八中队换防警备，然后回到全椒。

1月14日

中队武器检查。×小队和大队卫兵分别在北部、桥梁处警备。处理包裹。岩仓新吉（早川正负责）、××凉（五十岚一正）。

1月15日

无异常情况。

1月16日

中队各自进行训练（上午）。

下午卧床休息，但六点突然集合，说是负责保护工兵架设桥梁的××少尉因遭遇敌匪而下落不明。

1月17日

早上七点集合，××中尉指挥的一个小队乘坐汽车赶往遇难现场。我们小队只好出动前往东部高地警戒。

1月18日

师团长阁下莅临全椒。得知了××少尉已经牺牲的消息，不禁潸然泪下。失去了战友××，只能愣在原地。××在谢家桥镇身受重伤，剩下我一个人了。

1月19日

下午五点，作为大队卫兵负责保护桥梁及北部地区。

1月20日

上午十一点三十分为阵亡的××少尉举办了悼念仪式（在中队进行）。雨雪交加，温度骤降，极度寒冷。

1月21日

天气转好，痴迷于象棋。下午五点作为巡查军官进行巡视。

1月22日

领到了天皇御赐的香烟，不胜感激。

1月23日

正午开始在北部的高地负责警备。

1月24日

下午领受了勋章。去护送遗骨的织田铁男从上海回来了。

1月25日

上午九点，联队长为我们说明了下次作战行动的注意事项。下午与藤井次郎（IMG）见面，这是登陆以来的第一次相见。

×××的金泽直次（第二中队进行了第五次补充）过来找我。下午五点担任值勤军官。

1月26日

今日也下了象棋。上午十点左右寒气袭来。卧床。

1月27日

下发了防寒用品。

1月28日

早上八点，第×小队作为第七中队的先遣小队依依不舍地离开了全椒，向周家岗方向前进。进攻定远的战斗拉开序幕。正午在石碑桥，下午两点在石碑桥北部的村子里遭遇了敌匪，将其击退。下午五点到达周家岗宿营。

1月29日

凌晨两点警备侦察兵回来了。八点，作为第七中队的先遣部队启程，于十二点三十分在章古集附近击退了敌兵并继续前进。晚上十点到达永兴集宿营。

1月30日

上午八点从永兴集出发，第七中队在大队末尾跟随前进。在将家发生了战斗，第七×小队的近内七郎身负重伤。Ⅱ的死伤约十人。为了收留这些负伤战士，菊地忠治、石田友次郎、阿部竹司、郡司清、近藤嘉平、铃木良雄留下来在张巷子宿营。

1月31日

上午休整（待命），下午出发。在双庙子东面三千米处宿营。下午四点五十分又作为侦察军官带领田中伍长、国分上等兵、××上等兵、××××、高野温、石井政之、××××、远藤喜一等人在双庙子附近勘察敌情与敌方地形。下午六点归队。

[以下省略]

8 柳沼和也战地日记

所属：步兵第六十五联队第七中队，编成

军阶：上等兵

住址：福岛县

职业：农民

收集来源：本人提供

日记情况：封面写有"战地日记"的字样，长 10cm，宽 8cm 的记事本。纵向书写。

9月18日

九一八事变纪念日,去陆军墓地参拜。下午接种痢疾疫苗。

9月19日

中队军装检查。

9月20日

上午接种了肠道伤寒杆菌疫苗。联队进行军装检查。今天是和家人会面的日子,但下午家人一个也没来。

9月21日

早上八点集合,列队进行了试射(轻机枪)。每人各配发了三十发子弹。中队长授课。

9月22日

早上八点集合,进行中队训练。下午接种疫苗。

9月23日

全天事务繁忙。接种疫苗、捆扎行李等,为出发做准备。

9月24日

上午接种疫苗。十点半,有两人作为先遣部队出发了。
晚上,第四班全员聚在一起举办了盛大的庆祝会。

9月25日

起床后立即整理□□的附近物品。中队在八点三十分集合完毕,九点大队集合,十点二十五分依依不舍地走出了营地大门。沿途有很多人前来欢送。十一点十五分到达若松车站,请铃木巡查员帮忙打了电话。中午十二点二十五分从若松车站出发,五点四十分到达新津，吃了晚饭。

9月26日

凌晨四点五十分到达金沢，吃了早饭。车站前面赶来欢送的人很多。从此站出发在敦贺湾向右转便到达了米原，吃了中饭。又从吹田向左前进到大阪的凑町货物线，行军两小时后等待命令。乘坐市营电车在新世界日出馆投宿。晚上，×小队长买来了六升美酒，小队所有人都很开心。

9月27日

早上八点起床。在大阪市内游览。和坂本两人一起去的，拍了些照片，又去了一趟妓院。

9月28日

八点起床，从今天开始将禁止外出太远，所以只在附近的镇子里转了一下。又和坂本两人一同去了昨天的妓院。

9月29日

清晨五点起床，六点半在中队宿舍前集合。七点开始出发行军，碰上了小雨，于是中途乘坐电车向港口前进。八点三十五分到达，十点半吃中饭。下午两点，不舍地离开了大阪港。夜里没有发生任何异常情况。

9月30日

接种了疫苗。下午一点左右穿过关门海峡①，在出口附近抛锚

---

① 日本下关（又称马关）与门司港之间的海峡。——译者注

等待□船。五点左右又继续出发。

10月1日

无异常情况。

10月2日

因腹痛受到照顾。船中战士熙熙攘攘的，很热闹。晚上十点半左右，左侧有敌机袭来。于是军舰打开了探照灯（二十四五盏）船停了下来，直到天亮后才继续前进。在此期间一昼夜设置立哨来监视对方。发生了船只冲撞，引起大家的一阵骚动。

10月3日

五点左右停止前进并待命。下午朝上海方向又继续前行，三点五十分在虬江码头登陆。在病马收留所前面休整。附近房子全被炸弹摧毁，如今完全不见了踪影，唯有两具中国兵的尸体。第一大队第二中队的士兵中有三人阵亡，好几人负伤。下午六点半左右从此地出发，在昏暗中进行了两个半小时的高强度行军，随后到达日本纺织公司宅院（中国民居）并宿营。因有二十三名士兵掉队故派出分队前去接应，所幸的是我们分队无人掉队。

10月4日

六点起床准备早饭。这是住进中国上海民宅的第一天。因是上海的水管，所以供水比较好。一整天都在休整，分队长值勤。

10月5日

上午整理自己的物品并打包好救生用具。下午一点半集合，但此时发生了空袭。上海海军陆战队本部附近打开了无数的探照灯，但因为高度问题，发射的高射炮都没有命中。晚上十点二十五分出发，但因桥梁被毁而中止行军。修复后才继续前进。

10月6日

度过黑夜黎明时分大家才发觉每个人的脸上都是乌黑一片。用手擦了之后再看还是没有人样。途中碰到了师团的士兵。八点十五分吃早饭，因肚子里空空如也，饿过了头，也吃不下去什么。水和热水都没有了，所幸分队长带来了热水袋，大家才算舒了口气。随后的一小时二十分钟继续行军。结束后准备露营（胡家浜）。津岛、××、坂本作为卫兵到外面负责守卫。

10月7日

凌晨一点，分队长、三留、黄川三人外出负责下士哨。七点过来交班。七点以后，除了工作人员以外大家都加入大队的训练，有两人负责挖战壕。上午十点，雨水滴答滴答地开始下起来。挖战壕的是我和五岛两人。为修筑道路而赶往师团附近的人都倒了大霉。这里能够买到香烟和汽水。返回之后到厨房烘干了衣物。雨水从天上漏下，整晚都没睡好。

10月8日

几乎是太阳刚一出来雨就停下了。柴火全被打湿，烧不了火。只好到附近的中国村子里做饭。今天晚上情况还不错，和五岛、三留一起通宵值勤站岗。

10月9日

七点起床，上午无事。

下午两点左右，中队开始进行小队操练。最近总在炮弹面前或雨中演习，大家都不太能打起精神。

10月10日

第三小队的第一、第五分队（包括小队长）七点集合。各个大队派出了相同人数的人员前往联队本部联络。雨中泥泞没膝，在各个村子里一边打听一边看到伤兵不断被抬到担架上，心里五味杂陈。返回时绕过了扬行镇，七点抵达。全身湿透了，所以在中国的一个村子里烘干，一直忙到将近十二点。

10月11日

上午进行了演习，我们分队因为去领取武器而没有参加。下午两点，中队全体士兵集合在一起，对×等十一人进行了上等兵的任命仪式，分队长也晋升为伍长。

10月12日

凌晨两点负责下士哨。分队长、××、荒川、津岛、三留站岗。六点换班之后七点集合。我们中队是先遣部队，弄错了路而绕行了很远。大家在已经化为战场的大平桥附近休息之后又出发前去修缮道路。最后在蔡宁宅露营。

与坂本两人负责前哨工作。

10月13日

天亮后开始变冷，寒冷至极。下午开始进行演习。

我因为留下来看管宿舍而没有参加演习，和五岛、坂本、津岛一起持枪站岗。

10月14日

凌晨五点起床，中队全体士兵在六点半集合，前往刘家行。途中遇到道路施工，此时又有迫击炮弹和子弹飞来。

10月15日

上午九点开始中队操练。下午一点后，大队开始为战地攻击和冲锋进行战地修筑作业。在联队长的指挥下，第六中队在夜间进行上述作业并发起了冲锋行动。

10月16日

六点半起床做体操，八点集合，进行小队训练和实战演习。下午又进行了渡河演习。其间曾和××一起出去征收了些芋头和花生，回来时刚好五点。大队赶去前线，七点半在一个村子里暂时休息时遭遇了敌军的炮弹。

挖完战壕睡觉时，战壕里渗出水来。感觉闹肚子了。

10月17日

吃早饭时敌弹也不断飞来，橘上等兵的大腿被击中了。

上午九点出发，到达前线的一个村子。于是直接开始挖战壕，敌弹如雨点般密集。分队士兵的背囊被打中了，但好在身体无恙。下午四点为出发做准备，五点左右大队开始进入战斗状态。第一、第二小队在前线展开攻势，但敌弹丝毫没有断绝。迫击炮威力很大，造成大量士兵重伤或轻伤。战斗发生在南朱三房附近。

10月18日

早上六点开始冲锋。第七中队没有出动只是射击。中队集合在一起后共同编为大队的预备队（相家桥）。当时被敌军的子弹打中了胯部，还好身体并无大碍，只是擦破了衣服。

在相家桥挖掘战壕，度过了18日。

10月19日

早上八点集合向某地出发。昨夜身处南朱三房时稍做了休息。中午十二点半在左前方的村子里与第九师团的中队进行换防（须宅）。晚上十点左右枪声逐渐密集，于是加强了戒备。

10月20日

凌晨两点和四点左右响起了两阵枪声，每次都很剧烈。除此之外无异常情况。上午九点半左右下发了一个饭团。三点左右开始过着洞穴里貉子般的生活。五点半左右，新发田第一一六联队前来增援，但只有一个中队。枪声虽然接连不断，但是没有异常情况。

10月21日

今夜仍在原地执行任务。

下午一点左右开始在面前设置防线，五点左右完成。第二分队和第四分队进入前面的竹林。接到建立据点的命令后便开始在此地实施作业。枪弹接连不断如雨点般落下。天色暗下来后工作变得颇为困难，我们分队的坂本甚至擦伤了手腕。晚上十点稍过，又接到命令说要把防线前提一些，但在前提的过程中又接命令说回到原来的位置。因为前提之后在敌军眼前有很多事情做起来不方便，所以一看到敌人要来竹林就必须立即报告。此后，把上述中队前提的情况报告给了小队长。

10 月 22 日

凌晨一点半，看到须宅前的战地上有人影闪过。于是便用我们的轻机枪进行扫射。但接到消息说那是新发田中队派来的侦察兵，要特别留意，于是便停止了射击。但结果发现不是侦察兵而是敌兵。所以借助友军构建的火力线，奋力将其击退了。

凌晨三点左右又有前来袭击的敌兵，立即应战。但敌兵巧妙地穿过了交通战壕，投下了如雨点般密集的手榴弹。但在激战之后敌军最终撤退，我军缴获了两把步枪。

早上八点，我们中队和第五中队与第二十六联队换防，成了师团的预备队。天黑之前连一顿饭也没吃上。晚上站岗时发现敌方的炮弹在远处落下。没有异常情况。

10 月 23 日

醒来之后吃饭，饭是凉的。中队突然说八点集合，将向前线推进。途中在一个村子里做饭并在此后与第一〇四联队换班。此处是敌军固守的阵地，第一〇四联队曾在此地一直顽强地苦战至昨日。激战兵力为一个大队约三百人。无法直视战友的尸体，心情十分沉重。在赶往战壕时还曾越过中国兵的尸体。六点半终于开始执行守卫任务，完全不了解敌军的阵地。我们分队在最左翼，全员进行了猛烈射击。敌弹却越发密集，结果昨夜完全没能入睡。

10 月 24 日

枪声持续不断，子弹如雨点般密集。两军在此地展开了射击战。白天并没有特别异常的情况，但到了夜里便开始挖战壕，为向前进攻做准备。

战局逐渐紧急起来，故想趁着黑夜把背囊送到后方去。结果遭到了迫击炮轰炸，险些丧命。最终奉命返回了前线。

10 月 25 日

早上八点下达了前进攻击的命令。于是立刻纵身从壕沟跳了出去，向敌阵反复冲锋并最终占领了三家村。此时小队不断出现阵亡者，负伤者也不计其数。和坂本两人掉了队，未能到达分队所在地。途中在战壕里度过了一夜，直到天亮。

小队中，第一、第三、第四分队的队长都牺牲了，士兵阵亡者也不计其数。在此次战斗中，我们小队立下了卓越功勋。时间是九点十分。分队长被打中了耳朵，所幸没有大碍。看到负伤的战友心里很不好受，悲伤之情无法挥散。在原地固守一整夜直到黎明。这便是三家村突击战的情况。

10 月 26 日

上午成功与中队取得了联络并返回分队。每个人分到了半个饭团。吃过之后于八点二十分又进入突击战，勇猛地战斗。敌兵颇为顽固的阵地也终于在九点被我们小队完全攻克。在此次突击中，我和坂本两人得以向前行进，其情况另做记录。

此外，为了警戒前方阵地还配属了人员。此后又有第八中队的一个小队和第七中队的第二小队先后到达此地等候命令。下午五点我们逐次前进，作为中队的预备队尾随在最后。晚上九点四十分，接报告说第二小队遭到了敌兵的袭击，好像是一股大部队。所以第三小队也出动了，而且直接击退了敌军，并无任何异常情况。第二小队有两名士兵牺牲，一名负伤。

10月27日

清晨迷雾蒙蒙，今日也是大晴天。不过，敌兵依旧猛烈的朝我们射击。下午两点左右，我方空军开始实施轰炸，顿时天崩地裂、声响巨大。五点，定下了补充人员（中队二十一人，第一小队十一人，第二小队和第三小队一共五人）。没有吃晚饭，在水里泡些饼干将就着吃了。今夜虽有子弹飞来，但并无异常情况。

10月28日

今天早上没有米饭送来，肚子饿得咕咕叫。前线真是很不容易。今天也没有往前冲锋而是在原地固守。到了中午十二点仍旧没有送来米饭，战友变越来越虚弱，打仗的力气也没有了。下午一点吃了一个饭团，但仍在进行警戒。下午四点左右，第三大队开始发起攻击并在五点接到了出发的命令。五点半吃到了晚饭：半个糯米饼、两袋饼干、四颗奶糖。

10月29日

晚上和小队失去了联系。早上渡河后才与其恢复联络。第一批渡河后与荒川君两人一起挖了战壕，并赶抵小队所在位置。友军的山炮在头顶上落下，非常危险。联队主力在马家宅东部集结，修筑阵地后开始实施攻击。十二点至一点友军又发起了空袭。三点半，友军山炮一齐发射，随后步兵开始冲锋，但最终以失败告终。第二中队几乎全军覆没，我们中队也有五人阵亡。我们在实施掩护射击时打掉了几百发子弹，连枪管都烧坏了。

10月30日

凌晨两点左右敌兵发起了一些反攻但被击退了。

上午接到命令，与第一〇四联队的甲部队换防并为此做好准备。上午十点换防之后，去了趟橹网湾。途中看到了友军和敌军的尸体，不计其数。在此处吃了早饭和中饭，前往三家村取了背囊，但里面什么也没有。小队所有人一同搬送了坪井班长等八人的遗体。我和坂本两人把阿部登抬了回来，尸体已经全都腐烂了。此后又去了后方的王家桥村，发了酒，做了饭，终于可以松口气舒展一下身体了。枪声仍然依稀可闻，接连不断。

10月31日

七点起床领取了武器。去三家村附近收拾死伤者的武器。一路上泥泞不堪，把小队阵亡者的遗体从橹网湾抬到了王家桥。下午四点半为其进行了火葬。看样子明天又要出发了，为此做了相应的准备。入夜后大家谈论着战斗时的情况。我负责值了一个小时的夜班。阵亡战友的遗体好像怎么也烧不尽。

11月1日

下雨，只能原地休整。战壕中积水，无法入睡。

今天的加餐是一个牡丹饼。第七中队的阵亡人数是三十三人，重伤与轻伤者共七十一人，在大队中牺牲人数是最多的。

11月2日

起床后立即点名。第一小队三十四人，第二小队二十八人，第三小队三十二人（包括若干负伤者）。

战壕中的积水越来越多了。去机枪队那里玩了一趟，结果房子居然倒了，好不容易才逃出来。

11月3日

起床后，为了庆祝明治节而向宫城遥拜，高呼了三遍万岁。此后下发了酒和点心。下午做好了出发前的准备。中队在中午十二点半集合，目的是去马家宅的前线防守。向北方前进了大约二里地，与第十一师团第二十二联队（松山）在下午四点换防。此处距离敌前二百米，必须依靠房屋和下士哨来进行警备。一个晚上换了三次班，和三留一起度过了前半夜。

11月4日

晚上的值勤没有出现异常情况。白天写写信，睡一会儿，就这么过去了。到了夜里又换了三次班，担任步哨。迫击炮炮弹猛烈地砸了过来，所幸没有受伤。

11月5日

今日也没有什么异常情况。晚上作为下士哨在前面的小河附近挖了战壕。子弹不断飞来，十分危险。寒夜里的步哨并不是份轻松活儿。下发了一块糯米饼，和战友掰成两半分着吃了。

11月6日

完成下士哨任务后终于松了口气。今晚不会有步哨任务，可以好好休息一下了。但傍晚时荒川君被迫击炮弹片击中了背部，负伤了。这样事情就变得非常难办：荒川、三留、五岛都是第一分队的成员，分开的话人数就不够了。

11月7日

雨不仅未停反而越下越大。战壕的水就这么积累着，看样子又无法睡下了。只好把水舀出来再睡。但蚊蝇多得让人吃惊。

11月8日

逐渐习惯了警备,吃饭也基本能在第二十二联队解决。没什么不适应的。征收了一些大米,这样便能填饱肚子了。

××抓来了一只狗,第一次吃到了狗肉。晚上负责步哨值勤,没有发生异常情况。

11月9日

今天开始有了酒保,所以大家都买了些日用品。两个馒头五钱,贵得让人震惊。从第一分队弄来一只猫但没有把它吃掉。作为零食分到了一颗麦芽糖,一块糯米饼。

11月10日

因为有日用品在贩卖,所以写了信和明信片。

晚上步哨值勤没有出现异常情况,安然度过。

11月11日

白天代替晚上,睡觉,子弹仍不断地飞来。与往常一样有警备。但过了深夜十二点后枪声居然骤然消失了,似乎敌人要开始反攻。顿感紧张便立了哨,但直到拂晓也没有出现异常。

11月12日

早上八点出发去顾家宅,一路向西。和大队长一同出发,听闻昨夜敌军全体撤退了,所以需要转为追击战。第二大队在前线的某个村子里做着宿营准备。转移到前面的村子里不久便又要出动,在一片漆黑之中走了一夜,兜兜转转又回到了原来的地方。夜间行军真是非常悲惨辛苦的。早上七点左右与一〇四部队同时开始实施追击作战。

11 月 13 日

终于攻占了嘉定前方的敌阵,小憩之后又展开追击。下午三点半到达花园宅并实施警戒。敌军的炮弹不断飞来,但没什么要紧的。晚饭吃的是鸡蛋炖鸡,还有胡萝卜,非常丰盛。

11 月 14 日

深夜零点出发,按照命令占领了前方的村庄花园滩。观察过面前敌阵的情况后便返回营地入睡了。早上八点被编入大队的预备队,渡河后又往前继续行进。吃过中饭师团开始进军,不断向前挺进。入夜时不知身处何处,只觉得身体软绵绵的,非常疲惫。八点、九点、十点,一直沿着新道路推进并展开追击。此后才决定在某处停下来宿营。进入村子已是晚上十二点半了。

11 月 15 日

吃了烤鸡,一人分到一只。昨天荒川抓到了一名残兵,××把他捅死了,时间是凌晨三点四十分左右。

六点半起床,联队集合后于八点半出发,九点半踏上旧军用道路后休整、吃午饭,待了很长一段时间。

十一点半仍未出发,而其他师团已经相继离开。下午一点左右才终于动身,一路上驱使中国人背送物资。到达某条街后,在当地征收了一些物品并开始宿营。

11 月 16 日

早上六点半集合,七点去大队会合后于七点半出发。今天下了雨,道路泥泞不堪,难以行走。下午两点四十五分在某地突然遭到了前方来的射击,立刻进入战斗状态。

入夜后，向前方村庄发起突击。占领后在其中一个房屋里架起了重机枪进行警戒。雨不停下着，无处可睡。

11月17日

晚上八点左右突进到前方的街道。第五中队昨晚突击失败后，第三小队最终占领了楼台并在其右侧实施警戒。

中午时分仍继续推进。与一条河流对面的敌人展开交战。从屋顶用轻机枪进行扫射。当时第一小队长××少尉负了伤。今晚在街内的房子里警戒，让身体得到了休息。吃了煮红豆。抓来做事的那个中国人死了。这便是谢家桥镇所发生的战斗。

11月18日

早上六点半起床，等待出发前的准备。第二分队在街道右侧掩护第九中队渡过了面前的小河。八点半，渡河开始。在街道前方打响了战斗，敌兵顽强地做着抵抗，导致友军出现了一些死伤。我们中队有一人阵亡，若干人负伤。入夜后便难以继续前进了。从房屋里展开射击，击毙了多名敌兵。

11月19日

拂晓之后，敌我双方火力越来越猛，完全沐浴在枪林弹雨之中。一整天都在进行战斗，入夜后更是戒备森严。

11月20日

凌晨一点出动，扫荡了左前方的村子。两点半又从谢家桥镇出发。途中因道路施工尚未结束而阻碍了行军，虽然走上了军用道路但遇到了岔口，所以就在鹫山宿营了。因是寺庙，所以此处有约二百个难民。征收了一些猪和鸡，饱餐了一顿。

11月21日

早上七点半集合出发，雨未停止，行军十分困难。中午十二点半吃了中饭，没有休息便继续上路，直到两点半才停下来。在一个大村子里宿营。此次行军的目的地是江阴县的阵坚镇。

11月22日

上午十点之前检查并领取了武器与被服，此后进入休整。今天没有出发行军，好好地享受了美食。

11月23日

凌晨五点起床，五点四十分集合，缴获了一艘中国运输船。坐上去于七点五十分左右出发。登陆后直接发动攻击，对面的敌人猛烈地还击，有一名士兵负伤。

入夜后战斗仍未停止，大队全体人员在小村里宿营。

第二分队在大队本部的旁边准备饭食，时间是十二点半。

11月24日

凌晨三点左右遭遇敌人袭击，分队长阵亡。分队士兵像失去父母一样伤心不已。八点左右举行了火葬仪式，泪流不止、无法自已。十点左右占领了前方村庄。荒川担任分队长并带领大家与敌军交战，将其击退。下午四点左右，出发去祝塘镇旁边的村子宿营。

11月25日

在此地开始实施攻击作战，占领了村子的左侧然后乘胜追击。此后在村里宿营。入夜后因为有敌弹飞来而戒备森严。

11月26日

凌晨五点半出发，占领了祝塘镇后又继续前行。在一个村子前方，有三名士兵被友军步兵炮小队打伤。第三小队处于前线位置，所以第二分队中××的胳膊，铃木守美和山□力弥两人的手部和头部都负了伤，决定在村子里宿营。

杀鸡宰猪，在分队里吃饱喝足。

11月27日

早上七点半出发，继续向前进军。这次野炮和师团全部集结在了一起。随后领到了两包香烟（响牌）和袜子。在原地休养两三天后将要前去进攻江阴城，已经做好了万全之准备，故决定先休整一下。暂时放松后还将有重大任务来临。

11月28日

清晨突然接到命令，要准备出发。原定两三天的休息也取消了。于是开始动身前往江阴城。

行军路上坦克和汽车一起通行，挺进江阴。接到报告说敌军已经撤退了，所以发起了强行军以便切断其退路。但途中的敌兵不断增多而导致无法继续向前，第七中队遂向右迂回实施了攻击。正准备做晚饭并宿营之际，又奉命向前进军发动攻势。结果在小河一带遭到了敌兵的猛烈射击，交战直至天亮。

11月29日

第三小队在黎明前一直坚守此地。黎明时分□进入屋内准备早饭。对南闸镇的攻击开始了，这是从上海登陆以来的第一次。不过到了傍晚就将其全部占领了。越过小河后决定在一个工厂里宿营。

第五中队的一名准尉阵亡。

11月30日

在工厂里向拂晓时分撤退的敌兵射击，击毙了几百人。九点出发后占领了面前的村子，还弄到了十二三匹马。

越过河流后继续追击，同时设置了步哨警戒前方动向。在此处挖了一个枪眼以防敌兵的反攻。渡边伍长阵亡。

12月1日

一直持续警戒至傍晚，结果敌兵撤退了，遂实施夜间攻击。第七中队向前线发动攻势。此时友军的坦克和汽车不断开来，和第三大队一同向江阴城方向挺进。行军路上灯火通明，只待明日入城了。

12月2日 晴

早上八点沿着道路向江阴市前进。十点左右进入城中，发现敌兵的尸体在道路两侧堆积如山，城门附近遭遇了友军的山炮轰炸，吓得慌慌张张的。

出城后吃了中饭，休息了两个多小时。大队本部的士兵俘虏了一个中国兵。在城市北部的山顶上举行了军旗参拜仪式。联队长给大家训了话，然后各自进入了指定的宿舍。

第二、第四分队住进了同一间屋子。

12月3日 晴

领取了武器和被服，今日能度过比较自由的一天。大家一起去市里征收了粮食和其他物资。街区很荒芜，什么东西也没有，仅弄到一些糖和枣，吃了不少。

12月4日 晴

今日也无事发生,仅是休整。

外面寒气袭人,连做饭都不想伸手。

除此之外无事可记。

12月5日 晴

清晨的水让人感觉浑身冰凉。

无事可记。去了江阴〇〇村子,征收了一些东西回来。大家去江阴要塞参观了大炮,我们没有去成。

昨天晚上第三次补充兵到了,但待了一晚就走了。

12月6日 晴

早上去东面的山上,第三次补充队举行了军旗参拜仪式。部队长训话后正式将其编入了部队。分队长出身于大野村玉山。佐藤胜雄曾是上等兵,射手是×××上等兵,弹药手是××××。现在,孤单的分队里有七个人了,热闹了起来。

12月7日

早上七点半出发,不断向南京进军。非常寒冷但未遭遇敌兵。第七中队稍稍偏离了主干道,去某村庄宿营了。一〇四联队及其他部队则在前方的位置过夜。

12月8日 晴

觉得有些疲惫,所以令中国人做事,继续向前行军。因为不知道宿营村庄的名称故无法记录。途中因有桥梁受损,行军困难。

12月9日 晴

顺利向前行军。虽然逼近镇江了,但大家都感觉疲惫不堪。

8 柳沼和也战地日记

12月10日

安全到达镇江城,但因为未入城所以只得在荒芜的地方落脚。此前就已有其他部队在此处驻扎,但他们当时应该也没有住的地方吧。物资还是有的,发现了一袋砂糖,还有大米。因为还装有电灯,所以也算是比较方便的。

12月11日　晴

清晨,大家出去弄到了一些汽水。但因为十一点要出发,所以战友都接二连三地启程了。以为只是转移一下宿舍,结果却并非如此。我们不断地向前行进,最终到达了京图镇。看样子要在此处驻留两三日。

12月12日　晴

天亮后大家就外出征收东西,无事可做。分队长和射手、××君三人留下之后其他人便出发了。时间是下午四点左右。

12月13日

不断前进终于在某个村庄停下。天亮时分恰好抵达。虽然是长时间的休整,但只能准备吃饭和休息。据称明早还要继续赶路。宿舍差点发生了火灾,这情况也有两次了。

12月14日

出发不久,敌军从山里往第八中队投掷了手榴弹。有一人牺牲,另有负伤者。南京近在眼前。天亮后,作为前锋的第三大队俘虏了中国兵,把他们全部集中起来关在一个村子里,数量大概有一万七千人。第五中队向幕府山发起了攻击并将其完全占领。所以两角部队被记在了攻占南京的战史之中。傍晚作为军旗中队在中国军队的水雷学校宿营。

12月15日　晴

无事发生，度过一天。

外出扫荡残兵却并未发现敌人，倒是弄了些东西回来。中国人的馒头很好吃。听说有人看到第十六师团处决了那批残兵，场面残忍。英国的公司都开着电灯，日军还没有动他们吧。

12月16日　晴

早上八点出发，小队长带头进入南京城参观。我傍晚要负责下士哨，所以无法前去参加明日的入城仪式。

城内虽然荒凉却是一个大城市。南京作为敌人的首都还是很不错的。城内什么东西也没有。晚上回来后便直接作为下士哨去站岗了。第二分队的×××君和津岛也留了下来，×××君是第四次补充入伍的。

12月17日

我负责第四批步哨，所以能好好休息一会。白天是单哨，晚上是复哨。工兵队去炸了碉堡，这是攻占南京时仅存的记忆。

晚上，第二小队出去处决俘虏。士兵排成半圆形，然后用重机枪和轻机枪进行扫射。关于此事我做不出过多描写。

据说这批俘虏里有七千多人如露水般消逝在了长江里。

12月18日

全天休整。昨日开始负责一昼夜的步哨，所以今天几乎都在睡觉。小脚趾隐隐作痛，尚未痊愈。

12 月 19 日　晴

今日没有大事发生。第三小队去收拾了前天的中国兵尸体,我的脚还是有些痛。大家都说收拾尸体很有趣。

12 月 20 日　晴

上午九点出发。别了,南京!渡过长江后似乎向○○前进。乘坐海军的船只渡往浦口,大队在此地全体集合并等候出发。仅行军二里便在浦口镇宿营。

这是一个很不错的镇子,有香烟还有其他各种东西。

12 月 21 日　晴

作为军旗中队出发。

我们小队是中队的先遣部队。一路上有三座大桥被毁,给行军带来了很大阻碍。进入○○村庄,发现中国酒很好喝。

12 月 22 日　晴

第七中队作为先遣中队一路向全椒挺进。下午两点到达全椒后一直等待主力部队的赶来。随后开始设营,进入了一幢不错的房子,但又和第六中队做了交换,去了别处。反倒是一个两层楼的好建筑,征收了他们的东西并美美地享用了一番。

12 月 23 日　小雨

休整一日。××伍长负责下士哨值勤。烟雨蒙蒙,淅淅沥沥地落着。小队长总是那么精力充沛。

12 月 24 日　晴　12 月 25 日、26 日

休整。

12 月 27 日　雨　12 月 28 日

日渐寒冷，寒气逼人。落下的雨水逐渐化作雪花。

12 月 29 日　雪

今天联队在中学校园里举办了慰灵祭。

各个部队长做了吊唁，表达了沉重的哀悼，心情十分沉重悲伤。悼念的是以小畠中佐为首的六百八十名阵亡者。

下午五点担任大队本部的卫兵，三人轮哨，非常轻松。

12 月 30 日

在五点换班前，四人轮流值勤，我是第三个人但站到了最后。第四分队得痢疾的人全都走了。

12 月 31 日

早上七点出发，行军三里。目的是去谢家桥展示军威。本想扫荡残兵和其他势力却并未发现敌军。虽然在途中已经意识到了这一情况但还是去了目的地后再折返。明天就是元旦了。

再见了，昭和 12 年！

《露营之歌》，竹内喜一郎作（以下记录了歌词，省略）

昭和 13 年（1938）

1 月 2 日　晴

早上大家都出去了，由我负责准备早饭。和第三小队一共三人留下，我是其中之一。

和××君两人一起去征收了青菜。大家不在，宿舍很冷清。就这样度过了一天。写了三封明信片，洗了两件衬衫，然后给女子学校的××和××写了信。此外还给分会长、学校、公所、渡边武□、吉田藤太郎、布施宗、古川叔父各寄去一封明信片。

1月3日　晴

大队外出扫荡残余敌兵，不过现在这个时候应该挺冷的吧。全天无事只是吃饭，写了很多信。

晚上必须要去当卫兵，但××君也去了，还是挺开心的。

晚上收到了很多信，了解到一些故乡的现状。听说父亲负责掌管村里的收入，很吃惊。收到了公所□樋口幸右卫门、一磨、光枝寄来的信。仲岛济江、贞子寄来了明信片。

校长和××弟弟也寄来了明信片。

1月4日　晴

早上吃完饭后九点半集合，前往校园。联队全体人员一起举办了敕谕奉读仪式，十点半左右结束。写信消磨时光。

下午去了联队本部，第一次收到了慰问袋，是东京女子学校送来的。给一磨和光枝写了信，又去第五中队长濑良一君那里玩了一会，写了日记。给父亲、樋口幸右卫门、德永保清、×姐姐、气仙沼的哥哥、守太郎君、××叔父寄了信。也给仲岛济江寄了一封。

1月5日　晴

准备早饭。总是要到将近中午才吃饭。写写书信和明信片，给津岛写了五六封信。写信感谢了慰问袋。接着是午休、准备晚饭。明天要去腰铺镇守备，所以为出发做些准备。

发送：感谢您的慰问袋，致昭和高中女生雅子。

给一磨和光枝也写了信。

1月6日　阴

凌晨五点起床，立即准备早饭。此后带着午饭前往腰铺接替守备的班。此处是与第六中队、全椒相距三里的村子。八点出发后于十一点到达。

其他倒没什么事。只是明天开始要作为步哨站岗还是很开心的。在此之前把屋子好好收拾了一下。小队长回全椒休息了。

发送：给原田美智子发去了慰问袋的感谢信。

还给利繁寄去了明信片。

为充实乙中队，小队派出了八个人，分队也派出了一人即津岛。12日起又要展开行动。但津岛没去，第二分队保持原样。

1月7日　晴

昨晚大家熬到很晚，今天早上慢慢悠悠地起床。吃过饭后，给三郎、忠治写了两封信。中午开始担任下士哨。分队派出了四人。白天是单哨，从两点持续到三点。

晚上是复哨，和坂本两人一起。天气寒冷身体有些虚弱。放哨时间是从十点到十一点。各个小队每天轮到一次。这里比全椒还要冷。我想今后应该会北上吧。

发：给三郎、忠次寄了信。

收：从佐藤叔父那里收到了信。

1月8日　阴

四点到五点和坂本两人放哨，不知为什么中午没有立哨，后来听说中午换班之后大家都出去征收东西了。

和坂本两人一起准备晚饭，第一分队烧了热水所以还能洗个澡。在大缸里面泡澡，因为不是前线所以能好好享受一番。

中国大陆终于也迎来了严寒，雪花无处不在。

给×××叔父写了信。

1月9日　晴

早上去送别乙部队的成员。

早饭后小队出动去征收东西，我一个人留下来看守。所以又开始写信，和坂本的加起来一共写了有六七封。

准备中饭。下午无事发生，让中国人给我刮了脸。晚饭是鸡肉和鸡蛋的盖浇饭。夜里给母亲和××写了信。军饷发下来了，收到了十七元四十七钱，是两个月的份额（十月和十一月）。明天又要担任步哨了。

发：给一雄叔父寄了信。

收：父亲、妻子寄来了明信片。

1月10日　晴

今天早上睡了懒觉。上午在写信中度过，中午担任下士哨，负责第五班次，从四点到五点。在放哨之前读了讲谈俱乐部的副刊小说，加藤武雄所作的《结婚曲》、竹田敏彦所作的《运送弹药》、大平宇陀儿所作的《〇〇〇〇》和《无影空袭》。

全天读着这些东西也算是战场上的一点乐趣，想小睡一会儿却睡不着。中国的夜晚很长，要到七点半才天亮。

发：给平七、母亲、藤原、××叔父、理喜男君以及女子青年会分团寄了信。

1月11日　晴

凌晨两点到三点复哨，八点到八点半单哨。换班后，中队进行了演习，但是大家好像心情不是那么兴奋。

换班后本以为会出去征收东西，没想到就那样待到了傍晚。

吃了太多而腹痛。今日真是平凡的一天。

发：给雅子、原田美智子、文枝、妻子和母亲、金成宫子寄信，感谢其送来的慰问袋。

1月12日　阴

早上因腹痛睡了很久。吃过早饭后，和坂本、××外出征收东西。荒川君、××上等兵出去负责下士哨了。

打开父亲寄来的包裹便开始给母亲写信。还给妻子、佐川正吉写了信。准备好晚餐。大家都喝了酒，气氛高涨。收到了香烟和感冒药、腹带、日用品（11月8日寄出）。

收：妻子寄来了信，父亲寄来了包裹。

1月13日　阴　雪花纷飞

早上吃完饭后天色渐暗。今天要去腰铺与第八中队换班，所以返回全椒做准备。十一点三十分出发，让马驮着行囊，于两点半左右抵达全椒。

果然回到此处就感觉很安心，久违地洗了个澡。

发：给妻子、母亲、正吉寄了信。

收：从一磨那里收到了信，定子、一雄叔叔、×哥哥给我寄来了明信片。

1月14日 晴

早饭过后,说是要检查武器并巡视宿舍便开始收拾。

十一点结束,这是入队以来第一次誊写前任分队长的战地日记,但做到一半就要去抓鱼了。于是带了三颗手榴弹过去。分队的战友去了之后一条也没抓到,只弄了些青菜回来。我看到有一张渔网便去收网,结果弄到了十七条鱼,还有一尺到两尺那么长的。晚饭后又开始誊写日记,也写了自己的日记。

1月15日 阴

凌晨五点半和坂本两人一同起床准备早饭。八点半集合。小队有三十人去支援滁县与浦口之间架设桥梁的工兵,剩下的人(我和坂本)负责誊写分队长的日记。此后又来到第一分队,和三留两人一起写了信。

中饭是用饭盒做的。下午没什么事,聊了聊胜利回国的话题,一天就这么过去了。生活慢慢悠悠的,小队还剩十三人。

小队长晋升为中队长,负责第五、六、七小队。

1月16日

早上悠闲地睡到了八点。中队从九点半开始训练,去了中学校园。在第一分队那里待了一会。和坂本两人让一个中国人去砍了柴火,这是上午的事情。

去支援工兵的战友时不时地回来搬送资材,傍晚之前没发生什么事。但到了六点左右突然紧急集合点名。原来是支援工兵的队伍遭到了敌兵的攻击,有两名军官和三名士兵死伤,但不知道小队长究竟怎样,不知是否无恙。

发：给妻子写了信，又给七郎、秀吉、太司马巡查、金世、道男和父亲写了明信片（小队长阵亡）。

1月17日 雨

昨晚突然把大家集合了起来，但什么事也没有发生，就这样待到了天亮。

上午也无事发生，所以去清扫了道路。仍然没有小队长的消息，小队留下来的人都很担心：他们能否平安返回呢？

整日无事便继续阅读《少女俱乐部》，又听到了将要胜利回国的消息。听说作为皇军的慰劳，还要从日本派来艺妓。因为是军队，所以大家对此都感到愕然。

今晚大家都没有回来，是不是冒雨去寻找小队长了？

1月18日 阴

小队长下落不明，大家也都没有回来，究竟该如何是好。

听说师团长要来，所以出去清扫了道路。剩下就是在宿舍里继续读《少女俱乐部》了，就这样度过了一天。还听说大家终于找到了小队长的尸体，还包括工兵的小队长。对中国人的残忍暴行感到无比气愤。我们以往的兴奋之感全都消失了。

想到小队长的遗属就止不住叹息，伤心不已。

1月19日 雨

早上开始雨就淅淅沥沥地下了起来，小队长牺牲了，泪水也如雨一般无法停止。在院子里把小队长的衣服烧了，但还是无法抑制自己的眼泪。中午大家都回来了，一个个都无精打采的，遗憾又伤心。把小队长的遗骨放在屋子里，供奉了好多东西。等着小队长归来，但没想到是以这种方式回来的。

小队的战士纷纷过来上香，无不落泪痛心。都想着总有一天要报此仇。但小队的士兵今后应该会士气不振吧。

发：给父亲寄了明信片。

1月20日　雪

准备了早饭。今天要在八二高地警备所以做好了准备。叩拜了小队长的英灵后十一点半出发。走到半路在雪中迷失了方向，结果一直走了一个半小时才与第六中队完成换班。第三小队有三十三人，小队长是长井曹长。

我们在立哨前一直在屋子里慢悠悠地等待，因为放哨时间是九点开始到十二点结束。在此之前还有点时间，便给妻子、女子青年学校写了信。分队有六人，荒川君和××××君留下了。

发：给三角、佐藤叔父还有学校写了信。

收：妻子寄来了明信片。

1月21日　阴

上午九点到十二点担任步哨，本来可以下班了，但第八中队该换班的人还没过来就不能离开，在高处被冷风吹着，瑟瑟发抖。下了场雪，白茫茫的一片，仿佛是在中国东北放哨的场景。

一点半左右换了班，洗了个澡。

傍晚之前无事发生。听说好像要转移到别处去。腿脚不好。估计又要走二十多里地吧。今晚开始有通宵值勤。

1月22日　晴

今天是小队长的头七。上午无事发生。

戴上口罩和护耳，为北上做准备。

两点左右，大队开始体检。无异常。三点开始在学校校园里发放香烟。11月10日以前参加战斗的每位士兵都领了一盒（十根）。第三次补充入伍的人，每人两根。仅此而已。

发：给妻子、裁缝学校寄了信。

1月23日　晴

早饭后听说明天要检查军装，所以就从背囊里把我的私人物品全部取了出来，做好了全套军装的准备。此外无事可做，写信。给实一君、孝一君、国防妇女会等写了信，又给××绿、俊三、×的吉村清藏写了明信片，也给津岛写了两三张。

全天安然度过，这次行军是禁止驱使中国人做事的，但又不能使用马匹，真是相当辛苦。

1月24日　阴

九点集合进行军装检查。今天轮到我做饭，非常忙碌。

大队在后面的中学校园里检查军装，上午就结束了。得到了不错的成绩，返回。下午无事可做。大家围着篝火聊着胜利回国的事情直到傍晚。每个人都说起了自己的私事，挺有趣的。

好像明天不出发了。

发：给绿、吉村、根本俊三写了明信片，给孝一君、实一君、国防妇女会写了信。

1月25日　阴

今日无事，安然度过。上午发了军饷，收到十七元六十钱，是十二月和一月的份额。此外还发放了出动时必需的物品。

读了讲谈俱乐部的附录,就这样一天便过去了。虽然接下来事情很多,但现在还是很悠闲的。

发:给母亲寄了信。

1月26日 晴

早上以后无事发生。大家都去做体操了,我留在宿舍看守。换了一双新军鞋,但是鞋底没有钉子,感觉质量不好。

下午两点左右和荒川君换班,前往东部桥梁处担任下士哨警备。从两点到两点①立哨,五点和第八中队换班后返回。

晚饭后无事可做。听说今天早上一〇四联队遭遇了敌兵的反攻,死了很多人。我们六十五联队也必须充分警戒。

收:妻子寄来了信(1月1日寄),大三郎君寄来了明信片。

1月27日 阴

早上要做饭所以稍早起床。饭后无事可做。下午三点,检查了马匹和军装并做了些准备。第二分队牵来了三匹马。明天终于要向某地出发了。敌人仍有很多,必须小心应对。

在整理私人物品中度过了一天。这次行动估计也会让人精疲力竭的吧。

收:妻子寄来了信(1月7日寄)。

1月28日 阴

凌晨五点半起床,终于要离开全椒一路北上。长时间没有行军肯定会感到特别累。第七中队走在最前面。下午一点左右和一些残

---

① 原文如此。——译者注

兵遭遇，花了约一个小时将其击退。

但到了傍晚，腿部肌肉便到达极限，怎么也走不动了。再走估计要倒下了。不过还是尾随部队前行。走了一个半小时左右来到一个大村庄，寒冷虚弱，还值了一次夜班。十一点半刚过便睡下了。今日行程七里（有合集）。

1月29日　雪

凌晨五点半起床，吃过昨晚的饭后继续前进。第七中队仍走在最前面。今天因在山岳地带行军，更加辛苦。

和昨日一样，在相同的时间即一点左右又遭遇了敌方残兵，直到一点半才将其击退。

入夜后仍未到达营地，雪越下越大，难以行军。拖着疲惫的身躯进入了一个村子，但没有住的地方。结果走了一个多小时才终于找到像样的房子。今日行程八里（永兴集）。

1月30日　阴

作为步哨站岗一个小时，直至凌晨五点。

和荒川君两人七点半启程。积雪融化更难前行。第五中队走在最前面。将近十二点时遭遇到较大规模的敌军，花了两个小时把他们击退。不过友军中有一人阵亡，两三人负伤。此后又继续行军。入夜后仍没找到房子，到达住处已是凌晨三点。听说明天是旧历的新年，却碰上如此糟糕之事。为明天做好准备后便睡下了。时间是凌晨四点。今日行程未知，大概是七里吧。

1月31日　阴

四点左右终于到了一个村子，准备好饭食后就睡了。七点半左右起床做准备,不过出发却推迟了。于是上午原地休整。下午一点左右出发,大约行军一里左右。因为前方有敌兵,所以进入了长时间的休整。三点左右进入住所。

今天是旧历的正月初一。因为今天的行军里程不长,所以稍微轻松了一些。但根据和第三大队、机械化部队取得的联络,不久又要出发了。十二点至一点,和××两人作为步哨值勤。

[以下省略]

9　新妻富雄战地日记

所属：步兵第六十五联队本部第七中队，第二次补充入伍
军阶：上等兵
住址：福岛县
职业：邮局工作
收集来源：家属赠予
日记情况：长10cm，宽15cm，用粗绳和皮革封面固定的有空纸张。纵向书写。自1937年12月13日开始书写，开头第一页有大量污痕，无法识别之处颇多。且在"12月16日　晴"的记载之后，有用墨水涂抹的痕迹，看不到内容。另，12月17～20日的部分残缺，推测是此后破损所致。

9　新妻富雄战地日记

12月13日　晴天　中国

此前夜间行军□。下午五点自□□站出发并在村庄过夜。本日我中队向□□□□河方向在□□□□□□山里警戒，俘虏了□□□□□□□□□敌兵，小队长用刀捅死□□□。□乃该士兵之物品。

12月14日　晴天　中国

本日凌晨四点五十分列队，将进攻南京中央的虎子山炮台。从□□□□前的村庄出发，天亮后不久敌军举起了白旗，给约一万五六千人解除了□□□。以阵亡约四十五人、负伤七十八人的代价攻占了炮台。隶属第二大队的我中队自该地进入南京，我担任军旗护卫前进了约两千米，晚上七点抵达虎子台海军独立陆战队兵营，长江岸边。进入宿舍。

第四次补充队的四百三十人抵达。

12月15日　晴天　海军宿舍

天亮后太阳从东方缓缓升起，听不到任何枪声，一片祥和。早上听闻我军俘虏了敌兵两万五六千人，全部关押在我们联队。

想来，还听说我军在槠网湾、马家宅曾陷入苦战，有战友牺牲。今天面向上海的天空，面向异乡，遥拜了战友的英灵。

12月16日　晴天

（日记内容被抹除）

12月21日　晴天

自西葛东街巷浦口镇启程行军，下午四点半抵达目的地。敌军的必经之路。

12月22日　晴天

抵达全椒镇政府所在地。第七中队在前线入城。早上七点从西葛出发，下午三点入城。在当地居民的欢迎声中进入城内，没有敌兵踪影。

12月26日　晴天　师团慰灵祭

本日为举办师团慰灵祭，从中队中整编出一个小队，列队于滁县镇。

12月27日　晴天

本日下午五点起，作为北面警备长官带领二十一人前往镇内北部值勤。

12月28日　阴天转初雪

下午五点负责卫兵工作，未见异常。中午以后下起小雪。

12月29日　阴天

昨天的雪在今晨停止。

本日是联队的慰灵祭。上午十点起，在师团长面前列队，至中午结束。联队阵亡者共六百七十九名，负伤者一千四百余名。

师团阵亡总数两千三四百名。

井上分队长本日中午返回。

12月31日　阴天

本日扫荡残兵，行军三里半。

清晨七点半出发。下午四点返回第二大队。

昭和 13 年（1938）

1 月 1 日　晴天

向四方行礼。早上七点二十分在全椒县东丘列队，向四方致敬。初日升起时天空万里无云，在南京北面的全椒县迎来了新年，下午五点担任卫兵。

1 月 2 日　晴天

担任卫兵工作。第二大队出发扫荡残敌。预计在此地停留一晚，然后在早上七点半出发。下午五点，第八中队卫兵与第七中队交班。

1 月 3 日　晴天

露营的生活十分开心。今天晚饭吃了面条。

三点半上岗担任卫兵。部队晚上八点左右返回。因途中遭遇三四十名残兵并实施了追击，故较原定时间晚了一些返回。

1 月 4 日　晴天

本日因有敕语奉读，于晚上九点半集合列队。第五补充队于昨夜十一点左右抵达，入队人数约三百七十人。

1 月 5 日　晴天

本日与老家的××××君相会。在卫兵所待着，直到下午五点才与第五中队卫兵交班，下岗时并无异常情况。

1 月 6 日　晴天　滁县、全椒县

本日早晨八点出发，赶往滁县与全椒之间距前方约三里的地点负责值勤。与对方交班后，负责站岗，警备人数约十五人。

1月7日 晴天

本日收到了故乡各位寄来的书信和包裹。老家还寄来了慰问品。尽早回信表示了感谢。

1月8日 晴天

本日上午九点左右去征收了东西,外出约一里地,弄了三四斗大米回来。

1月9日 晴天

本日中午上岗值勤,负责第二岗哨。在城内弄了七匹马回来。

1月17日 雨天

本日作为东山警备小队为第二中队值勤,中午上岗。

1月18日 雨天

本日上午参加了训练中队。下午在中学校园里弄到了武器。外出征收东西。另有师团长阁下的视察。

1月19日 雨天

本日上午在班内休整。

下午五点上岗,负责大队卫兵值勤。

1月20日 阴天

雨一直下到昨天,今晨变成雪花。全军并无异常,照常值勤。

1月27日① 阴天

本日早上出发,忙于做些准备。我们第六十五联队将开赴定远

---

① 原文如此。——译者注

方面。似乎是最后的战斗了,将会在山林中扫荡残敌并向西南方面转移。即将离开居住了三十六天的宿营地,依依不舍。

1月26日[①] **晴天**

本日上午十点开始做体操,下午休整。为了向北方转移五六十里距离而储备体力。貌似第一〇四联队遭到了敌军袭击且损失惨重。

1月28日 阴天

向西出发,时间是早上八点。最初前往定远城但此后又向西向北。中午吃饭时遭遇了部分敌兵,但友军并无伤亡。此后实施了追击,下午六点半左右在某村庄露营。

1月29日 小雪

早上七点半启程,前往定远城。途中午饭时遭遇部分敌兵并展开了激战。经过三四个小时,友军阵亡一人,负伤者四人。在小雪飘零中让人着实感到悲壮。

1月30日 阴天

早上七点半出发,继续向定远进发。中饭后与正在转移的敌兵遭遇并发生激战,约两个小时。将对方击退后又实施了追击。行军约两千米后宿营,抵达时间为晚上十二点。近内负伤。

1月31日 阴天

早上七点出发。行军迫近定远城,走了约两千米。为了明天进

[①] 原文如此。——译者注

攻定远城，对村庄进行侦察后再宿营。第×小队的小队长××少尉作为侦察长带领我们十二人步行了约四千米，侦察了道路与地形。傍晚六点半左右归队。

[以下省略]

10　大寺隆战地日记

所属：步兵第六十五联队第七中队，第四次补充入伍

军阶：上等兵

住址：福岛县

收集来源：本人提供

日记情况：长 7cm，宽 12.5cm 的记事本。纵向书写。11 月 24 日以前主要用片假名书写，以后使用平假名书写。有些语句旁边划有横线，因无特殊含义故省略。此外，出现的"空白页记述"部分，是翻开日记后背面中间位置未标记日期的内容。

11月22日

上午九点从营门出发。十点四十分从若松启程。

在若松市民欢送的浪潮声中拜别了父亲，怀着感激之情动身。到达郡山后向外一看，居然又看到了父亲慈祥的身影，便再次拜别。在此地与第四联队的勇士一同前往东京。去该联队探访，见到了千叶胜郎、高桥一男，还偶遇了桥本武上等兵。

车内大家把酒言欢，每到达一个车站，欢呼声、旗鼓声便涌入耳中，对此不断回着谢谢。晚上八点到达宇都宫，凌晨两点到达田端。惠比寿的哥哥和阿姨等四人来看望我，于是请他们上车一同坐到了品川。与其阔别重逢，非常感激。不知不觉到达了品川。抵达后，铃木、喜惠、友吉君、卯月一男等人前来送别，又送给我好多慰问袋，我只是不断地表示感谢。卯月兄还送给我一个大箱子，惠比寿的哥哥给了我一个慰问袋。除此之外大家还对我说了好多鼓励的话。深感我的生命已不单单属于自己。为了大家，我也要建功立业，不辜负大家的厚望。

11月23日

到达静冈车站已是黎明，在此地见到了身着白衣的胜利归国者。上午八点来到浜松，停车场里无人前来送别，但沿途在田里劳作的男女老少都曾高呼万岁，欢送我们。前来送别的人与被送别的人同为日本人，不禁感铭于心。已是第三次来到浜松的弁天岛，觉得十分亲切。迎着令人依恋的东海道之景，于十点半到达名古屋。在这里给雅君、父亲寄了明信片。

金色的兽头瓦饰已不再闪着亮光却仍清晰地出现在眼前。进入岐阜县。途中给只野、广濑、谷津田等人寄了明信片。

在京都站只停了五分钟，此后未再停留，直达大阪。在大阪受到了热烈的欢迎。四点半到达姬路，吃过晚饭后于深夜十一点到达丝崎。

11月24日

零点三十分在广岛的练兵场下车，从此处步行大约二里地，于凌晨四点到达宿舍。

抵达后直接洗澡然后休息。但也有睡不着在喝酒的人。早上八点左右吃过早饭，洗过鞋子等物便给木村教官、九州清君、新平兄、卯月兄寄送了书信。正午时分到陆军医院接种疫苗。这里满是在战场上负伤的士兵，临时医院也是如此，人满为患。三点半左右回到住处，吃了午饭。

11月25日

上午很快就过去了。因为早上八点左右起床，所以才会觉得时间过得很快吧。

下午一点开始接种疫苗，注射后直接与郡君、宫城君、根本、山下君（带领者）等人到宫岛参拜，祈祷武运长久。

高五丈三尺的大鸟居①，平清盛一夜之间建成的朱红色回廊，一边追思历史一边浏览参观，六点返回。

晚上和岩佐、内海两人一起去看了场电影。

11月26日

上午，故乡传来了音信。

一点接种疫苗，此后一人去参观了天守阁。因为不知道浅野的位置，便没有去。做好了明日出发的准备便早早休息了。十二点左

---

① 日本神社门前的牌坊。——译者注

右从九州的叔父那里寄来了快件。

11月27日

上午九点,终于依依不舍地告别。在藤坂馆前集合,十点向宇品港出发,途中休息了一次,十一点半到达宇品。吃过午饭,住所的女仆和她的女儿把我们送了过去。两点半最后一次感受了国内各位给我们的欢送,然后登船。在割舍不断的欢呼声、旗鼓声中搭上了海祥丸(排水量六千吨)。下午四点排队三个小时,本想给叔父寄送快件却未能如愿。

我是第二次乘坐货船渡海,过着像猪一样的生活。入营时就曾想象过船内的光景。我在混乱之中结束了晚饭。六点,船发生剧烈的摇晃,遂初次登上甲板眺望。此时已是夜间,入营时在内海也是夜晚,两岸的灯火如萤火虫般闪着微弱的光,让人思绪万千。在这种景色之中无奈要忙于清洗餐具,无法尽情地回忆往事。晚上九点左右大家都睡下了。

11月28日

凌晨两点被冻醒,此后没有再睡,写起了日记。

早上七点到达门司港,按照计划原本要装载坦克后傍晚出发,却没有实施。正午从门司港启程。

第三次来到门司,倍感亲切。在下关看到了去年想去参拜的美浓宫神社、歇业的百货商店等。与郡君两人亲密地聊了天。停泊靠岸时,有小船来卖酒和其他物品,船内便热闹了起来。结果发现是机与步炮①

---

① 原文如此,可能是指机枪部队和步兵炮部队。——译者注

产生了争执，引起了很大的骚乱。

第四联队举办了一场有趣的娱乐会，我去看了。

今晚在军官室听到了《浪花节》。

11月29日

半夜靠近玄海滩，海风呼呼地吹着，波涛汹涌。战友三三两两地登上甲板。我直到早上都很有精神，想去看看郡君是否也是。结果不知道是不是走路的缘故，身体变得不适了。没吃早饭，头也抬不起来。可能是晕船了吧。所以老老实实地躺着，午饭也没有吃。身体无恙的人都去吃饭了，分队里只有两三人没吃。

傍晚波涛稍微平静了一些，郡君精神饱满。入夜后波涛又开始汹涌。我也痛苦了起来，躺在床上腰背酸疼得受不了。

11月30日

破晓之后洗了脸，稍微做了体操但越来越难受。于是又立刻躺下。此处是黄海，海水是浑浊的黄色。

看来今天也要躺一整天了。下午第四联队的川崎延晴、甲斋若虎丸君过来给我听了《浪花节》。海面又开始波涛汹涌。十二点左右好像进入了长江，风浪平静了下来。

12月1日

进入长江之后水面平静了许多。已经三天没有放晴了，今天终于风和日丽。黄色的江水混着浊沙滚滚流去。江面上飘着无数艘驱逐舰、汽船。飞机也在遥远的高空中飞来飞去。

上午九点抛锚停船，听说正午要登陆但消息不实。开始有了一点精神。中饭和晚饭都是用饭盒吃的，在简陋的屋里休息。晚上十点配发了明日早饭和中饭，看来要登陆了。晚上很冷，大家都卷着毛毯。上海这个地方入夜就会刮风，非常寒冷。

12月2日

因为昨晚太冷，大家一大早就醒来了。早饭前唱唱歌、开开玩笑，很热闹。也有人不洗脸就吃饭的。十点左右有敌机来袭，所以便禁止登上甲板了。

船立即出发，十一点经过吴淞，准许登上甲板后看到了吴淞的弹痕，非常清晰。不管多小的房屋都留着弹痕，凄惨之状不忍直视。似乎是辎重兵正拉着车高呼万岁通过。在码头上装货的士兵看到新来的增援部队都很高兴，不住地挥手高喊。

草木尚青，麦田和国内一样如早春般绿油油的。长江左岸的生活如此闲适，右岸却是凄凉的废墟。军队在废墟上奔波忙碌。眺望此番景象时，船也在靠近飞机场的地方靠岸了。

飞机来来往往。午饭都是昨晚配发的。两点左右又下发了晚饭。五点配发了明日要携带的两顿饭食。

终于接到了明日上岸的命令，于是给父亲和九州寄了信。

12月3日

终于要上岸了，早早地便做好了准备。

船又回到了吴淞。八点半做好下船准备后登上了甲板，发现有中国人的浮尸飘来，引发了一阵骚动。十点从若松联队开始逐次下船，在水产学校前面的广场上（战斗遗迹）叉枪休息。所以直接去参观了水产学校的炮击遗址。敌人前线的战壕与我们修筑的最前线战壕仅相距不到百米，学校遭到了炮弹残酷的攻击。野狗把路边倒下的死马吃了，从肚子里翻出的内脏正散发着恶臭，场面不忍直视。从弹痕来看大多应是军舰的炮弹。倒塌得难以辨认原形的，可能是炮弹爆炸后造成的吧。此外，步枪射击的弹孔也有很多。现在这里已经变成了石井部队的仓库。

后来又去看了报道中曾提到过的，经历了大激战的吴淞炮台。大炮正如此前上海事变①时被破坏的那样，这次又加上了炸弹轰炸的痕迹，还有一枚哑弹。敌兵的尸体还未收拾，肉已腐烂，地上满是衣服和骨头，臭气熏天。

十二点之前一直在看这种血淋淋的战场遗迹。近在眼前，让人无限感慨。中饭吃的是有菜的味噌，疲劳至极。有个酒保真是帮了大忙。接下来要从此地行军到大场镇，所以暂作休息。时间是一点十五分。三点，从吴淞出发。再次看到了昨天在船上看到的被战斗破坏的街巷。向上海前进。看到路旁安静休息的伤兵，心情难以言表。

前进了四千米。想在那些士兵中寻找一下是否有我认识的人，于是每见到一个人就睁大眼睛去打量，但一个也不认识。正在工作的士兵每次从我们跟前经过也都会瞅一瞅我们。中途休息了四次才进入上海。六点半左右天黑，晚上九点好不容易到达宿舍，可是没有饭只有干面包。卸下装备后就被任命为中队的传令兵。各中队的传令兵都抱着被子集中在事务室里睡觉。

此刻是晚上十一点，地点是大康公学校。

12月4日

传令说：今天的早饭和中饭都用饭盒来做。此处是日本人经营

---

① 1932年的一·二八事变，日方又称"第一次上海事变"。——译者注

的纺织工厂，所以宿舍里的桌椅都要小心使用。传达好命令后便开始做饭，九点左右吃早饭，烧热水擦了澡然后吃了中饭。下午给父亲写了信，告诉他一些登陆后的见闻。

士兵精神抖擞地走在街上，征收了不少东西。忙着洗衣服，泡澡。街道脏乱不堪，一个中国人也没有，死气沉沉的。不敢用生水，连脸也不敢洗。飞机早就在天上盘旋了。这个纺织工厂的东边有个中国的飞机场，已被炸毁。所以居民顾不上收拾财产用具和被子就逃走了。此前曾有军队住过这里，所以非常凌乱。

听说明天要向南京挺进。下午三点完成了准备。

留守司令部派来了向导，由我去和他联络。返回时去街上的配给处买了罐头、鱿鱼干、方糖。然后直接把毛毯和军官的行李运到了大日本纺织工厂，一直忙到六点半左右。晚饭吃的是南京大米，但怎么也吃不下去，只好用羊羹充饥。

晚饭后下发了大米、干面包和罐头等。和高木上等兵交接了传令的工作，十点半领受命令后就寝。

12月5日

六点起床，七点四十分集合，八点出发。从上海平凉路向南进军。看到大约四十町的上海市街几乎被夷为废墟，怀着难以名状的心情进入了日本街。有了日本小镇的感觉。

日本街的店面都开着，军队也来来往往的，有些混杂。虽然电车、火车不通，但汽车和摩托车在忙碌地奔驰着。对轰炸这种正义之举大家似乎感到很吃惊。旁边就是英国的建筑，还有美国的建筑，而其间的中国建筑却被炸毁了。穿过日本街来到了闸北，这里被破坏得厉害，足以说明战斗之激烈。出了街，就能看到死尸泡在水里，倒在地上的马匹腐烂不堪，臭不可闻。

来到真茹（无线电台附近），看到了激烈的野战痕迹。战场还未收拾完，我军的钢盔、弹夹、弹药乱七八糟地堆了一地。也有缴获的武器、倒下的人马，尸体已经腐烂。

附近是广阔的稻田，稻子还没收割就那样放着。也有摘了棉花铺床的痕迹。我军阵亡者的墓碑立在路边。路旁的大房子里都有军队驻扎，听说主要是炮兵和辎重兵，属于一〇一师团。

在真茹吃完午饭又继续行军，很多人都很疲惫。

我的腿也开始疼起来了。靠近南翔的地方有一处阵地，可能是我军的战壕，里面有很多积水。听说以前在这里战斗的人有一周都没吃饭了，很同情他们。

四点到达南翔，在街边休息。此处有海军的酒保，非常热闹。大约休息了三十分钟后分到宿舍。今晚落脚的是轰炸之后的遗址，房顶被毁坏了，周围什么也没有，只能铺下芦苇睡觉。为了打水还要跑到半里之外的地方去。回到宿舍想要找锅，就和木村两人去搜索烧过的、炸过的、掠夺过的遗迹。到处都非常杂乱，死尸脏乱地倒在一旁。卫兵到处巡查，有海军的也有陆军的。在硝烟弥漫之中搜索到九点半才结束。返回后开始做明天中午的饭食。今晚和明早的辅食都是酱油，中饭是味噌和少许难吃的福神咸菜。在硝烟和寒冷之中入睡了。

12月6日

早上非常寒冷，河里的水结了冰。凌晨四点起床，但因为天气太冷两点就起来烤火了。早饭也是在漆黑中解决的。五点三十分集合，六点因为天色尚黑有些混乱。若松作为先遣部队出发了。因为太过寒冷大家都包着头，直到六点半左右天才亮起来。在第一次休息时吃了早饭。

上海十分平坦，沪苏公路向西延伸，道路笔直走了有一里距离。途中人马的尸体横七竖八地倒着，好像这一带发生过追击战。汽车也在路旁坏掉了，旁边躺着尸体，看样子是想乘车逃跑却被击毙于此。轮胎被卸掉了，可能是皇军要继续用吧。大家都筋疲力尽，不知道要走多远。我很累，腿痛。中饭之后继续前行，道路两旁尸体横陈，弹药也散落各处，各种用具散一旁连放脚的地方也没有。战争竟是如此激烈残酷！吴淞的轰炸，上海闸北一带激战遗迹、真茹无线电台附近的死尸、皇军阵亡者的钢盔和弹药、四周的战壕和铁丝网、南翔轰炸后的废墟等。每当看到这些场景我就会感叹战争的惨烈，再没有比这些地方更令人痛心了。不过军队倒是很自在的。见到中国人有的在水里、有的在旱田和水田中，都在睡午觉，便一边谈论着一边走了过去。

途中所到之处都有人马的尸体。汽车也倾倒在一旁。说是走了三四里，但行军总也走不到头。四十五分钟的行军时间长得让人受不了。六点半天已经完全黑了，但还有一里路程。幸亏一边和佐藤聊着故乡一边走，感觉还算不错。

七点半到达了昆山。这里也是被毁坏且没有电灯的房屋。把机关枪架在马厩上，把角落的死尸整理过后就在那里睡下了。因为天色已晚，就吃了些干面包。据说八点半会有命令下达，但到了十一点也没动静。可能明天不走了，所以安心地睡下。

12月7日

凌晨一点四十分突然听到中队长大喊。今日按计划本应在此驻留却突然接到命令说三天之内必须赶到本队去,所以早上八点集合完毕就出发了。凌晨两点领到了一些大米和罐头等,便立即忙于做饭。五点左右完成了准备,于是又睡下了去。

上午七点作为设营者整队集合但人渐渐多了起来。于是和高贞等人先行出发了。先行出发的设营者途中想乘汽车走,但因人数超员,我们一行六人即便央求对方也未能搭乘。行进了大约三里后,卫生队的辎重车过来了,遂拜托他们帮我们托运行李,最后还让我们坐了上去。中途吃了中饭,乘车大概五小时。

沿河的道路,河里有船,正在运送军队和行李。铁路于今日开通了,所以也有军队乘火车走的。我在马车上一边观看着周围的景色一边听着七月就已到此的名古屋辎重兵介绍。道路两旁仍旧躺着人马的尸体。距苏州大约还有十二里。临近苏州才终于看到了一座山,二里开外就能看到城内的高塔。

四点半到达城门口,与辎重部队分别之后大摇大摆地进了城。看到郡君在喝啤酒,宫城君和山下君也在,说是乘船来的。告诉我在船上受到了关照,洗了衣服。郡君还请我饱餐了一顿,啤酒的余味让人永难忘怀。因为太好喝了,又买了一瓶喝,花了二十五钱,很便宜。然后晃晃悠悠地走了一里地进入宿舍。

今日 MG 设营,地点选得很好。联队很多人早早地赶来了,有乘车来的,也有坐船和火车来的,和他们拿出米来做饭,万事办妥只待大部队到来。晚上八点半大部队抵达。今晚睡得很香。

12 月 8 日

今日行军里程十六里。早上六点从苏州出发,我与大谷、岩佐两人一同先行启程。途中,在八点左右抓到了一个中国人,于是让他背着我和大谷的行李,走三十分钟休息五分钟,结果掉了队。中国人不仅有力气而且走得快,给他吃了点干面包,他很开心。十点左右走到一个山冈,右侧的高山以岩石为底耸立在那,如同沙盘上的造型。来到此处后,那个中国人一心想着回去,脸色发青,所以在休息时给了他一个干面包,恢复了精神后又继续向前。台湾的重藤部队和骑炮兵折返回来了,听说要去上海。

将近中午又走了五六里地,给那个中国人二十钱让他回去了。

估计已经掉队了很远,和大谷两人睡了午觉。岩佐又带着一个中国人走了。因为暖和又加上疲劳,本想睡半个小时却没想到睡了一个半小时。睁开眼时二十九刚过去。

继续往前追赶中队,路上有乘车走的,但就是没见到我们先出发的那些人。

继续向前走,想问问看郡君在不在。据说他今天又乘车走了。失望地继续前行。由于疲惫,每前进三十分钟就休息一次,结果完全脱离了本队,和掉队者走到了一起。六点左右,部队集合在一起喝了些热水又继续往前。包括MG中队长等三十七人。据说还要前进八里地。日落西山后疲惫感加重,开始犯困了。和身边的人相互碰撞着拖在后面行进,苦苦盼着停下休息。休息的号令一传来,大家便呼啦啦地全都坐下,道路两旁响起了钢盔落地的声音。即使只有十五分钟还是沉沉地睡去了。

凌晨三点半已经非常累了,犯困。但听说还有三里路要走,所以大家都希望能有一次大休。当然这里所说的大休,也未必是到屋子里上床睡觉。结果部队继续前进。只有机枪队的部分士兵在此地宿营了。

12月9日

很惊讶，本队居然还没有出发。七点从小憩的地点出发，途中抓来一名中国人帮忙，十点到达无锡（在来无锡的途中有一处村庄，好像有部队宿营，也可能是发生了火灾，空中泛着火光，看见前方三里处也有火灾）。

来到无锡进入宿舍，总之先烧了饭（途中吃了五十八炊事班给的饭团，两个，不知道是不是昨晚开始一直吃干面包的缘故，觉得饭团很好吃。用黝黑的手拿着饭团蘸味噌吃，变得更香了。变得和中国兵一样）。郡君早早就来了，带我去了洗澡的地方，久违地洗了个澡。今天休息。高桥真上等兵因病去接受诊断，决定在兵站部留宿。

下午去城里征收东西时迷了路。五点左右才好不容易和木村上等兵两人返回。晚上去领受命令时发生了火灾，听说是中国人放的火，不太敢一个人前去。

12月10日

今天从无锡到青阳镇行军了六里地，与郡君、丹治君、管野君组成四人组一同乘车前往。道路上有石子咯吱咯吱的，不过车子质量很好并不担心。雇了中国人，所以中队人数增倍。

昨日行军的疲劳还未完全消除，每走一步腰都痛得受不了。

但今日行军比较轻松。即日起，佐藤中佐担任运输指挥官，上海派遣军司令官变更为（朝香宫）鸠彦亲王殿下。

今天中国人和部队各占一半。青阳镇的火灾仍未停止，战火的硝烟尚未消散。大谷君和两三人一起先行，已经为我们做好了准备。今晚是肉汤，美味得令人咋舌，还有香酒喝，大家都很开心。

入夜后拿了些花生过来吃。

12月11日

今日行程是从青阳镇到常州，共十八里路。我们四人仍作为先遣队出发，行进途中每一个小时休息十分钟，路况不好。上午和本队相隔一千米左右。下午使用了辎重兵的马，因此很早就到达了。汽车扬起的尘土弄得大家灰头土脸，像抹了黑糖一般。五点半左右到达常州。先和郡君去酒保那里买了羊羹和麦芽糖，花了三元钱。傍晚，辎重兵给我们送来了满满一饭盒的汤，无法忘记那滋味。

走到分岔路后不知道该怎么走了。而且停了没多久天色变暗，所以进了城门稍稍走了一会便进了宿舍。

全是高大的建筑。有四个像寺庙大门一样的房屋，我们便进去落脚。在中国人的床上躺着，睡得很香。

12月12日

今日行程是从常州到丹阳，二十里路程。抄了近路，是一条只有九里的新路。

路况不好，主力部队十分辛苦。我们上了辎重部队的车花半天时间就到了。中饭是和斋藤（在小笠原的读卖新闻分局工作）、丸山君等人一起吃的，吃了好多菜，还有炖肉和罐头等，饱餐了一顿。另外还送了两份羊羹、两个罐头。下午本来还是乘他们的车走，但是那些马汗流浃背的，所以四个人只好下来牵着马慢慢前进。路不好走，费了很大的劲。

傍晚时分又追上了辎重部队，和斋藤一同前行。他的马因为氩痛改成了预备马。边聊边走，在红日落山之后来到喇嘛塔下。天色已暗便与斋藤分别。丹阳现在火烧得正旺，但天色越来越暗不知道该去哪里好。找到了大路后进入城内，到处都在燃烧，没有可以宿营的地方。

在桥上等来等去，又在城里走了大约一里路才好不容易找到了宿舍。大谷君今天来到此处。好像这里还没有军队来过，有好多酒，大家都情绪高涨了起来。郡君领我去洗了澡，十二点睡觉。部队是在十一点左右到的。今晚的宿舍不怎么样。

12月13日

丹阳离镇江八里，因为天寒，四点左右就醒了。今天早上大家都做了自己的饭，八点集合。行程是从丹阳前往镇江，应是最后的行军了。今天的四人中，管野被调走了。只有我们三人尾随在部队后面。途中有一些敌方残兵，所以独自外出是很危险的，而且都是些恶劣的新路，还是不外出为好。正午走到了部队前面，净是尘土，艰难前行。途中见到了佐藤武雄君，帮他带上行李一起走。六点刚过便到达了镇江宿舍门前，擦了擦身子，洗了洗饭盒，然后进入宿舍。这里是江苏省省政府，第六十五联队全部住了进去。炊事等事十分混乱。MG第二分队只有我一个人，所以什么准备工作都做不了。高贞君来了。

部队到来前，我和郡君在外国式的单人浴缸里泡了澡。部队在八点左右才到，所以在十点多才在喧闹声中吃饭。一到这里就发现四周有很多火灾。

行军途中很困，在宿舍里也没有电灯，所以没有机会写日记。但今天却有了电灯，所以连写了两三天的日记，一直写到十一点。

喝了一口俄国酒，很惊讶，真是太烈了！

12月14日

不知道今后的安排会是怎样，可能会一直向南京方向进军，去追赶两角部队。从今天开始粮食就没有了，必须四处去征收。第四中队是负责征收粮食的部队。

早上八点集合，负责去征收些喝的回来，走了大概一里路。不巧昨晚的啤酒公司被烧毁了，没能弄到喝的。瓶子爆裂的声音听起来犹如炮声。斜对面是放置砂糖的仓库，里面堆放了满满的糖。大家无奈之下便装了一些回去。

所有人都在满心欢喜地等着喝啤酒，结果却辜负了大家的期望，让大家失望了。上午十点再次动身出发。途中经过了天野君所在的本部，但很可惜没能见到他。

高田的山炮在此宿营，在休息的时候见了一些人。中队长让我们警惕残兵，然后就继续出发了。出了镇子。今天没有带口粮，所以中午之前必须要找到宿营地，但行军并不顺利。

十一点左右遇到了一〇四部队的先遣部队，依次见了高桥行雄、小形龟一郎、桥本源内、田村喜久雄、态谷清吉、高桥虎男等人。不过跟他们只是"喂"地打了声招呼。态谷给了我一些冰糖。只有我们第六十五联队向南京进发，其余的部队似乎都会在镇江渡江，然后在对岸会合。在下午的行军路上，看到山脊上好像有敌方的残兵出现，于是向他们实施了射击。

四点左右发现了村庄便决定在此地宿营。部队稍一休息，军官便立即上前侦察并分配宿舍。我负责传令。刚到宿舍，大家就又出去征收东西了。大米由第四中队负责分配，每人正好能分到一盒。

和征来的大米混在一起就算是今晚和明天的粮食了。我们五人到较远的村子里征收到了两只鸭子、两头山羊和一头驴，然后开始做饭，八点吃晚饭。这个村子名曰高资镇。

12月15日

早饭吃了昨晚剩下的汤，吃了半份米饭，八点三十分出发。

走完了广袤的原野，今天开始走山路了。途中与骑兵第十七大队碰了面，听说他们是返回镇江去警戒的。看到中饭的大米里面夹杂着很多稗子和草屑等物，大家都笑着说今天的午饭真是吃不下去了。下午行走的道路是靠着山左侧挖出的交通战壕，所到之处都有水泥造的碉堡。

因为吃的饭太少，胃里面早早地就空了。只有两片干面包，和郡君两人吃了。下午五点左右到达了今日的宿营地龙潭镇。

在到达前的不远处杀了一个残兵。这里是一个很大的水泥厂。今晚征收到的东西是两斗米、两只鸭、两头猪和一些菜、香酒、酱油。还发现了豆子便做了小豆汤，非常好喝。红豆饭加鸭子汤真是美味。今晚大家都是在床上睡觉的。

12月16日

作为征收队于早上七点二十分集合，部队则是八点三十分列队。因为七点才起床，所以只好慌慌张张地出去。途中走错了路，竟然往相反的方向走了一半的路程。弄到了很多猪、大米、芋头之类的物资。征收粮食很容易，但中午的小豆饭很硬，不好吃。不过佃煮的猪肉很美味。

下午两点半到达了东流镇，从龙潭镇过来大约四里。到镇上找好宿舍便忙于征收粮食。部队到达时才结束。包括大米、豆腐、小豆、砂糖、猪肉、甘薯、锅、青菜等，部队也征收了不少东西过来。我们分队也弄了一些猪肉、青菜、大米、鸡、芋头等，所以今晚美美地享用了一顿。

傍晚，去了从西白河和相马来的老乡那里（和大谷君一起），在那里又好好吃了一顿晚饭，带了些砂糖回来。分队已经吃过了晚饭，此后又吃到了一些甘薯。今天吃了不少。晚上郡君过来，两人一起就寝。七点半的时候突然出现了两个残兵，将其处决了。傍晚，第十六联队的部分士兵来扫荡了残兵。

今晚的卫兵无疑是非常严格的，还设了下士哨进行警戒。

MG 第二小队的第二分队中，半夜有人生火烤他的日本刀，也有人在烤挎包、水壶、饭盒和钢盔等物。

12 月 17 日

五点起床，早饭是鸡汤，做了些好吃的招待郡君。

七点四十分集合，到上元门大约六里路。中队长提醒大家在路上格外注意残兵和地雷。碰到这些残兵后，步枪队的前哨便会对他们展开射击。

今日腿脚不错，步履轻快。天气很好还出了些汗。大家水壶里的水不够了，就开始喝河沟里的水。今天的行军道路是颇为少见的山连山，不断地上山又下山，子弹还不时从头顶上掠过。中饭前杀了一个看似军官身份的残兵，他身上带的二百多元钱被大家分了。我也分到了四十五元。

听说下午三点左右，朝香宫和松井大将要过来，可能是举行南京入城仪式。三架飞机编队，编成九组飞了回来。大家登上山头看到了南京城，情绪便稍稍高涨了起来。下午五点到达了两角部队在长江江畔的驻地，分到了一些粮秣后进入宿舍。傍晚寒风吹来，小雪飘落，入夜后十分寒冷。我们的住处是宽约六尺的棚子，六个人挤在一起。虽然狭窄但还算比较暖和。

［空白页记述］沿着平安路向南进军。南京的俘虏约有十万。第九、第十一、第十三各师团。第六十五联队的俘虏一万两千。

12月18日

今日清晨比昨日更冷，寒风萧瑟，小雪飘落，不久化作暴雪。七点半以后才起床，和中山君两人吃了早饭。听说是八点半集合，便慌慌张张地过去了。

九点集合完毕，结束了阅兵并听取了训话。

此后，佐藤曹长把大家分配到了各个部队。我被分到了松泽准尉所在的第七中队，郡君也和我一样。第七中队现在是军旗中队。我在中队的指挥班里，郡君则被分配到第一小队第四分队，大谷君被分进了第三小队。

上午去了大队本部，接受后藤大队长的训话返回之后，中队长矢本又过来训话。各分队分头行动，下午都去收拾了俘虏兵。我因为身在指挥班就没有去。

据称昨夜处决了约两万俘虏，长江沿岸的两个地方尸体堆积如山。已经到了七点，前去处理俘虏的人还没有结束归队。

我在吃饭前抓紧时间去看了附近的南京要塞，其完备程度让人惊叹而归。但拥有如此完备设施的敌军没来得及使用便放弃逃跑了。此处好像是被第八中队和第五中队攻占的。

12月19日　幕府山要塞

早上七点半集合去执行清扫任务。到了长江岸边的现场，对眼前重叠的数百具尸体震惊不已。因为泼油烧掉所以散发着阵阵恶臭。今日前来清扫的杂役兵是师团的全体人员，直到下午两点才完成清扫工作。中饭是在下午三点吃的，紧接着又开始为晚饭做准备，五点半吃过晚饭。今天去处理俘虏尸体的时候见到了松川的菊地君，他说这个要塞名曰马尾山要塞。好像是工兵队在炸毁炮台。幕府山要塞真是个了不得的要塞。

12月20日　浦口镇

上午九点三十分作为先头部队举着军旗渡过长江向某方向出发。在南京的码头给家人和叔父寄了明信片。中饭在停车场里解决，里面有很多剧烈爆炸后的痕迹（浦口停车场）。在此等待大队的登陆。下午两点出发，行军大约一里地。下午四点到达了宿舍。此处在今日之前一直是第四十一联队（福山）的驻地，有很多粮食和香烟。真想在这里停留一日。今晚在事务室做了牡丹饼，不过馅太甜了，超出大家的预期。夜里又吃了很多花生。半夜醒来的时候肚子隐隐作痛，可能是花生的缘故吧。

12月21日　西葛镇

上午九点集合列队，行程六里。

早上六点起床做早饭时在米饭里加了糯米，但失败了。于是每个人又在自己的饭盒里重新做。

急急忙忙地集合，第一大队为了迎接军旗作为先头出发了。昨夜因为花生导致肚子很不舒服。途中有座桥被烧毁了，前进十分困难。汽车完全开不过去，工兵队正在拼命地抢修。中饭完全没吃，下午五点左右到达了宿舍。因为没有井水，只好用河里的脏水做了饭。今天接到了新的命令：解除军旗中队的任务，明日作为先遣部队向尚有残兵的小镇进发。

12月22日　西葛镇，距全椒县六里

先遣中队在早上六点三十分集合。因为四周一片漆黑便让翻译打头找村民带路。一边走上田间小道一边左转右绕地前行。八点左右天才终于亮了起来，天气不错，大家都出了汗。可能是因为走得太急，很多人都雇了中国人做事。十点半左右经过村子时，村民放着鞭炮做了一些油炸点心来欢迎我们。

一点四十分到达警备地全椒，第一分队作为先遣队和翻译一起到城里进行搜查，发现此处已没有残兵。于是先遣队便在城边等待大部队的到来，等了大概三个小时。当地的居民做了旗子，拿着爆竹来热烈欢迎我们，还有些人送来了热水。

五点左右接到命令去城里找翻译，在街上走来走去，又去西边找了找，但一无所获。五点半，部队以军旗中队第七中队为先导大摇大摆地开进了城内，大家各自进入了宿舍。今晚和郡君一起用中国人的东西洗了澡。

12月23日

早上六点半起床，七点点名。整个早上都在洗衣服。

雨啪嗒啪嗒地下了起来。

吃过中饭和郡君一起去街上征收东西，雨继续啪嗒啪嗒地下着。途中碰到了目黑君。在回来的路上又去了第一大队小行李部队伏见那里，吃了很多东西，返回。晚饭是荤菜，美味至极。明天会有人去上海，所以给父亲、木村、山上寄了明信片。

12 月 24 日

早上七点起床，军号声响起。大家都在说有军号响就说明没有异常情况。警备地应该是比较平静安全的。

昨天的雨终于停了，天空放晴，是个好天气。今日早饭之后炸了些食物拿到郡君那里去。两人一起进了浴室。晚上玩了象棋和纸牌。十点左右就寝。

12 月 25 日

今日开始值班做饭，每次去三个人，其他人睡觉。早饭后事务室传来命令：整理休息室，然后出去征收猪和青菜，要四头大肥猪和足够一个星期吃的青菜。在这种状况下几乎每天都把时间花在了伙食问题上。今天早上和晚上做了两回饭，变了一下菜样做了丸子，和铃木、大须贺等人饱餐了一顿。

12 月 26 日

九点后吃过早饭，三人踢球，做了做运动，还搬来了乒乓球台，玩了约三个小时。两点左右在指挥班用昨天的大缸泡了澡，感觉很舒服，挺好。下午五点左右奉命值班下士哨。八点集合点名，汇报称没有异常情况。

12 月 27 日

早上六点五十分起床，各小队点名，然后把结果报告给了值班军官。吃了早饭后不久便到了会报时间，前往 R 本部，在会报中提到了慰灵祭的事情，大约持续了一个半小时。此后返回中队向中队长做了报告，时间是两点。接着誊写命令，五点派出卫兵，无事下班。晚饭后打乒乓球、扔铅球、玩相扑。放松身体。

今晚回归联队的关根被编入某指挥班，人数达到十七人。

12月28日　雪

师团长和旅团长要来，所以各个中队清扫了道路。有部分人在五十岚班长的指挥下做了个烧炭的炉子。十点左右开始下雨，到了傍晚又变成雪。因为下雪的缘故，逃去野外的中国人又一个个地回来了。我们只好把屋子腾了出来。

搬进事务室里。郡君完成卫兵任务后傍晚归来。

各小队做好了明日要用作装饰的花环和插花送了过来。

12月29日

虽然昨夜的雪停了，但今晨还是很冷。十点集合，在路边列队迎接旅团长阁下光临会场。刚下过雪所以路况很差。十一点仪式正式开始。为小畠中佐等六百七十九名勇士举行了慰灵祭。师团长阁下未能前来。六个军僧与支部长一起做了法事。

十二点结束回到宿舍，真是寒冷的一天。下午和郡君一起去征收棉被，被中国人赶了出来。

12月30日

清晨开始在事务室填写死伤者的名单。傍晚，中队事务室门前已经放好了装饰，大须贺君编好了稻草绳。每个小队门前都装饰了门松，四处洋溢着年末的气氛。

把寄给阵亡者的慰问袋分给了其同乡，打开之后发现有两三封写给死者的书信。完全能够想象到那些接到阵亡通知的遗属的心情。今天有中队长的授课。晚上吃了荤菜。

12 月 31 日

昨夜十二点接到命令说今早七点半要集合队伍去扫荡。

具体情况是：一〇四部队在其警戒地区遭遇了两百多名敌兵，其中的一个中队陷入了苦战，所以一〇四部队派出了增援部队，同时我们第六十五联队也派出了第二大队第七、第八小队和 II MG。大家轻装上阵，只带了钢盔和圆锹。

天气不好带上了外套。十点半时，大约在行军二里的位置接到联队的命令：敌兵已被击退，立即返回。于是绕了一圈又回去了。正午进入一个村子，村民一看到有军队过来便赶紧夹着被褥逃跑了。但也有一部分来到村口拿着爆竹迎接了我们。返回休息时每个人都抓了一只鸡回去。下午四点到达宿舍。宿舍里有陆军下发的慰问袋和鱿鱼干、罐头、砂糖、年糕、大枣、羊羹、米酒、冰糖、大米、味噌、苹果等很多东西，大家都很开心。晚上各个小队都开怀畅饮，热闹非凡。1937 年最后一天却没有时间反省过去的一年，也没有感想，毫无意义地就过去了。

中队指挥班：高松彦四郎、五十岚新次郎、大寺隆、管野上等兵、铃木三郎、大须贺升一、高桥直市、油井正助、关根贞丸、关根久三郎、田中悦记、田中武夫、马上寿雄、铃木秀夫、谷勇、山本。

昭和 13 年（1938）

1 月 1 日

早上七点二十分列队，去距离宿营地两千米的小山丘集合，赶在太阳刚好出来的时候（八点二十分）向着太阳的方向对皇宫进行了遥拜。一两分钟太阳便冒出来了。有种庄严的感觉。在国歌《君之代》播放结束时，太阳正好要离开地平线升起。在太阳距离地平线大约两尺高时，联队长带领我们心怀感激地高呼了三遍万岁。举着刺刀心无杂念地呼喊着。在太阳的映照下，刺刀发出了耀眼的光芒。一时间感动得什么也说不出来。

在此之后，联队长做了新年致辞。第六十五联队的所有将士在后藤少佐的带领下又高呼了三遍万岁后解散。继而，大队长在此向我们第二大队下达了命令：大队预计明天将驻留一日，去扫荡残敌。直到昨日天空一直挂着乌云，但到明日①便放晴了。真是让人心情舒畅的元旦。正月下发了很多零食：糯米糖、花生、橘子、苹果、梨、金团②，还有罐头等，迎来了愉快的正月。正午，郡君给我做了年糕红豆汤，在事务室里煮些东西来迎接正月。

1月2日

早上七点半集合，八点出发去讨伐残敌。轻装上阵。

中饭是昨天做的丸子。吃饭时去的那户农家煮了面条，所以大家一起吃了。不知道是不是因为面条的原因，傍晚时肚子不太舒服。三点半到了一个村子后本队就停了下来。但第七中队的一个小队和第八中队的一个小队、机关枪一个小队继续前进到了下一个村子。进入宿舍后我们就开始为晚饭做准备，杀了只鸡。接着就听到了啪啪的枪声，正想着是不是和敌军发生了交火，结果据传骑的消

---

① 原文如此。——译者注
② 用山药、白薯、栗子等物制成的日本甜食。——译者注

息称确实有约两百名敌兵从距此两千米处来袭,遂立即出动。但还未赶到敌人便撤退了。我们继续往前追赶直到夜幕降临后才在某座山上集合。晚饭吃了干面包,休整到八点后继续出发。在一片漆黑的山道上行军二里,到深夜十一点才终于到达了目的地。大家轻手轻脚地上好刺刀摸进了村子,结果却未发现敌兵。住进屋子后,大行李部队分给了大家粮食,吃过饭煮好明天的伙食便入睡了。在宿舍像猪一样躺下。真忙。

1月3日

早上八点要出发所以七点起床。从昨天开始肚子就不舒服,不知道是不是因为昨晚一直忍着,肚子痛了起来。腹泻。

从早上就腹痛不止,想去厕所。但是八点出发后直到九点半也没休息。十点才终于停了下来,是昨天打算宿营的村子,所以就直接奔向厕所,舒服了很多。吃过午饭后又继续前行,腹部基本上恢复了正常。午饭后的行军仍是痛苦的,走了两个小时才会有十五分钟休息。在这次休息后肚子又开始不舒服了。大家乱哄哄地捉着鸡,我却只能待在那里。第七中队在此地与本队分别,走上了另一条路。由于腹痛难耐急急忙忙地跑去厕所,结果和田中两人掉队了。据说大家都捉了两只鸡,事务室那边一共捉了二十只,让中国人给运了回去。

返回的时候因为绕了远路,所以原本按照计划六点能到达宿舍却直到七点多才抵达。今日大概走了十里地,大家都非常累。返回后先到的人拿来了五六封书信,铃木等人还送来了包裹。大家一起享用了点心。

1月4日

因为要举办敕谕奉读仪式，七点半集合。仪式在全椒初级中学校园里举行。今晨第五次补充队加入了进来，在一起集合。联队长对我们进行了训话。仪式结束之后，与鹿儿岛的佐藤敏伍长见了面。今天早上的伙食很好，大家在杀羊。上面还下发了慰问袋，是昭和高等女子学校和日本女子高等学校的学生寄过来的。只有第三次补充入伍之前的人才能分到。还特意发给了我们事务室的人。我的那一份上面写着女子高等学校的安子，里面装了《朝日画报》、糖、奶糖、卫生纸等物。给清君、稔写了信。吃了四个鸡蛋，感觉很舒服。

1月5日

本应七点起床却直到八点半才勉强起来，九点吃早饭。

无事可做。军官去了新年宴会，我们也在为明日的出发做着准备。今天轮到我做饭，尽量做得丰盛一些。

给志贺大佐、岩崎大佐、九州、太田等人寄了信。

今天也收到了五六封信，本来兴奋地想写写回信，但因为太累九点便上床了。部队里大家说梦话还是挺有意思的。

明天将负责警备。

1月6日

昨日已做好充分准备，但昨晚又突然说要留下来。依依不舍地送别了指挥班的各位和郡君等人。

大家都离开了，感觉冷冷清清的而且物资也不够，整理了一下后便去领命。今天白昼较短，匆匆而过。包裹和书信成堆地寄了过来，但我们一点也不开心。

三个人一起孤单地吃了晚饭。留下的人是：松沢准尉、高桥伍长、油井君、田中君和我共五人。据说中队的警备地点在腰铺，是一个距此三里的地方。晚上和班长一起写信，写到十二点多。是写给木村武夫、仓田康男、原田达二、横山荣米等人的。

1月7日

七点起床小便，心想离点名尚有三十分钟，便又上床睡去。结果睡过头了，慌慌张张地起来赶往值勤军官处报告。

今晨又是寒冷异常，仅仅两三日气温便急剧下降。早饭还没吃就听说会报要在九点举行，于是飞奔了过去。在饥寒交迫之中忍了两个小时真是辛苦。在电话里向中队长报告说，已经没有时间再整理死伤战友的书信了。高桥班长今天起被调往R本部，中队的五十岚班长和大竹班长要来。傍晚，曹长给大家发放军饷，事务室里突然热闹了起来。晚上和小辈一起到镇子里玩，门松大部分都倒了。元旦的中国万里无云，张贴着川柳短诗。

取得了胜利也不可掉以轻心。

1月8日

七点半点名并进行了汇报，然后做饭。留守的事务室里一片忙碌。因人员偏少无法外出征收粮食，十分为难。不过据说从今天起陆军将会下发物资，财务室里发了很多东西：点心、国产大米、鲷鱼、酱油等，好久没有吃到的东西。果然还是日本的大米吃起来别有一番滋味。曹长和田中君今日在此留宿。

第一小队的阿部君和丹治君今晚赶来，大家聚在事务室里。

1月9日

这次 R 本部成立了甲乙两个中队,我们中队还抽调了二十一人过去。听说今天十点左右他们会从腰铺赶来,而且在我去会报时郡君也来了。很遗憾没能见到他。本来做了一副护耳想拿给他的。今天也接到了命令并向中队长做了报告。然后整理包裹,捆扎剩余的物品,依旧忙碌着。连一封信、一篇日记也没写就睡了,喝了口冰糖水,随便吃了点东西。

财务室下发了一些大米、冰糖、柿子糕和三包烟,另有金团等物品。曹长等人回来了。

1月10日

甲乙中队编成之后在第八中队附近找到了宿舍。因为去领受命令了所以今天没有收到邮件,包裹也没有,反而比较清闲。给水泽、绀野、第一小学、第二小学寄了信,让中国人给我们做了防寒帽。他们对我相当热情。

晚饭时乙编成不在,曹长也不在,所以挺冷清的。

1月11日

送来了很多包裹,还有一些恭贺新年的卡片,但不是寄给我们的。看到了12月31日的报纸,真是难得。

今日的命令很简短,太好了。没有什么特别需要记录的事情,傍晚久违的出去摘了青菜。

1月12日

点名报告结束后返回,用电话和腰铺取得了联系说是现在就要立刻出发,所以返回后便直接叫醒了丹治上等兵和田中君,带着包裹和信件到桥那边去了。花了一个小时等车,当时很冷,挺难受的。也没有时间吃早饭,领了条毯子。参加会报十分忙碌。下午也是打电话之类的事情,忙忙碌碌的。不过,今天第三小队给我们送来了猪肉,做了顿荤菜挺不错的。另外,给广岛的前冈和铃木还有大槻、雅君、武者君、小武寄了信。

1月13日

微风吹拂,略感寒冷。很惊讶没有下雨也没有下雪,更没有狂风。今早虽然下了点雪,但没过多久就停了。而且今天的命令也很简短,比较轻松。两点半左右中队长等人回来了,给每个分队分了七八匹马,三四十只鸡,表情神采奕奕的。

今晚一直工作到十一点,现在正是十一点钟。

给父亲、新平、斋藤大尉写了信。

1月14日

连续两三天都是阴沉沉的,看样子要下雪了,但还算比较暖和。第一小队下午作为八二高地的警备小队出发,郡君也去了。

上午检查了武器,我的枪正检查到一半忽然事务室来消息说有任务要执行,于是只好赶去。被提醒说这样的话枪可能会出故障,但这枪可是三天前刚从 R 本部高桥班长那里领来的呢。

士兵连续两三天都在热议胜利回国的消息,最有信服力的说法是从青岛回日本。

今天收到了慰问的文章。

给在二本松小学的学生、寻三的丹野寄子回了信。

1月15日

　　第一小队在八二高地警备。第二小队的卫兵、第三小队、工兵队则出发去架桥了。中队空了出来。

　　下午也没什么要特别记述的事，只是在忙事务室的工作。今晚写了两封信，直到十二点半，是给桐谷班长、警火组员的。

　　据说一部分山炮队已经接到了胜利回国的命令。

1月16日

　　上午中队分头训练。我因有事务室的工作就没有去。下午六点响起了紧急军号，戴上钢盔便跑去集合了。说是有约三百名敌兵来袭，故要出动部分兵力，我们都很期待。

　　根据下午六点传来的报告：目前敌人正位于昨日业已出发的第三小队警备地全椒与滁县间的大桥附近，小队长××少尉和工兵小队长已经下落不明。我们中队直接派去了一挺轻机枪、一个步枪小分队在路上警戒，并计划明早由中队长率领一个小队（第一小队）出动扫荡。遂在不安之中睡了下去。

1月17日　雨

　　早上七点集合列队，因为郡君也将出动所以有些担心，想和他一起过去便向曹长提出了申请，得到其批准后也加入了集合。来到大队本部门前时却仍被准尉留了下来，真是遗憾得不得了。牵挂着郡君。

　　上午负责印刷材料并领受命令。

　　下午又协助评定战绩，但第一次接手出了差错。心想这下完了，便做了些补救措施，结果被准尉狠狠地批评了一顿，甚至说出了要我滚出指挥班的话。虽然嘴上什么也没说，但我内心是很失落的。这里有休息的地方，我要先调整心情，铭记于心。此后，又一直工作到了十点。

今日从早上开始就下起了国内那样糟糕的春雨，淅淅沥沥、下个不停，非常担心郡君。

晚上，看到间贯一以泪洗面。我应该永远也无法忘记昭和13年的1月17日了吧。在雨中听到了孤单的驴叫声。

1月18日　雨

今早开始一直下雨，担心郡君会不会遇到什么不好的事情。

傍晚，郡君等人回来了。据称××少尉已经牺牲。具体情况是：为侦察道路，他与工兵少尉、司机一同乘车出发并安全结束了侦察，然后几个人晃晃悠悠地到村子里去找姑娘，结果遭到敌兵的袭击。虽然已拼尽全力逃跑但还是没能跑到车子处就被逮住了，不得已只好了结了自己，只有司机勉勉强强逃了出来。

雨一直下着，天色将暗。中队长抱着已成白骨的××少尉回来了。在悲痛中继续忙于战绩评定，一直做到凌晨两点。

1月19日　雨

起床时间推迟了一个小时，上午九点起床。做完事务室工作后不久便立刻进行了会报。正午时分曹长浑身湿漉漉地回来了。春雨下个不停，甚至还有变成雪花的趋势。

评定战绩的工作几近完成。今晚早早地停下来，一直喝酒到十二点。R机关枪队那里送来了明信片。

1月20日　雨

雨没有要停的意思，今早又开始下起雨夹雪。

曹长今天要在雨中警备，便带着第三小队出发了。

今天比较清闲，悠然地度过了。晚上又是觥筹交错，忘情于美酒之中。

1月21日　晴

持续两三天的雨终于停下了。今早相当寒冷，望着屋檐上的冰柱，陷入了对故乡的思念。

上交了战绩评定的结果。

在领命返回的途中，从邮件收发处的地址不明邮件中发现了寄给郡君的书信和包裹，便急忙拿来打开看，结果里面装的是汇票，包裹里放的是棉花和牛奶糖、冰糖。估计应该是美味的船桥屋点心，马上给他带了过去。

1月22日

依照昨日命令忙于剩余物件的打包，终于要为出发做准备了。除了领受命令之外别无他事。第一小队全都出去当卫兵了。下午三点领到了下发的香烟，此外中队长还曾提醒我们下次作战的注意事项。

今晚住在郡君那里。

（香烟的配给是军官三十根，下士官二十根，士兵十根，补充兵两根）

（负伤者因已领到点心故未发香烟）。

1月23日

上午领取了会报。

今天起床较早弄得大家都有些惊讶。郡君也起来了,是在饭做好之后赶来的。下午一点起,去战绩调查室进行联络。傍晚返回。晚饭吃的是荤菜,好久没吃了真是美味。为明日的军装检查做了准备。

1月24日

在警备区,没什么特别要记述的事情。昨天在Ⅲ财务室拿到了一副麻将,还把我和郡君的私人物品放进了中队捆包里。我被重新分配进了后备大队,从第一大队返回和县。

1月25日

今天起将禁止向外寄出书信。领到了自出征以来的第一次军饷,包括十二月和一月的,一共是二十元八十七钱。

团队长会议的报告,有事传达。会报是下午三点,今晚到ⅡMG的中山那里去玩,回来后直接就寝,时间是晚上九点。

1月26日

没有特别要记述的事情。

正午,第一小队到八二高地交接防务。下午四点接到命令后出动。据称在滁县西面十六千米处守备的第一〇四联队遭到了敌兵的袭击(今晨五点),死了很多人。

据此,联队下令要更加严防死守。父亲寄来的第一封信到了,里面有四个护身符。据清水的饭塚和妇女会说,现在大米的行情是十二元三十钱。但因为没能买到信纸,暂无法回信。

1月27日

昨夜大队传来了命令，说是最终决定明日出发。

故今日忙于准备，此外还领到了袜子等所有防寒用品，忙得不可开交。斋藤中队长做了关于调任的讲话。他晋升为少佐后将前往华北的后宫部队担任参谋。要、佐藤满津传来了消息，心情愉快了很多。高桥班长要从本部过来，所以赶紧把寄给父亲、要、满津、斋藤少佐的四封信交了过去。明日终于要出发了，大家都早早地休息。我们大队将作为前卫部队。

1月28日

全体人员五点起床，七点二十分集合，八点出发。第二大队任前卫，第六中队任右侧卫，第七中队任尖兵中队，被叮嘱了很多注意事项并负责部署警戒。随后便小心地出发了。

途中并无任何异常。一边看着村民慌张逃走的样子一边不断前进。可能是因为枣岭集附近有敌人的缘故。上午十一点到达一处村庄吃中饭，休息了四十分钟。至十二点四十分，登上枣岭集面前的一处小山丘后遭到了敌兵的射击。第二小队在前往三轩家的途中也受到了攻击。后面尾随的部队躲进了田里。

一时间飞来了密集的子弹，遂用两架山炮开始还击。不知道是不是敌人撤退了，声音逐渐消退。随后终于进入了镇里。此时中队长下达了命令：只要见到人就格杀勿论。但结果里面一个人也没有。此后皇军所到之处均无敌兵，自豪地继续前行。

三点左右开始有飞机飞来，投下了通信筒后又飞走了。在我们行军途中，不断有飞机协助侦查然后向我方通报，感觉我军真是力量强大。飞机上面的人还透出半个身子来向我们挥了手。进入第二个敌阵时很幸运没有遭遇敌兵,唯有逃难的村民。下午五点顺利地进了城,但本应作为宿营地的镇子已经被烧毁了,只好在侥幸存留的屋子里落了脚。今天因为是时隔三十天再次行军,所以腿脚非常痛。夜里甚至痛醒了过来,在漆黑的中国人家里连个倾诉的人也没有。因为担心明日的行军,哭了出来。一个劲地向故乡的神灵祈祷。

特别想念父亲和母亲。

1月29日　尖兵中队

感谢老天的保佑,腿脚的痛楚好像基本消散了。

早上八点出发,沿着1月2日展示军威时走过的道路继续前进。飞机也沿着道路为我们勘察敌情并发来通知。天空看样子要下雪了。正午在山丘上休息,午饭时下起了雪。接到消息说王龙宅有敌兵要多加注意。结果来到村子前面发现不出所料,敌人正在远处来来往往。所以第七中队便站在第一线与其展开了交战(下午一点十分),大约花了一个小时。在山炮的猛烈攻击之下敌兵没了踪影。我们指挥班的五个人占领了左边的村子,确认敌人退去之后便沿着积雪融化的田间小道继续向前追击。一旦有子弹打来就马上还击,边打边走。因为积雪,道路难行,而且离目的地还有很远一段距离,衣服也被雪打湿了。至晚上七点,又在黑暗中突然遭到了射击,于是就在泥田里利用土堆予以还击,暂时击退了敌兵。即便如此道路仍旧非常难走,再加上天色已黑,部队已经无法向前推进。恰在此时,前面多个地点泛出了火光,军号声飘扬,似乎是我们踏进了敌军的步哨防线。直到晚上九点,我们才在森严戒备之下到达了目的地,好像因为迷路绕了很远。大雪打湿了全身,便径直去宿舍煮了南京大米。结果没能煮好，晚饭泡汤了，不过至少还有点米汤。十二点就寝，腿脚感觉好多了。

1月30日　晴

第一小队杀了六个俘虏，第三小队也抓了五个。

昨天下午一直下雪，到夜里停了，但今天早上仍十分寒冷。八点没吃早饭，午饭也只是吃了些昨晚煮坏的饭就出发了。野外银装素裹，路面结冰并不好走。今天担任大队（前卫）的后备。至十点左右道路的冰雪终于化开了，走上了田间小路。道路很窄且脚陷了进去，人马都是歪歪扭扭地走着，尽是泥巴。正午，作为尖兵的第五中队在前方打响了战斗，拖在前卫末尾的我们则保持着距离躲在土堆后等候命令。山炮部队去了第一线，沐浴在枪林弹雨之中仍顽强地还击，毫不退缩。此后弹雨越发密集，头顶上方发出"梆梆"爆炸声的是达姆弹。

接到命令：第七中队在右，第六中队在左，第五中队在中间，前去支援火线。不一会儿敌人便开始逐渐后退。第六中队从右侧向前进攻时突然传来了呼叫医务兵的声音，发现是第六中队的近内七郎被打中了。交战两个半小时后，由于第六中队的不断推进，敌兵开始撤退，战斗结束。近内被打穿了右手和左腿，ⅡMG的渡边上等兵被射穿了胸口，当场毙命。第五中队的山中也被打中了但情况稍微好点。其他的损失包括五人负伤，一人阵亡。下午三点打算吃饭时看到饭盒惊讶不已，昨天的饭已经变得乌黑，不能再吃只好扔掉。大内分了一些给我。随后联队继续出发，向定远方向前进。道路越来越不好走。心里抱怨着泥水不知要延伸到哪里。再加上肚子很饿，一旦进入村子休息便立即动身寻找水和食物。胡萝卜、鸡肉什么都吃。今天还是喝了生水。八点左右，发现了一百名敌兵，于是用重机枪进行了扫射，但对方没有还击。结果就不管他们继续向前走了。

黑夜降临在狭窄的田间小路上，作为尖兵的第五中队终于再也无法前进了，而且还弄得满身是泥。所以在凌晨两点到达今天的最后一个村子。虽然这里并不是目的地，但因为走错了路也实在没有办法。杀了头猪煮了汤，四点吃过饭。办公处连睡觉的地方也没有，就索性坐着睡了。

1 月 31 日

上午休息。昨天做饭的水居然是脏水，惊愕。完全是泥水。中午，大行李部队到达后于下午一点出发。踏上了一千米的行军之路。本以为这里的路会好走一些，结果因为是一条新修的路，和田间小道的情况差不多。还没走到一里就宿营了（五点）。此后开始设置警备。距离定远尚有约二里地。因为带着饭所以只做了份汤便早早地解决了晚饭。终于可以弥补一下昨晚的睡眠不足了。傍晚七点开始休息。

［以下省略］

11　远藤高明战地日记

所属：步兵第六十五联队第八中队、第三次补充入伍
军阶：少尉
住址：按家属意愿隐去
职业：公司职员
收集来源：家属提供
日记情况：长12cm，宽7.5cm的记事本。横向书写。

昭和 12 年（1937）

10 月 11 日

晚上十点半刚睡下便接到了动员令的电报。上面说要在 10 月 14 日早上七点赶到步兵第二十九留守队入伍。

10 月 12 日

按照计划开始了准备工作。早上八点到公司完成了剩下的工作，给××协会的事务员三谷发去了一封问候委托信。十一点后赶去中野警察局领到了手枪弹药授受许可证，而后又到中野区政府领取了滞留地发来的应征证明书。下午两点，平野、下川、西等人来给我送行，一起到内山枪炮店领回了一百发手枪子弹。下午五点又去了公司，和同事道别之后六点前往骑西屋参加了××会的欢送会。回家后晚上八点，永岛家、平野伯母来看望我，远藤吉兵卫、满田、矶目、大关也来了。深夜十一点，我还出去四处溜达了一趟，夜深了才回家睡觉。

10 月 13 日　晴

轰姐为了给我送行来了东京，町会也来送别。八点从家里出发后，八点半在公司进行工作的交接。十点搭上了从上野始发的快速列车，与送行的人告别。下午三点五十五分抵达若松站后，××家、五十岚、远藤、船木家和高桥喜一都来迎接了我。随后马上去参加了×町××神宫的战胜祈祷会。返回后因为紧张的缘故×。孩子很健康。

10月14日

早上下了小雨。町内的亲戚和其他人都来送行。七点准时入伍,顺利地通过了身体检查。十点,在军官集会所接到了进入第六中队补充队的命令。下午四点三十分至七点,又参加了动员会报,七点三十分返回。

10月15日

早上七点出勤,中队编成,被任命为被服兵。中队长是后备役的佐川大尉,中队副官是预备役的富山少尉、峰岸少尉、川岛见习士官。下午四点三十分至八点是动员会报时间,和大家聊了一些无聊的事情。譬如讽刺了现役军官的榆木脑袋,用来打发时间。晚上八点三十分返回。

10月16日

早上六点出勤。从七点到下午四点一直在处理征兵相关的手续。领取被服后去参加了动员会报。动员会报从下午四点三十分持续到晚上八点三十分。晚上八点五十分返回。

10月17日 神尝祭

早上七点出勤。中午开始担任值勤士官。下午四点到五点三十分依旧是动员会报。此后又值晚班。

10月18日

中午结束值勤士官工作。下午一点三十分到三点是补充兵教育会,三点到五点是动员会报,六点返回。

10月19日

早上七点出勤。八点三十分到十一点是补充兵教育会,下午三点在剑道场接受了对军官的训示。今天没有动员会报。××为了回家处理财务搭乘早上九点的火车返回了东京。

10月20日

早上八点出勤。八点三十分到十点,队长在操场上对征召兵进行了训示。下午一点到五点举行了亲属见面会,我被任命为见面会的监督员。

10月21日

早上八点出勤。八点三十分到十一点三十分在将校集会所根据新草案接受了教育。返回后川井来看望了我。

10月22日

早上八点出勤。八点三十分到十一点三十分在集会所接受了地图战术教育。下午一点三十分到三点三十分对征召兵进行了个人战斗训练。

10月23日

早上七点三十分出勤。八点三十分到十一点三十分在集会所接受地图战术教育。上午开始了士官值班周工作。普通士兵前往靖国神社参加祭典。其间发生了贵重物品被盗事件,前去调查。

10月24日

虽然是周日,但全员都起来了。因为发生了盗窃事件,对整个兵营宿舍进行了搜查。全中队禁止外出。

10月25日

上午九点对征召兵进行了个人战斗训练。下午两点三十分进行了分队战斗训练。

10月26日

晚上十一点巡查,寒冷至极。

10月27日

上午、下午都进行了训练。

10月28日

上午、下午依然是训练。

10月29日

凌晨三点三十分巡查,其寒冷程度无法用语言形容。上午九点预演了留守司令官的阅兵仪式。下午一点排练了检阅演习。晚上九点××和××都到我这里来了。

10月30日

早上八点举行了阅兵仪式。十点起,仅中队接受检阅。我作为小队指挥参加。中队长对我指挥的碉堡攻击赞誉有加。中午结束了士官值班周工作。下午五点三十分至七点在将校集会所聚餐,晚上八点返回后见到了××。

10月31日　周日　晴天

早上八点出勤。上午一直在工作。荻洲部队和两角部队决定接受第三次补充兵入队。所以在十一点暂离营地,骑着自行车到饭盛山和已经到此的××子等人一起去了东山。下午四点返回。途中去白木屋买好了给××的礼物。

11月1日

早上八点出勤。为王城寺的野营做好准备。下午五点三十分受邀参加了在水林举办的第六中队军官欢送会。

××子乘坐上午的火车返回了东京。

11月2日

早上七点四十分由若松站前往王城寺野营营地。下午四点在中新田下车,行军三里后晚上七点到达宿舍。

这是我任现役士兵时新建的,很不错。

11月3日 明治节 雨

无事。

11月10日

畑教育总监检阅了部队。早上九点进行了碉堡攻击训练,下午进行了大队对抗演习。

11月11日

早上六点举行了支队（4i、29i）假敌演习,一直持续到下午一点三十分。有人饿倒在地。

11月12日

早上八点至九点三十分到中新田出公差。因为要参加秋季演习,下午四点从营地行军四里后于晚上七点三十分到古川町休整。中队军官在古川町的一家酒屋里休息,受到了款待。

11月13日

凌晨两点三十分乘坐由古川站出发的列车前往日和田。在乘车途中演习便已开始。上午九点到达日和田后马上就加入了战斗。在喜久田地区进行了一场遭遇战后撤往本宫并在本宫北部的村庄宿营。在此次演习中与裁判员齐藤彻郎相遇并在本宫发生过冲突,小队长是八田少尉。从傍晚开始下起了雨。

11月14日

下午开始的追击战中我作为侦察军官跋涉了五里地,在郡山东南方向宿营。

11月15日

早上八点三十分演习结束,十一点在开成山举行了阅兵仪式。中午,军民一同会餐。下午五点搭乘喜久田出发的列车返回了营地。晚上九点解散。

11月16日

第三次补充兵入伍之事正式确定。我领取了补充兵的被服,并进行了预防接种。

11月17日

因为举行了秋季演习所以大家得到了假期。但我因为要在早上七点发放被服并接种疫苗,一个人出勤,其他人都出去了。

11月18日

给第三次补充兵进行了军装检查,同时有下达给军官的命令。中午在集会所举办了欢送宴会。下午一点临时回去了一趟。做好出发准备后于五点归营。

晚上七点下了小雨。离开了因为灯火管制而黑暗的营门，一路得到了热烈的欢送，于晚上八点二十分到达若松站。对外征途正式开始。列车沿着白河、下川、永岛、奥田、谷古、荒木、关田不断前行。每到一站都会通报时间，每一站都有欢送的人群，让人彻夜难眠。

11月19日

在大宫站，上级发放了车站盒饭作为早餐。大宫同乡分会很热情地给我们分发了味噌汤。上午八点二十一分到达了分田站，停车十七分钟。下川家、永岛家、奥田、荒木，以及学生都前来欢送。中野的寅吉还送给了我一袋点心。列车行驶在山手货物线上，途中经过新鹤见后驶入了东海道，于中午十二点三十分抵达沼津。午饭是上级下发的车站盒饭和牛奶。在沼津站偶遇了宇野修二的母亲，还和他的父亲见了面。十二点五十分列车出发，下午六点四十分到达名古屋，吃了晚饭。停车十六分钟后又接着赶往京都。晚上十一点十八分到达京都。各派寺院都前来送行，领略了国防妇女会领导下的爱国妇女会的盛况。

11月20日　晴

凌晨零点三十七分，列车到达大阪（停车十六分钟）。三点五分到达姬路（停车十五分钟）。五点十五分到达冈山并吃了早饭（停车十四分钟）。七点三十六分到达丝崎（停车十一分钟）。上午十点十四分到达广岛。徒步一小时后在鹤见町小学休整。吃完午饭于下午两点分配到宿舍休息。晚饭后拜访了冲本先生，他带我去了盛场新天地，此后归营。同一宿舍的大木少尉和菊池少尉请我一起喝酒便再次外出。漫步在人来人往的街道上，进了一家小饭馆喝了一通。回到宿舍已是凌晨零点。

11月21日　雨

中午，冲本先生来看望我并带我去宫岛祈愿。清晨开始的小雨突然变大了起来，把我俩淋成了落汤鸡。傍晚时分才停雨。晚上八点到榎本照相馆拍了纪念照并拜托他们将照片寄给××、永岛、轰、渡部、下川、信等人。在返回宿舍的路上去盛场喝了点东西然后才回去。

11月22日

没有接到登船的命令，所以打算游手好闲地度过一天。这将是最后一次在国内散步了。

上级命令下来了，要求明天下午一点登上医疗船太平洋号。

11月23日　新尝祭　晴热

上午十点从宿舍出发，到宇品港有一里多路。房东、当地的不少居民和中小学生都来欢送我们。在欢呼声中顺利登船，并于下午五点三十分启航。

11月24日

上午九点到达门司港，有部分军需官上岸补充了军队给养。晚上九点三十分再次从门司港出航。

11月25日　晴

海面如镜面一般波澜不惊。

11月26日　晴

傍晚进入长江。

11月27日

上午十点停靠在吴淞口，尚未下达登陆的命令。

11月28日

依然没有下达登陆的命令。因为粮秣不足我们向上级发电报申请补给。上级便用戎克船给我们运来了。

11月29日

接到命令在上海登陆。故于早上六点三十分从吴淞出发，进入黄浦江后在八点三十分停靠在大阪商船码头。十点完成登陆。下午四点到总领事馆拜访了加藤司法领事，希望他能帮我们征调一些卡车，但没有得到同意。此后加藤司法领事说要请我吃晚饭，便开车送我到宿舍（帖和纺织公司）后一起去三幸吃了饭。路上因为灯火管制一片漆黑。等回到宿舍已是晚上十点了。在纺织机的棉花上睡了一觉。

11月30日　晴

接到命令：尽快赶去支援正在独力攻击江阴的本队。为此，我去吴淞路征用了一些板车。看到大部分日侨已经避难回来了。很多日用品店、杂货店、饭店重新开业。

12月1日

下午去吴淞路喝了最后一杯红茶，然后到领事馆拜访加藤先生并表示了感谢。因为吴淞路离宿舍很远，回到宿舍时已经相当疲急,就和大木少尉一起去泡了个热水澡。

12月2日　晴

原本预定走陆路,经南翔、大仓、常熟前往江阴,但承蒙日清汽船公司宜阳号的善意之邀(战前的重庆航路船),我们上午九点在邮船码头登了船,航行二十多里后于下午三点三十分到达了浒浦镇,又经驳船于下午六点完成了登陆。迅速吃过晚饭后,部队于六点三十分向梅李镇挺进。仅仅二里路,但由于天色已暗,直到深夜十一点才抵达。在一个农业仓库里宿营。十二点发生了空袭,所以暂时把篝火灭掉了。

不得不在地上和衣而睡。天气很冷,寒气逼人。我辗转反侧睡不着觉,时常起身烧火。

12月3日　晴

日出后天气有所回暖。上午十点从梅李镇出发向常熟前进,相距四里。路上看到了很多中国平民的尸体,感觉恶心。下午三点三十分到达常熟。虽有大量空袭留下的废墟,但仍能看出城市规模之大。把宿舍定在了一所小学校园里。下午四点三十分,小山田少尉自杀了,原因不明。

煮了征收来的蔬菜,喝了点菜汤。虽然在篝火边睡觉,但仍然因为严寒而无法入睡。

12月4日　晴转阴

早上六点从常熟赶往无锡,走了约十三里地,很多人都掉队了。于是让小队一半的人组织起收容班,让其在本队末尾断后。从下午开始天空中云量骤增,风也变得凛冽了起来。晚上因为寒冷而无法休息。九点进入无锡并在民房里宿营。

12月5日　晴

黎明时分为了防备空袭开始在街上挖掘战壕。同时在路上和屋里发现了无数具尸体。

原定上午九点从无锡出发前往青阳镇（七里）设营。但在距离青阳镇三千米处遇到了本队派来的迎接部队。根据R联队的命令，我们必须发起强行军尽快赶抵江阴。所以在行军十一里后筋疲力尽地于晚上十点三十分到达了江阴本队宿舍。立即就寝。

12月6日　晴

上午九点，上级下令重组部队并将我分配到了第八中队。下午三点向大队长做了汇报，四点在城内D司令部接受了D长的训示。进而又在B旅团本部向B长汇报了情况。我被任命为第×小队的队长。我们的中队长是同级的铃木一男少尉。下午六点左右，中队干部一起聚餐。晚上十点进入了我所属的小队，上床。待暖和一些后入睡。

12月7日　晴

奉命进攻镇江要塞，预计要花四天三夜。第58i、116i的26B接到命令渡江西进，前往江阴的对岸。

第一天上午八点三十分，从江阴开始出动，行军六里半后于下午五点到达□窟镇（距常州一里半）宿营。用征收来的鸡做饭，躺在稻草上和士兵一起睡下。第一次温暖入眠。

12月8日　晴

早上八点从□窟镇出发，离开大路后走上了小道，艰难行军了八里半，下午五点到达了江巷镇（寒村）。

12月9日　晴

早上六点从江巷镇出发行军六里，下午四点到达姬庄。途中收到了第十一师团天谷支队已攻克镇江的消息，大家喜笑颜开。

12月10日　晴

早上八点，大家精神抖擞地从姬庄前往镇江。行军六里于下午四点进入镇江市区。镇江很不错，没有被残兵掠夺的痕迹，遭遇战祸之处极少，大部分地区都是灯火通明、水管畅通。下午五点定好了宿营地，听闻将要渡江前往对岸。估计这将需要两到三天的准备时间，于是占领了一户还不错的民居，征收了白砂糖、汽水和栗子等物。在明亮的电灯下像样地吃了一顿饭。果然没有接到明天出发的命令。

12月11日　晴

正盘算着应该能悠闲地度过几日，结果在上午九点传来了为准备渡河攻击要转移营地的命令。十一点出发，沿南京铁路西进，经高资站后于下午六点到达桥头镇并宿营。行军距离为六里。午饭时第四分队带来了在镇江做好的豆沙包，很好吃。

小队在完全没有给养的寒村吃到了从镇江带来的口粮，但中队事务室及其他小队仍有很多人的晚饭里连米都没有。

12月12日　晴

驻扎在桥头镇期间，我曾为了运输行李和物资而返回过镇江。上午和几名本队士兵一起去美国人经营的园艺学校征收了东西，弄到了很多储藏起来的果汁罐头。把这些分发给了Ⅱ副官、××少尉、中队事务室。下午用大缸泡了一个热水澡，天气变得暖和了起来。下午三点接到了攻击南京的命令，步兵104i 奉命渡江返回了镇江。我们 R 原本预定于13日凌晨进发，但下午六点突然收到了夜间行军三里的指令。月光下我们一直走到了晚上九点三十分。此后在仓头镇休整，躺在稻草上和衣而睡。

12月13日　晴

上午八点三十分从仓头镇出发攻击乌龙山炮台，途中在栖霞山麓听到了密集的枪声，看到很多的溃兵。山上的向阳处如春天般温暖。下午五点到达一个村子，第×小队为了警戒在村子南边的山上放哨。时不时会有流弹飞过，山上更加寒冷。到了深夜十二点和第×小队交班后下山。在篝火边打了个盹。

收到了攻占南京的消息。

12月14日　晴

凌晨五点离开村庄，向幕府山要塞（距南京北部一里）发起攻击。黎明时分天色正暗，徒步行军十分困难。在距离村庄西方两千米的地方遭到了敌兵的伏击，第一分队的新开宝庆身负重伤，一小时后死去。在太平山附近遇到了 I 抓捕的数百名残兵，缴获了毛瑟手枪，还缴获了中国军官的马。因此骑马行军并于中午到达了幕府山山麓。敌军毫无斗志，俘虏了四百五十名士兵并缴获了相当数量的武器。傍晚在上元里宿营。因民居较少，整个小队全部住在一间屋子里。傍晚又抓到了四百余名俘虏。

12月15日　晴

早上七点起床，上午九点第×小队奉命前往幕府山东侧江岸附近扫荡残兵，俘虏了三百零六人。同时还接到了附近约有一万名敌军的情报。下午一点暂时返回营地。晚上九点开始担任值勤军官的工作。凌晨一点被枪声惊醒，原来是第八中队的哨兵误将 R 联队的传令兵当作敌兵射伤了。我立刻展开了调查并撰写了报告，随后在凌晨三点就寝。

12月16日　晴

准时起床，上午九点三十分参观炮台，大约花了一个小时。由于战俘收容所发生火灾，中午十二点三十分我奉命出动并于下午三点返回。在战俘收容所遇到了朝日记者横田先生，听他分析了现在的形势。下午收到了部队指令，要将总数一万七千零二十五名俘虏中的三分之一带到江边去，由 I 执行枪决。

命令上说：若每天供给两合，则需要一百袋粮食，但在如今我军士兵自己都需要去征收给养的情况下，是不可能做到的。因此，需要军方做出适当的处理。

12月17日　晴

早上七点派出九名士兵前往幕府山山顶警戒。同时作为 13D 的代表，R 派兵参加了南京入城仪式。八点，和小队的十名士兵一起出发前往和平门入城。在中央陆军军官学校前方通往国民政府的路上接受了司令官松井石根阁下的检阅。途中看到野战邮局正在盖开业纪念戳的场景，就写了一封明信片，给×子、关寄了过去。下午五点三十分返回了宿舍，从阅兵场到营地大概有三里远，所以非常累。但是晚上为了处决剩下的一万多名俘虏又有五名士兵被派了出去。今天看到南京有东日办事处，便去打听竹节先生的消息。据说他正在华北慰问皇军。寒风凛冽。

12月18日

凌晨一点，由于俘房处决得不彻底仍有侥幸存活的人，我们奉命再去清理刑场。天气很冷，寒风刺骨，三点左右开始下雪。士兵都默默无言，一直清理到八点三十分才结束。此时天气也有所好转，风小了很多。负责幕府山警戒的士兵回到了营地，同时又有六名士兵去南京参观了。上午打盹一个小时，久违地配发了一个苹果。中午有九名第四次补充兵入队。下午两点到七点三十分，又派出二十五名士兵去刑场处理了一万多具尸体。

12月19日　晴

为了继续昨天的清理工作，早上八点又派了十五名士兵过去。R奉命准备好了渡江的资材。下午一点去一里半开外的中山码头停泊司令部联络情况。征来的马由于蹄子受伤没法骑了，无奈只能把它留在了营地。有十二名士兵参观南京时带回了羊羹、橘子罐头等物，还喝到了一杯他们带回的葡萄酒。增田因为风湿住进了医院。

12月20日　阴冷

为了准备渡船，早上八点就出发了。十一点，部队开始登船，十二点登船完毕。但是运送物资的卡车抛了锚，大部分的资材没法运送。只好让一部分士兵先前往对岸，在勤务兵的指引下进入津浦铁路的机关宿舍里过夜。浦口大部分的建筑都被烧毁了，完全没有当地居民的踪影。

12月21日　晴

考虑到可能要驻扎在浦镇，便向Ⅱ本部派遣了一名联络兵，让他骑自行车去一趟南京，然后领取物资渡江。中午联络兵回来了，但因没有任何指令，我便派了一名监视兵去监视江岸。傍晚命令到了：留下一个分队兵力，其他的人都去追赶本队。

12月22日　晴

因无地图，目的地并不明确的情况下早上七点出发。指挥的部队包括：五中队（十二）、六中队（无）、七中队（一）、八中队（八）、MG（三）。抓了一个当地人带路。全军负重行军七里，于下午四点到达了西葛镇。第三野战医院也在此设营，故在其附近过夜。今天第一次试喝了一杯浊酒。晚上发生了火灾，不得不转移营地导致没睡好觉，结果西葛镇被全部烧毁了。

12月23日　小雨

作为第三野战医院的先导部队艰难行军了六里半，下午五点到达本队的宿营警戒地全椒县。被服与用具全部湿透，冰冷彻骨。与第七中队第四次补充入伍的割栢君见了面。

受第三分队队员的关照，得以温暖地睡了一个好觉。

收到了每天的作息时间表：早上七点起床，七点三十分点名，晚上八点夜间点名。

12月24日　小雨转晴

准时起床，上午九点吃过早饭，九点三十分去中国人经营的澡堂洗澡。上一次这么畅快地洗澡已是很久以前的事情了。下午开了一个和值勤相关的会议后再无他事，便休息了一会。六点起参加值勤小队。晚饭吃了炸猪肉。

12月25日　晴

下午四点在中队事务室门前传达了 D 长的训示。晚饭用征来的鸡蛋做了煎鸡蛋卷。来中国后第一次吃到美味的鸡蛋。

12月26日　晴

上午九点三十分洗澡，下午只有第八中队被派往全椒县北部担任警戒Ⅲ宿舍的任务。在小队长事务室分到了一间不错的屋子。下午六点派二十五名士兵去北边警戒，八点去巡视了步哨。

12月27日　阴

奉命去准备 29 日将要举行的慰灵祭。上午八点三十分前往 R 本部，上级命令我去现场视察。下午布置好了休息室。第一分队去征收了中国糯米，用带杆的石臼（捣米用）碾成饼状，准备做年糕汤。

12月28日　阴转小雨　下午有雪

着手制作战绩表。11 月 5 日以前由国内寄来的书信已经分配好了。同时我们这边也已经可以寄出书信了。于是就给 ×子写了一封信。下午两点后冒着小雪，花一个小时去视察了慰灵祭的现场。五点担任值勤军官。因为任务重复，晚上八点就换班了。登陆中国以来第一次理发。天气很冷。

12月29日　阴

晚上降雪一寸，但天气还算暖和。上午十一点在一所中学前面的广场指挥士兵举行了 65i 战死者的慰灵祭。下午一点迎接 B 长并举行宴会。宴会上有日本酒和中国菜，但只是好看并不好吃。下午三点评定士兵的战绩。同时参加了第 × 小队的勤务小队。

12 月 30 日　晴

花了一个上午的时间继续完成战绩评定任务。第一分队做了正月要吃的年糕并分了几个给轻机枪小队，但是征来的中国糯米用完了。下午接着制作战绩表。其间，新田伍长来找我，还叫上了室井、远藤一起品尝了从财务室拿来的茶。一直制表到晚上九点。刚躺下没多久就又接到了紧急集合令，一边穿鞋一边还在打盹。据称本地西北方向五六里处正在警戒的 104i 某中队遭到了敌兵的袭击而陷入苦战。104i 已经派出一个大队兵力前去救援，而敌军的退路正是我们防区。

12 月 31 日　阴雨

多事之年的最后一天也依旧繁忙。根据昨天的情报，Ⅱ前往全椒县西北方三里处的石碑桥去实施侦察并展示军威。凌晨五点三十分起床，轻装上阵。早上八点第×小队作为先遣部队出发了。由于没有地图，赶往目的地的时候绕了很多弯路浪费了不少时间。返回时有中国人带路所以能够直线行进，下午四点便返回了营地。接情报称：有两千敌军正在西北方向六里外的周家岗和 104i 交战。傍晚下发了若干给养品，筋疲力尽地简单吃过今年最后一天的晚饭，就此入睡。今晚第一小队负责警备营地。

给养：日本糯米饼（有霉）、苹果、羊羹、少量日本酒、抚恤慰问袋一个。

昭和 13 年（1938）

1 月 1 日

在战地中迎来了昭和 13 年的春天。早上六点三十分起床，天气晴朗但地上结了霜，耳朵感觉要被冻掉了。仰望星空，喝了一口能够驱除一年邪气的"若水"。八点在全椒县东部的高地集合向天皇遥拜。八点二十分（日本时间）伴随着今年的第一轮日出向皇居遥拜，向天皇陛下和皇太子殿下三呼万岁。迎着红日，大家都激动得说不出话来。上午九点三十分军官集合，为新年举杯庆贺。回到小队后吃了用中国糯米做成的年糕汤。十一点在中队事务室受到了款待。下午，割柏伍长来拜访了我。此后便一直都在制作勤务日程表。

下发了给养品，但仅限于很少的正月用品。

给养：苹果、每分队两个梨、橘子、羊羹、糯米糖、少许粘糕、金团罐头、鲷鱼罐头若干、海带卷、栗子、沙丁鱼、干青鱼子、冰糖。东西太少，只能表示歉意。

1月2日　晴　稍暖

准时起床，Ⅱ全员为扫荡残兵出发前往西北方向十里处停留了一天。第×小队作为值勤卫兵留了下来。

吃了第三分队做的纳豆。中午，大木、伊关少尉来访。下午带着小林上等兵去卫兵警戒区巡视，同时演练了一下应对敌兵来袭的预案。下午四点三十分让卫兵列队交班后于五点三十分再次外出巡视。晚上八点，值勤士官让我在夜间点名时去一趟。结果营地里仅有四名士兵，现场鸦雀无声。

1月3日　略阴　寒冷

准时起床，去了Ⅱ本部的早上点名现场。中午稍微整理了一下此前的战地日记，此时R本部的兼子伍长、东日福岛支部的芳贺一起来访。伊关少尉问起了 LMG 分队中轻机枪队收到年糕的事情。原来他是专程来拍照的，打算将此作为军中美谈进行宣传。此外，兼子先生还单独留下给我拍了纪念照。请他们吃了纳豆饼，大家都很高兴。还把室井、远藤也叫了过来，一起聊了聊天。下午两点，Ⅱ副官管野少尉来访，带来了一个大笼子，里面装着十多只麻雀。令人高兴的事还不止一件，傍晚时分军官的行李送到了，我整理了一下。因为昨天出发的部队回来的时间比预订的晚了一些，所以卫兵在六点三十分才轮班。

晚上七点三十分Ⅱ全员归营，因为多少打了一些仗所以打算在第五次补充兵到达后给其补充七名士兵。

1月4日　晴

上午十点有敕谕奉读仪式，所以小队全员于九点三十分集合列队，负责会场的警备任务。下午第五次补充兵编入了小队。从今天起将增加 LMG，小队分成五个分队。因为是第一次配发慰问袋，所以用抽签的方式来决定。里面的东西主要来自神奈川、东京和琦玉。下午六点在中队事务室有下士官以上人员的聚会，收到了天皇御赐的美酒。回到宿舍后打开了慰问袋，内容非常丰富。赠送这些慰问品的人是：川口市青木町二、四五八的岛根先生。小队里都在热闹地聊着慰问品的事情。

1月5日　阴天　很冷

上午十点三十分，被叫去Ⅱ本部，奉命准备傍晚军官宴会的相关事宜。所以要去市里巡视并选择会场。下午让收集食材的中国人准备了饭菜。五点轮到我值勤，但又按照Ⅱ的命令与××少尉交了班。五点三十分宴会开始，大家高举天皇御赐的美酒开怀畅饮起来，持续了一个小时。

1月6日

凌晨一点的夜空没有半点云朵，群星在天空闪耀。快到黎明时天气转阴，马上变得寒冷了起来。下午两点开了一个小队长会议，介绍了敌情和下期作战计划，进而在下午三点三十分集合小队全员传达了D长的训示。据说蒋介石身处衡山，企图在武汉、南昌集中兵力作为前线坚持长期抗战。同时在武汉尚有一个空军大队，南昌两个，衡山四个。D准备在本月12日以后沿津浦铁路进攻徐州，为此将首先发起凤阳会战。R似乎打算让我们作为先遣部队从左侧前线的定远方向前进以包围敌军右翼，而前进途中山地较多可能会出现缺少物资的情况，故需做好攻坚的打算。同时还要准备好防寒装备，注意敌方的游击队袭扰。济南已经在12月24日被天津方面的部队攻占。

1月7日 晴

天亮前寒冷至极，但日出之后就逐渐暖和了起来。上午花了一个小时的时间在行李下面搭了一块板子。上午十一点部队集合，说接到了敌方空军将会经由南京前往滁县的情报，命令我们派出两个LMG分队。但最终也没能找到敌方飞机的踪影，仅在下午一点看到了一架友军飞机向南飞去。与此同时召开了小队长会议，接到了情报与命令：从天津攻占济南的矶谷兵团已于1月1日占领泰山并于次日向南推进了二十五千米。据1月5日侦察机的侦察结果，敌军在临淮关、凤阳、定远一带约有一万兵力正在北进。因此R命令我们部队于8日傍晚在全椒完成集结（Ⅰ在浦口），行李部队于同日晚集中于Ⅱ本部，9日进抵滁县改属山炮第一中队。D的计划未做变更。我怀着诀别的心情给×子写了一封信。

1月8日　阴天　寒冷

上午十点开始在东部高地举行陆军阅兵仪式，我们中队在九点集合并前去参加。寒风凛冽，手脚冻得冰凉，直到十一点才结束回营。距离R出发的日子已经很近了。为了收拢行李，今天下午去了一趟本部。收到了年终奖赏，还有一条冻得硬邦邦的鲷鱼。听说此前在上海作战时，只要收到鲷鱼第二天就一定会出动作战。下午五点开始值勤。给公司写了贺年信。

军饷：年终奖赏六十元二十钱。给养：每人一份祝贺印糕、冷冻鲷鱼两人一条。

1月9日　晴

准时起床。早上的点名无异常情况发生。有传闻说华北形势不断发展，矶谷兵团已经攻占徐州，将配合D行动。

结束值勤后询问附近情势得知：在周围距离十里或二十里处分散有敌兵一两千人。在西方靠南方向，全椒县政府主席身边还有五六千部队驻守。把刚发的鲷鱼没加佐料直接烤了吃。

中队长晋升中尉。

1月10日　晴

一旦起霜，黎明就会变得寒冷。接到了敌军飞机将于正午到达全椒的情报，紧急集合待命。一个半小时后解除了警报。此时大家在营房里打起了麻将。下午三点四十分，根据预想方案紧急出动，向全椒县东部高地进军。演习持续了一个小时。第×小队的行动在第二大队所有部队中取得了头名，非常高兴。久违地骑着马去品尝了美食，大家兴致高昂地聊着天，直到晚上十点。让一个姓张的中国人帮忙做事，赏了他十元钱。

1月11日　阴

情况似乎没有发生变化。写信告诉×子并让她给我寄些绑腿之类的东西过来。上午九点三十分被任命为中队演习计划负责人，故下午两点三十分花了一个小时去挑选了演习地址。四点三十分有卫兵值勤任务，让士兵列队执行。晚饭后和中队长等人一起打了麻将。

在此之后，并未收到进攻凤阳、徐州一线的正式命令，据此我猜测徐州应该已经被矶谷兵团攻占了。

1月12日　风　寒冷

接到命令：明天即13日，要和第七中队交接腰铺的警备任务。腰铺位于全椒县与滁县之间三里多的地点。由于那里完全没有物资储备，所以需要准备好大米、味噌等物。下午五点结束了卫兵任务。今天首次收到来信，贺状船木先生、早大新闻。晚上八点三十分新田伍长来访，询问了关于腰铺警备的情况。我和他聊天谈笑直至晚上十一点。

1月13日　阴

今天下了雪，还伴有寒风。凌晨五点三十分起床，八点前往腰铺警备。十一点二十分抵达腰铺并和第七中队交接完毕。这个村子别说物资，就连居民也没有，完全是一个废弃的村庄。

随后定好了下列日程安排。下午巡视了步哨岗，聊天后于晚上九点就寝。

七点三十分起床点名，八点三十分吃早饭，正午吃午饭并交换岗哨，下午三点会报，五点吃晚饭，八点点名，九点就寝。

1月14日　阴

寒风凛冽。虽然以分队为单位宿营导致整个小队较为分散，但还是在早上点名时集合起来向皇居进行了遥拜。上午十点左右天气放晴，有所转暖。乘此闲暇，我读了读《日出》的十一月号刊。有给中队长的慰问品送来。下午三点去了滁县并在那里拦下了大朝①记者的车以便打听消息，他给了我1月3日和4日的报纸。看起来师团依然没有展开行动，去南京的可能性有六成，北上的可能性有四成。晚上读着报纸，定下了对士兵的教导计划。今晚的月空很清亮。十一点就寝。

1月15日　阴

不太寒冷。上午制作并提交了教导计划表。下午久违的无事可做，得以悠闲度过。找来了一个空油桶烧水泡澡，心情舒畅。104i 正在津浦线警戒，R要求I转移至和县，从而实现用两个大队兵力掌控全椒至和县、全椒至浦口地区的计划，为坦克开出通道。看来全椒的部队暂时不会出动了。可能D正位于南京吧。我躺在床上翻了翻送给川胜的慰问品《王》十一月号。十点就寝。

1月16号　晴　偶尔多云

为试验轻机枪的精度并征收物资，早上七点起床，八点外出。

---

① 《大阪朝日新闻》。——译者注

在腰铺西面六千米处的山麓进行射击试验,同时还弄到了六十多只鸡和一些蔬菜。下午一点回营,路上刺骨寒风。洗完澡后东朝[1]记者太田先生来访,说是从我14日见过的大朝记者那里听到了消息,所以就赶来采访我。在采访结束后为了登刊还特意拍了洗澡的□。傍晚接到情报:全椒东北方向的Ⅱ之一部遭到了敌兵袭击,对方可能朝腰铺方向过来。所以加强了岗哨的警戒同时筑好了防御工事,挖好射击孔,也增加了巡逻人员和巡逻次数,让士兵都抱着枪睡觉。据说全椒南方的Ⅲ还和敌兵大部队遭遇上了。

给养:精米三斗、麦一斗、酱油两升、味噌一贯[2]、冷冻小鲷二十五条、梨罐头五个、鲣鱼罐头四个、梅干若干、每人香烟一包半。

1月17日 小雨

下午道路泥泞起来,直到天明也未出现异常情况。上午补强了防御阵地。因为明天D长可能要到全椒视察,所以下午将营地内外清扫了一遍,还定好了中队的战斗训练。

1月18日 晴 偶尔多云

因D长视察全椒的时候会经过腰铺,所以上午十点在路边列队相迎。下午四点又在其返回途中迎接,D长视察了我们防区。四点三十分接报告说当地人有可疑举动,因此派了一名下士哨去南面侦查。考虑到他返回不便,又通过第二小队安排了两个分队支援,让探子前行两千米与其联络回营。他汇报说未等靠近那些人就都逃

---

[1] 《东京朝日新闻》。——译者注
[2] 当时日本1贯相当于3.75千克。——译者注

跑了，所以也没能调查出什么来。傍晚，南方传来了很长时间的炮声，据说是Ⅲ在全椒南方四里处与敌兵交了火。晚上九点又得情报：全椒东面有敌兵万余人在蒋介石指挥下开始活动，且D最近也将按照预定计划北上。入夜后下起雨来。

1月19日

雨未停，道路泥泞无法外出，一直躺在床上。中午奉命值勤。据称因为其他部队都将从腰铺直接北上，所以不会有部队来换防。但到傍晚接到了换防命令。

给养：精米一斗、小麦五升、味噌一贯、香菇一升三合、面包六十、油炸豆腐四十、腌白菜三颗、每人三支烟、豆一。

1月20日

昨天的雨到天亮后变成了雪。和乙中队换防后正午返回全椒。北风凛冽、鹅毛大雪，潮气渗进腰部以下，湿冷得让人难以前行。下午三点抵达全椒，像回到家里一样令人舒心。收到了×子12月22日寄来的信、永岛的新年贺信、读卖新闻12月23日至29日的报纸也到了。虽然从江阴发出的明信片好像还没有送到，但也算知道了若松的情况，暂时放下心来。

给养：酒六升、梨罐头十个、咸鲮鱼十一条、每人一个年糕、一个栗子糖球、被服小队发了十二双手套、每人两双袜子。

1月21日

积雪有一寸多厚，天气放晴但依然很冷。从军官行李里取出了换洗衣物。明天将会开设酒保，但只有烟草、日用品、橘子罐头、牛肉罐头而已。接到命令说R为了北上，要求在24日完成出发准备，而且要在 22 日中午之前把行李全部收拢。全椒的警备将交给第十一师团独立后备大队。

给养：大米一斗五升、小麦八升、年糕一百、油炸豆腐五十、海带若干。

1月22日　晴

为寄送军官行李，中午去了一趟Ⅱ。上午进行了轮换。酒保开了。我把各分队要买的东西汇总在一起后去酒保购买。然后再把香烟、橘子、罐头等物分发给士兵。下午三点拜收了天皇赐予的香烟，下发给大家。雪仍未消融，气温很低。

给养：大米一斗五升、小麦五升、年糕海带若干、油炸豆腐一百。

1月23日　晴

上午去各处确认明信片，下午为中队军装检查做了准备。一点起，花一小时检查了军装。因Ⅰ返回了全椒，所以分配了宿舍。中队全都转移到全椒城内，×小队进入了原来的宿舍。还把寄给住院中伤兵的邮件分成三个包裹分配了过去。

给养：大米一斗、小麦五升、油炸豆腐一百、每人两支烟。

1月24日　晴

晚上出奇的冷，甚至都透过被子传到了身上。上午九点有Ⅱ的军装检查，十一点检查完毕。中午过后前往全椒东部高地执行岗哨警戒任务。岗哨的位置在高地脚下一处民房内，没有灯光，只能用一堆篝火照亮昏暗。

1月25日　多云　不冷

警备高地时未发现异常情况。R长通过电话发来了指示，要求我们在上午九点前赶去R本部集合，还向我叮嘱了作战行动的相关事宜与情报。正午过后大家解散，未返回警备地。

让小队结束值勤，因天花泛滥故接种了疫苗。

主力已经开入凤阳、蚌埠附近，而且为了控制淮河一线将会继续北上。R将首先向西北方的山地开进，攻占定远。可以想象这将是一场艰苦的战斗。

军饷：除了军饷之外还有十二月和一月的，以及登陆作战的补贴一百二十九元三十九钱。

1月26日　晴

II的表快了二十五分钟，为予以订正，点名提早了一些。上午无事可做。下午接到了值勤命令。在第一小队洗澡后从五点起值勤。傍晚又接命令：位于滁县西方十六千米朱龙桥的104R之一部遭到了三百名敌军的袭击并造成了相当之伤亡，故要加强警戒，令第一小队警□□营、第三小队通宵值班。

晚上收到了×子（1月1日）的信，似乎从南京寄出的明信片已经收到了，但从江阴寄出的还没有。深夜给×子回信，又给渡部、下川、一重、五十岚、远藤、永岛、西森、奥田写了明信片。十二点至凌晨一点外出巡查后于一点半就寝。

1月27日　晴

早上接到了出发进攻定远的命令，一整天都在忙着准备。

下午五点值勤结束时，收到了更加详细的命令。

×子寄来了在广岛拍的照片。

分发了被服、防寒毛衣、毛裤、毛袜、毛手套、头巾。

给养：携带□粮。

1月28日　晴

凌晨五点三十分起床，八点终于出发。天气很好但是风吹着很冷。在石碑桥吃了午饭。通过石碑桥后作为R的右翼进入了山地。山地起伏不平让人相当疲劳，同时还饥肠辘辘、头晕眼花。R本部进入周家岗扎营，我们中队则在北面的金家集过夜。

晚饭没有□□无法制作，所以就把此前饭盒里剩下的东西吃了。晚上十点躺下后，因为严寒而无法入眠。不时起身烧火。今天行军了七里。

1月29日　阴有雪

早上七点列队前往周家岗，与R本部会合后充当军旗中队。因途中降雪，原本泥泞的道路更加难走。下午六点通过了章古集。故不再将永兴集作为今日预定扎营的地点了。晚上七点三十分，似乎要在大李家庄落脚，但我们在外站岗直到九点钟才进到屋内。晚饭用干面包打发了，十一点就寝。凌晨零点三十分，又派人去第二分队前卫营地永兴集传令，三点返回。今日行军七里半。

1月30日　阴

雪停了但天气更加严寒。前往三十里铺。正午前后在上潘家与敌军遭遇，两人阵亡、五人负伤，交战了两个小时。由于路况不佳行军缓慢，晚上甚至还曾迷路，所以到达预定地点已是凌晨一点。此地名曰大计家庄。边走边吃着晚饭干面包。凌晨三点就寝，身心疲劳至极，说话都很费劲。

1月31日　时而微晴　中午稍暖

没有特殊命令故凌晨五点三十分起床，七点做好出发准备，打算继续出发。到了上午十点却接到了"上午休整、下午前进"的命令。进而在上午十一点三十分又接到了"作为侦察军官去三十里铺与坦克部队取得联络"的指令。于是在十二点三十分率领两个分队出发，走在五千米的军用道路上，满地是霜。四点返回。途中抓到的残兵一律处决了。因未能发现坦克部队的踪影故向上级汇报了□。出动班前卫转移到两千米的前方去了。小队和MG1则一同在刘家□宿营。夜晚起了风，寒冷。

[以下省略]

12　本间正胜战地日记

所属：步兵第六十五联队本部第九中队，编成
军阶：二等兵
住址：福岛县
职业：不明
收集来源：家属赠予
日记情况：长15cm，宽9cm的记事本。纵向书写。封面写有"战地日记"的字样。栏外记有与该页对应的标题。因不重要故省略。

出征者：佐藤×××、××弘二、××吉郎、×××、××
×、我

昭和12年（1937）

9月16日

出征入伍，八点出发。六人一道搭上了上午十点的列车。在大雨中欢送我们的人真是辛苦至极。给铃木十郎先生添了不少麻烦，在会津大阪屋住了一晚，写了封感谢信留在床上。

9月17日

早上七点半从旅馆出发，十点入伍。一切都非常严格，有战时的气氛。身体检查的结果为合格（甲等），换了衣服后吃午饭，去南门外把自己的衣服打包交给了远藤林平君。事多繁忙，新妻将于本日返乡。

9月18日

练习体操，午后亦同。

9月19日

联队进行军装检查。

9月20日

上午，两角大佐给县民代表做了讲话。
下午两点起，被批准与当地居民会面，故当地的町长前来探访并在军营内参观。下午五点在军营门口送别。

9月21～24日

连续四日练习了射击，前往小田山。信太郎君等人曾在23日来探望过我，故未参加练习。

9月25日

完成出发准备后于下午四点列队，在会津车站乘六点三十分的火车出发。经新潟、富山、滋贺、京都后在大阪凑町下车。9月26日晚上八点才最终抵达，十二点与中队的三十多人一道入住大和屋旅馆。

9月29日

早上六点出发，徒步前往住友防波场并于十一点抵达。十一点半吃过午饭后直接登船。弥彦丸（排水量六千七百吨）于下午两点启航。二十四小时后抵达下关并停留了两小时之久。继而又与其他三艘船编组出发。整个航行持续到了10月2日。

10月3日

沿长江而上，下午三点在虬江码头上岸，四点吃过晚饭后出发，前往东洋纺织公司并将在此处滞留至4日。十二钱买烟。

10月5日

晚上八点开始夜间行军。6日上午九点才结束。在归家宅露营至下午四点。其间负责站岗，击毙了八名中国妇女、儿童。

10月7日

赴前线观摩了河流地形后进入休整。开始下起雨来，看到了辎重部队的艰苦。

10月8日

进行中队教练,下午亦同。三点返回宿舍。虽有空袭但夜间并无大火。

10月9日

××少尉带领四十人外出侦察,行走五里地发现敌情后折返。目睹了大量战友的尸体。七点回到宿舍。

10月10日

因下雨在宿舍内休整。下午有中队长的授课。

10月11日

休息。下午没有了炮声,一片寂静。晚上完成了对空监视任务,心情不错。征收了一些日用品。晚上十点站了一小时岗。

10月12日　晴

早上七点从归家宅出发。十一点半午饭。途中目睹大批敌兵尸体。下午两点抵达蔡宁宅,开始做露营准备。五点晚饭,弄了些蔬菜回来。

10月13日　晴

早上五点起床做饭,七点三十分从蔡宁宅出发,得到了工兵的协助。在刘行站与子口吉见面。为行军铺了二百米路,下午三点结束。五点晚饭。有两发步兵子弹射向了炮兵阵地,便进行还击。得到二十一支香烟。

10月14日　晴

上午弄了些蔬菜和柴火来,清洗了衣物后午饭。领了武器和被服。下午进行中队训练,学习冲锋要领。七点后,敌机曾三四次飞临宿舍东南侧。首次寄出了书信。

10 月 15 日　晴

早上八点大队训练,学习了手榴弹投掷方法、烟雾弹使用方法,此后还有冲锋演习。下午亦是大队训练,并从一点到四点演练了分散战斗。前行了一千米距离。买烟二十四钱。

10 月 16 日　晴

早上八点列队,在昨日同一地点进行大队训练。四点结束后出发,行军一里半。在待命期间两次负责阵前岗哨。被编入军旗中队,给桦太、满洲①方面寄了信。

10 月 17 日

八点半列队,进入军旗中队。抵达大河桥后向南前进约一里距离进入前线。顶着枪林弹雨沿小河挖掘战壕,其间遭到了迫击炮的袭击。晚上十一点似乎开始了反攻,×小队被派去支援×小队。

10 月 18 日

昨夜在战壕中度过。在联队本部门口集合后,奉命前往西方前线,行军一千米后渡过小河,从九点开始挖掘战壕。腰部以下行动不便。地点位于三家村(橹网湾)。

10 月 19 日

在战壕内迎来了天明。全天在壕内休息,子弹如雨,不敢露出

---

① 当时的伪满洲国。——译者注

身体。傍晚有战友来给前线送饭，枪弹声骤停。因前线的中队死伤者众多，撤回。

10 月 20 日

昨夜虽然接到了从壕内出动的命令，但因战况变化而中止。下午一点起，友军发起了集体攻击，炮兵也参与其中。我在当时处于待命状态。

10 月 21 日

上午进行准备，接到了领取弹药的命令，故下午两点出发。在长官带领下七人回到联队本部，久违地吃了一顿安稳饭。途中在战壕内过夜。长官是我妻伍长。

10 月 22 日

早上八点从战壕中带着弹药出发，顺利抵达。在战壕内休息。晚上拉肚子。地点是老陆宅。

10 月 23 日

上午在战壕里拉肚子。下午，与藤泽君二人返回联队本部接受治疗。没有进食，□□□。真觉得自己要完蛋了。

10 月 24 日

在昨日同一地点休养。身体情况不佳，下半身行动不便，担心自己会就此死去，也担心自己得了霍乱。第二次补充队抵达。

10 月 25 日

和昨日一样拉肚子，拉个不停。傍晚实施了转移，和中队的战友住在一起。一同起居，休养。

10月26日

做过饭后早餐。因身体疲乏无法工作,也睡不着。和××博一起起床。相田少尉和木下中队长都负伤了。

10月27日

终于做过饭吃完,接受诊断,感觉情况有所好转。

10月28日

早饭后去弄了些蔬菜,外出一千米。身体状态逐渐好了起来。××博撤回了后方。第三小队长在马家宅阵亡。

10月29日

凌晨三点起床做饭,休养。偶然与×××的远藤善夫君相见。分队长在十一点来我们这里进行了巡视。

10月30日

休息。联队换防,向大家桥后撤。时间是下午五点。中队从马家宅撤来,第一次领到了酒。

10月31日

在大家桥休整,编入分队。大队长奉读了敕谕(八点起)。中队的战友去收捡尸体,为一人火葬,其他三十人则分骨处理。

11月1日

早上七点开始做饭,我们休息。中队去领取了武器。

11月2日

上午九点起,小队去收捡了尸体。下午领到了糯米饼、梨、白糖、香烟等物。初次品尝。下午将马"目弥一"送往第四野战医院，行程约一里地。中队二百零五人中有一百名死伤者。

11月3日　明治节

凌晨四点做饭，随身带上了中饭和晚饭。八点向皇宫遥拜后于九点出发。急行军三里地后到达了周家宅，与第九师团的战友进行了警备任务交接。×小队分成两个分队负责前线警戒，第一、第三分队和第二分队共有五人承担夜间值勤任务。但每晚都难以入眠。本日起负责周家宅警备。买烟二十五钱。

11月4日

早上七点起做饭，休息。下午六点晚饭，然后前往周家宅前方二百米处执行警戒任务。第二分队三人在长官的带领下于5日六点顺利返回了营地。

11月5日

八点早饭，休息。四人一起去财务室领取了粮秣，十一点返回。七点又出发执行下士岗哨任务，位于烧毁房屋的右前方约百米位置，因为下雨，十二点返回。代理小队长稻村进行了授课。

11月6日

凌晨四点出现敌袭。约有200人。交战直至上午十一点，敌兵全军覆没，第九中队和联队炮兵都取得了好成绩。直接返回宿舍吃午饭。晚上前往烧毁的房屋处。敌兵全灭，生擒六人，其中有大队长一人。买烟二十钱。

11月7日

早上七点返回。敌兵既未逼近也无夜袭。晾了被服后休息。第一次收到了从原町寄来的书信。

11月8日、9日

七点平安返回。后半夜十分寒冷,难受。去弄了些青菜后进入休息。晚上七点出发前往警备地点,其间执行监兵任务。自十点至一点,四周特别安静。写了信,两封寄给××,两封寄往桦太,还有一封寄给了×工会。8日收到了老家寄来的信,且给岛田叔父和老家回了信。

11月10日

早上六点半返回休息。晚上七点再次出发,整晚寂静。

11月11日

早上六点半返回。九点,八人一起去上海路领了些毛毯来。途中遭遇枪弹颇为危险。晚上七点再次出动,寂静。烟十二钱。

11月12日　撤离周家宅

三人执行警备任务直至早上七点半。此后返回并自由活动。做了饭后于九点启程。在蔡家村稍做停留,后因大雨滂沱而行军困难。在罗店买了桃子罐头吃过,路上还买了些冰糖。桃子罐头七十钱,冰糖五十钱。战友今天早上开始实施了追击。

11月13日

九点出发去追赶中队,但总是没能跟上去。傍晚,和大久保主计一起入寝,成为一个混成中队。

11月14日

早上八点出发继续追赶中队步伐。此后到九点仍旧是夜间行军。只打了个盹。

11月15日

早上八点出发,在中午之前一直与大久保主计共同行动。下午得到补给并进入第十中队。晚上与第十二中队一起过夜。

11月16日

早上七点半出发,与第十中队一起行动。因太过疲劳进入自由行动。和第六中队一起过夜,煮了些豆子,与松崎君就寝。和远藤善夫见了面,还有博君。

11月17日

上午九点出发,自由行动并追赶中队。抓中国人来做事。藤泽君加入了我们,三人一起过夜。

11月18日

上午九点出发,让中国人做事。至十二点行进二里地。下午走了一里半路程后露营,和松崎君一起。

11月19日

早上八点出发,因路况太差行军困难。四点,和松崎君露营。

11月20日

早上八点出发,因路况太差而行军困难。三点半太过疲劳,两人露营。

11月21日

早上八点出发,自由行动。四点进入镇里,两人露营。

11月22日 晴

早上七点出发，和松崎君同行。途中俘虏残兵一名。其他部队抓到五六人，全部枪毙。通过旅团本部、联队本部之后于下午五点抵达大队本部并宿营。和××君一起。

11月23日　（旧历21日）

早上八点出发，九点抵达中队。顺利完成了汇报。下午前进百余米，待命。住在队里（归队）。

11月24日

早上八点起，为轻机枪挖掘战壕并实施了射击。十点前攻占了长泾镇，在大福蚕纸制造所吃了中饭。下午三点前休息。此后出发行军约半里地，拜受了军旗。战斗进入尾声时联队长发话，说根据敌情变化将后撤至长泾镇宿营。故十一点进入宿营地，与×小队全体战友一起。

11月25日

早上七点半出发，行军二里半后停下，领取了武器和被服，将休整一天。七个人一顿吃了六贯多重的猪肉，自己都吓一跳。在江阴县祝塘乡编组了分队，第二分队队长指挥七人。

11月26日

早上八点出发，联队行军约三里。五点宿营。傍晚征收粮秣。

11月27日

七点三十分从祝塘乡出发，联队行军，十一点午饭。走了约二里路程后宿营。傍晚征收了粮秣。

11 月 28 日、29 日

早上七点半，大队列队前往军用公路。行军至下午三点，与敌兵遭遇。九点追击至前方的村庄，在闸座镇宿营。我得了感冒，难受。

11 月 30 日

早上七点有敌兵来袭。第十中队被包围，故第九中队前去支援。上午十点左右将敌兵击退，向其扫射，似乎给其造成了重创。

［此处栏外追记：11 月 30 日，未能举着桦太寄来的太阳旗挺进江阴城，因已无暇去取。］

12 月 1 日

昨夜因感冒未去站岗值勤，给别人添麻烦了。睡到早上七点，挺进至江阴城外过了一夜。遭遇了城墙方向射来的密集子弹。因患感冒，继续休息。

12 月 2 日

上午十点三十分，中队全部顺利开进了江阴城内。我和影山君留下来负责看守物品。两点左右，与赶来的战友一同回到中队。本日终于结束了二十一天的追击。

12 月 3 日　（旧历 11 月 1 日）

早上八点起床，原地休整。感冒发烧，非常难受。傍晚从卫生兵那里领了些药，开始恢复。

12 月 4 日

下午一点出发，步行约一千米后停下。因身体不适，一天行动就此结束。第三次补充人员入队。

12月5日

早上七点发生火情,取出装备监视了约一个小时。感冒的症状再次出现,十点至三点痛苦不已。用水降温,傍晚服了药后有所好转。

12月6日 (×子分娩)

早上七点半起床,清洗衣物。接受诊断,疟疾。下午仍是休息。明天要做出发准备。

12月7日

早上七点出发,随旅团行军约七里。上午九点打起冷战来,落伍了。被信太郎君领着前去追赶中队。

12月8日

早上七点列队行军,下午三点与中队分别。分队成员三人一起于晚上七点进入中队。

12月9日

早上六点二十分列队,在黑暗中开始行军。十点落伍,与松崎浅次郎君同行,走二十分钟又休息二十分钟,身体不适行动艰难。两点左右与中队的四人一起行动,五点找到了宿营地(上杉君等三人)。

12月10日

早上八点出发追赶中队。上午十一点,前线部队遭遇敌兵。午饭。今天从早上开始一直雇佣中国人做事。

12月11日　（进入镇江）

上午九点出发。因患感冒，行动艰难。

下午一点进入镇江，行走了三里左右进入宿营。

12月12日　（在中国民舍与中国人一起过夜）

早上八点出发，与第十中队的战友三人一起步行。途中与高木实君会面。昨夜受中国人招待过夜。听说□□正在第二野战医院。下午三点进入中队，晚上走了二里地后进入休整。

12月13日

早上七点出发前往南京，牵牛行军直至下午六点结束。七点进入宿舍，尽是残敌留下的遗迹。

12月14日

清晨五点出发，身体情况恢复得不错。途中有不少敌兵来投降，我们中队也俘虏了五百余人。联队则俘虏了总计两万余人。

12月15日

身体不适，全天休养。没有吃午饭。傍晚与高木实君见面，而且接到了母亲关于子女诞生的消息，可以安心了。

12月16日

上午，中队前去收捡残兵尸体。我因是病患，留下来休息。下午五点从高木实君那里拿了些盐酸奎宁药。第三大队俘虏了三千多人并在长江边全部将其击毙。晚上十点，分队成员归队。

12月17日

上午九点，联队进入南京城。全军举行了入城仪式。中队半数人员参加仪式，其余一半去处决俘虏。今日处决了一万五千人，持续到晚上十一点。我留下休息，领了两包烟。晚上小雪。

12月18日

中队分为两部分，一部参观南京，一部处理中国兵尸体。我留守在宿舍内，给家里人写了信。

12月19日

早上八点列队，中队出发参观南京并准备渡江。我接受诊断的结果为疟疾。初次确诊。

12月20日

上午休息，下午为明日出发做准备（占领幕府山）。第四次补充人员入伍。

12月21日

早上六点半出发前往南京并横渡长江（乘坐汽船）。登陆浦口后休息至十一点。十二点再次出发，行军六里后在东葛镇过夜。

12月22日

上午九点出发，与中队一起行动。下午落伍。七点抵达全椒县。做饭。吃完饭后就寝（全椒县全椒）。物资丰富，什么都有。

12月23日 雨

上午九点起床，休息，为明日行军做准备。本日起负责警戒，属于×小队第一分队。

12月24日

早上八点更换了宿舍，前往南面一千米处，我负责留下守卫。

十一点出发后抵达宿舍。凌晨三点至四点值勤。

12月25日

早上七点三人做饭,九点半带着午饭前往东面五百米处的丘陵地区挖掘战壕。下午三点完成后返回。本日起开始负责吹奏军号。傍晚在屋前集合,接受师团长的训话。

12月26日

早上七点起床,领取武器被服,清洗了衣物。下午去弄了些猪肉来,晚饭做了鱼,全分队一起进餐。吉田直男君来见了我。

12月27日　雨转雪

九点列队,身着军装行军。仅第×小队就行军约三里地。下午一点归营,领取了武器且小队长进行了授课。傍晚是中队长的授课。此后奉读了11月23日天皇陛下下达的敕谕,听取了宿舍内的注意事项。

12月29日

早上七点三十分做饭,举行了慰灵祭。带着花去了会场。准备好中饭后,去财务室领取了粮秣。

师团阵亡两千五百零七人。联队阵亡六百七十九人。

寄了书信,给家里寄去两封,给××、×工会各一封,××工会一封。

12月30日

上午九点集合,去岗哨前设置铁丝网。下午两点交班站岗,这是第三小队初次当班。负责立哨两次。据情报,敌兵从滁县撤走了五百人,预计将于凌晨四点抵达全椒。故派出了大量警备兵力,第二小队也赶来提供支援。

12 月 31 日

上午,支援部队撤走。下午两点起负责瞭望哨,联队长前来巡视。晚上去为重机枪提供支援。四人来就寝。领到了甜食,还从劳军部门领取了慰问品。

昭和 13 年(1938)

1 月 1 日　晴

早上八点,小队全体成员朝着皇宫的方向三呼万岁并行礼。早饭后进入休整。下午五点起负责瞭望哨。晚上站岗两次。

1 月 2 日　晴

八点开始做饭,十点吃过早饭后回到宿舍准备午饭。做了一个澡盆。三点半下岗。晚上八点集合去支援第二小队。从十二点至一点再次站岗值勤。第二天八点才归营。

1 月 3 日　阴

八点返回休息。下午弄了些猪肉,外出约两千米。晚饭后在待命状态下上床。

1 月 4 日

九点列队听联队长奉读敕谕。十一点结束。三点起有中队安排的授课,约两个小时。

1 月 5 日

休息,下午亦同。六点起外出增援,七点后站岗,一点后又出任立哨。七点后开始做饭,今天当了伙夫。

1月6日

从七点开始伙夫工作,十点吃早饭。十二点前准备好了晚饭,然后洗澡。

1月7日

上午九点吃早饭,休息了一天。写完了所有的回信并寄出。

1月8日

上午九点列队,进行陆军仪式。向军旗行礼后进行分队阅兵仪式。十一点结束。下午两点第二次站岗。三点交班。晚上两点再次站岗值勤。

收到了两个月的军饷(十月、十一月),共十七元四十七钱。

1月9日

凌晨两点站岗。八点早饭。下午四点在宿舍吃了些肉。晚上七点再次站岗(听闻已攻陷上州)。

1月10日

凌晨三点起再次值勤,十一点后又负责步哨。外出弄了些猪肉带回中队。有突发情况:两千名敌兵由南向北进发,故部队出动。下午四点情况解除,十一点后值勤。

1月11日

早上七点站岗,去中队吃饭。下午三点下岗后洗澡,去了趟理发店。第一次去中国的理发店。从信太郎那里拿到了一罐水果糖。完成了值勤工作。

1月12日

早上七点与中队全体成员外出,朝故乡方向行礼。此后休息,负责值勤。×××后勤会寄来了慰问品。这是第一批从国内本土寄来的东西,非常高兴。

1月13日

凌晨四点值勤。六点负责做饭。在值勤中度过了一天。晚上与岗哨联络,自九点至十一点担任步哨。

1月14日

七点半起床,在路边列队点名。下午一点接受军装检查。此后休息。六点后与第一分队交接了支援任务。晚上两点听到枪声,三十余发。早上七点去岗哨处领取了轻机枪。

1月15日

早上七点,中队的第二分队外出。预计外出一天一夜,去支援五河铺的工兵部队。晚上十点后担任夜间值勤。

1月16日

早上八点早饭,休息。帮忙做了饭。下午四点听闻:后河铺的第九中队第三小队全军覆没,故直接进行出动准备。

乘汽车出发并于傍晚抵达。九点前去收捡尸体。第九、第十二中队居然前进了两千米,十二点返回。自一点至两点站岗。有五人阵亡。第三小队的战斗地点位于扬巷子。

1月17日

九点吃早饭,为火葬收集柴火。下午一点结束,休息。晚上站岗一次。

1月18日　雨

上午去征收了一些猪肉，领取了轻机枪。下午一点前返回。用联队机枪进行了试射，结果招来了敌军的反击。晚上用联队大炮实施了攻击，收回了（上远野）尸体并再次出动。艰难出行，无功而返。此后站岗一次。

1月19日

早上七点集合，又去收回尸体。与昨夜一样前往扬巷子收捡了一些回来，心情不错。八点多天明时返抵。十二点左右，从南方来了一个大队的人马，担心是敌兵故警戒了起来。下午撤向全椒，路况不佳，四点半抵达。

1月20日　雨雪

八点开始做饭，休息了一天。四点半吃了晚饭，一天结束。

1月21日　晴

早上八点吃过饭，休息。下午身体检查，两点半集合并第三次站岗，三点交班。六点发现敌兵的便衣队来袭，故换上军装一起出动，抓到四名俘虏。从十二点到一点站岗。

1月22日

八点吃早饭。昨晚枪决了俘虏。下午一点打算再枪毙一人却让他逃走了，行踪不明。十一点后站岗。下午用纸牌消磨时光。十二点后又去站岗。

1月23日 晴

上午十点站岗,给家里寄去了书信。结束后返回宿舍休息。远藤善夫来找我,再加上信太郎君三人一起闲聊。晚上十一点前一直是打牌度日,十一点后开始站岗。此后又打了一会牌,两点就寝。

1月24日 晴

早上七点起床做饭,九点站岗。返回宿舍后做中饭,领受了天皇陛下御赐的香烟。整理背囊中的物品后于十点就寝。中队接到了征兵年度计划的会报。收到了家里寄来的包裹,和信太郎君一起把鱼干和冰糖分了。清洗了衣物。

1月25日

上午十点吃中饭,拿了三包烟。下午两点接受疫苗,领到了两个月的军饷十七元五十钱。捐了十钱给忠灵塔。下午休息。据说明天将要启程行军。军饷是十二月和一月的。

1月26日

八点吃饭,八点二十分列队参与大队行军。第十中队作为先锋挺进至南方八千米处(小湖子)。下午一点二十分到宿舍休息。

1月27日

早上七点半列队,在大队集合。第三大队单独行动,十一点启程出发。与工兵、骑兵、炮兵一起行军了五里地。在小集子过了一晚,四点以后负责夜间岗哨。

1月28日

早上七点二十分列队出发,越过一处山坡后吃午饭。和骑兵大队一起行动。行军约七里距离，各中队分别在〇〇过夜。

1月29日　雪

早上七点半，和昨日一样沿着山路漫无目的地行军，发现一头水牛便让其背负行囊。一路上满是积雪，路况不佳。提心吊胆地和藤田君一起牵着牛，晚上八点进入小队宿营地，和联队战友一起过夜。此时已是凌晨三点。

1月30日

七点半出发，路况恶劣行军困难。挺进至老人厂，敌兵负隅顽抗，骑兵吃了点亏。五点半，第三小队全员出动前去侦察。九点返回后进入宿舍。

1月31日　旧历正月一日

早上七点列队，出发去支援山炮部队。中饭后，下午三点发起进攻。包括我在内的三人随同第一小队本部前进。发现敌兵撤退后便立即追击上去，结果三人阵亡，六人负伤。四点四十五分，战友松崎一二君腹部被子弹击中，重伤。

［以下省略］

13　天野三郎的军事邮件

所属：步兵第六十五联队第九中队，第三次补充入伍

军阶：少尉

住址：名古屋市

职业：公司职员

收集来源：重新誊写印刷了从战场上寄回的军事邮件并分发给亲戚朋友，之后以此为基础在1976年作为私家版进行了印刷。

资料情况：私家版按照明信片和书信的到达顺序收录。本书改为记载内容的时间顺序。此外，资料中的邮戳是以插图形式表示的，本书将邮戳置于原有位置并用文字表示。

13 天野三郎的军事邮件

（邮戳）［广岛站前　昭和12年（1937）11月22日］

平安到达此地。深夜还来相送真是非常感谢。我是20日上午十点到达的。明天就要出海了。已在东京和各位道了别，在名古屋的时候也和公司同事、朋友见过面。广岛是一座美丽的城市。虽然天气稍显阴沉，但没有风，海面应该也是风平浪静的吧。期待明天能眺望到濑户内海的风光。（致直子）

（邮戳）［广岛　昭和12年（1937）11月22日］

原以为昨天就是在祖国度过的最后一晚了，结果却接到了推迟至明日出海的命令。今天风和日丽，去参观了山阳纪念馆。看到那些遗迹，我更加深刻地感受到了其伟大之处。宫岛没有去，因为打算悠闲地度过一天。22日，广岛，三郎。（致龙雄）

（邮戳）［宇品　昭和12年（1937）11月24日］

刚开始登船，将按预定前往目的地。我定会凯旋，请放心。若天气晴好，海面应该也会平静。新尝祭，宇品，三郎。（致龙雄）

（邮戳）［门司　昭和12年（1937）11月24日］

24日上午十一点十五分于门司。

23号下午五点四十分从宇品出发，刚抵达门司港。没有搭建栈桥，船内拥挤。医疗船是一艘排水量六千吨、运送病员的船。距离下船还有四五十个小时。一张榻榻米大小的地方要睡三个人。我们军官室也很挤。无论到哪里都有很多士兵，什么职务的人都有，所以没怎么到甲板上去。闲暇的时候就读读《文艺春秋》或者躺一会。明天开始就要实行灯火管制了。从这封信以后请用油印的信寄给我。三郎。（致龙雄）

南京大屠杀

（邮戳）[门司　昭和 12 年（1937）12 月 2 日]

上午十一点半在广岛的竹屋小学校园集合，十一点五十分出发。六十五联队跟在末尾前行。下午一点四十六分乘坐驳船（蒸汽船）出发，四周传来了高呼万岁的声音。挥舞的旗帜在视野中逐渐变小而去。随后抵达了停靠近海的排水量五千八百七十二吨的八十九号医疗船太平洋号。一步步登上舷梯后进入了船舱。在写着中央入口的地方又回首看了看宇品岸边挥舞着的旗帜。或许每个人都在想着：这是最后一次看到故国了。我被一股前行的力量强行推进了船内，到刚刚为止还很兴奋的心情逐渐冷静了下来，开始忙着分配值班人员和时间并准备晚饭。另外还得撰写中队的命令。食物的准备是其中最为麻烦的事情。吃完晚饭后，五点四十分头顶上响起了汽笛声，要出发了。再见了，广岛！现在再去甲板也没有什么意义了。下面描述一下船里的情况。

我们军官室的一个圆形铁柱（涂着白漆）上贴着半张纸，上面写着：神户市神户区明石町三二玉井商船股份公司太平洋号五千八百七十二吨八九。虽然写了军官室三个字，但不过是徒有其名。房间不过是用白色的布帘三面围出来的。剩下的一面则靠一个圆柱与一一六联队分割开来，是一个面积大概十二个榻榻米大小的房间。里面总共容纳了十七人。天花板由钢架和钢板构成，很结实。看来这艘船是由货船改造成医疗船的。榻榻米上铺着毯子，中央有一个小桌，可以在这里抽烟喝酒。动员会报和其他大小事项都将从这里发布。有一些可笑的丢人事也在这里会说，譬如有个老少尉在广岛登船的时候没穿内裤，等要出发的时候才发觉，但事已至此也没法再跑回去拿了，不得已只好慌慌张张地又去买了一条，好不容易才赶上出发时间。这些事就是我们所谓的动员会报。还听说这艘船自从七七事变以来已经担任过好几次的运输任务了。因为是一艘医疗船,所以有很多护士,大概六十名吧。在满是男人的船上能看到女人也是很新奇的事情。在运输指挥官告诫我们的注意事项中,与护士有关的事情是最为严格的。不过这也是理所当然的吧。不知道是谁在军官室的柱子上贴了一幅画,上面画着两个女子在月夜下长满芒草的河畔遥望。另外柱子上还贴有外国女郎的照片。(11月24日)

(11月25日)起床的同时就开始在甲板上点名了。似乎看到了九州的山峦。船速异常地慢。今天士兵安静了不少,好像是因为酒喝完了。在上船的时候只带了一点,所以在门司港停泊的时候来了几艘小船,从甲板上放下一些网,然后把网绑成了一个小篓放入钱物来进行交易。用这个方法买到了不少东西,但现在连这个方法也没有了,所以大家都很老实。我们六十五联队的士兵比较老实,但一一六联队净是些胡闹的人。

(11月26日)今天也是碧波万里,风平浪静。没有一人晕船。自广岛以来一直没刮胡子,已经很长了,让人很不舒服。明天就将登陆。我到甲板上看了看,有很多护士。有些秃头的老人戴着帽子掩饰着自己的秃头。他们解释说如果不戴帽子护士就会不理他们。护士已经往返于日本与上海好几次了。听到了很多有关悲惨士兵的故事。但如果把这些事情记录下来可能会让大家难过担忧,非我所愿,所以就不赘述了。不过这艘船上仍有很多被子是血迹斑斑的。还有太平间,用来存放那些在船上死去的士兵。这艘船的六十五联队军官中只有我一个人还是单身。另一个人虽然没结婚但也有未婚妻了。这样反而让我释然。今天看到了没入海中的夕阳。在数十里开外的上海，人与人之间正在战斗着、厮杀着。然而这里的太阳却依旧平和。我被太阳的庄严景象所打动。此时，左舷一里左右的位置有两艘船向门司驶去。夜幕即将降临，能隐约看到中国那边星星点点的灯光。大家的决心无论何时都未改变。但这里的十七名军官中，究竟能有几人平安地再返回日本呢。

接到了命令。各部队在今晚十点前必须把饭盒交给炊事，做好凌晨两点在吴淞投锚下船的准备。终于要开始做战斗准备了。我着手分发弹药并准备下船，大概在八点半做好了准备。士兵大多已经入睡。军官室则在进行最后的例行动员会报。我尽快结束了动员会报并写好了此信。现在已是九点半，会报结束了。我的信也就写到这里。望各位保重。

用军官行李堆成一个写字台后，垫着行李写下了此信。如果有胜利归来的那一天，希望能替我将此信保管好。此外，还想麻烦将此信油印后寄送给东京、北海道、细田以及其他地方的亲友。明天有可能的话我还会再写信。估计下船时间将是夜间或者下午。命令上说的是凌晨两点（26日晚九点三十五分搁笔）。

致龙雄

（邮戳）［宇品　昭和12年（1937）12月4日］

11月27日于吴淞，三郎

现在是凌晨两点四十五分，尚未接到登陆命令。船上的食物所剩无几，还够吃一两顿的样子。但估计登陆命令很快就会下达了。

13 天野三郎的军事邮件

在吴淞附近停泊了约六十艘舰船。

命令下达了：预计明日正午前后登陆（上海）（28日晚九点）。船在早上六点半驶往上海某处码头（29日）。

（邮戳）[宇品 昭和12年（1937）12月4日]

11月28日晚七点于吴淞口，太平洋号，三郎。

原计划26日下船，但到了今天27日仍旧没有登陆命令。我们正在期待28日的登陆。今天早晨从吴淞方向驶来了小船，给我们运送了三天的给养。用望远镜向吴淞方向眺望，能够看到吴淞炮台的悲惨之景。据船员说，炮击的时候他们也正好在这里，目睹了非常壮观的景象。两三艘涂黑了舰名的军舰也在附近停泊。今晨早些时候曾有水上飞机在这里做了一个漂亮的起飞后不知飞去了何方。有时还有轰炸机飞临此地，当然，是友军的。在这里已经停留了三天，完全没有看到敌机的踪影，只见到一艘挂着英国国旗的客船经过，其他都是日本船。下午两点半左右看到了上海号（长崎－上海）从黄浦江驶出，向祖国开去。长江的水是很浑浊的，可以看到远方的地平线。河口和上游在地平线上，船都停留在距离吴淞炮台两千米至两千五百米的地方。今天有两艘满载士兵的运兵船入港并停靠了。不知道是哪里的士兵。没有报纸。虽然有收音机，但只在船长室有一个，正在报道南京会战进展到了怎样的情况。而且一旦到了日本的新闻播报时间，就会混入中国这边的杂音。我早已厌倦了船内的无聊生活。明天如果要登陆的话，周围的一切都将变成敌人，都需要采取战斗姿态，不可大意（申请寄至千代田生命，也可寄至三春代理店）。

今日就此搁笔。请将此信油印转寄其他各位。大越家的佐藤君也一切都好。上海一般七点日出，下午六点日落。

致龙雄

11月29日正午于上海（在此明信片前后送达）

正午完成登陆，码头附近的战痕触目惊心。到处是炸弹、炮弹和步枪子弹的痕迹。路上看不见人影，唯有中国巡警和印度交警，以及日本军车和英国汽车。虽然到处都有商店，但并没有顾客。昨天，水上运输队里海边出身的队员从某地运送物资而来，遇见了相中出身的前辈。明天就要前往常熟支援两角部队了。今夜将在上海宿营。预计徒步行军要花四天左右的时间，去进攻南京。碰见了同级的柴野君。大木、横山两位军官一切都好。

12月1日上午十点于上海杨树浦

由于各种原因，出发时间被拖延至今。预定下午会从上海出发前往南翔。路程约有七里。以现在的装备和行军能力，估计可以在明天上午到达吧。无论如何去常熟都需要花上数天的时间，其艰苦程度可以想象。昨天，民报的箭内记者来访，通过他得知了一些前线的情况。就此搁笔。

12月2日　下午四点

此前的计划变更。我们乘船溯长江而上。于今日即12月2日在常熟东北方向登陆，刚刚到达了预定地点正在等待驳船。为能赶上攻击南京的战斗，我们奋力向前。今天在上海码头碰见了三春町的桥本君（与我同时应征入伍）。他目前在上海值勤。

13 天野三郎的军事邮件

……

因有余白,故再做记录。住在落合的叔父给真写信,介绍了在东京见面的情况,因是一篇美文故抄录如下。

(以下抄录了书信内容,省略)

上海派遣军荻洲部队两角部队平队木下队　三郎

12月12日

行军途中哼唱着昭子从若松东山温泉返回时教给我的那首歌:无垠的旷野中有一群戴钢盔的人在行进……就这样一直走着,无大事发生。自登陆以来行军路程已经突破四十余里,刚刚在傍晚时分进入了镇江。前天第十一师团就已进入镇江,故现在只能偶尔听到一些机枪的声音,完全看不到战斗的模样。能够听到三岛的野战重炮从江南向江北敌城发出的猛烈炮击,还有空军轰炸机如远雷般的轰鸣声。废墟之城的夜晚寂静无比。自从我6日被任命为第六十五队(两角部队)第三大队(平队)第九中队(中队长木下少尉)第三小队的小队长以来,已连续行军了四天,至今日即10日才终于从江阴城赶到镇江。虽说是小队长但全队也不过只有二十七人,此前战斗之艰苦一定是能想象得到的。

已经是晚上十一点了(日本时间)。明天我会接着写,所以今晚就到这吧。

前几天(12日)在江阴写的信没机会寄出去,一直留到了今天。此后就一直前进、前进。14日,旅团长率领的步兵第六十五联队(第一〇四联队在江北)攻占了南京东北方向一里处的幕府山炮台,目前正在扫荡附近的残兵。另有一部分兵力今天参加了南京的入城仪式。剩余的主力部队则被派去处决俘虏了。到目前为止，仅六十五联队就已抓获了两万多名战俘，都收容在炮台下的中国军营里。但由于粮食供给不足，已有相当数量的俘虏断水断粮一周。我昨天早晨被任命为巡查军官，而且到现在都没有被轮换下班，哪里也去不了，需要监视那些投降的中国兵。除了黎明时分其他时间这里都比国内暖和，所以请不用担心。除了坐船时在吴淞口下了点雨，此后一直都是晴天。明天就会有人和我轮班了，准备去南京现场看看。两三天内，六十五联队将渡江前往江北（长江对岸）。除六十五联队外，师团主力已经渡江。

有一个中国兵一直窝在我床铺的后面，没有发现，就这样竟然和我在一间屋子度过了两个晚上。但昨天下午发现之后马上就将其枪毙了。世上居然会有这样荒谬的事情。

不知道今后会把我们派往何处。关于战局，可能国内那边比我更加清楚吧。由于军用行李全都留在了上海，所以有些不便。但一些征收物品还是能派上用场的。慰问袋一个也没拿到，连最早来的士兵也一次都没有分到。

就先写到这里，不知道什么时候才能寄出。不过我先姑且写好，估计总有一天能寄出去的。那么就此搁笔。

12月17日　三郎

这是中国俘虏写出来交给我的报告，望能妥善处理，供参考。

报　告

我们离了部队投到大日本军队缴枪希望给我们一个安置的办法但是到了这处已有三天究竟有没有办法处置我们数万可怜的人、饿

13 天野三郎的军事邮件

了四天多了粥水都没有半点食，我们快要饿死了，在这生死的顷刻中，要求我们大日本来拯救我们数万人的命，将来服从大日本的驱使择答你给我们的恩惠，赴汤蹈火，我们也是甘愿，恳求大日本维持我们一粥一饭，共祝大日本帝国万岁

谨呈

大日本长官　釜　核

投降军临时代表呈

伏恳大日本军日编队，使我们大家安心服从，或者遣散回乡，大家回去安居乐业，我们数万人都感恩不忘，我们高呼大日本前途胜利。[完了]①

上海派遣军荻洲部队两角部队平队木下队　　　　　　天野三郎

今天（12月17日）巡查时碰到了东日的记者，故请其帮忙寄信。自从登陆浒浦镇以来我们的进军如入无人之境。在14日拂晓时分攻占了南京城外东北方向约一里地的幕府山炮台后，在附近俘虏了约两万名残兵，收押在炮台下的中国兵营并进行监视。军官和士兵都胡子拉碴的，脸也被阳光晒黑了，士气却更加旺盛。明天我打算去南京城参观一下。今天已经有部分士兵参加了威风凛凛的南京入城仪式。我因为有巡查的任务未能参加。但如前所述，我明天会去南京看看。

估计最近几天我们要渡江前往对岸了。写给三春那边的信也寄出去了（依然是拜托了记者）。等转寄之后您看到的应该是誊写版

---

① 原著中附有铃木和子的日文译文，此处略去。——译者注

的，请您过目。我见到了中村町的新沼、阿部（梨店）、大野村塚部的原某（常雄）。他们都是我们中队的卫生兵。

因为现在忙于转移俘虏所以只能草草地写下几笔。逃跑的人都会被击毙。耳边所传来的枪声，估计也是在射杀俘虏。我的手枪是从敌兵那里缴获来的。

没能赶上联队的物品采购。白天比国内暖和，但凌晨还是很冷的。自从登陆以来没下过一次雨。估计战争还会持续下去。

我会勒紧腰带努力下去的，所以请尽管放心。

小队包括我在内共有二十八个人。我们一直非常团结，所以也请放心。大家都是在战场上活下来的勇士，定能无坚不摧。请将此信转呈东京的叔父、三春的菊、浦和与北海道的各位。我没有机会逐一给他们写信了。

三郎

12月17日下午四点半
父亲大人收

（致治郎叔父）

我们终于要在21日从南京城外北部码头渡江前往对岸了。目的地是滁县。

今天联队主力正在渡江。我们Ⅲ大队会在明晨出发。昨天我被任命为管理Ⅲ人员登船的军官，所以一直在忙于此事。因为命令上规定每人的背囊尽可能要多带东西，所以猜测可能会遭遇相当数量的敌兵。南京不愧是敌方的首都，相当坚固（尤其是近郊的阵地）。就这样没有抵抗便放弃了，让人对中国军队的弱小产生了一丝同情。虽然能听到好几次轰炸机的空袭声，但南京城并没有遭到很大的破坏，令人感到惊奇。国民政府的建筑都留存了下来，现在由第十六师团警戒着。我不能进去，真是遗憾。城内到处都是防空掩体，每当有空袭来临时就会起到作用。我从这里看到了中国对于空袭的恐惧以及全国上下对国防事业所做出的共同努力。日本的国民防空演习和这里比起来如同儿戏。此外，我还有一个请求：昨天如厕时好像有一个其他中队的士兵把我的刀带偷走了。因为觉得不方便当时就只带了这么一个，挺麻烦的。如果抓紧做一个应该还来得及，所以想请您去偕行社帮我照着原样再做一个。估计做好了寄过来也就一个月的时间吧。刀带是用来挂军刀的，隆应该知道。每次都麻烦您非常抱歉。

因到了出发值勤的时间，就此搁笔。

（12月20日上午九点四十五分，三郎）

[收信人　东京市淀桥区下落合一之三三九　渡部治郎阁下]

1　今天进入了南京城。天空阴沉，有点寒冷。但我精神百倍。准备渡江（长江）前往对岸。越发坚定了长期奋战的思想准备。三春与细田应该会向您汇报详细情况。因无闲暇，无法写信。若最近开设野战邮局，我会再寄的。

2　此前的信中忘记提了，我现在很缺手套，请用棉线或结实的东西和毛线做四五双寄来。价钱请汇总计算一下。此事我也告知了相马的亲友，所以一并麻烦您了。此后我们将会在南京对岸西北地区的全椒县负责警戒，停留一月之久，将会在那里迎接新年。若

南京大屠杀

有事情日后再书信联系。

12月23日

12月23日　上海派遣军荻洲部队两角部队

平队木下队　天野三郎

正如21日预定的那样，联队从南京城外的下关中山码头渡江前往对岸，于昨日下午抵达了全椒县。预计会在此地驻留一个月，负责维持治安、宣扬皇道。所以也将在这里迎接新年。全椒县是一个人口约三万的小城，但是这里的居民都已经逃跑了，有很多从南京逃难的人住了进来。就是一个普通的小城，保持着原有的中国风貌。原本骨瘦如柴的军官和士兵因为吃到了这里居民的猪和鸡都恢复了精神。正如那句老话：沃土里才能长出新苗。我们的衣服都在行李里面，如果从上海运来就不会不方便。现在正在抽当地征收来的香烟，勉强能供应得上。但甜食一点也没有了。前些天，我的刀带被人偷走了非常苦恼，所以就请东京的叔父帮忙。但在这里还要拜托大哥：请帮我把此信转寄给他或者再帮我寄一封明信片。这里的居民都很讨厌蒋介石，但对日本军队的恭敬顺从也未必真的靠得住。也有中国人说希望日本能尽早统治中国。中国不愧是文化大国，每家每户都挂着字画，非常漂亮。他们的床很不错，展现出了比日本人更加贪图睡眠的性格。这里的著名小吃是花生，我每天都吃。但是南京的大米不好吃，在饭盒里放一昼夜就散成一颗一颗的。虽然也是特产，但这个就算了。今天好不容易能吃上一顿日本的大米。江南地区的反日情绪相当强烈，小学里的挂图也大多是反日的。江北这边就几乎看不到了。如果再任其发展个十年的话，恐怕会变得不得了吧。上海的侨民因为海军一直守在那里，都是怒气冲冲的。这些孩子将来又会在日中之间制造巨大的灾祸吧。一想到这里我就毛骨悚然。十二三岁的孩子还很懵懂无知，便一个劲地说着要杀死日本人，要去战场。妇女也同样立于前线。如此看来，还是日本国内的人民更加幸福。在南京附近战斗时，有很多孩子积极地混在敌兵中迈向前线。这让我感觉十分可憎，便索性当作敌人一并对待了。因为明天有人要去上海，想请他把信带去，所以就胡乱地写了这么些内容。最近我将担任警备（每十天一次，每次五天），在此期间会写一些情况寄去。不久应该会有野战邮局。若给我写信，请最好带上我的职务名，包裹也是如此。里面请放些报纸或是一本《文艺春秋》之类的寄来。

(12月23日，日本时间晚上八点半)

第十信　12月23日夜

按原定计划在12月21日渡过长江后行军十余里。昨天傍晚抵达了全椒县。预计要警备此地一个月左右，同时也会在此地致力于宣扬皇道。所以也会在这里迎来新年。我正在为此而忙碌地准备着。同时，每隔十天就会有为期五日的警备任务，在此期间会比作战时更忙。师团在距离此地北面约六里的滁县。

如果要寄什么东西过来的话，在此期间应该是能收到的。行李方面，估计这段时间也会从上海送来，所以衣服就不用再寄了。但还是想要有一件夏季穿的长袖衬衫，以便换下毛衬衫之后穿。现在有征来的香烟，还能凑合着抽。但是如果能寄来日本那种能擦火的盒装烟就更好了。除此以外，像冰砂糖之类的甜食也可以寄一些，但奶糖和水果糖就不用了。

第四次补充入伍的士兵也已经加入了小队。现在小队里包括我在内共有三十六人。现在的愿望就是让他们也再尝尝日本的味道，能够平安地度过新年。十分抱歉又要麻烦您了。

现在听不到任何枪声。江北这里都是些逃难来的人，原来住在这里的人都逃到别处去了。这些难民都很服从我们的命令，都温顺地说蒋介石不是个好东西。我在上学的时候学了一点中国话，所以如果笔谈，大概能明白他们在说什么。我和士兵坐在篝火旁，聊着天，谈论着何时能够胜利归国的事情，也说一些关于家乡的传闻。就这样一直聊到了深夜。大家都很认真地听我这个年轻人说话，也在军务上鼓励我，请不用担心。我一次都没有领到过慰问袋。中队里还有从三春町来的（田村中学）横山集一郎准尉。他在高等商业学校的时候比我低一级，前些天晋升了少尉，作为第四次补充兵抵达了这里。安部一郎在第十中队。我是第九中队的，所以都挨在一起。日本差不多到了愉快的寒假吧。前些天这里下了小雪，白天和日本的早春一样，早晨很冷。请不用挂念。今天在这里的中国澡堂洗了澡，是免费的。改日有时间我会再写信。请尽快告知菊、北海道的勇的住址。

代向其他人问好。三郎

母亲大人　收

此信也请转给姐姐过目。也请将我平安无事和所属部队的事情代为转告菊和北海道的亲友。

12月27日三春町　大越金次收

13 天野三郎的军事邮件

国内现在应该正忙着迎接新年吧。府上各位还是一如既往的健康吧。托您的福,自我登陆以来一直平安无事。22日来到此地后开始担任警备任务,请不用担心。我们师团没有野战邮局,所以写了很多信如果等不到机会就寄不出去。元旦那天我正巧要去前方值勤。估计会在战壕中迎来新年的日出了。请代我向其他人问好。这里还比较暖和。位置是全椒县。

我自登陆以来大概的路线如下图所示(原著省略)。对此进行的详细说明,我已寄给了相马的亲友了,请他们转寄到三春町。届时您可以从三春那边收到,请您询问对方。明天联队会为上海作战以来所有的阵亡者举办慰灵祭。今天从中午开始下雨,然后变成了雪,现在下得很大。估计明天会积得很厚吧。暂时不清楚今后会有什么作战行动。30日下午三点,我们将去前方担任大队的警备队,所以会和几十名部下一起在战壕里迎来新的一年。这也是作为帝国男儿的夙愿。今天早晨为了加强部下的行军能力并宣扬皇军的威风,我指挥小队向城外行军了二里多路,下午两点左右冒着雨返回了营地。从上海战场"死还"的勇士(与其说是生还不如说是死还)都能很好地听从命令,让人轻松不少。前些天给您寄去的关于刀带的信您收到了吗。刀带的事拜托您了。虽然没有开设野战邮局,但是明天可能会有寄信的机会,所以我匆忙地写下了这封信。不知道今晚警戒的步哨会有多冷。天气冷暖不定,看来是要变冷的样子。就看我三郎的身体如何了。因为是在昏暗的煤油灯下写的信,所以字迹潦草,还请判读。此信寄到时估计已经过完正月了吧。就此搁笔。

12月28日夜三郎致叔父大人、隆。

```
           上海派遣军荻洲部队两角部队木下队
           昭和12年12月19日            天野三郎寄

           福岛县相马郡中村町细田
                    天野龙治郎收
           军事邮件 天野
```

11月29日抵达上海。

上午十点登陆。

在当地中国人经营的纺织公司宿营三日。

12月2日下午六点抵达浒浦镇。

陆路变水路，乘日清轮船五个小时，自下午六点至十一点。

夜晚行军抵达梅李镇。听到数次枪声。

早晨听闻中国空军空袭了浒浦镇。

12月3日下午四点抵达常熟。

途中看到大量敌军尸体和友军、军马尸体。

12月4日晚上八点抵达无锡。沿途的景象和昨日差不多，常熟和无锡都遭受过炮击和轰炸，几无完肤，没有令人满意的房屋。无居民。常有敌方残兵出现，时而有流弹飞过，很危险。

12月5日晚上十点抵达江阴。从无锡一口气突破了十余里，去增援联队的前线部队。未折损一人，完成了运送任务。

12月7日抵达镇江。从江阴连续行军数天，进入了4日曾在长江边眺望到的拥有"镇江炮台"的镇江。此地在前些天已被其他师团攻占，没有敌兵的踪影。自登陆以来首次看到了电灯。可能

13 天野三郎的军事邮件

是为了尽快展开追击,他们没有破坏发电站。在一处山丘上有美国大使馆,上空飘扬着美国国旗,心生憎恶。

从镇江到南京:上午十一点从镇江出发,向南京发起进攻。途中的城市和村庄还残留着中国军队撤退时大肆掠夺过的痕迹。12月14日凌晨四点半,我们展开战斗队形进攻了幕府山炮台。后来听说在当天早晨另有一支大队攻占了乌龙山炮台。

早上八点日出时,与敌军在距离幕府山炮台一里处遭遇,以极小的代价造成敌军约一万五千人死伤并缴获大量武器。

全椒县:从南京的下关乘船渡江,行军两天后抵达全椒县。几乎看不到敌兵。当地居民对皇军比较友好。此地有不少鸡和猪,比蔬菜还要丰富。所以每天都能吃到肉,这是前所未有的良好补给。此外还有石臼,我们便征用了一些糯米为正月做准备。没有其他异常的情况。预计将暂时在此地负责警备工作。

以上便是自登陆以来的所有行动。

希望将此信转给在三春的亲友。然后再从三春依次转寄其他方面。请最后收到的人保存此信。

[以下省略]

14　大内利己战地日记

所属：步兵第六十五联队第九中队，第三次补充入伍
军阶：不明（可能是一等兵）
住址：福岛县
职业：不明
收集来源：家属提供
日记情况：长 11.5cm，宽 7cm 的记事本。纵向书写。1937 年 12 月 26 日记载的内容被红、蓝色铅笔涂抹，但仍可判读。

纪元二千五百九十七年
昭和 12 年（1937）11 月至 13 年（1938）4 月 13 日

11 月 18 日　周四　雨

出发那天从上午到下午就一直下着雨。

等候多时的出征令下达了。晚上七点从若松营地出发。早上八点半列队，佐藤让大佐队长进行了军装检查。在练兵场展开了毒气演习。检查结束后，下午一点母亲、妻子×××和×子，以及马彦君、一二君的母亲来访。最后的会面□□两点半才返回。此后，我和内务班班长、战友一起谈天说地，吃了 18 日最后的一顿晚饭便踏上了征途。在战友与当地民众的热烈欢送中，我们勇敢地开往车站。晚上八点十五分，列车从若松站发车，将经由东北本线前往目的地。

11 月 19 日　周五　晴

昨晚十点多通过了郡山。在郡山给东京的姐姐拍了一份电报。即使是深夜仍有当地居民前来热情欢送。在万岁声中我充满了勇气。在西白河站有国防妇女会的热烈欢送。深夜入睡。

列车继续前行，早上八点二十一分在田端站停车。见到了兄长、姐姐、良仁和妹妹。和一雄聊了天，他送给我很多礼物，由衷地表示感激。

丹那隧道之长令人惊叹。通过隧道总共用了十二分钟（约二里），真是非常惊奇之事。西边是晴天，正是割稻子的天气。十二点经过了热海的名胜，风景确实美不胜收。十二点半抵达沼津站。十二点五十分再次出发并于下午两点抵达静冈站。两点四十分经过了因歌曲而闻名的大井河。不愧是大井河，非常宽（约一千零十八米)。下午三点五十五分从滨松站出发,四点五十五分经丰桥站、五点三十五分经冈崎站、六点十分经刈谷站,于六点四十五分抵达了名古屋(停车七分钟)。当然与妹妹、附近的女孩见了面,收到了很多东西。在充满勇气的军歌中一路前往广岛。晚上十一点半经过了京都。途中无论老幼都会放下手中的农活,用声声万岁欢送我们。所以我们鼓足了勇气,踏上征程。

11月20日　周六　阴有小雨

凌晨零点三十分抵达大阪站,五十五分出发。五点十分通过冈山并于上午十点十四分抵达了广岛站。在临时停靠点下车。从车站出发大约行军了一个半小时,进入竹谷小学吃午饭休息。我分配到的宿舍里除了我之外还有昭和町的三个人(松本邦正、松崎、吉田荣上等),住在昭和町四元正明先生家中,添了麻烦。松本伍长和我负责后半夜的值勤。因为恰逢昭和町的祭典日,非常热闹。得到了各种招待。回首这三十八小时的火车旅途,正如我所想的那样,火车前进得非常缓慢。

四元政明原海军少将阁下

妻春江　小女儿敦子　小儿子信光

11月21日　周日　雨

凌晨两点去卫兵所交班值勤。

受到了町内居民的热烈欢迎,也得到了很多关照。下午两点值勤结束。从早晨就一直下雨,武器的保养有些麻烦。因为下雨没出去玩,在宿舍里睡觉。

这家夫人一直很关照我,给了我很多美食,为我牵挂。真是觉得过意不去。无论何时都能得到热烈的欢送。出征前最后滞留的国土让我充满了力量。

广岛市区相当繁华。走去参加了早晚点名。今天和同住的人们一起拍了纪念照，并且拜托其寄到家里。

11月22日　周一　晴

今天从早晨开始就是大晴天，让人心情愉悦。给生里寄去了国内的最后一封信。

根据昨晚的命令，明天就要在广岛的宇品港扬帆出航了。能在广岛游玩的日子也只有今天。上午我在宿舍里待着。下午和吉田两个人去了东町的市场，还去了弥生町，在常叶屋玩了大约两个小时，就这样度过了最后一天。回到宿舍后伯母已经准备好了晚饭。三个人一起高兴地接受了款待。敦子小姐也每天愉快地为我们准备饭菜。

[栏外记事：宇品港出航，一日]

11月23日　周二　晴

上午十一点半在竹谷小学校园集合。出发时妻子还非常担心我，给了我便当、水果和装满酒的水壶，真是非常感谢。十一点四十分从小学出发。我乘坐汽车，所以比其他人大概提早一个小时抵达。妻子和伯母、育子、敦子都到港口送我最后一程。

我们乘的船是医疗船。晚上八点左右出航。各兵种共计一千五百人。船名是太平洋号（医疗船）。另外还有五艘船。

[栏外记事：二日]

11月24日　周三　小雨

今天抵达了门司港，装载邮件和煤炭，白天暂停。海岸的景色令人心情畅快。晚上八点从门司港出发。其间有很多下士官为准备乘船期间的给养上岸去买了东西。船内食物很丰盛。

我今天也睡得很香。下午开始下起了小雨。

［栏外记事：三日］

11 月 25 日　周四　晴

从门司出发后逐渐状态不佳，饭也不想吃，强迫自己睡觉。海面上风平浪静，我想着就这样没什么大事发生就好了。总而言之船内的生活让人很厌恶。

一二君也状态不好，难受不已。现在已经看不到陆地了，偶尔会有蒸汽船经过。船内生活真是让人很不舒服。盼望着登陆吴淞，登陆上海。逐渐接近了中国国土，能看见小岛了。

［栏外记事：四日］

11 月 26 日　周五　晴

早晨起床后情况比昨天还差，毫无食欲，一直睡觉。

船已经越来越接近长江，海水的颜色逐渐浑浊，泛着土色。晚上十点左右已能看到岛了，也能看到上海方向的灯塔。大概明天凌晨两点就要抵达吴淞港了吧。船里有人唱歌，很吵。希望能尽早登陆。这是在船上生活的第四天。

［栏外记事：五日］

11 月 27 日　周六　晴

凌晨两点在长江口等待天明。吃完早饭后做下船准备。上级指示我们携带午饭和晚饭待命，但一直没有接到下船的命令。在甲板上看到了十六架飞机。第一次见到了战机队形的变化，很惊讶。还看到了五十六艘军舰、汽船集结在一起，惊异不已。我今天的心情很不错。太平洋号有一千五百名乘员，七十名护士和六十名船员。登陆时间尚未确定。今晚实行了灯火管制。我在船上洗了个澡，畅快了许多。今天是在船上生活的第五天。

［栏外记事：六日］

11月28日　周日　晴转多云

原以为今天要登陆上海，但是仍没有下船的命令，就休养了一天。长江上的军舰、汽船数量之多，不计其数。仅在近处就有七八十艘，还有更多看不到的。空中也有数架飞机飞过，感觉强大。没有几艘船是停下不动的，部队和武器船集结于此。

长江沿岸能看到遭受过猛烈空袭的样子，令人惊愕。

在船上生活的第六天。

［栏外记事：上午九点半登陆，七日］

11月29日　周一　晴

昨夜突然接到命令：本日登陆上海。凌晨四点起床后带着午饭和晚饭准备下船。太平洋号在六点前往码头，搭好栈桥后从八点到九点半实施了登陆。叉枪休息吃午饭。头顶上飞过了二十余架飞机。看着眼前的上海，中方建筑物遭到了相当大的破坏，可以想象当时的战斗有多么的激烈。下午两点半接到命令，赶往纺织工厂宿营。为旁边纺织公司的雄伟所惊诧。公司里的职员怎么都抛下它走了呢。其他还有令人惊讶的是上海街道两旁高大的建筑。今天是登陆的第一天。

［栏外记事：登陆第二日］

11月30日　周二　晴

夜晚戒备森严。

天亮后用饭盒做饭。吃完早饭后去征用了一些汽车。街上到处都是被轰炸后的痕迹。到了日本街后发现日本人都忙着做生意，还有一些外国人和中国人。回宿舍的时候我被车压到了左脚踝，没法走路了。明天要行军而我无法行动，心里非常难受。

在此期间我得到了××村的桥本平南上等兵的照顾。

今天接种了疫苗，做粮食搬运的工作，崴了脚。

［栏外记事：登陆第三日］

12月1日　周三　晴

因昨天崴脚无法行走，也无法跟随部队行军，十分遗憾。第十六师团五十岚部队的井上谦太郎军医诊断为一等伤，需要前往第一兵站医院入院治疗，给我开了认定证明书，要留下来了。

第二十九联队被并入了第六十五联队，预计明早八点乘船，行军二十五里。上空有我军飞机不断警戒上海，陆地也有海军陆战队严密警备，让我们可以安心休养。登陆的第三天。

［栏外记事：住院第一日］

12月2日　周四　晴

编成荻洲部队两角部队。我军的牛渡部队终于要在今晨七点半列队从上海出发，前往江阴。预计八点乘船，然后行军二十五里赶抵目的地。我因为住院没能一起前行，真是非常遗憾。这是我在井上军医带领下住进第一兵站医院的第一天。

住进的是伊佐部队的医院，有很多伤患。我住在大场医院的三号病楼。总觉得内心郁闷，衷心地向神灵祈祷，望能尽快康复投入前线部队。

［栏外记事：住院第二日］

12月3日　周五　晴

今天是住院的第二天。根据诊断结果大概要一周才能康复。希望能尽快康复回到原部队。

住院的生活非常郁闷。健康的身体也会变得虚弱无力。脚上软绵绵的但没有那么疼了。精神空虚。给妹妹寄了一封信。

天空传来了轰鸣声，估计是我军飞机在警戒。

［栏外记事：住院第三日］

12月4日　周六　晴

早上八点半有一些人出院回原部队了。和我一个病房同一师团第四联队的伍长也恢复健康返回了部队。真想和他一起离开。每天躺在病床上感觉时间都变短了。今天是住院的第三天。

下午有人要回到日本，我在送别他们的时候偶然碰到了同一个部队的人。他说自己是双叶郡的吉田。

今天脚疼减轻了很多，走路也不太难受了，安下心来。

［栏外记事：住院第四日］

12月5日　周日　晴

昨天第一次收到了住院的慰问品，六个蜜柑。大家都很高兴，一边聊天一边吃。盼望尽快回到部队为国效劳。明天是住院第五天。在病房里心情不好，所以到外面走了走，一天便结束了。

天空中依然有数架飞机徘徊。据战友说，好像第四次补充入伍的人也已经在吴淞登陆并在夜晚行军抵达了上海。今天收到了第二批慰问品。两人一瓶汽水、一盒奶糖、一个蜜柑。

想到后方人民给皇军的各种关照，更希望能尽快好起来，必须去前线大显身手。

［栏外记事：住院第五日］

12月6日　周一　晴

已经住院五天了，今天天气非常好，就到病房外面沐浴阳光，四处走走。今天也去做了炊事。在那里做康复训练时，和群马县桐生市的人聊了天。听说此人是奉军部命令来随军监管军夫的远藤某一。他移居上海已经二十七年了，现在在厨房当伙夫，一天的薪水至少有三元钱。下午洗澡以后，好好地泡了个脚，觉得脚步轻快了许多。这让人全天都心情愉快。飞机白天晚上都会飞过，真是令人惊讶。晚上吃了一个苹果。

［栏外记事：住院第六日］

12月7日　周二　晴

今早非常冷，但是到了白天就转暖了。今天也去晒了太阳，给××和×××写了信。回病房时听说有人来看望过我，问他是谁他说不知道，但是下午还会来。此后才知道原来是若松市荣町的佐藤文雄君。

听他聊了一会战况，越发对中国军队感到憎恶，希望能尽早歼灭他们。岐阜县的十一名众议院议员来医院慰问了。听说今天早晨八点左右南京被攻陷。走路不再难受了。

［栏外记事：住院第七日］

12月8日　周三　晴

每天早上七点半起床、洗漱、准备早饭。很过意不去，每早都要麻烦战友。每晚十一点半左右才能睡着，真伤脑筋。

今天中午也去晒了太阳。佐藤君又来看望了我，上午休息。听说虽然攻占了南京的部分地区但激战仍在继续。

今天得到了奖励，一袋点心。更想尽快归队了。晚上失眠，脑中回想着家乡的点点滴滴，真是不可思议。

今天早晨看到了霜。比平时提早了一周。

［栏外记事：住院第八日］

12月9日　周四　晴

我们部队现在好像在苏州负责警戒。

每天想着何时才能归队，不安地期盼着能尽早返回。

今天把放了很久的衬衫洗了，然后躺在床上过了一天。

平凡的住院第八天，在睡梦中度过。估计再过一周左右就能痊愈了，但是目前尚无归队的可能。想必在前线的战友一定十分辛苦吧。今晚有敌机飞来，所以灯火管制，四周一片黑暗。除此以外并无他事发生。

［栏外记事：住院第九日］

12月10日　周五　阴天

华中方面军最高指挥官、上海派遣军司令官松井石根大将、华北方面军司令官寺内寿一大将今天发表了讲话，要求全军从早到晚都采取战备态势，以旺盛的士气将惩罚中国的光辉圣战毅然决然地进行下去。令人不胜感动。

师团目前在江阴执行警戒任务。同一病房的滨本孝吉君、大仓惣市君正为明天的归队做准备。我估计15日左右也能归队。

12月10日

敕语：在贵族院完成。朕兹告谕，举行帝国议会开会仪式的贵族院和众议院各位，基于帝国与中华民国之提携合作以确保东亚之安定并举共存共荣之实，乃之朕夙愿。然中华民国未解帝国之真意，徒生事端并最终引发此次事变，朕深感遗憾。今朕之军人排除万难、忠勇尽力，实乃促使中华民国尽早反省，确立东亚和平以外之唯一途径，别无他法。朕望帝国臣民能明鉴时局、忠诚奉公、协和一心，以此达成所期之目的。朕命令国务大臣，向帝国议会提出关于时局之特别紧急追加预算案与法案。望卿等克体朕意、竭尽全力，以实现和襄协赞之任。

［栏外记事：住院第十日］

12月11日　周六　晴

今天战友滨本孝吉君、大仓惣市君返回原部队了，将他们送至路边。佐藤君来访。我们也将在20日归队，但在此之前必须让腿脚完全康复，故更加专心于养病。

我们部队也为了攻占南京而没有□□，非常辛苦吧。

南京的陷落已近在眼前。医院里的大场队、昭井队都在庭院中架起了庆祝攻占南京的演出舞台。但预计完全攻占南京会在15日实现。伤病员每天都在彩排演练。可以想象攻陷南京的当天将会多么热闹。

［栏外记事：住院第十一日］

12月12日　周日　晴

今天佐藤君也来了。跟我聊了半天时间前线的战况。下午给广岛的四元敦子寄了一封信。

今天奖励我了一盒香烟作为慰问品。我是想象不出前线战况的,但是在日夜盼望攻克南京的那一天。

今天也挂念着家乡的父母和妻子。父母年事已高,却仍要从早到晚操持家业。想到这里我就感到万分抱歉。

［栏外记事：住院第十二日］

12月13日　周一　晴

仍和平日一样。去酒保逛的时候碰到了佐藤君,便一起吃饭。其间询问了我们联队的战斗情况。两角部队一周前从江阴出发,去进攻南京了。又在报纸上看到,两角部队正在对江阴东面五里的镇江图山炮台发起进攻。

下午三点接到了攻克南京的电报。敌方以坚城为傲的首都南京也无法抵挡皇军的进攻,最终沦陷。但在苦战中牺牲的人也会很多吧。真是可怜。最近随着康复归队的人不断增加,医院里收容的伤员也变少了。医院方面也为此松了一口气。

［栏外记事：住院第十三日］

12月14日　周二　晴

今天举行了庆祝攻克南京的演出。上午十点四十分在广场集合后进行了开幕仪式,大家向皇居遥拜并齐唱国歌。伊佐部队队长发表过致辞后,演出正式开始。伊佐队长的祝词让我们眼前呈现出了各个战场的景象,让人永远无法忘记。演出在下午四点半结束,伤员和护士的才艺表演却让人回味无穷。今天发放的慰问品很丰富，还有作为祝愿的红白年糕。

皇军万岁！祈祷武运长久！

[栏外记事：住院第十四日]

12月15日 周三 晴

今天是第十五天了，但原本预计的归队没能实现。整个十二月已有半月时间在医院里度过。对于每天的医院生活已经感到厌倦。不过因为腿脚仍未痊愈，再怎么厌倦也没有办法。我向神明祈祷即将到来的20日一定要返回部队。所以我一门心思地配合着治疗。大场队已经有很多人康复归队了，和我同一部队的高桥少尉、双叶郡的吉田战友也归队了。今天领到了一瓶汽水、一个梨、一盒点心和大量配发品。据傍晚的消息，我军山田旅团已经在扬州一角的敌前登陆了。想必战友又将面临一场苦战吧。今天也躺着过了一天。

[栏外记事：住院第十五日]

12月16日 周四 晴

今天下发了香烟。每天都是晴天让人心情愉快。在外面晒太阳也非常高兴。昨晚本想好好睡一觉但一直失眠，直到凌晨两点半。在失眠时一直牵挂着家乡的事情，那些景象就像做梦一样呈现在眼前。失眠是一件非常令人不快的事情。今天也是平凡地度过了。大场队的伤员大部分都已归队，只剩下很少的人。据说从上海到苏州的火车已经开通了，归队的人都能搭乘火车返回，这也让人长舒了一口气。归队的时间还有四天，已经临近了。

［栏外记事：住院第十六日］

12月17日　周五　晴

今天的生活还如往常一样，一成不变。时隔两三天洗了个澡，让人感觉爽快。从今天算起再过三天腿脚也仍旧无法完全康复，真是大伤脑筋。吃完晚饭后理了发，然后听炊事员说起上海事变以来的种种事情，感慨万千。另外也对那些难民非常同情，流下了感动的泪水。

［栏外记事：住院第十七日］

12月18日　周六　阴

从早上开始就阴沉沉的。今天收到了香烟和两包饼干，大家都很高兴地吃着。见到了出身相马的佐佐木忠雄君，他和我是同一个中队的，希望能一起归队。

［栏外记事：住院第十八日］

12月19日　周日　阴

最近的寒冷沁透心脾，每天的生活仍是一成不变。把我和宫城县出身的樱井君一起归队的事情拜托给了第五十八联队的境少尉，决心21日出发。腿脚不太痛了，应该可以行走。衷心期待着归队那天的到来。

［栏外记事：住院第十九日］

12月20日　周一　阴

明天就要归队了，船会在后天起航。腿脚已无大碍能够放下心来。做好了明天出发的准备。昨晚，那些遭遇残兵偷袭的阵亡者遗体被送了回来，为其举行了告别仪式。一想到他们就不由得流下眼泪，觉得真是太可怜了。

[栏外记事：与佐藤忠雄君见面]

12月21日 周二 晴

终于等到了回归部队的日子，早上八点半心情激动地在医院门前集合。领取各类物品后坐上了汽车，向照顾我三周之久的江柿花子女士道了别，心中涌起了寂寞思念之情。汽车开到兵站司令部后便下了车。今晨能感觉寒风刺骨。樱井君去兵器厂即日本运输船公司领取了武器。来师团残留物品处即上海纺织公司时，遇到了第六十五联队的人，便被其领上三楼休息了。今天走路导致腿脚发痛。晚上偶然碰见了濑川村的佐藤忠雄君，惊喜不已。他说因为被弹片击中要住院两个月。另外还听说了渡边节夫君要回国的消息，非常惊讶。

12月22日 周三 晴

因为船要装货，所以就推迟到明天再出发了。我和樱井君去医院看望了江柿君，留下来吃了午饭。下午去柏队那里游玩。因为昨晚特别冷，就拿了条毛毯回来。今天在中国人家里转悠时还找到了一床被子准备晚上用。明天好像早上六点半就要列队。和佐藤君聊天的时候谈到了前线的战况和国内的事情。一说到国内就不由得怀念了起来。第六十五联队有二十人要归队。

12月23日 周四 阴有小雨

今天终于要乘船出发了。凌晨四点起床，六点半列队前往大连码头。大概走了一个小时（一里），小雨。在码头休息一个小时后好不容易又登船，一共有五百六十人，所以第十三师团的士兵都倒霉地挤在了一起。到了晚上甚至会冻得睡不着觉。

　　船沿着长江前行，下午六点抛锚停船，将在这里停留到明天早晨。晚上寒风呼啸，我和佐藤两人一起横卧着。

　　12月24日　周五　阴　大风

　　夜里寒风吹得人睡不着觉，所以早上六点船员开始工作后我就跑到船员室里去睡了一觉。两岸能看到很多的中国民居，这附近有很多中国人在劳动。下午五点到达了镇江并过了一夜。镇江的街区就在江岸边，非常美丽整齐。能看到附近还残留着被毁坏的中国民居。这里也有很多中国人在劳动。

　　12月25日　周六　晴

　　上午十点半出发前往南京。长江两岸的房屋看起来都很漂亮，惊讶于岸旁美景。视线所及之处全是当地人和牛一同在田间劳作的景象，他们都很欢迎我们。日章旗在各家各户的门前翻滚着。预计下午五点四十五分抵达南京。今晚将在南京附近逗留一晚，明天早晨登陆（浦口）。

　　［栏外记事：登陆浦口］

　　12月26日　周日　晴

　　今晨起天气晴朗。看到南京的道路两旁有很壮丽的建筑，到处都有漂亮的英式楼房。昨晚抵达南京时，还看到南京的残兵都被带到长江岸边处决了。中国人的尸体堆积如山。登陆浦口以后吃了午饭，然后带上两天的粮食和佐藤忠雄、远腾政义组成了三人小组。其他各中队则由菊地伍长带领七人留在浦口，负责看管联队的物品。提前准备好了设备，今夜可以睡个暖觉了。

南京上空有几架飞机在警戒。且浦口留下了第六十五联队的四名勇士看管弹药,把其附近的建筑都烧掉了。

从这里我切实感觉到了战斗的激烈。

12月27日　周一　晴

今天上午十点前往浦口码头监督货船卸货,但结果没有找到船便回去了。吃完午饭后在附近转悠,想征收些生活用品,但在中国人的屋里什么都没有,而且又不会汉语没法和中国人交流,真是为难。抓来中国人给宿舍附近做了打扫并给晚上的灯加了油。在这附近完全没有战场的感觉。感谢今天也无事平安地度过。今天两角部队第二中队全员来此地执行警备任务。

12月28日　周二　阴有小雨

今天起得很早,去附近各处征收一些蔬菜和猪。取了蔬菜返回的路上,猪冲了出来,于是我们三个人急忙用枪打它但没打中,让它逃了。但佐藤和我两人去芦苇荡时又发现了一头很肥的猪,便打死后带了回去,时间是十点半。今天偶然碰到了本田义昭君,两人都很惊喜,紧紧地握着对方的手。今日下了小雨,不久又混杂着雪花,到了晚上仍下个不停。

这是今年我在中国见到的初雪。

今天也特别感谢无事平安地度过。不知道这种广袤的芦苇荡在浦口附近究竟有多少里,很惊讶,而且里面还河沟纵横。

12月29日　周三　晴

今天早起,野外一片银装素裹,真白。

看到了雪就感觉这里好像是日本。今天也去码头做了卸货工作。在去见第二中队久田君的路上偶然碰到了以前服役时期的战友渡边今朝信君和渡部清太郎君。大家又惊又喜，聊了很多，互祝了身体健康。看来当时一起服役的战友有很多都来了。

今天晚上和战友一起打开了慰问袋，边吃边说，希望每天都能这样平凡地度过，迎来新的一年。看来明天天气很好，要去把六十五联队的行李卸下来。

12月30日　周四　晴

今天起得稍早去准备早饭。吃完早饭后全员前往码头。整个上午六十五联队的行李一点也没有卸掉。在干活的时候见到了富田君，两人很高兴地聊了天。佐藤和我都在船内干活。今天一直在忙，中途返回宿舍吃了午饭，下午又马上投入了工作。下午搬运了不少六十五联队的行李，忙得不可开交但很快就完成了。我深深感谢，昭和12年12月30日也能平安无事地度过。因为接近年关，国内应该都很忙吧。今天的慰问袋内容很丰富，尽早把感谢信寄了出去。今年只剩明天一天了。惊讶，如梦一般。

12月31日　周五　阴

今天也去了仓库工作。其间来了十五台卡车，装上邮件后就回去了。然后又来了十五台，装上慰问箱去了前线。今天特别忙，直到下午一点半才吃上午饭。回到宿舍以后发现留下的人正在用征来的猪做菜，还发了很多的慰问品。

意义深远的昭和12年到今天就将画上句号了。□□月日便到达了，为其之快而震惊。我们自应征入伍以来也已度过了七十六天。明天就是昭和13年的元旦了。所以在宿舍门口摆上了松竹，在树上挂起了日章旗和饰品。战友一起在浦口的旷野上送别了昭和12年的最后一天。

纪元 2598 年

昭和 13 年（1938）1 月元旦　周六　晴

今天是昭和 13 年 1 月的元旦。

在南京浦口迎来了意义深远的一年之始。早上起床后看见天空万里无云，一片晴朗，真是一个让人心情舒畅的好天气。向皇宫的方向开了两枪作为礼炮，然后又三呼万岁。我们宿舍门口放着松竹，棚子上也挂着装饰，门口的日章旗和松竹一起挺立着，迎风招展。时而会想起家乡的事情，想再和父母妻子见一面。和佐藤君一起去散步了，很愉快。监督工作已到第七日。

［栏外记事：第五次补充兵登陆浦口，部队返回］

1 月 2 日　周日　晴

今天是新年第二天。早上起床吃完饭去仓库工作。上午十点左右第五次补充兵登陆了浦口，向我们部队迅速赶来。第四联队、六十五联队及其他部队的人也来了很多。在工作的时候见到了××三郎治君，此后还碰到了荒金番三君，非常高兴。他们两人都很厉害，看上去非常棒。

吃完午饭，见到了六十五联队同一中队的补充兵。有亘理伍长、大竹伍长、三班班长熊田泉、齐藤××××等很多熟人。而且伊藤勇君也来了，让人惊讶。人员总共有三百六十名，其中军官八名，下士官十三名。听说若松那边好像下了很大的雪。第三、四中队尚未受过战斗教育的士兵也来了。出人意料的是，我在里面见到了通信班的伊藤柳介君，他今晚将与第二中队一起过夜。今天在和战友重逢的喜悦中度过了。

1月3日　周一　阴

早晨带着枪出门溜达。行走约十町后发现了五六头小猪仔。从当地人手中弄到了其中的三头，非常高兴。早饭后我越过小河，走了约十町后穿过野地，发现了很多在船上生活的中国人。正是那些可怜的难民。

每天师团都派给我很多计划之外的任务，繁忙不断。南京的天空一直都是晴天。国内应该已经很冷，下了很大的雪吧。

父母妻子为了生活有多么辛劳奔波？他们是怀着怎样的心情迎来新年的呢？我想象不到。和×××××君重逢。

1月4日　周四　晴

今晨也早起，和佐藤君两人背着步枪出门溜达。在此前的那个地方又碰到了三头猪，于是就抓了三头小猪返回宿舍。此后去了码头，继续做卸货的工作。在工作时听说六十五联队康复归队的人正在一旁休息。所以就去了那边，见到了×××君和×××××君。×××君也被迫击炮的弹片打成了重伤。而且祝市君也负伤了，令人震惊。与他们的突然相会是很让人惊喜的。同村战友中阵亡的是菅野求君和矢内健治君两人。其他人多多少少都受了些伤，但是为了国家都在努力地战斗着。

1月5日　周三　晴

今天三人带着四个中国人前往二里半开外的地方征收蔬菜。那里有第十六师团的人在警备。而且汽车、坦克和其他兵科的部队都在。看起来在这附近曾发生过一场艰苦的战斗。在各个高地上都可以看到敌军的防御阵地和一些中国兵的尸体。回去的时候坐了船,到达时已是下午两点半了,肚子饿得咕咕叫。中国人也挺辛苦的,给我们做了午饭还给了大米。他们看起来很高兴。已经到了傍晚,今天真是非常疲劳,但腿脚已经完全好了。

1月6日 周四 阴

因为昨天很累,今天就起得比较晚。起床之后发现饭已经做好了。吃完饭去了仓库,发现今天没有工作便休息一天。今天相当冷,白天也丝毫感受不到太阳的温度,冰雪一直没化。看样子明天可能会下雪了。因为太冷就去烤了猪肉喝了一杯酒。

战友都带着枪出门散步了,我一个人悠闲地歇着。真是感谢今天无大事发生,就这样平安地度过了新年的第六天。

1月7日 周五 晴

今天上午十点左右开始去联队仓库搬运行李,有新的行李堆了过来。下午三点左右结束,回到宿舍吃了午饭。洗澡后休息。最近白天的天气越来越冷,前线部队估计更冷吧。我们虽然每天都要做事,但过得还算轻松。据说部队在天津集结并实施了攻击,不知情况会如何发展。我们这些人无法想象出来。

1月8日 周六 晴

昨晚到今晨更冷了。因为非常寒冷就睡了个懒觉。吃完饭后仍觉得冷就把火炉点着了。下午,运货船抵达后就去搬卸了货物。今天的货物是从日本送来的慰问品年糕。这些用箱子装好的年糕包含着国内同胞的一片热心。下午四点左右结束了今天的工作,带着中国人回到了宿舍。返回后就洗澡吃晚饭，今天也平安无事地过去了。自登陆浦口以来已经过去了两周。听说明天第二中队将集结出发。富田君上午来找我聊了天。

1月9日　周日　晴

很早就去了码头，拼命搬送了联队行李。这里还有被俘的中国正规兵在努力干活。见此更加坚定了必须战胜中国的信念。

因为今天无法用卡车运货，联队的行李在仓库里堆积成山。据说明天会有卡车开来。第二中队的一部外出集结了。

1月10日　周一　晴

今天也去了仓库，等车来。结果来了五辆卡车，装上毛毯后卡车便出发了。此时已是中午十二点，忙碌了半日时光。

下午又把毛毯搬上了一辆卡车。其间听说从国内来了三十个慰安妇，都是大阪人。她们1月2日从国内启程后于今日到达浦口。随后还会乘坐卡车赶往前线。回宿舍时发现菊地伍长最近身体不适，今天住进了浦口预备医院，真是可怜。

1月11日　周二　晴

吃完早饭后去医院看望了菊地伍长，发现他的病情每况愈下。回去后给家乡写了一封信。

今天仍是把邮包从船上搬到仓库里。晚上，××的助川启四郎的亲戚助川伍长、×××的星菊雄等以前一起服役的战友来取第十中队的战场名簿时与我偶然相遇了。今天我们将一起过夜。从他们那里听说战争要结束了，现在后方比前线更忙。

今晚也去伍长那里探望了一趟。

1月12日　周三　阴　寒风

和往常一样前往码头干活。但今天和以往不同，阴天又吹着寒风，把人冻得受不了。今天主要是搬卸师团的行李。很多人说现在和各个中队联络不上，不由得担心了起来。如果这样的话我们的努力工作就都白费了。而且南条少佐还说让我们今天就返回原部队去，这也太瞧不起人了，让人气愤。下午，真岛君和远藤君为了和联队取得联络外出了。

今天下发了很多给养。晚上，财务部的伍长说预计每个联队将留下一名到两名联络兵，其他人明天都要返回原部队去。

[栏外记事：浦口监管物品第十九天]

1月13日　周四　寒风　雪

警备队的伍长来了。队长命令我们上午十点半集合并通知大家吃完早饭后做好返回原部队的准备，清理好武器后集合。根据队长的命令明天早晨就应回到原部队。完成准备后，给家乡的人写了信。从队长那里领到了证明书，又和佐藤两人去看望了菊地伍长。今天从早晨就吹着寒风，白天还下了小雪，但没有下大就停了。要和大家告别了，不禁觉得内心失落。

佐藤君带着木下中尉的行李乘车走了。我们则搭乘火车前往一个叫滁县的地方联络部队。

[栏外记事：回归原部队第九中队]

1月14日　周五　阴转晴

监管物品的生活昨天结束。今天终于到了返回原部队的日子。我们六人中，佐藤乘车去了滁县，剩下的则带着凯旋的心情乘火车出发。依次经过浦口、浦镇、花旗营、乌衣、担子街,十一点半在滁县下车,与师团本部取得了联络。师团让我们下午四点前往全椒,所以又和佐藤两人一起乘车前往。而其他人则在滁县过了夜。全椒距离滁县约七里,路上有第八中队警戒,下午六点抵达全椒。去联队本部问候了副官,我被编入第九中队。和佐藤两人一起向中队长做了汇报,进入了第×小队。

1月15日　周六　阴　寒风

昨天被编入中队后见到了同村的××安治、××寅志、××一作等人,又惊又喜。今天战友帮我做了饭,此后去了一个叫横山准尉的人那里提交了留守人员名单。继而又去联队本部取回自己的战时名册,但没找到就回来了。然后还去了小队的警戒地向小队长报道,听从他的指挥负责警备。在这么寒冷的天气里岗哨都辛苦了。我的第一次警备从晚上七点到八点。其间没有发生什么事情,但其他地方有嘈杂的响声。毕竟是第一次站在战场上,非常紧张。第×小队的小队长是相田辰男少尉,中队长是木下而郎中尉。

1月16日　周日　阴

凌晨两点到三点站岗,然后打了个盹。上午十一点到十二点又去站岗。其间,从全椒南面传来了轻机关枪和步枪的声音。下午四点左右枪声变得更密集了。估计是友军和敌军遭遇并发生了战斗。根据当时的命令会报:第九中队的二十九名士兵被一个大队规模的敌兵包围而陷入了弹药不足的困境。有五人阵亡,两人负伤。令人遗憾。所以今晚我们随时待命并加强了警戒。根据会报,今晚将会去追击敌兵。警备队也做好了应战的准备,中队的一个小队出动去支援了。似乎敌军在和县至吴家岗一线。

1月17日　周一　早上下雨

今天早上七点到八点站岗，早早地就下起了雨。晚上七点至八点又去站岗，正巧雨停了。南面三四里处发生了火灾。今晚没有听到枪声。凌晨两点打了个盹。联队本部几乎已经没有什么兵力了，大部分去前线扫荡残敌。晚上九点根据情报我们大队占领了和县后又要去追击五河江的敌兵并将其完全占领。大家在下雨天还要外出扫荡真是辛苦了。在后方警戒是比较轻松的，而且还能吃到很多猪肉和鸡肉。又是平凡的一天。

1月18日　周二　雨停

今天凌晨三点到四点站岗。在站岗时雨停了，月亮也露了出来。寒风浸透全身，更加冷了。八点起床吃饭后去中队清理步枪。下午两点到三点站岗。

友军在五河江的战斗似乎陷入了苦战。站岗的时候能够听到炮声。傍晚撞见了一个掉队的中国兵，便抓起来枪毙了。入夜后感觉友军的炮声更加猛烈了。白天天气很好但晚上感觉又要下雨。每天都下雨，想必战友也为此大伤脑筋吧。辛苦了。全椒与五河江之间大约相距四里。

[栏外记事：五河江扫荡部队回归]

1月19日　周三　雨

早上起床后发现又下雨了，九点到十点站岗。最近每天都在下雨给站岗警备带来了困难。扫荡部队乘车断断续续地回来了。我们中队徒步前行，下午四点抵达。衣服全湿了。能够想象他们行军四里是多么的艰辛。晚上九点到十点站岗。虽然雨停了但是很黑，很难实施警备。家乡的人们现在应该都在准备旧历正月吧。想必父母妻子都很辛苦吧。希望东亚能早日恢复和平，我每天都不断祈祷神明。今天也平安无事地过去了。

1月20日　周三①　雨夹雪

今日凌晨五点到六点站岗。

仍旧是早晨就开始下雨。下午六点到七点值勤，雨水自然而然地变成了雪花，没有丝毫停歇的迹象。白天都很悠闲，给神奈川县座间村的石井美和子女士写了一封慰问感谢信。

看到这些白雪我感觉身上更加冷了。旧历正月不知不觉就快来临。今天应该是旧历12月19日吧。我不太清楚。

［栏外记事：和土屋忠吉见面］

1月21日　周四②　晴　寒风

今天凌晨两点到三点站岗。雪停了但寒风刺骨。全椒的旷野上一片银白，让我不禁想起了家乡。小憩一会后起床，发现已经是晚上八点了。十二点到一点结束了三个小时的站岗，与第×小队换班。八天的值勤警备任务很快就过去了。晚饭后，土屋忠吉来看望我。他属于第十一中队，登陆上海后经历了马家宅、老陆宅、江阴、南京等战斗，幸运的是没有负伤。为他感到高兴。

［栏外记事：打包私人行李］

---

① 原文如此。——译者注
② 原文如此。——译者注

1月22日　周六　晴

今天起床后一直休息到了十点。上午绀野义辉君来和我说了很多话。此后去联队本部前面搬送私人物品。

下午三点，各个中队进行了每月例行检查。安二君来我这里聊了一会天。现在前线要比后方的工作更加轻松。根据今天的命令，明天要检查军装，所以要去中队集合（穿外套，把毛毯装进行囊）。最近寒气逼人，浸透全身。下雪之后就更加冷了。

[栏外记事：和松崎准尉见面]

1月23日　周日　晴

今晨很早就开始准备军装检查，上午十点在中队集合。

此后去了第二机关枪队的松崎胜美准尉那里，路上碰到了第七中队的石井少尉。到松崎准尉那里大概走了一个小时，又遇到了××的××少尉，听说××××也在。还碰到了××××和××君，闲聊了很多。两人看起来都很健康，真是很幸运。回到中队后没有再发生其他的事，就休息了。

最近好像会有行动，要准备转移。

1月24日　周一　晴　寒风

早上九点二十分在大队集合检查军装。武器、革具、装具等物品都没有问题。下午三点接种了疫苗。今天和矢吹两人一起扎了营，从小队长室搬了过去。下午第一次负责做饭。晚上去了×小队和一治君、忠雄君两人聊了天然后回营。心情很好，直到十一点半上床。和矢吹两人都睡了个好觉。

1月25日　周二　晴

今天和矢吹两人一起闲逛。目前联队的行动好像要延期了，在全椒的长期警备非常轻松。久居为家，住的时间久了全椒城也变得令人留恋了。最近快要轮到我值勤了。和一治君、忠吉君三人一起去了第七中队辰实君那里谈天说地，直到晚上才回营。

1月26日　周三　晴　寒风

今天大队将要行军，所以凌晨五点起床，七点半在中队集合，八点去大队集合，九点出发。第十中队作为先头，第九中队在大队本部的后面跟着。路很难走，非常辛苦。向前走了二里路后开始返回。下午两点筋疲力尽，肚子也饿了，就回到中队喝了两杯中国酒，畅快了许多。晚饭后还配着酒吃了烤鸡，心情愉快地上床休息。至晚上十一点左右突然传来了明天上午十点半集合的命令。第三大队将比联队本部提前一天出发。联队终于要开始行动了。做好准备后凌晨两点入睡。今日往返行军四里。

［栏外记事：从全椒出发第一日］

1月27日　周四　晴

今天大队开始行动。上午十点半机枪队在斜坡上列队，接受了联队长两角业作大佐的训示（终于传来了我们所希望的行动命令。第三大队现在就向目的地出发，行军过程中要注意敌情，精神高度集中不要犯错）。联队长的训示结束后，大队长平少佐也进行了训示。十一点终于离开了全椒，开始行军。和昨天行军路线相同。今天预定抵达章小集并在那里宿营。下午五点抵达后马上开始准备晚饭。今天是第一天行军，路程大约四里半，但并没有感觉到累。我从今天开始被编入第二分队。

［栏外记事：第二日］

1月28日　周五　晴

今天早上七点要集合，五点半起床开始准备，八点出发往大马省方向前进。今天的行军路线大多是山间地带，所以多少有些疲劳。骑兵队在大马省前方突然和敌兵遭遇并进入了交战。此外没发生什么事情，开始追击敌军。

下午六点抵达了宿营地，行军约八里，脚又累又疼。

去准备晚饭。吃完饭后马上就寝以缓减疲劳。石田清、佐藤保、柳沼清二郎、五十岚佐美、高野武雄、铃木定雄、坂本大介伍长分队长在内共九人。

［栏外记事：第三日］

1月29日　周六　阴　下午降雪

今天仍是七点半集合，八点出发。主要是山路行军，大家都很疲劳，脚上都磨出了水泡。吃午饭的时候开始下雪，下午完全变成了雪天。山路降雪变得更加难走了，越来越累。今天和联队暂时会合后又继续前进，负责警戒左翼。雪下得不大，但确实给行军造成了障碍。晚上七点抵达了宿营地，估计行军里程在十里左右。路很难走，脚上起了水泡疼得不得了。行军第三天。

［栏外记事：老人厂的激战　第四日］

1月30日　晴

今天七点半集合，八点出发。雪比昨天更大了，脚也更疼了，累得不行。到达老人厂的时候，骑兵部队在街道上和敌兵遭遇，有四人阵亡：一名少尉、一名准尉、两名伍长、一名上等兵。今天没能抵达目的地，在老人厂与敌军交战。第九中队作为骑兵队的后援位于最前线，和骑兵队保持协作。街道上发生了火灾，敌兵非常顽强，故骑兵队发起了猛攻。

晚上十一点左右，我作为侦查队长前往骑兵队菅野小队，虽然下达了出发的命令，出发却暂时延迟了，故返回。

［栏外记事：旧历正月一日　猛攻老人厂　第五日］

1月31日　周一　晴

凌晨五点，依照小队长的命令，松崎侦查要员出发去和菅野小队联络，抵达老人厂南边的瞭望台并与菅野小队取得联络后，与第九中队的第一小队换了班。为了引导小队，我回到了小队的所在位置，带领他们负责警备。此处是敌前约一百米的地点，山炮也在此地完成了架设。上午十点左右开始攻击，山炮开火，骑兵和机枪也开火进入了交战。下午三点中队发起了总攻，第一小队前进至距离敌军四十米的一间房子后猛烈地向敌方开火，迫使部分敌军开始撤退。我和五十岚、版本、伊势、丹野站在最前面向敌兵开枪。结果丹野伍长、坂本当场阵亡，松崎一治、大内上等兵、吉田伍长、菅家上等兵、相田小队长等数人负伤。听说一治君身负重伤，让人非常难过。

［以下省略］

15　高桥光夫战地日记

所属：步兵第六十五联队第十一中队，第四次补充入伍
军阶：上等兵
住址：福岛县
职业：公司职员
收集来源：本人提供
日记情况：长 12.5cm，宽 8cm 的记事本。记事本中的部分内容有破损，某些地方有很多无法理解的语句。

---

10 月 16 日　雨

今天上午十点抵达营地，顺利接受体检后进入了此前的九中队第五中队①。中队长是会津若松佐藤部队，佐藤清部队。接受临时征召的人进入了第七之一，抑或是增派的充员征召。完成了部队划分之后，第七之一与增派部队将会被派往中国东北。

10 月 17 日

中队进行了小班的编成，领到了被服。今日全天都在班内。

10 月 18 日

凌晨五点起床。动员时上午做了体操，下午也做了。给班里发来了枪和鞋具等物。很多人说我们这些住在前列兵舍的人好像要留在本土守卫故乡，这让我感到非常遗憾。晚上九点熄灯。

10 月 19 日

凌晨五点。今天上午和下午都在武器库值班。领取了轻机枪和掷弹筒。下午保养了武器。

今天在后列兵舍举行了分列式。看到我们部队毫无杂念、威风凛凛地向前行进，感慨良多。

10 月 22 日

上午演习。下午去拜谒了饭盛山和陆军墓地。

10 月 23 日

上午演习。下午给××打电话。□□先生不在公司就给伯母打

---

① 原文如此。——译者注

电话把事情解决了。在大胜馆看了"日支事变"的新闻。

10 月 24 日

外出。新闻。

10 月 25 日

上午演习。下午演习。

10 月 26 日

学习了新的战斗方法。

10 月 27 日

上午和第十中队来的荒伍长演习。下午休息。

10 月 28 日、29 日

上午预演了明天的阅兵。下午整理内务。晚上市内灯展。

10 月 30 日

上午,留守司令官阁下的例行阅兵。我(有一行字无法识别)下士官,在陆军医院。下午回到班内。

10 月 31 日

上午训练刺刀技巧。下午外出。

11 月 1 日

上午军装。下午军装检查。

11 月 2 日

凌晨四点起床,七点四十八分出发前往宫城县王城寺原陆军演习所。在道路两旁欢送我们的人非常多。下午四点十分抵达中新田车站并在此后向演习地点进发，晚上七点三十分抵达。九点多就寝。演习地点在加美郡。

11月3日
上午和下午都在休整。

11月4日
上午和下午都是分队战斗训练。

11月5日
上午小队训练。夜间中队演习。

11月6日
早晨继续昨晚的演习。凌晨三点起床，去王城寺原西方。

11月7日
因为要攻击碉堡所以我们构筑了防御阵地。

11月8日
利用此前的碉堡进行防御。畑俊六大将巡视了演习地点。

11月9日
进行了两次碉堡攻击，在同一地点。

11月10日
上午演习。下午遭遇战。地点位于通往中新田方向道路西方约两千米处。

11月11日
凌晨四点起床前往三本木町方向。此后在王城寺原西方进行了遭遇战。下午一点结束后佐藤大佐进行了阅兵预演。部队在此次战斗中有五六人倒下。下午待在中队里。

下午收到了母亲寄来的信，还收到了××子的袜子。井上班长和须田君也收到了信。永山君在10月27日寄出的信里说了他在上海战斗中光荣负伤的事情。和母亲寄来的信装在同一个信封里，希望他振作起来继续加油。

8日、9日两天，中队四十二名奔赴前线的士兵接种了疫苗。王城寺宿舍的生活也只剩最后一天了。若从翁岛生活来看，不能说是太好。（一行字无法识别）演习也在今天结束了。

11月13日

12日凌晨两点半从古川町出发，下午四点离开宿舍，晚上九点二十九分在日和田町下车，立刻就投入了战斗。我们作为先头部队行军了一个半小时，随后撤退到本宫西北方的馆野宿营过夜。继而又开始行军，前往郡山西北的大槻村。晚上九点用饭盒做了晚餐。15日早晨出发，片平村。

等待开成山的战斗。乘坐下午四点四十分的火车从喜久田站出发，六点半左右抵达若松市。

11月16日

出征部队第三次接种疫苗。

11月17日

上午第四次接种疫苗。下午外出。

11月18日

上午做出征的准备。晚上八点离开兵营。

11月19日

上午和下午都在进行刺刀训练。

11月20日

得知我们即将出征。

11月21日

上午九点去医务室,接受了赴上海前的疫苗接种。

母亲、叔父母、本家的叔母都来看了我。

下午两点开始进行联队军装检查,进行了匍匐前进和防毒面具的练习,相当的(一行字无法识别)。

下午五点至九点临时外出,在米屋旅馆和母亲及同行者见了面。松枝上等兵的母亲在旁边的屋子里。

出征人员包含小队长共四十四人。

11月22日

上午九点离开营地,十点乘火车踏上征程。郡山、白河的公司同事都来送了我。

11月23日

透过火车车窗一路上看到了名古屋的名城,琵琶湖的风景。沿线各站家家户户都悬挂着日章旗。

滨名湖的风景与远山(不知其名)的白雪让人大饱眼福。

应该不久就要到京都站了。三点通过了大阪。此后会沿着须磨、明石一路前往广岛。

11月24日

凌晨一点二十九分抵达广岛站,三点十五分抵达宿舍所在地益宫。小队分成三组,我们和小队长共二十七人睡在一起。五点十分就寝。

九点左右起床,然后去了理发店。下午一点去陆军医院接受了第二次接种疫苗。在医院里看到了负伤士兵的惨状,不禁流下眼泪。晚上在宿舍和小队长等人喝酒,下山田准尉也来了。有四五个人去广岛市区喝酒了。

给江尻部长写了一封信。晚上的酒局很盛大。

11月25日

上午九点左右起床。

下午一点接种疫苗,此后去广岛市内闲逛。

11月26日

早上八点半起床。

下午一点接种疫苗,偶然碰到了永山清君。因为他还没有对家里人说自己负伤的事情,所以就通过我写了一封信寄去。

11月27日

早上七点起床,十点从宿舍出发。宿舍与宇品港相距约一里。休息一会后给公司拍了电报。

下午三点半搭上了排水量六千吨的海祥丸。

我们的宿舍是广岛市大手町八丁目二十番地　渡边政

女仆:春、雪。

宿舍的房东在出航前把我们送到了小船处。下午六点出发。

11 月 28 日

昨晚穿过了濑户内海，今早穿过丰后水道后于十点半到达了下关。休息三个小时后，下午一点再次向西进发。

山峰渐渐地消逝而去。

晚上跳起了各地庆祝盂兰盆节的舞蹈，一直持续到八点。

凌晨十二点左右浪高风急，船的摇晃变得剧烈了起来。

11 月 29 日

上午有很多人出现了晕船症状。

我没晕船。十二点左右，能够看到小岛在视野中逐渐变大了起来，那些是朝鲜半岛南端的小岛。晚上下起雨来。

11 月 30 日

天亮后仍在海上。晚上十点左右能看到很多灯光。

12 月 1 日

早上又看不到陆地了。但八点左右看到了一艘驱逐舰和四架飞机。九点左右抵达能够望见吴淞的位置抛了锚。左边是上海，右边在视野所及范围之内是一望无垠的大陆。江水是黄色的。

有三四十艘日本汽船在长江上游弋。飞过了四架飞机。

在停船状态中进入了黑夜。好像是炮舰在围着汽船巡逻。

船上有人拿着灯在打信号。

12 月 2 日

上午九点半有三架中国飞机飞临上空，第一次来了两架，分别坠落在我们后方两百米处和前方六百米处。

十一点半沿黄浦江开往上海。吴淞及其右岸的民居被炮弹毁得没了样子，冷冷清清的岸边有军队在执行任务。稍微高一点的楼房全都布满了弹痕，上面的烟囱等物也遭到了一定程度的破坏，完全是一副战地的惨景。

在距离上海市区两千米的地方停了船。入夜后灯火在黑夜中星星点点地闪烁着。似乎将于明天上午登陆。

下山田准尉带着酒来找我喝，时隔两日又喝到了酒。

12月3日

今早看到了江面上漂浮的中国人尸体。上午在吴淞登陆。昨晚好像有土匪的枪声并发生了战斗，一名士兵负伤。十点三十分登陆吴淞时去看了炮台。里面能看到中国人的尸体。虽说是炮台，但实际上已被破坏得完全没了样子。哪怕能看到一朵菊花也好啊。向上海行进六里，道路两旁全是尸体，能闻到尸臭味。下午三点从吴淞出发，九点半左右抵达了日本纺织公司宿舍。

12月4日 晴

深夜有飞机飞过，故实行了灯火管制。早饭用饭盒来做的。附近民居都已被毁得乱七八糟。下午去了趟上海日租界。

在租界里看到了日本人的身影，倍感亲切。街上只有军人和卡车。在日本人的点心店喝了一碗年糕小豆汤，花了十钱。有的东西，物价比日本高出了两倍到四倍。英国香烟很多，而且很便宜。要在上海杨树浦的大康厂大日本纺织工厂过两个晚上。在中国人住的地方给江尻部长寄了一封信。

明天早上七点五十分集合前往南翔。

附近到处都是被毁的民居，里面乱七八糟的。

15 高桥光夫战地日记

12月5日　晴

早上七点五十分从宿舍出发。穿过日租界后开往南翔。中国人的地区里所谓的房屋建筑已悉数被毁,无法用语言形容。离开上海市区后第一次看到了草木、旱田、水田。还有柳树、杉木、榉树等。在蚕豆和菠菜田里吃了午饭。野战炮、辎重部队等也和我们走在同一条路上。

下午六点抵达目的地南翔。中国的小孩竟然会用日语说"谢谢""再见""香烟"。在酒保那买到了啤酒等物。晚上吃完饭后八点就寝,但是冻得睡不着。

12月6日　晴

早上六点集合去昆山。路上全是尸体,风一吹满是臭味。

黑暗中从远方传来了狗吠声。去昆山路上看到的似乎是中国辎重兵的尸体,堆积如山。晚上七点半抵达目的地。第一次在中国的土地上看到了山脉。

12月7日　晴

早上八点从昆山出发。附近战场尚未清理,所以很脏乱。进入中国的湖泊沼泽地带,河沟纵横但水流平缓。今天士兵雇了中国苦力,让他们背了很多行李。下午六点抵达苏州。城墙又宽又大。我和××上等兵两人在二里路以前就坐上了汽车,提前进入了苏州。喝了啤酒后晕乎乎地走进宿舍。

今天凌晨一点南京被攻克了。晚上十二点上床睡觉。

12月8日　晴

六点从苏州出发去无锡,首次行军在中国的山岳地带。

12月9日 晴

今天早上七点抵达目的地。因昨晚非常疲劳,所以从十点到下午两点进行休整。在附近抓到狗的□,真是无事生非。

12月10日 晴

早上八点向青阳镇进发,沿途有很多中国人的尸体。今天因为有车运送物品,所以我们很轻松地就抵达了目的地。

下午六点住在一户看上去很不错的中国人家里,里面东西很齐全。第一次喝到了香酒。下山田准尉晚上来了。

12月11日 晴

早上八点出发,今天的车让人坐着很不舒服。每天都是晴天。途中因为车出了故障,比大部队慢了一些。到达常州城是八点。

因为宗川上等兵给我们煮了饭,所以刚一抵达就吃饭了。

12月12日 晴

早上七点出发,坐车去丹阳。坐在辎重部队的车上时常能看到附近的小山。从南京城东南方向一角进入了南京,预计在明天抵达部队本部。□□□□我因为腿脚的原因想找车坐,但没有找到。所以就住在了堀内汽车队。本队应该是在丹阳宿营。

12月13日

早上八点五十分从常州出发,乘车。途中第一次拜见了第十六联队的军旗。上午十一点三十分抵达镇江。入城后发现附近有很多防御阵地。下午六点左右本队也到了。镇江有《读卖新闻》和《新潟新闻》的记者。

12月14日

早上八点，部队在城内中心集合，沿着去南京的铁道一路进发。走了三里多，于下午四点抵达高资。去附近的村庄征收了晚上和明天的粮食。

12月15日

早上八点出发。昨天在宿舍里看到了战地的风景，明亮的月光投射在三面墙上，真是难以形容的景色。

下午四点抵达龙潭，途中杀了两个中国人。今天也去了一里开外的当地村庄，收缴了晚上和明天的粮食，联队所需的食物也弄到了。途中一面是水乡□月，一面是小河美景。让中国人背着征来的东西，我扛着步枪遥望着故乡，这也算是战场一景吧。晚上在一处不知名的工厂里宿营。

12月16日

早上八点半出发，下午两点左右抵达东流。晚上出任分队的卫兵，非常寒冷。

12月17日

早上八点半出发，本田上等兵把枪弄丢了。下午四点抵达了本队，在联队本部所在地度过了一夜。

12月18日 雪 很冷

早上八点半列队集合，各中队进行重编。十二点，我被编入第十一中队，有二十二名第四次补充入伍的士兵。本想在此之后去南京参观，但结果未能如愿。

下午去收拾了被联队处决的将近两万五千名俘虏的尸体。

南京大屠杀

12月19日

今天在中队所在地加入分队,第一小队的第二分队。上午去了昨天的地方收拾尸体。今天又杀了大约十六个残兵。

12月20日

今天早饭后成为分队的士兵。一整天。

12月21日

早上六点十分出发,下午六点左右抵达目的地。八点左右渡过长江,看到了对岸的阵地。枣树结出了硕果。

行军一里半后停止,在一处小村里宿营。

12月22日 津浦线上某村

早上八点四十分出发,下午四点到达。沿途一片广阔的原野。在城外的一个村庄宿营。这里未受战火蹂躏,很平静。但我感觉中国兵已经干过些骚扰劫掠的事情了。这里的生活完全就是战地的气氛。村民很欢迎日本兵,没有出现什么异常的情况。凌晨一点半左右入睡。

12月23日

早上开始就是阴沉沉的,此后久违地下了雨。九点左右起床,似乎部队会在此地长期宿营。这里也有中国人。他们的住所里有时会有字画。分队里的老兵人都很好,心情很愉快。

12月24日 阴转晴

今天上午十点集合,要去西边挖掘战壕。下午六点返回。

晚饭吃到了肉,很好吃。

12月25日　晴

上午九点半集合，去东南方向的高地挖掘战壕，下午三点回到宿舍。今天猪苗代的××伤愈归队，被编入分队。战友有贺君因为头疼很早就休息了。我从联队出发□来洗衣服。有飞机在天空盘旋了两次。此地的一些中国人究竟到什么地方去了？

12月26日

上午在宿舍，为下午一点变更宿舍做准备。

估计此前的宿舍是□□师范学校老师的家吧。

12月27日　晴

上午九点半集合去挖掘散兵壕。下午两点结束。回去后便立即打扫宿舍内外的卫生。包裹好像已经送到中队事务室了。

12月28日　雨雪

上午打扫宿舍，下午两点集合。来这里三天时间挖好的战壕再向前走三百米便是小队前哨。分队是下士哨。傍晚下起了初雪，到了早晨变得非常寒冷。最初在精神上是有些紧张的，但早上慢慢又舒缓了下来。

12月29日

到早上为止，面前的房子已经被烧掉了五六栋。下午两点打了份报告，想申请一些日用品。

今天上午十点部队集合，在全椒镇的中学里举行了两角部队阵亡者的慰灵祭。不过我们没去。中队里会做花圈的人都被叫过去了。今天吃晚饭的时候欣赏了附近风景。远方传来了很大的声音，好像是在唱着《小原节》。同时又传来了刮锅灰、淘米的声音。分队的任务结束了，所以大家能够高兴地在一起吃饭。

今天第一次有车从南京来到全椒，但飞机没有来。

现在和附近的中国人混熟了。对面的小女孩很漂亮。我们去了距离部队一里多远的地方，征收了一些鸡和猪。如果"姑娘漂亮漂亮地，睡觉睡觉地，是挺好"①，但遭其反抗被身旁的利器之类扎到可就没意思了。今天分队又来了一个叫斋藤的负伤者。以前被派到分队的×××跟青木元弥比较熟悉，所以如果回去了一定要好好问问他。这个小村大约有三万人。

12月30日　阴

上午有掷弹筒的训练。下午三人去征收蔬菜，弄了很多。

晚上，中队事务室前面需要有人持枪负责前哨，我们去了。

12月31日　阴

凌晨一点左右有情报传来，一〇四联队前方的敌军正从北面向我们部队袭来。所以部队立即严密戒备了起来。据报告说，敌兵大约有一千人。准备正月的元旦。下午做了丰盛的晚饭，猪肉烧胡萝卜，久违地喝到了日本酒。

昭和13年（1938）

1月1日

早上七点三十分列队，去西南方向的高地举行元旦仪式。朝军旗敬礼，面向万里无云的东方三呼万岁，感激地祈望皇室繁荣昌

---

① 原著中用日文注音标记出来的蹩脚汉语。——译者注

盛。恰在此时，太阳从旷野的那头升了起来，照在步哨上泛出的影子着实雄壮，难以用语言形容。这轮红日，不是中国土地上的红日而是从日本的土地上升起的。

此时联队长两角业作队长正号召大家抬头望着初升的红日。我的心中仿佛也升起了太阳。与此同时日章旗迎风招展，上面写着伊佐须美大明神的字样。第六十五联队响起了万岁之声。

下午由我们负责做饭。

今天齐藤分队长在我们的宿舍里唱歌，直到将近深夜三点。

1月2日

今年我的一生将要过半，在此地迎来了这一时刻。但余生的旅途尚无定数。昨晚似乎是第五次补充兵抵达了中队。

上午和下午都在值勤放哨。入夜后有五架不明战机经过了南京上空，所以我们提高了警惕。

1月3日

上午接受了关于使用轻机枪的指导。下午两点我去下士哨站岗。今天因为分队负责步哨警备工作，所以我虽然值勤却感觉非常轻松，是步哨岗。早上联队长来视察了。

1月4日

下午两点给第十中队传令，回到宿舍后第一次收到了慰问袋。两个人一袋。日本钢管的负责人山田伊三郎先生来了。

神奈川县川崎市日本钢管有限公司

第五次补充兵加入了中队，其中有两人分到了我们分队。

1月5日

上午无事发生。下午两点我去值勤，给大家分发物资。

根据情报，在一里半开外的地方有大约五十名残兵。所以中队派了第二小队过去，八点半才回来。我拿到了中队配发的物品。又和其他四人外出去征收东西。傍晚返回。

1月6日

上午有值勤，但在宿舍里休息。下午值勤警备。晚上在事务室门前放哨。正如我所预料的那样，晚上失眠了。

1月7日

上午听说有飞机会从南京方向而来，所以部队都做好了准备。下午去把中队的马牵了回来。分队分到了六匹。

1月8日

上午九点半集合，在高地进行了陆军分列式。

下午下达了中队对十八名士兵进行编制的命令。

晚上做了油炸食物。我把永山清君和元弥君的信给烧了。关于此事，回去之后我必须要和元弥君、清君解释并致歉。

1月9日

上午无事发生。下午两点接到了警戒山地的任务，但今天我们小哨的位置在山脚下。晚上十点去执行每周立哨时发现第三下士哨被烧掉了。今夜无风，但严寒依然渗入身体。

1月10日

上午有三架敌机飞过。下午两点去值勤警备。

下午四点抵达步哨线的警备地点，进行了演习。因为昨夜太过疲劳，今晚很早就睡了。

1月11日　晴

上午无事。下午第一次去了中国人□蒸澡店。晚上发的日本酒真是美味。约有一合，太让人高兴了。

1月12日　阴寒

上午十点起床。

下午我们在八二高地挖掘战壕，非常冷。中队长也去了。

1月13日　寒

今天早上开始稀稀落落地下了一天雪。上午把宿舍内外打扫了一遍。下午什么都没做，无所事事地度过了。分队长和××外出，抓了三只鸡回来。今夜也很早就睡下了。

1月14日　晴、暖

昨天写给广岛旅馆的明信片发出去了。下午进行了轻机枪的训练。晚上在分队长室喝了小豆汤。第二次配发给养时，每人发了半条鲷鱼。第三次的给养每人发了两双袜子。广田先生从12日起加入了我们分队。

1月15日

早上六点起床，七点半中队集合，八点半出发去支援大队的工兵队。三点左右抵达桥梁处的部队并且进入了宿舍。两个小队住在一户人家里。铺了些稻草用来睡觉。

1月16日 晴

上午九点，工兵队开始架设桥梁。下午一点半小方山的山脚下传来了轻机枪的声音。和敌军约两个中队规模的兵力交战，第九中队有六人阵亡。我们中队前去支援但还没与对方交火就又撤了回来。第九中队为了把死在敌军阵地的战友遗体收回，今晚又派出了第五次补充入伍的一名下士官和两名上等兵前去。

晚上七点左右和汽车队一起去了全椒。第三机枪小队和联队炮也共同回到了小河一线我们所在的村庄。

1月17日 雨

上午和工兵队一起执行任务。能够看到昨天的残敌仍在距此八百米的山上。

1月18日 雨

上午去协助了工兵队的作业。下午去大队本部领取弹药。晚上六点左右去回收九中队、十二中队阵亡者的遗体但并未成行，因此大队将会返回全椒。又回到了宿舍。琵琶，本能□。

1月19日 雨

凌晨五点起床，六点半集合去回收昨晚阵亡者的遗体。

雨大风大，道路险阻。赶往前方村庄的路途真是艰辛。不过第九中队顺利地完成了遗体回收任务，没有遭受任何损失。

十二点二十分从□□出发，下午四点抵达全椒。今晚伙食里有汤、蘑菇、中国的油炸食品等。有一段时间没吃了，不错。

1月20日 雪

上午九点接到去山上步哨站岗的命令，晚上站岗。站在瞭望哨上感觉很冷。第一分队和第三分队的两名××也来帮忙了。

1月21日 雪、晴

原以为上午要走,但结果一直站岗到下午两点。回到宿舍里休息了一会,整理了武器。有贺从大行李部队给我送来了白砂糖。这两三天的伙食都很不错,不愧是战时下发的物资。每天都能喝到一合酒,食物也很丰盛,真的是太好了。

1月22日 晴

上午洗了个澡。下午一点是每月例行的身体检查。夜晚悄无声息地过去了。其他班的人在赌博。

配发了袜子和手套等物。让中国孩子读了遍中国的儿童读物,听其发音。我想稍微研究一下汉语。

1月23日 晴

凌晨三点到四点,担任中队的枪前哨。下午准备军装检查。

下午四点军装检查,不知不觉就结束了。晚上收到了天皇下赐的四支香烟。去了夜麻原准尉那里,工作到十二点。

1月24日

上午九点半列队,在大队进行了军装检查。下午一点整队去山上的第一下士哨站岗,共有八人。

昨晚也听到了前方传来的密集枪声。××、有贺、星、广田、贺藤、××、佐藤。

1月25日

上午,后备第十一师团的军官和下士官来了。下午两点,去第十中队执行任务。返回后马上接受了疫苗接种。把军鞋拿到事务室去。第一班今晚在玩赌博游戏。因为昨晚比较累,所以今天很早就睡了。27日好像要转移到其他地方去。

1月26日

早上八点集合,向小收子的方向前进。行军约三里后返回。大队行军。果然跟随的分队也回来了。下午一点半洗衣服。

1月27日　多云

上午十点二十分集合,十一点五十分从全椒出发。久违的行军让腿脚开始发疼发麻。下午五点抵达小收子。似乎这个村子在两天前还有两百多名敌兵。我们分队的人很早就睡了。

1月28日

早上七点集合,黑泽君因为要做饭在两点就被叫醒了,但似乎是弄错了时间。五点起床,八点左右出发。十一点十五分以前,我们作为先头部队曾与敌兵发生过遭遇。率先开进城内时,敌兵有两三百人,虽然有子弹飞来但马上就停止了,所以并没有阻碍中队的前进。我们分队派出的侦察员有黑泽君、××君,第一分队派出了××君、吉田君两人。在一里开外与本队汇合后又继续前进了一里路。第十二中队在距离本队五百米的地点遭到了约五百名敌兵的袭击,傍晚才来会合。今晚十一点到十点①作为枪前哨值勤。晚上很冷,水壶里的水都结冰了。十二点就寝。

---

① 原文如此。——译者注

1月29日　阴、雪

早上八点从冯下镇出发，穿过山岳地带。在一天时间里群山便逐渐远去了。我估计走了八里多路。下午在雪中行军，相当的艰难。能听到山炮的声音。我把轻机枪扛来了。傍晚六点抵达了宿舍，真是典型的深山行军。

1月30日

早上八点二十分出发，今天的道路因为昨天的降雨变得更加恶劣了。下午六点抵达老人舍。骑兵队和敌兵展开了交战，有人战死或负伤。敌兵今晚并没有逃走，枪林弹雨。因为喝酒喝醉，所以我们稍微有些□。

1月31日

今天早晨也有敌弹飞来，所以部队前往定远的时间被迟滞了。好像第十二中队作为先头部队出发了。敌兵一直向我们猛烈射击，但四点左右有一部分撤退了。此时友军的重机枪、轻机枪和山炮开始猛烈还击，直到傍晚才稍稍停歇。

［以下省略］

16　菅野嘉雄战地日记

所属：步兵第六十五联队联队炮中队，编成

军阶：一等兵

住址：福岛县

职业：公司职员

收集来源：本人赠予

日记情况：长 16cm，宽 10cm 的记事本。内容区分为"战斗详报"和"战地日记"两部分。"战斗详报"纵向书写，"战地日记"横向书写。本书将格式统一。日记的后半部分混合使用了日语平假名和片假名。日记中多处盖有纪念印章，导致不少文字难以判读。在"战斗详报"中还夹有战斗地图，大部分与上海战役相关。因与南京之战关系不大，故将其省略。

战斗详报

步六五作命第二六号　十月十五日下午两点

步兵六五命令　　　于蔡宁宅

1. R奉命进入山田部队指挥之下。

2. 各部队立即撤离营地，下午五点二十分前按如下命令集合。

将荻泾河作为前线，Ⅱ♂♀Ⅲ（欠）一小队

联队机枪、联队火炮Ⅲ之一小队

3. 各部队吃过晚饭后携带早饭出行。

4. 下午五点二十分以前。荻泾河上有桥。

注意：各部队需留断后人员，准备完成后共赴王家桥。

一、基于上述命令直接进行了出动准备，下午五点二十分以前集结于上海路，R进入行军序列。

二、晚上八点四十分领受R下达的命令（于王家桥）。

R*i*A占领了橹网湾东南面附近阵地，须准备向三家村至孟家宅附近一线实施射击以支援I的进攻。

三、须在明日拂晓之前全部进入阵地。

基于该命令，中队长率领下属要员于晚上十点对阵地进行了侦察，并在凌晨三点以前构筑了阵地。如下述情况占领阵地后于凌晨五点前全部开入阵地。

四、10月16日至17日的战斗如下图所示。

战斗行动未受妨碍。使用弹药六十五发。负伤一名，上等兵。

［图示省略］

命令（十月十七日下午一点三十分，橹网湾）

一、R须以下午两点为限，自下述前线地区向老陆宅突进。

二、RiA在目前地点主要负责消灭孟家宅西北方面地区及三家村东南角附近出现的敌军重火器。

基于该命令直接向该方向实施了射击并发动了炮击，促使孟家宅之敌暂时停止了射击，进而遭受了毁灭性的打击。如下图所示，我方使用了大量弹药。

一、十月十八日早上七点三十分，R依然打算继续攻击老陆宅附近之敌。RiA接到了支援I之进攻的命令。

二、十月十八日至十月二十日的战斗概要如下图所示。

［图示省略］

（三）十月十八日晚上八点接到R的下列命令

作命第六号　　十月十八日晚上八点，橹网湾

步兵第六十五联队命令

一、友军情况已记于师团命令中。

二、联队（配属部队未变）将作为左翼前锋部队于明日即十九日下午一点攻占老陆宅。

三、第一大队（配属部队未变）完成诸项准备后于下午一点开始实施炮击并向老陆宅之敌发起攻击。

四、第二大队（配属部队未变，缺一中队）仍须向孟家宅敌方阵地持续实施迫近作业。

五、步兵炮、联队机枪、联队炮部队的任务今日不变，尤其是

联队机枪队应负责协助第二中队之突击。

六、配属炮兵中队之任务今日亦同。

但在第二中队突击时须协助消灭孟家宅西北地区和老陆宅东侧出现之敌军自行火炮部队。

七、工兵队任务今日亦同。

左翼队长：两角大佐

下达方法：口头传达命令概要后下达纸面印刷文件

（四）10月19日上午十点负伤士兵一名，直接送往野战医院

步六十五R命令10月20日晚上八点半，橹网湾

一、敌情尚无变化。

二、在上述前线，R得到了二十四架飞机的支援并于下午一点继续向三家村方向发起了进攻。R将依然出动主力夺取老陆宅南部。

三、I须尽全力攻克老陆宅南部地区及其东侧。

四、II仍须攻击后巷之敌。

五、其余部队须继续执行此前任务。

基于上述命令，仍如此前几日一样实施了射击，但因所携弹药之限出现弹药紧张情况。故立即令弹药小队前往张家角进行补给。上午九点补充完成后，计划于明日拂晓实施炮击。但上午十点左右，敌军四处隐蔽的MG被消灭了，故进而向老陆宅南部地区新出现的敌军MG展开炮击。下午三点半，敌兵火力减弱。在对敌情进行监视时夜幕降临。

六、本日上午九点接到了继续执行任务的命令。

一、十月二十二日下午六点接到下列命令概要。

RiA 须将阵地转移至三家村南面河沟附近，并向老陆宅附近实施射击。

基于该命令，小队长立即对阵地进行了侦察并带领要员于晚上七点构筑阵地，十二点按下图所示转移了阵地（一分队）。

二、十月二十日至二十四日的战斗概要如下图所示。

使用弹药一百一十发

[图示省略]

在此次战斗中，观测班曾发来了关于消灭老陆宅北部地区出现之敌的情况报告，故派出侦察兵前进至阵地前方五十米处观察情况，发现因其掩体被毁，敌兵已向老陆宅南部地区实施了转移。据此开始变更射击方向并重启了炮击。

十月二十四日下午两点零五分领受了下列命令。

一、敌兵正在逐次撤退。

二、R 将向八家桥挺进。

三、Ⅲ 担任右翼前锋。

Ⅱ 将进攻三家村、马家宅、八家桥之敌。

四、RiA 将阵地转移至三家村东侧，自陆家桥向马家宅方面射击，主要任务是掩护 Ⅱ 之前进。

◎基于上述命令，中队长决定利用夜幕转移阵地，并在晚上七点以后命令相关人员构筑了阵地。至晚上八点左右遭到了敌军迫击炮的集中攻击而暂时停止了作业。晚上十点作业重启。

16 菅野嘉雄战地日记

虽因迫击炮的袭击而屡次停止作业，但仍排除万难于凌晨两点左右完成。其间一名一等兵阵亡，轻伤五六名（但无碍作战）。进而令观测班前往阵地前方五十米处进行侦察，以便在次日拂晓实施射击。且，二十二日外出的分队部分成员被召回担任主力位置。

十月二十六日，友军欲确保陆家桥阵地，为对其支援向扬泾河对岸之敌实施了炮击。同日下午六点半以后又对马家宅实施了扬泾河渡河掩护射击。另，下午两点零八分负责传令的一名一等兵阵亡。本日虽主要负责向马家宅、张家宅、陆家桥附近实施炮击，但遗憾的是缺少乍榴弹补给，只能以榴霰弹保持炮击。

二十七日上午，令下士官侦察员前往三家村四周观察敌情。

中午十二点半为Ⅲ的渡河实施了掩护射击。同日下午五点半左右，向马家宅东南角实施了五六发榴弹射击，引发了小规模火情，故暂时停止射击后趁夜撤回。

二十八日上午在此前阵地开始向张家宅面前之敌发起炮击。

下午三点半以后朝马家宅方向为Ⅲ的冲锋实施了掩护射击。同日晚间十点左右接到下列命令。

1. 为歼敌军，R须渡过扬泾河，RiA向马家宅西侧约百米间实施猛烈射击以协助R在前线的渡河行动。攻击时间为明日即二十九日下午三点。若有晨雾则应在其消散后坚决发起冲锋。二十九日圆满完成诸项准备后，在下午三点的行动中用尽了全部弹药。

在此次战斗中有一名上等兵负伤（但无碍战斗）。

十月二十九日晚上十一点领受了 R 的下列命令。

　　　　　　R 命令十一月二十九日晚上十一点，马家宅东面

一、敌情并无显著变化。

中央部队在准备横渡扬泾河的同时亦需尽速扫荡岸边之敌。

二、虽然遗憾但 R 仍需在其前线与步兵第一〇四联队进行换防交接，令其第一大队（缺一中队）出任旅团预备部队。

三、前线各部队在明日拂晓与一〇四联队切实完成换防之后，应按下述计划逐次完成集结。但 RiA、iA 部队应在协助步兵一〇四联队完成残敌扫荡任务后再返回 R。而且各部队须务必留下一部分兵力负责战场清理工作。

第一大队：橹网湾附近

R 主力部队：王家桥附近

四、各部队在完成集结后须尽速整理队伍并调查阵亡负伤者情况、整理战斗要报与战斗详报并充实其他装备，以备日后战斗。

五、我等将在马家宅东北方约三百米的河沟处与各部队完成换防交接后前往王家桥。

　　　　　　　　　　　　　　　　　　联队长：两角大佐

下达方法：将笔记交付各个大队，其他内容可让受命者撰写口述笔记。

十月二十五日、二十九日两天，白天至夜间的战斗情况如下图所示。

［图示省略］

基于上述命令，在步兵第一〇四联队扫荡残敌期间，R*i*A 于晚间十一点进入旅团直辖之下。

次日即三十日清晨，与步兵第一〇四联队长保持了密切联络，在其部队实施部署时，对张家宅前之敌实施了猛烈射击。结果张家宅之敌暂时停止了还击。掩护第一〇四联队进行部署的任务得以实现。

次日即三十一日上午九点至正午，小队长应老陆宅方面步兵一〇四*i*Ⅲ长官之邀，答应协助其完成对扬泾河以东地区残敌的扫荡。

同日下午一点，R*i*A 按照与第一〇四联队长的约定从所在位置撤离，将与联队主力部队会合。按旅团方面的命令于下午五点半抵达了联队主力集结地王家桥。

十月三十日、三十一日为止的战斗情况如下图所示。

［图示省略］

步六五作命第四九号

步兵六五命令概要　　十一月二日晚上七点三十分，刘家行

一、联队须作为左区队的右侧前锋稳固占领林家宅以南直至北梅宅一线地区并负责守卫。

二、联队炮中队须占领周王前附近阵地，并准备向北览沟与万年桥西侧地区实施集中炮击。

基于上述命令，十一月二日早上八点包括小队长在内的六人率先出发侦察地形，中队主力则在次日即三日上午八点离开王家宅，于上午十一点三十分抵达周王前。继而派遣部分兵力直接与前线的

Ⅲ进行联络,测定前往各主要地点之距离,以便在四日:

1. 准备试射的同时令主力构筑掩体并于晚间撤回。

2. 如下图所示攻占周王前阵地。

3. 进而在十一月四日早上六点后对阵地进行修补,此后重新测定距离。

4. 下午两点根据会报得知如下事项:

各部队在守备时应根据上述敌兵的动向及部队换防情况,观察其迫击炮位置与炮兵位置,每日下达严格命令并于早上六点至下午六点之间提交报告。

5. 十一月五日将下发武器与被服且进行检查。

6. 十一日上午十点接到下列命令.

一、RiA须尽速协助Ⅲ的战斗。

直接向战炮分队下令与其取得联络,上午十点三十五分向北览沟西侧开火。

发射弹数:榴弹九发

二、同日夜间三点三十分左右,位于前线的Ⅲ发来了请求:敌军有大股部队趁夜袭击了大队正面,须尽速实施射击予以阻止。故立即开火并接汇报称给敌方造成了重大打击。

七、继续前日工作,执行守卫任务。上午十点以后向北览沟西侧射击。

使用弹药十六发

八、晚上十点,位于前线的Ⅲ发来请求:周家宅前方二百米处有敌兵夜袭,须实施射击以阻止之。

同日十一点三十分再次发来前项请求。

使用弹数四发，战斗经过如下图所示。

［图示省略］

九、十一月八日继续此前工作，执行守卫任务。

十一月八日的人员如下所示：少尉一名、准尉一名、曹长一名、伍长五名、上等兵四十五名、炮兵上等兵六名、一等兵和二等兵六十四名、辎重兵一名、卫生上等兵两名、特务兵十一名，共计一百三十七名。

十、十一月九日继续此前工作，执行守卫任务。

包括宿营地在内的其他地带并无异常。

十一、十一月十日继续此前工作负责警备。夜间九点二十分，包括小队长在内的六人前往周家宅前方侦察，情况如下：

（一）敌军的迫击炮似乎从王家宅向其东南方向一千米处的小湾宅附近进行了转移。晚上九点三十分左右，目睹该地附近发出暗号"青玉"并向万年桥方向展开了炮击。

（二）其他方面无变化。

十二、11月11日继续此前工作负责警备。

敌情与此前大致相同。

十三、连续两日未发一弹。

十一月十一日弹药数量：榴弹一百六十五发。

十四、次日即十一月十二日凌晨三点，联队接到了早上六点半之前必须在上海路集结的命令。故按照命令于早上六点集结完毕并直接转入追击作战。

步六五作命十二月十二日晚上十一点三十分，仓头镇联队本部

步六五命令

一、作为我军主力位于前线的第十六师团、第九师团正分别向紫金山东北方向、南京东南面一线进兵并攻击敌军。

二、山田支队（以步兵六十五联队、骑兵第十七大队、BA、Ⅲ为主体）以攻克南京为目标，将于明日即十三日向乌龙山炮台东北方向的高地挺进。

三、联队（缺Ⅰ、Ⅱ，含BA第七中队传骑）将作为前锋追赶先遣大队。

四、Ⅱ的一中队（含MG一中队）作为尖兵，于明日即十三日上午八点三十分从宿营地出发。

五、其余各部队作为前卫本队，按照Ⅱ、R、RMG、BA的顺序于早上八点三十分之前在仓头镇西侧列队出动，沿途排列纵队，在尖兵后方约五百米处跟随其前进。

1. 基于上述命令，十二月十三日上午八点集合，进入行军序列，于晚上八点抵达马梅塘并整夜警戒。

晚上十一点三十分左右俘虏了敌方三名侦察军官，在进行各种审讯后移交联队本部。

2. 十二月十四日凌晨五点从马梅塘出发向乌龙山炮台前进，令先遣队第五中队占领该炮台并继续向幕府山前进。

3. 在观音门附近遭到了对岸七里方向的突然射击，故立即命令弹药小队长予以还击并在观音门东南面展开炮列，令其炮击欲渡过长江撤退的敌兵。击沉约六艘船只。

4. 此后，沿途扫荡残兵并抵达南部上元门。

5. 此次战斗中使用弹药数量五十六发。

6. 有一名士兵负伤。

7. 虏获武器：步枪约二百四十支、步枪子弹两千五百发、手枪十四把、手枪子弹二百四十发。

8. 观音门附近战斗要图如下所示。

［图示省略］

进攻南京时给敌方造成的损失及虏获物品：尸体五八七七四具、重炮一百零八门、迫击炮十三门、高射炮七门、轻机枪九百五十九挺、自动步枪一百三十六挺、步枪约七万支、弹药约八十万发。

昭和 12 年（1937）"日支事变"　战地日记

9 月 17 日

下午三点，电报发来了征召令。

9 月 19 日

下午一点入队，编入两角部队的斋藤部队。

住宿于荣町朝日汤小林喜一郎先生家中。

9 月 25 日

两角部队从东山出发，自本日起在部队中宿营。

10 月 1 日

会面日。

10 月 4 日

早上八点四十分从营门出发，十点三十八分自若松站启程。

10月5日

下午四点二十分抵达神户市小野滨车站。

10月6日

上午十一点乘坐五千六百吨的大田丸（每月租金六万元，每日消耗煤炭三十吨），于下午两点从神户启航。

10月7日

下午一点三十分穿过关门海峡，在玄海滩剧烈摇晃。

10月9日

抵达上海，停靠在吴淞。

10月10日

暴雨中在虬江码头登陆。在吴淞永安堡永安纺织工厂内宿营。

10月12日

下午两点三十分从永安堡出发，路况不佳，至月浦镇露营。

10月13日

路况愈发变差，穿过一片废墟后在联队集结地蔡宁宅露营。

10月14、15日

原地驻留。演习，并与熊君会面。

10月16日

下午五点出发，终于赶往前线。

10月17日

凌晨零点开始行动，将火炮安置在橹网湾东南坡上，与弹药小队部署在扬家沟。初次展开炮战，炮弹四处落下。

10月18日

整日整夜持续着老陆宅、马家宅的战斗。敌我炮声隆隆。

10月25日

第二次补充队抵达。阿部五郎君阵亡。

10月26日

早川喜二君阵亡。

10月27日

上海方面出现大规模火情，可见烟雾如云。

10月29日

为全歼敌军，联队将渡过扬泾河。奉命发起总攻，于下午三点正式开始。

10月30日

接到了在前线与第一〇四联队交接的命令，颇为遗憾地后退至李家宅。

10月31日

前去补给弹药，但只有弹药小队而已。

11月2日

原地驻留至今日，刚刚得知熊治君阵亡的消息。

11月3日

早上八点出发，前去守卫敌前的罗店镇西面地区。

战炮队位于周王前,弹药小队位于沈家桥。

11月4日
负责敌前警备。

11月12日
早上六点出发,接到发起追击的命令,前往罗店镇。遭遇空袭。傍晚后开始下雨,行军艰难。

11月13日
早上八点出发,在雨中背负弹药物资。在田间行军,看到了村庄里的居民。

11月14日
早上七点三十分出发,直到晚上十点半夜间行军结束。

11月15日
早上八点出发,一直行军导致脚痛。晚上又下起雨来。

11月16日
早上七点三十分出发,因大雨滂沱十分艰苦。征来水牛帮助背负行李,穿过了支塘镇。

11月17日
早上八点四十分出发,通过常熟镇。大雨导致行军更加艰难。分队里面的瘦马和水牛逐渐多了起来。

11月18日
上午九点出发,道路情况极差。通过了何村周行镇。

11 月 19 日

上午十点出发，暴雨倾盆。第一次看到西面出现了山峦。

11 月 20 日

在联队曾激战过的谢家桥镇附近宿营。今日仍是大雨。

11 月 21 日

上午九点出发，今日下雨。在港口镇宿营。

11 月 22 日

雨势渐止。上午九点出发，穿过顾山镇后在陈野镇宿营。

11 月 23 日

早上六点五十分出发，飘起了小雪。在长泾镇发生激战。

11 月 24 日

上午十一点三十分出发，在长泾镇征到了砂糖和点心。联队在城外集结并举行了军旗奉拜仪式。在长泾镇宿营。

11 月 25 日

早上六点二十分出发，天气不错，愉快行军。

11 月 26 日

天气转晴，大霜。上午十一点出发，通过祝塘镇、李家桥镇。

11 月 27 日

早上六点三十分出发，途径黄塘镇。行军距离不长，天气很好，令人愉快。

11月28日

晚上下了些雨。早上七点三十分出发,前去进攻江阴城。因与主干道相连,故看到了不少汽车、坦克穿行。久违地看到敌方炮弹飞来。在涂镇宿营。

11月29日

仍是好天气,晚上出发并在南闸镇宿营。

11月30日

前进距离不长,在江阴城外的村庄宿营。

12月1日

早上七点出发去领取了弹药,继而后撤。

12月2日

早上带着弹药启程,途中听闻江阴城已被攻克故开始急行军。上午九点三十分,联队光荣地第一个杀入城内。我们和弹药小队则于正午时分入城并在城内宿营。

12月3日

原地驻留。能好好地洗个澡,清洗衣物。高兴。

12月4日

下午一点向城外的北关转移,前往钓钟山山麓。

12月5日

去参观了江阴炮台,看到了三十三厘米火炮、高射炮等共计六十余门。自登陆中国以来首次看到了长江。

12 月 6 日

在钓钟山山麓举行了圣旨传达仪式。第三次补充队抵达。

12 月 7 日

联队于早上七点十分出发,我负责看管私人物品。此后于十二点起从□□□出发,途径夏港,在西□宿营。

12 月 8 日

早上八点从□□出发,因城中尚有火情,〇〇九点左右入城。

12 月 9 日

早上八点出发,与联队本部的□□兵四人一同穿过□阳前往镇江。

12 月 10 日

上午九点出发,于□□结束。下午五点左右进入镇江城内,第一次看到电灯。道路宽阔,建筑物宏伟。在大房子里过夜。

12 月 11 日

八点半出发,在□中与佐藤班长的征粮小队会合。自本日起将与本部而来的十一人分别。

12 月 12 日、13 日

早上八点半出发,沿大华山的山间铁路行军。穿过龙潭镇并在栖霞山附近的山间小村过夜。晚上抓到了三名敌方侦察军官。

12 月 14 日

凌晨五点出发,在天亮时先后俘虏了数名敌兵。攻占幕府山炮台后,于下午两点停止了战斗。把俘虏关进马厩后,在其前面的屋子里宿营并进行监管。俘虏数量约一万五千名。

12月15日

今天也抓到了俘虏,总计约达两万。

12月16日

明信片通过航空邮政送来。中午前后,谷地里的大火烧到了兵营,约半数被毁。傍晚后将部分俘虏拖出,到长江岸边枪毙。

12月17日

参加了南京的入城仪式,前所未有的盛大壮观。仪式于一点半开始。朝香宫殿下、松井司令官阁下检阅了部队。处决了剩余的俘虏约一万数千名。

12月18日

早上开始下起小雪,去处理被杀敌兵的尸体,臭气熏天。

12月19日

今日仍是处理敌兵残骸。但我缺席。

12月20日

上午十点出发,自中山码头乘船,在距浦口约四里处宿营。

12月21日

早上八点出发,在浦口休整。宿营地位于□□□村。

12月22日

早上八点半出发,□□□□抵达全椒镇。晚上□□□□。

12月23日

从本日开始□□□。

12 月 26 日

更换宿舍。师团举行了慰灵祭。共有两千五百五十七人、一千两百匹马阵亡。

12 月 29 日

联队的慰灵祭。联队阵亡人数为六百七十九人。

12 月 30、31 日

负责警备任务。

昭和 13 年（1938） 贺正

1 月 1 日

举行了新年遥拜仪式。我因感冒而□□。

1 月 2 日

虽是新年却卧床不起，感冒□□。

1 月 3 日

收到了大批书信。

1 月 4 日

第四分队的安部君去征粮却下落不明。举行敕谕奉读仪式。

1 月 5 日

全中队出动搜寻安部君等人下落。最终未果，可能已阵亡。

1 月 6 日、7 日

负责警备。

1月8日

举行了陆军阅兵仪式。

1月9日、15日

负责警备。

1月16日

有残敌袭击了正在修理道路的工兵,故联队不断派出增援部队前去扫荡。联队炮也接到了临时命令,对弹药进行了补充。

1月28日

在全椒待了约四十天。

17　近藤荣四郎战地日记

所属：山炮兵第十九联队第八中队，编成

军阶：伍长

住址：新潟县

职业：地方公务员

收集来源：家属提供

日记情况：长 11.5cm，宽 7.5cm 的记事本。纵向书写。

昭和12年（1937）

9月11日

抵达应征部队。十点前要抵达部队,提前了五分钟。和沼田同行。被编入第八中队。中队干部大部分是新潟人,很高兴。

马上开始动员准备。今晚在中队过夜,久违的在床上睡觉。

9月12日

从本日起入住西成町四丁目的宫崎先生家,很棒的地方。

每天都忙着同样的事情,连写日记的时间也没有。

9月24日

军装检查。但一直忙于中队事务,全天没有离开。

9月25日

完成了一天工作后返回中队。终于大概知道了出征日期,给出云屋打电话通知了一声。

得知有家人来看望我。回到宿舍后,分家的老爹和姐姐、××、××、××、××等,很多人都来了。因为还没吃晚饭,所以我请他们稍后再来。

九点左右他们再次赶来,在二楼聊了很长时间,直到十一点左右孩子犯困了为止。明天必须在两点左右起床。

9月26日

终于要出发了,凌晨两点起床准备,三点半在宿舍集合,五点前往停车场。车站来电话催促我们尽早过去。因为能见到大家所以很高兴。想到这可能是最后一次见到孩子,不禁流下眼泪。

再见了，希望你平安长大！

9月27日

凌晨五点抵达了神户小野滨站。下车后进入宿舍。

趁工作闲暇给大阪打了电话，得知收子也会来看我，非常高兴。一直想着"能见到吗？能见到吗？"，就这样到了傍晚五点左右她和田中两个人一起来了。但因为当时正在忙着工作有些腾不出时间。此后获得外出的许可，三人一起吃了晚饭。愉快的晚饭结束后他们送我回了宿舍。因为还剩了些时间，所以就又去城里散步。想到这可能是在日本的最后一夜，播下了思念的种子。

9月27日的晚上，在日本的最后一夜。

9月28日

凌晨五点起床出发。

因为领到了钢盔，所以尽快去拍了几张照片，四张三元。给收子一张，给家里寄了三张。另外又去拍了两张寄出。下午三点左右装载完毕，四点半登船，五点出航。恐怕这是最后站在日本的土地上了，想到这里我就感慨万千。没有人来送我，让我感到有一丝凄凉。至少收子能来送我就好了。

在铜锣声中剪断了彩带，神户港最终消失在黑暗之中。

9月29日

早晨，估计应该是沿着广岛在航行。九点半通过了关门海峡，就此也和九州、中国地区①告别了。

----

① 日本本州岛西部的鸟取、岛根、冈山、广岛、山口共五县组成的地区。——译者注

下午已经看不见日本的土地。到了傍晚,太阳西沉时开往中国的景色非常美丽。我们由六艘军舰护航前行。

9月30日

在右侧能看到朝鲜的济州岛。今天天气非常炎热,可能是靠近热带的缘故吧。船内炎热得似乎到了九十度。

我用川崎汽船赠送的明信片写了信,给收子也寄了一封。

很担心鞋子不够用。

10月1日

上午十一点半入港。自出港以来已经度过了六十六个半小时。在吴淞停泊后等待登陆的命令。写下了最后一封信,写给收子,另外还有其他四五封明信片。

每晚担心的是鞋子的事情。今晚一定要想办法解决掉。

10月2日

凌晨三点左右醒来,去把鞋子凑齐。勉强弄到一双,真是太好了。每天都能从口袋里看到真是令人欣慰。

下午四点为了设营乘小船先行出发了。

六点左右抵达上海,夜晚行走在如同死城般的上海。首先去兵站部吃了晚饭。然后去宿营地看了下宿舍和马厩。正巧此时发生了空袭,听到高射炮和机枪的声音。首先感受到了战争氛围。

忙来忙去,一直到两点左右才睡下。

10月3日

凌晨五点起床,为了做准备而前往埠头,早饭在这吃了。

昨天和渡边××重逢,今天又遇到了高桥××。真是倍感亲切。部队十点左右登陆，下午抵达。一直设营到傍晚才结束。

10月4日

今天休息了一天，为准备其他事情而留了下来。

此后，中队的马厩和宿舍转移了地点。午饭和其他后勤任务并不轻松。为明天做准备一直忙到十一点。

10月5日

在中队事务室睡了一觉，然后准备今天的射击预备演习。

仅中队战炮队首先调整角度对敌军目标实施了射击。每门十发，想必敌方已遭受到打击了吧。在路边睡下，心情很兴奋。

10月6日

终于要出发了。完成各种后勤工作后把行李捆好，出发准备完毕。晚上八点前往月浦镇，行军约六里。

途中十一点半突然遭到了敌军炮击。这是第一次遭遇炮弹袭击，有些惊慌失措。前后发生了两次共十发。我们中队有一匹马死了，另一匹负伤。第九中队有两名士兵负伤，死了一匹马。

行军一整夜，早上八点左右抵达。

在棉花田里建好了马厩，搭起营帐。此时却正好下雨了，让人头痛。没有水也让人为难。整夜都能听到前线的炮声。

10月7日 8日

在月浦镇东屯家宅驻留，雨水泥泞让人苦不堪言。

10月9日

今天天气稍稍转晴。因为没有下雨所以后勤工作也很顺利。分配的任务完成得比较快,太好了。听着炮声写着给家里和宫崎的信。这可能会是最后一封信了。整夜炮声都很猛烈。

10月10日

今天也下了雨。今天是接到动员令正好一个月的日子,值得纪念。中国方面或许是因为正逢蒋介石的生日①,攻击变得更加猛烈了。整夜枪炮声都没有停止过。

吃完晚饭到就寝前的一段时间,大家都在唱军歌,很热闹。

《露营之梦》这首歌营造了很好的气氛。

10月11日

今天是个值得珍惜的晴天,让人心情愉快。趁着工作的闲暇,给××的野泽姐和村长写了一封信。给家里的信在前天就已经寄出了。这或许是即将投入战斗前写的最后一封信。

10月12日

昨晚又下起了雨,让人有些担心。到了今晨却放晴了。调整了道路和马厩,这次泥水没怎么粘在鞋上了,真好。

10月13日

今天家里将迎来十三夜②了。在中国见到的明月和在国内所见的一样。不知道现在家里在做些什么?山岸准尉被派到步兵炮那边去做事,就问了他前线的情况,令我心潮澎湃。

---

① 日记作者将国民政府的"双十节"误认为是蒋介石生日。——译者注
② 即阴历的每月十三日晚上,尤其指阴历的九月十三日夜晚。——译者注

10月14日

晴天。早上有点冷，所以去马厩取来了毛毯盖上睡觉。

今天几乎都是"日本晴"，不，应该是中国式的好晴天。早上就在做出发准备。初次体验的一周营帐生活就此结束。

十二点半出发，开往二里外的李家纲。虽然有房屋但是非常脏，让人为难。分队扎帐篷宿营更好吧，至少比那些房屋要好。××伍长和渡边少尉在小声嘀咕着扎营的事情，大概发生了什么吧。因为有空袭，所以很早就睡觉了。这次因为在屋子里所以相当暖和。当然毛毯也盖着。

[栏外记事：李家纲]

10月15日

早上起床后立刻去南面的村子征收蔬菜。挂上刺刀，步枪上膛后一边警戒一边前行。这样紧张的氛围也不错。途中祭拜了阵亡者坟墓。我们是否也会遭此命运，只有神灵才知道吧。

幸运地找到了土豆和苎麻然后回去了。吃完早饭后再次去弄土豆，看到了三具尸体，但不是中国兵的。因为藁谷军曹生病，我就代行了曹长的职务。给养的事情交给了××一郎伍长。下午大队长对下士官以上的军官进行了训示。

10月16日 17日

两天都在李家纲宿营。

10月18日

下午一点收到了前进的命令。

向鲤鱼湾进发。我为了和大队联络先行出发了。

夜晚进入了战场并逐渐接近目的地。沿途有很多尸体，令人惊讶。平安地完成了引导中队的任务。冒着敌军的枪弹在工事里拼命地拉着驮马前进。但马被敌弹打死了。人没事。

晚上十二点返回后，发现是地地道道的"露营"，冻得睡不着觉。前线整夜都没有停止过射击。

［栏外记事：鲤鱼湾，胡家宅］

10月19日

中队期盼已久的交战开始了，敌军也意外地很顽强。

两军步兵大概相距七十米。下午休息，傍晚挖掘工事，遭到了敌军迫击炮的攻击。晚上在民居里入睡。

10月20日

上午没有交战。因为中队的给养没有顺利地配发到放列，所以午饭前回到了段列。在这边领取粮秣显得更加从容。

但是给养的质量很差，让人头痛。

10月21日

今天是父亲的忌日。最近不知为何，产生了父亲一直在身后保护着我的信念。给家里写了一封信。配给的米变少了，让人发愁。傍晚敌弹声消失了。一边说着"真像是暴风雨前的宁静啊"一边就入睡了。结果不幸言中，十点半左右敌兵以刘家行为目标发射了约一百发炮弹。马被打死了。因处于极度危险的境地，中队暂时撤到了安全地带。中队有六匹马受伤。无人负伤。

10月22日

有很多马因为敌军攻击而毙命或负伤，中队遭受了六匹马的损失。但是没有人受伤，让人庆幸。

因为刘家行很危险所以撤到了后方约五百米处的马场。整个上午都在撤退。据说我军已经通过反击夺取了新木桥，第一一六联队昨晚也到前线去参战了。

下午做好了在战壕中扎营的准备，如此一来就安全了。

去领取书信，结果把师团司令部错当联队本部了。

［栏外记事：二分大村上等兵］

10月23日

因为已经转移，炮弹变少了，是件好事。苦苦盼望的国内来信终于寄到。有两封是收子的信，非常高兴，写了回信。

10月24日 25日 26日

这几天的战壕生活非常单调。从早到晚。天明了我军攻击，到了夜晚敌军攻击，不知何时才会结束。今天去酒保买到了很久没吃的点心。

10月27日

同样是战壕生活，没有变化。

10月28日

凌晨传来了转移阵地的命令。所以四点起床，牵着驮马在六点前抵达了放列阵地。途中除了一匹马负伤外没有其他的事故。平安地转移了阵地后回到老宅。驮马队也是如此。今天也收到了收子的两封信，非常感谢。

10月28日　29日　30日

同样是战壕生活。

10月31日

上午十一点左右收到了变更阵地的命令，马上给驮炮马以外的预备马都装上了行李物资。不过有一些马粮被剩下了。

还领取了酒保里的物品。

傍晚之前占领了距离老宅约二里的小郁公庙阵地。把驮马牵到后方让其恢复体力。雨天行军很艰难，很艰难！！！汗！！！

11月1日

在徐家港度过了一晚，棉花床很温暖。

占领了张家宅阵地的中队继续追击撤退的敌军。因此不得不分掉酒保里的物品，也不得不提前做好变更阵地的准备。所以忙得不可开交。

11月2日

传来了命令：第三大队和第十三师团全部撤到后方休整，第八中队暂时留下来。真是遗憾。

但在下午三点半收到了撤退的命令，所以马上做好变更阵地的准备。熊上等兵先行出发去确认宿营地。出发的时候天还亮着，但到了刘家行后天就黑了，让人苦恼。去火烧场宿营的路上因为下雨而行动艰难。像这样艰苦的部队行军希望不要再有第二次。全身被雨浇透了。

11月3日

配发了庆祝明治节的酒和点心，举行了遥拜仪式。下午一点去徐家港联络粮秣事宜。和昨天一样在途中遭遇了机枪的狙击，但仍旧顺利完成了联络任务，真好。部队转移到谢村宿营。好像要在此地长期驻留，做好了事务方面的准备。

11月4日
在谢村寻找野战邮局。

11月5日
在谢村的事务工作开始了。
内容是战事名簿等。收到了来信。

11月6日
和昨天同样。
领取的面条不见了。下次得让杂役多加注意。射击猛烈。

11月7日
雨还在下，但看起来快要停了。在谢村宿营了三四天。晚上收到了步兵第六十五联队掩护炮击的请求。因为作用很大，所以每晚步兵方面发来的请求更多了。晚上有两次夜间炮击，但是一想到前线的战友，就感觉这种事算不得什么。

11月8日
今天时隔很久（一个月）用大缸洗了澡。洗去了自登陆上海以来的污垢。天气开始好转了，暂时会持续晴天的吧。
收到了康写来的信。
整理战事名簿和战地日记，今晚也为步兵实施了掩护炮击。
［栏外记事：值勤下士］

11月9日

天气虽然转晴但到了晚上很冷。和昨晚一样冷。整理战地日记并值勤下士，度过了一天。辎重车去上海取毛毯了。

晚上喝到了啤酒。

11月10日　11日

依然在谢村宿营。谢村的这个宿舍好像以前是饭馆。步兵联队炮和我们住在一起，让我们更有信心了。

11日是应召入伍满两个月的日子，也是理发日。高久来给我们剪了发。收到了收子和××的信。

11月12日

今天好像会转移阵地，所以从早晨就开始做准备工作。上午十点左右果然接到了转移阵地的命令。于是立即和中队一起出发。段列在约一小时后抵达了约二里外的北方（比罗店镇更北）某村庄。先行出发去和大队本部取得联络。久违地去了观测所，完全看不到敌兵的踪影。不巧傍晚开始下雨，身上被淋湿了。不过在民居里借宿，没什么大问题。舒服地做了一个温暖的梦。发鱼的时候，有一个分队的鱼不见了。下次必须要注意。

因为没有水井，只好用河沟里的水做饭。和樋口荣作君相遇，据说他在第一一六部队的联队炮。

11月13日

早上接到转移命令，立即做好了出发准备。六点三十分在路边集合。我作为大队本部的联络员，为了传达渡边少尉的军官侦察命令而先行出发。同时还负责侦察道路情况等。

虽然敌兵撤退了，但我军一直在后方追击，一点也不轻松。沿途的河沟、铁丝网、堑壕都妨碍了驮马的行走，绕了不少弯路。大概二里的路程走了四里。傍晚在枪弹声中抵达了宿营地。大队段列的一名士兵，以及中队的小山君负伤了。

这附近没有被中国军队破坏，能看见很多当地人。看到了抱着孩子的母亲，背着手的老人，因为害怕而哭泣的小孩。虽说是敌人但也觉得十分同情。抱着两个孩子的母亲身上有枪伤。不在战场是看不到这些光景的。

把冰糖给了孩子们，他们看起来很高兴。

11 月 14 日

接到了早上六点五十分之前出发的命令。我去和大队本部联络。过小桥时，马从石桥上掉了下去，装具都湿透了。下次必须注意。遇到了庄濑吉泽曹长，听闻高桥××君阵亡的消息。他在上海分别的时候明明还那么精神，唉，令人叹息。

石山的弟弟还健在。

听闻同村的阵亡者和负伤者如下。

阵亡：酒井××、小林××、高桥××、高桥××、小林×××（下落不明）。负伤：樋口××。

把阵地转移到一千米以外并架设好炮台后却又接到了转移的命令。此时粮草也到了，但因为没有配发的时间，必须马上出发，只好留下来看守粮草。佐藤××、伊藤××上等兵也留了下来，太好了。等了很久驮马也没有来，所以就边洗衣服边等。结果五十岚伍长过来传令：让中国人背送物资，尽可能地多带一些过去。于是便尽快在四点左右出发了。因为不知道部队目前所处具体位置，所以没能追上部队，和第六中队的段列一起在某村庄的民居宿营。行军约五里。

11月15日　八里

早上迟了一点，去追赶段列部队。把大米、罐头和味噌装在我的马上，开始行军。行军又行军。在路上遇到了多田上等兵、班长等三人。他们是因为马累倒了而来迎接我的。我正高兴地和他们说着话，却发现马被偷了，便立刻去追。隐约看到马时，部队却出发了。所以我晚了一个多小时才启程。一直行军到傍晚依然没有和部队取得联络，只好又和第六中队的段列住在一起。这次是一行八人，让人心里更加踏实了。但是因为宿营太早，好像已经落在了部队的末尾。所以又一直担心，睡不着觉。

残兵和孤独感都让人睡不好觉。

11月16日　八里

五点起床准备早饭。为了赶去给第六中队段列带路，就先行出发了。通过强行军追上了第二大队本队，而且还追上了第三大队的大行李部队。但是再往前就不知道还要走多久了，所以就在某个镇子上过夜。

途中能零零散散地看到一些残兵的尸体。听闻将会有如下任务：追击敌军到苏州，阻止其破坏通往南京的铁路。这虽然并不确实，但多少是有一些真实性的吧。令一些中国人给我们背了行李，若不服从就当场枪毙。这实属无可奈何，但到处都能看到尸体。行军途中也曾数次见到当场枪毙中国人的场景，真实地反映了战败国的惨状。吃了丸子等物，途中又征收了一些食物和砂糖。今天行军了约八里。

旁边有六十个中国男人和一个中国女人、一个女病人。烧了火。不知道他们内心是有多么的惊恐。

因为下雨非常疲劳,所以睡得很香。途中在学校休整时找了找教科书,发现了一些有意思的东西就带了两三册回去。

今天也和第六中队段列一起很早宿营。变成一行八人后,身体恢复得不错。但吃完晚饭躺下后仍因为内心担忧而无法入睡,整夜失眠。还担心马的事情。

11月17日

五点起床。虽然想和段列一起出发,但他们一直没有动身,所以只好先出发了。但即便出发了也很难前行,行程四里左右。部队一直在追击、追击。今天也没追上部队,在梅里镇住下。

寺院里有三个中国人,一个男人两个女人。他们说师团的所在地在支塘镇,也有说是梅里镇的,还有人说虎山镇。让人完全不知道要去哪里。和大队的大行李部队一起宿营。每天都能喝到糖水,真甜。今晚看到了河边的柳树,月下之景真不错。晚上和特务兵住在一起,安心地入睡了。

11月18日

今天仍是行军。不知道能否追上本队。马跌落到河里,炮也沉了进去,所以只好光着身子跳了进去。真是无法用语言形容的艰难行军。十一点左右逐渐赶上了第三大队段列,接下来就是寻找中队的段列了。

从14日起就和部队分开,在第五天终于追上了。高兴不已。立即把携带的罐头和味噌分发了。此后又给炮列送去,并汇报了情况。正好康家里寄来的栗子、冰糖和鱿鱼干送到了,但栗子发霉不能吃,有点可惜。鱿鱼干和冰糖很好吃。

那是10月11日寄出的包裹,已经过了一个月零一周的时间。下午休整,因为下雨,帐篷里睡觉很难受。

我军向敌军发起了猛烈的进攻。有流弹飞来。

11月19日

今天停留在同一个地点。仍有射击声。此后敌兵好像撤退了,听不到枪声。从大队的大行李部队领取了粮秣并配发下去。

雨没有停歇的迹象。

11月20日

终于接到了出发命令。

七点左右出发,今天也是行军一整天。但因为新开辟的道路情况很糟糕,人马都非常疲劳。可以说这是迄今为止未曾经历过的最糟糕路况。在野草茂盛的地方把马系起来便宿营了。雨依然在下,和步兵的大队本部在一起。

11月21日

父亲的忌日。来到战场后更加怀念父母的恩德。

今天仍是行军。但出乎意料,路况比昨天好。通过顾山镇后在前方的村里宿营。途中看到各个村庄都有被掠夺过的痕迹。每个村庄的火灾也是因此而起,杀人亦是如此。还能看到很多残兵和平民的尸体。在精米厂宿营,所以不缺米,既有糯米也有粳米。很讨厌中队干部的歪心眼,不过是一些小问题。

[栏外记事:今日霜降,非常冷]

17 近藤荣四郎战地日记

11月22日

今天原地驻留一天。上午各个分队派人去村里征收了东西。在一间民居里弄到了盐、酱油、甘薯等物，集中到一起。

下午洗过衣服后休息，分发了征来的物品。久违地泡了澡，因为有征来的衬衣所以不觉得冷了。不知道信已经送到收子那里了没有。明早六点在宿舍集合出发。真想在此地多待一段时间。

地点，陈家镇。

11月23日

早上七点出发。至上午十点行军约一里半，放列部队部署完毕后开始射击。敌军很近。

今天飘着雪花，更冷了。没有接到前进的命令就宿营了。因为敌军没有撤退所以无法按照预定计划前进。天气越来越冷。值勤，和卫兵轮换，还做了其他的事务工作。

11月24日

未接到出发命令暂时在田地中待着。十一点左右向某村庄前进。第二小队作为中队的先遣部队率先出发。我们下午出发，行军一里半后和敌军遭遇并展开了射击，敌方的攻击也很猛烈，第七中队和步兵炮部队都遭受了损失。只有第八中队毫发无损，但也非常危险。准备好宿营后，在稍微靠后的地方过夜。

11月25日

今天也出发行军。但途中的推进比较缓慢，仅前进了一里左右。傍晚出去寻找合适的设营地点，杀了一头猪，拿着后腿回来了。此后去宿营。第七中队的队长因设营之事非常辛苦，但最终找到了非常好的宿营地点,真是太好了。中队的六名基层军官今天也很安静,很好。第二小队因为是先遣部队,所以不在。

宿营地点是王田庄。

11 月 26 日

追击敌军,穿过了祝塘镇和黄塘镇。大部分时间都在行军。

11 月 27 日

今天仍是追击敌军。

昨天晚上因为受寒感冒,到了今晨身上变得很难受,忽冷忽热的。如果这个时候能休息下来,钻进被炉里出点汗的话应该马上就能好吧。但因为是在战场所以无法做到。只能接着行军。途中因为太过难受骑上了马。

11 月 28 日

今天感冒基本痊愈,行军也变得轻松了。早上本队和先遣小队会合后向江阴进发。久违的又看到了汽车。

这次要去进攻江阴。

在一个非常舒服的宿舍里住下了。

因为住过各种各样的地方,所以记忆也不太深刻。

11 月 29 日

沿大道向江阴前进。途中在南闸镇附近摆好了放列阵地。

江阴的敌军相当顽强,久违的遭到了敌军迫击炮的攻击。

为寻找适合段列的位置,到后方的村庄进行了侦查。继而出发去转移阵地。在南闸镇宿营。

11月30日

接到了支援一〇四步兵联队右翼部队的任务，所以要去和步兵队联络。在钱家桥附近设立阵地并实施了炮击。今天有较多的敌方炮弹飞来。途中遭到过机枪攻击。在某村庄扎营。

12月1日

早上接到转移阵地的命令便出发了。因为转移途中可能遭遇危险，我向中队长提出了不变更阵地继续炮击的意见。但此后因为接到了攻击江阴市南城门的任务，中队又进军了。

敌军的炮击前所未有地猛烈。原本预定今日进入江阴城，但貌似没有那么简单。

12月2日

进攻江阴城的行动告一段落。为进攻钟山，仅第一分队变更了阵地。我们作为引导先行出发。敌军的炮击已不再那么危险。

抵达板桥镇后没有接到其他的攻击命令，就继续朝着江阴城前进并于傍晚在江阴城外宿营。估计今天不会进城了。附近没有稻草，便在芦苇上睡下。攻陷江阴城。

12月3日

今天早晨将要出发时稻草屋着了火，差点烧到了马。幸好没发生什么事。出发。在钱家村宿营，久违的如此悠闲地宿营。晚上十点左右，中队基层军官的宿舍里起了火，一时间鸡飞狗跳，我的眼镜也因此丢失了，真是郁闷。一直警戒火势直到早晨。天气寒冷，必须多加小心。

12月4日

不知道是不是因为火灾的原因,早上仅中队基层军官转移到了后面的寺院。其理由是为了执行公务。

看来要在此地驻留两三天。泡了澡。

12月5日

久违地洗了衣服并整理内务。天气很好,领了粮秣等。

12月6日

配发了朝日香烟和牛奶糖。每天都能直接吃饭,非常感谢。

写信寄给家里。时隔一个月又给外、知野、猪狩、川田、大野、家持、收子等人寄去了明信片。在此次休息的时间里没能整理完给养传票。在此地泡了三次澡。明天终于要出发了。

12月7日

今天开始进一步向南京发起追击。首先经江阴直奔常州。从今天起可以骑马了,难得。

12月8日

今天仍追击敌军。系驾两千米后进入一条窄道。今天的行军比较轻松。在棺材边上睡觉真让人有些为难。但睡得很香。

12月9日

岩本××君和矢代上等兵(××)先行出发去设营。

因为他们骑马走得很急,我们未能跟上去。第九中队段列和下士官比较慢。通过宿营地并前进了一里半路程后,到了一个叫郭村的地方(六十五联队宿营地)便返回了。所以部队比设营的人更早抵达。作为设营者的任务没有完成，很抱歉。

各分队匆忙地分配了宿舍。

在一个有味噌和酱油的地方住了下来。

12月10日

今天的出发时间从七点五十分变更到了七点三十分。因此取消了设营者先行出发的任务。好像将会遭遇敌兵。今天的目的地是丹筒镇。

在目的地没有发现敌兵。此后经由师团一个叫作阵壁镇的目的地，赶到了镇江。意外地发现这是一个不错的城市，还有电灯，足以和上海相比。傍晚在城市一角宿营。正巧有浴缸，还有一些在中国很少见到的能让人放松心情的设备。晚饭前洗了澡，就连脚趾间的缝隙都洗得干干净净的。在长江边有处港口。

12月11日

第三大队的其他中队继续前进，仅第八中队接到了命令：为掩护第十一师团天谷支队横渡长江，须在东面的象山要塞附近展开射击。上午去征收马粮返回后直接出发。十一点后在要塞地带行军一里半并实施了射击。下午四点半左右再次出发，在昨晚的宿舍过夜。又泡了一次澡，内外都有雅座。今天的战斗感觉完全就像是演习。来了很多海军陆战队和军舰。

12月12日

早上，原以为会原地驻留却还是出发去追赶第三大队了。途中曾经过了第三大队的宿营地，很高兴。但没有休息的时间，晚上依然继续行军，一直到了仓头镇附近。正准备去设营却听说又要行军。所以没有着手设营任务就返回了。

南京大屠杀

12月13日

第十三师团依旧在向前推进。今天在某村庄设营时突然接到了前方情况突变的情报，遂勉强完成了设营任务。寒家巷。

只有今晚的设营工作让人满意。还有五六里就要接近南京了，敌兵近在眼前。不知道通过明天的战斗能否进入南京城。明天的出发时间是凌晨四点半，接到命令：和侦察军官一同前往。

12月14日

凌晨四点起床，安置好马鞍后立即出发。道路昏暗，天气寒冷。前进过程中在八点左右遇到了一个团的敌军来投降，真是战败者的悲哀。解除武装后他们难得地睁大了眼睛。此后更是有好几个团来投，将近有三千人。用步枪和轻机枪射击长江上乘船逃跑的敌兵很有意思。南京也已近在眼前。望着南京城的同时有一个团的敌军下马来投，这样的感觉挺不错的。在南京牧场宿营，敌兵中还混杂着女人的身影。

12月15日

没有出发命令。上午有谕旨和训示的传达仪式。

下午去征收大米，幸运的是南京这边有不少，用六匹马运了回来。那里好像是中国工兵的材料堆积地。

12月16日

上午整理给养传票。因已时隔一个月，所以花了很多时间。

下午得到了参观南京城的许可，我骑着马威风凛凛地出发了。正好有个展示会，所以就在粮食店征收了各种洋酒返回。结果很愉快地喝得酩酊大醉。

傍晚，关押两万俘虏的地方发生了火灾，便前去和负责警戒的中队士兵交班。最终接到了本日之内将两万俘虏的三分之一，也就是七千人带到长江江畔处决的决定。我去护卫。在全部都处决完毕后，又用刺刀把幸存者捅死。

今天是旧历14日，皎洁的月亮悬挂在山头。临死前的呻吟声真是悲惨至极。这般场景即便在战场上也是难以见到的。九点半左右回到了宿舍。这是我一生都无法忘记的光景。

12月17日

今天也是我一生无法忘记的日子。参加了南京入城仪式。上午九点出发，中队一半的人都去了。能参加入城仪式真是我的幸运。下午一点半开始在道路两旁列队集合。松井司令官进行了阅兵，其他还有很多参谋和幕僚，让人惊喜。傍晚一边征收物资一边回到宿舍。正好野战邮局也开了，所以给家里、公司、家乡、康以及收子写了信。去盖了纪念邮戳。

12月18日

今天仍未接到出发命令。今天也（以下无记述）。

12月19日

整理给养传票后提交给了大队本部。
下午为准备渡河前往港口。天气很冷，让人困扰。
明天终于要渡河进军了。

12月20日

凌晨四点起床准备出发。因为马都放出去了让我有点慌张，但幸好都在。先行赶往港口去装载门桥和驳船，十分钟后抵达，发现这些工作相当费事，花了不少时间。中队在下午两点左右全部到达完毕。大队前往宿营地，行程大约一里半。在浦口镇宿营，久违地吃到了中国梨。

路边有一处像狗屋大小的房子，让我惊讶得不得了。

12月21日

父亲的忌日。来到战场后一直没有忘记父亲的忌日，不可思议。父亲啊，请保佑我吧！行军返回了联队。

12月22日

为了设营先行出发。今天第三大队应该会返回在滁县的联队。为了联络设营的事情去了滁县，然后折返并在旦子街宿营。很不幸，轮到我设营时净是些这种事，郁闷。

12月23日

命令要求我们九点半出发。正在洗手套时接到了先行出发设营的任务，便急急忙忙地出发了。和联队设营的人一起行动，途中抵达乌衣街后也没找到合适的宿营地。联队长难得地亲自指挥设营。在一千米外南方的山上有一个很大的建筑，所以决定将联队的第二、三大队安排在那里宿营。虽然有些狭小，却是一个比较不错的地方。时隔几日又下雨了，下得很大，让人厌恶。

12月24日　25日　26日

书信和报纸送到了。

12月27日

今天奉命把战地日记誊抄下来，所以就在中队长室拜托井上×

×协助我完成。

日记原稿中不全的地方也命令我填进去,所以事情就变得复杂了起来。晚上久违地给收子写了信,不知道什么时候才能发出去。感谢她寄给我书信和报纸。

12月28日

今天仍在誊抄战地日记,但不知为何心神不定,极为不安。在闲暇之余把追击战中的感想也写了下来。

一、关于行军顺序

二、关于携带品的残留

三、关于行进方向的指示

四、关于炮兵的武器(步枪)

五、关于行军中的火灾

六、关于粮秣

给收子写了信。晚上的闲谈变成了讨论从军的事情,一直到晚上十一点多都没说完。

12月29日

今天也和此前一样在誊抄战地日记。晚饭后久违地给××写了信。把浮上心头的事情都连篇累牍地写了下来。昨天外出的菅田上等兵和另一人失踪了,中队一直没有找到,有点担心。

他们出去征收东西后就再也没有回来,让人担心。

12月30日

值勤。上午誊抄日记,因为没有段列的记录所以去找中队长商量,结果决定补上去。中途暂停。

下午下士值勤。有联队阵亡者的慰灵祭。因值勤留下未去。

菅田回来了，但另一个人未归。

12月30日①

战地日记不仅要记录放列部队，也需要记录段列部队，所以我根据中队长的意思去订正，并暂时停下了誊抄原稿的工作。下午去下士值勤。傍晚，分队遭到敌军残兵的袭击，所以紧急组织了步枪队前去救援。结果全都平安返回了，真好。

夜间点名时在路边集合，向我们传达了各类注意事项。

[栏外记事：下午举行联队慰灵祭]

12月31日

上午结束值勤后下午休息。写了中队被表彰者的申请书，包括观察员渡边××、牡鹿××、佐藤××、佐藤×××四人。

今天终于来到了年末。昭和12年将要结束了，真是回忆满满的一年。希望即将到来的一年也能如此幸运。

久违地给西方分会长写了信，用了十一张便笺纸，写得非常详细。下发了很多的东西，还发了酒。到底是正月。

昭和13年（1938）

1月1日

充满回忆的昭和12年结束了，在异国他乡迎来了新年，这也是颇具意义的。今天的天气也在祝福昭和13年，一片晴朗。我一

---

① 原文如此。——译者注

边向东方遥拜一边如此感慨着。

吃完早饭后八点五十分，联队进行了新年贺词。然后无职无勋者①向联队长祝福了新年。军官另有庆祝宴会。

我们也情绪高涨，喝了很多酒。

1月2日
因为正月新年，中队休整。
即使在战场，新年的气氛也是一样的。

1月3日
同样是新年休整。傍晚收到了信，真好。
总共多达三十六封，太感谢了。

1月4日
举行了敕谕奉读仪式，还有联队长的训示。
今天也收到了信。但不知道从哪里寄来的包裹被弄丢了，让人心情不悦。听说里面装着烟，所以估计是加藤寄来的。如果是收子寄的，那我就会更担心了。找了很久也没找到。

1月5日
不处理掉战地日记原稿的话，工作就没法结束。
今天也收到了信。虽然收信让人高兴，但回信也挺辛苦的。家里寄来了衬衣、牛奶糖，还有围巾，非常感激。□□寄来的干贝也收到了，感谢。樋口××君来找我，感觉很亲切。还在第四分队和坂原君等人聊天，谈到田代先生等人，加藤、涌井、××的咖啡

---

① 普通士兵。——译者注

厅、○○的日出。晚上的写信、回信也算是一份工作了。

1月6日

今天也像以前那样做着整理并收发邮件的工作。

晚上给××等人回信，也给收子写了回信。一直写到晚上十一点左右。似乎11日要出发了。

1月7日

今天上午整理马料传票等物品并做了些准备。

下午去乌衣街洗澡，那地方比镇江脏。

把昨晚写给收子的信全部写完了。

1月8日

上午有陆军首次阅兵式，我因为工作的缘故没有参加。

下午要处理马匹调动整理事宜，去和山田君商量，但他很忙的样子，只好明天再去。

1月9日

每天都盼望着包裹的到来。但今天没来。到目前为止仅收到了家里、农区、郡农会、宫崎的包裹而已。此前弄丢的那个估计是川崎先生的吧。久等不来的包裹。

今天整理了马匹的调动。而且还需要整理传票。

1月10日

马匹的调动整理结束后传单也整理好了，提交给本部。接到命令说中队将会在明天跟随联队一同前往全椒，但结果延期了。是否能期满回国才是我们最为关心的事情。

晚上和相原准尉一起聊了很多关于商人的趣事，直到十一点才结束。去补鞋的战友到十一点左右才回来，辛苦了。

听说家乡下了大雪。这边虽然每天霜比较多但总体来说还是个不错的地方。津浦线的火车开通了。

1月11~14日

出发被延期了。部队里关于胜利回国的话题也随之增加了起来，但是不知道能否成为现实。还有人说九、十、十一年兵将进行轮换，在设立第十三师团的同时将开始轮换第一年的士兵等。部队里四处流传着这些讨论。

12日相原准尉去住院治疗眼疾了。与此同时中队干部的编成也有了调动。

人事：山岸准尉。战地日记：江口少尉。给养：××一郎。

我专门负责誊抄战地日记。但原稿尚未整理完毕，所以对于我来说确实是有些困难的。一直等待的包裹仍旧没来。

1月15日

少尉间的暗中争斗逐渐走向表面化，甚至波及了下士官。随之还有分队长的人事调动。××伍长和山田上等兵轮换了，山田上等兵再次成为中队基层军官的一员。这两三天未收到信。

1月16日

今天也与此前一样。井上君整整一天都没来。整个白天都是如此拘束的气氛，令人厌烦。

晚饭后的休息时间是最让我高兴的。

毛毯的那件事没得到落实，必须要想想办法。

1月17日　久违的雨

和平常一样。早上中队长对我说其他中队都在晚上加班,还发火说□□。真的需要这么急着完成吗?还没有整理好原稿就这么急急忙忙地进行誊抄是不可能的。

傍晚停止了工作,等待包裹的到来。高兴。盼望已久的收子和川德的两个包裹送到了。还收到了××和其他人的信。

特别喜欢家乡的味道。

手帕、纸、巧克力、口琴、水果糖、背心。

此外还有县农会职员工会寄来的《星期天每日》和《朝日周刊》,感谢。这样一来,前几天弄丢的那个包裹,寄送人就不清楚了,有些奇怪。

晚上给××、川德、县农会写去了感谢信。

1月18日

和往日一样工作,但进展不顺利,不知什么时候才能结束。今晚给收子写了感谢信,多谢她的心意。晚饭后的休息时间是最令人盼望的。收到了泷泽幸平君的信。

1月19日　雨

今天仍和往日一样工作。

久违地下了雨。穿上收子送给我的背心,不知道比征收来的背心舒服多少倍。试着吹了一下口琴。读了《朝日周刊》。

1月20日　今日雨,此后转雪

昨天起,中仓君和岛田君等人来给我帮忙。

雨越下越大。吃过晚饭后吹口琴。下雪了,积了一寸厚。

1月21日

侦察。枪新马死了。

今天无论如何都得完成战地日记，因此拜托中仓伍长、岛田上等兵，还请求了星伍长一起过来帮忙。从早到晚一直工作，终于在凌晨三点左右完成。

我担心的是：因为相原准尉住院，所以关于段列的部分没有记载进去，让人感觉非常抱歉。

1月22日

今天休息，但睡不着。终于确定要在25日出发了，要离开这个长期驻留（一个月）的乌衣街山地了。接下来要去哪里呢？什么时候才能期满回国呢？

1月23日

清理被服、处理杂务，为出发做准备。

1月24日

上午有中队武器检查，我把刺刀等物都保养了一遍。

下午发放了粮秣、鞋子等防寒用具。

领到了足够多的背心、细筒裤等物品。不得不丢掉一些。

1月25日

早晨先行出发。时隔一个月后最终离开了乌衣街山地。我曾经打开亲切信件的房间或许已经被收拾掉了吧。

和俵上等兵、山田上等兵、岩本、清野五人一起负责设营。今天将在滁县住一晚，是一个比较不错的地方，设营很轻松。距离部队的抵达还有一段时间，但我们已经准备完毕了。

领取了粮秣。有些迟了让人为难。寒冷。

1月26日
乘火车去设营。
和岩本、清野三人去了张八岭,非常寒冷,让人苦恼。
配发物资的地方无法过夜,所以只能到其他地方去设营了。那地方很脏,但能够完成任务还是心情不错的。
久违地听到了机枪声。

1月27日
躺在芦苇席上度过了寒冷的一夜。天亮后赶往三界镇。三界镇的设营由五十岚君负责,安下心来。三点左右抵达了宿舍,值勤。明天是出发还是原地驻留尚不清楚。晚上睡在稻草上。
这附近还有残敌,所以警戒森严。
从滁县到这里的一路上穿过平原后便是山连山,就像是"放大版的关山"一样,地形如波浪般起伏。

1月28日
昨晚暖和地睡了一觉,今天七点半左右出发。行军途中有一匹马跑掉了,所以回去迎接了佐藤上等兵和另一人。他们丢下弹药和马鞍后赶了过来。部队的行军距离约有一里,他们两人是逐渐赶上来的。
今天步行六七里后抵达了明光。和步兵一一六联队等部队住在一起。忙着领取粮秣,里面有酒和点心等。久违地听到了枪炮声。这里发生了交战。

1月29日

凌晨三点起床，四点准备出发渡河。清早的河畔寒风呼啸。

在小门桥渡河后设置好了放列并开始实施炮击。驮马在铁桥旁休息。正巧下起了雪，四周变成了一片白色的原野。傍晚在前方的村子设营休息。设法弄到了一张暖床。

1月30日

六点半起床，七点半出发。依然在波浪般的地形中行军（约五里），抵达了燃灯寺。第七、九中队设置好了放列，而第八中队待命。傍晚随便找了一个地方设营。

久违的用饭盒做饭，附近有少量敌兵。

今天又和樋口××相见了。收到了××和康的信。

拜托送来的眼镜还没到，又给我寄了报纸，感谢。

1月31日

今天是日本正月的最后一天。早上七点半左右出发，前进了一里后设置放列向敌军炮击。见到了渡边×××君，他的健康状况看起来不太好。敌军暂时撤退了。所以我们继续挺进，并于傍晚在安子集西方的村庄里宿营。由于宿营地太过狭小，故用抽签的方式决定了外出露营的分队。

今天弄到了猪，所以晚饭（正月末）饱餐了一顿。老家的岁夜估计会有些冷清吧。不知道他们能否开心地度过呢。

〔以下省略〕

18　黑须忠信战地日记

所属：山炮兵第十九联队第三大队大队段列，编成

军阶：上等兵

住所：福岛县

职业：农民

收集来源：本人提供

日记情况：日记标题为《中国事变日记本》。长17cm，宽11cm的记事本。大部分用片假名书写，一部分用平假名书写。

9月17日

早上八点左右离开旅馆进入了山炮联队。上午十点顺利通过了身体检查,然后大家被编入各个中队,在引导员的带领下抵达宿舍。平间×××、铃木××君和我三人在松本保吉先生的家里得到了很多关照,所以表示了感谢。从今晚开始就要入住部队宿舍了,所以他请我们吃了饭。

9月18日

部分人员在凌晨四点后出发去领取军马,列队前行时踏出了整齐的步伐声。

我们忙于整理武器、安装马具和其他物品。昨天进入宿舍前已经穿上了新军装,有了军人的样子,也让我们更加精神抖擞。每天都有二三十人来到中队,所以很忙。其间也清洗了军马,参加了驮运行李的演习。但因为都是些刚刚征来的马,所以驾驭起来比较困难。甚至有人被马弄伤而住院。

9月23日

完成了中队的编成,区分了炮手和骑手,分配了各自的马。很多人都给自己的爱马做了清洁保养。

明天有联队长的检阅仪式,所以一直为此而忙碌着。第一次武装山炮让人大伤脑筋。因为忙碌也没法写日记,有些遗憾。宿舍里每晚都有酒和鱼。平间先生的歌声让气氛活跃了不少,我们其余两人能因此愉快地度过每个夜晚。

9月24日　晴

上午十点联队全体集合,在明光山山脚的西部平原接受了检阅。准备完毕后无异常情况,遂完成检阅并等待出发的命令。

下午六点左右终于接到了向〇〇方面出发的命令。我们高兴得像要跳到天上去一样。在宿舍里不再怀有留恋之情,踊跃出发。大家都在忙着庆祝自己踏上征途。

9月25日 雨

昨晚宿舍里准备了美味佳肴。家人都来欢送我,在万岁声中我们的内心充满了勇气,踏上征途。市区里灯火通明,夹道欢送的人群如黑山一般。大家都挥动着手中的国旗,万岁之声响彻天际。甚至在刚出宿舍时就有人来欢送我们。还注意到老家的亲戚也都来了。晚上九点前完成了大炮和马匹的装载。今晚会通过火车运送过去。凌晨三点,火车鸣笛后喷着蒸汽向大阪出发了。沿途各个车站都有大批前来欢送的人。

铁路沿着湍急的水流或陡峭的悬崖向前延伸。我们眺望着沿途的自然风光。途中看到了木曾山中的美景、浦岛诞生之地,令人惊异。在名古屋前来欢送的人特别多。

9月26日

昨夜十二点多抵达了神户,刚到就下起了大雨。马匹和其他装备全被淋湿了。对此进行各类整理后分配了宿舍,此时天色已经逐渐泛白。抵达了作为宿舍的大原点心店,得到了很多关照。早饭后店主人带我们去了楠公神社参拜,祈祷武运长久身体健康。同时还在御守①上写下名字带了回来。随后又乘车参观了神户市内繁华的

---

① 日本的护身符。——译者注

街道，果然是在大港口才会有的文化。

9月27日　雨

海边的沙滩上建好了马厩。离水比较远，周围都是打不了桩的沙地。不知我们勇敢的战士乘坐了多少艘船赶来，来往港口的船只很多。终于明天要乘白马山号离开神户，离开日本了。

9月28日　晴

从早上起就开始搬运炮车、马匹、粮秣与其他物资，我们脱下上衣拼命地干活，终于在上午完成了。人山人海聚集在神户港欢送我们。下午四点，剪过红蓝白黄等彩带后，我们的船从码头驶离，向大海进发。我看到欢送的人中有店主、朋友、亲兄弟等各种各样的人。艺伎也挥舞着手帕欢送我们。

9月29日　晴

我们乘船勇敢地前往下关。沿途的濑户内海仍一如既往，一片美丽雄壮的景色。对面海岸的国旗迎风招展，正在为我们的出征祝福。在群岛中穿梭而过，上午十一点经过了下关港。下关、门司两港离得非常近。两个港口内有大小数十艘船。船向着玄界滩前行，海水变得湍急了起来。

10月1日

安全穿过了玄界滩，前往中国的港口上海。因为要在敌前登陆所以我们全副武装，在船尾架上了机枪，做好了以防万一的准备。这片海的名字叫黄海，正如其名，海水是黄色的。长江宽二里，就像大海一样，给人感觉不像是河流。看不出河水是否真的在流淌。很远的地方传来了炮声，战斗还在继续吧。

10月2日　晴

接到了命令：我们的白马山号将停泊在吴淞炮台西北方向。面朝上海的方向有敌军在两三年前构筑的炮台，导致我军的登陆行动变得非常困难。但是我们已经下定了誓死登陆的决心。沿着河流上溯一里，河岸旁会有英美法及其他国家的漂亮建筑。中国的楼房在我海军炮弹的轰击下已是布满弹痕、断壁残垣。

抵达上海港。

10月3日　晴

上午把马、炮车从船上卸下。直到下午六点左右才终于踏上了中国的土地。激烈的战斗在远处持续着。城市已完全荒废，看不到一个中国人的身影。巷战的痕迹还很明显地残留着。在纺织工厂度过了一夜，直接躺在工厂里的棉花上。夜间发生了空袭，友军的高射炮和机枪喷出火舌，让房屋都震动了起来，我们战栗不已。深刻感到，原来这就是真正的战争。

10月4日　晴

宿舍转移到了上海第四纺织工厂并将驻留两三天。这里有印度人看门，对于我们来说真是件稀奇的事情。工厂里有一个很大的浴场可以用来洗澡。我两天没吃饭，洗澡的时候差点晕倒了。幸好八幡××正好经过，帮助了我。那时我即将失去意识，心想这下可糟糕了。

10月5日　晴

身体没有恢复健康，卫生员给我吃了药。什么都做不了只能休息。战友带着征来的香烟、酒和其他稀奇物品来看我。但我没什么食欲，完全尝不出味道。就连吃饭也觉得不香。几乎每晚都有空袭，昨晚甚至有人负伤了。因为是夜间，所以我军射出的炮弹能看得清清楚楚。

10月6日

我们段列部队将前往上海西北方约六里处，故全副武装。下午六点出发，但此时我的身体更不舒服了，上吐下泻，甚至吐出了血，痛苦不已。军医给我打了针但完全没有效果，不得已住进了上海第四兵站医院。整晚都在呻吟，甚至让其他伤兵惊讶地以为我负伤了。

10月7日 雨

昨晚下了雨，中队一边冒雨前进一边面对敌兵的射击，终于艰难地抵达了〇〇地并露营。我在医院接受军医的诊断后终于安定下来。医院的病人都是负伤士兵。有人双腿都被打穿了，有人全身都是弹片，无法动弹也吃不了饭。可怜的人相当多。

10月8日 雨

昨天的雨到今天也没停。趴在病床上感觉很舒服。体温是三十七度四。饭菜很普通，吃后不久便觉得肚子空空如也。

10月11日 晴

下了三天雨，今天终于放晴了。上海的天气也会突然变晴。听到很多汽车驶过的声音。但到了晚上依然会有受伤士兵痛苦不止的呻吟声。

10月12日

医院的生活非常无聊。给家乡写了一封信，但因为担心他们会牵挂我，就在信里说我很健康，身体已经完全康复了，去上海的街上买了很多适合病人的食物。护士也在酒保买来了一些必需品和点心。晚上虽然很困但是睡不着。不得不发自内心地佩服一直工作不曾休息的护士。

10月13日

早上八点，因身体已经完全康复所以充满喜悦地出院了。乘车前往月浦镇。汽车把我送到了吴淞后便无法再继续前行，只得步行。行军路程约四里。不由得担心起来：如果又生病了该怎么办，而且还不认识路。恰好中队派出的联络员来与我会合，便一起出发。下午四点返回原部队，向队长做了汇报。

10月14日　晴

中队的营地就在田地中央，以天为帐。降雨使田地泥泞了起来，难以进出。雨水甚至渗进了营帐，只好用小器皿艰难地把水舀到外面去。而且困难的事情还不止一件。下午一点要转移到李家纲去，如果迟到一天的话可能就追不上中队了。无处不在的空袭导致大量房屋都燃烧了起来。

10月15日

光阴似箭，眨眼已经入伍一个月了。战斗越发激烈了起来，从明天起我们也不得不前往战场。现在天气还比较热，附近的猪和中国兵的尸体上都聚集了如山高的蝇虫，甚至污染了水源，根本没法做饭。特别是生水，根本不能喝。已经有很多因为霍乱而死亡的士兵。我们中队里也有包括队长在内的两三人住院了。我担任卫兵工作进行警戒。

10月16日

遛马并练习搬运弹药箱，进行了构建战壕的演练。为日后的战斗做好准备。敌军顽强地抵抗着，一步也不退让。我军出现了不计其数的负伤者。

10月18日

下午两点从李家纲出发去刘家行。沿途中国正规军士兵的尸体在稻田里堆在一起，尸体已经发臭，臭不可闻。下午五点左右抵达了刘家行。战斗终于打响了，重炮声、机枪声震耳欲聋。我们以天为帐进入露营。整晚的炮声如豆声般倾泻。敌军也和迄今为止遇到的中国兵不同，相当顽强。敌军机枪喷出的火舌连续不断，使我军步兵根本无法追击。整晚都在战斗中度过。

10月19日

在原地驻留了一天。敌军依然没有撤退的迹象。我军的重炮向中队前方五十米处的敌军发起了猛烈的炮击。爆炸声一个小时也未停歇。连参加过一次事变的我也为此惊讶得不得了。

10月20日

敌军的炮弹在我们前方五百米处爆炸，友军中有大量士兵和马匹负伤。我们中队也濒临险境，遂挖掘战壕以防敌军流弹。每天不知道有数十人还是数百人被担架抬往野战医院。对于这些负伤者，我表示无限的同情。

10月21日

敌军炮弹从我们头顶飞过，真是危险至极。晚上十一点左右，敌军的数发重炮炮弹落在附近。大家都惊恐地四散而逃。谁也不想待在这里。很多人说连正式交战都还没有开始,真不想死。

10月22日

敌军炮弹落在了左右两侧。我们坚持不住便退后了五百米。在前线抓到了十五六名中国敢死队员,获得了相当有用的战斗资料。敌军在大场镇有一个非常坚固的炮垒,重炮也无法炸穿。不过其弹药好像是通过地下隧道运输的。

战斗没有丝毫停歇,进入了白热化阶段。据说大场镇能够应对日军进攻的物资设备仅能维持半年。

10月23日

依然在和敌军交战,无法休息。敌军战机在晚上十一点发出巨大的轰鸣声向我们投下了炸弹。我军有人因此阵亡或负伤,军马也死伤了十五六匹。宫岛上等兵在西边五百米处警戒时被敌弹击中,右眼轻伤。夜间的战斗更加激烈。

10月24日

敌军在我军猛攻下开始逐渐后退。补充队接连不断地赶来。10月4日左右动员的士兵全都补充到了步兵第六十五、一〇四联队。但好像仍然无法完全补充每天不计其数的负伤者。

10月25日

枪炮声逐渐远去,敌军好像在不断撤退。大场镇被攻陷了。每天天气都不错,白天的温度能接近华氏八十度。河水的涨落挺特别的,根据潮水的涨落,河的深浅竟会有四五尺的变化。

10月26日

冈塚少尉给我们开设了一些讲习并下达了指示：指挥官要时刻发挥自己的智慧，进行充分的考量。

他还提醒说：军规要求在战场上必须坚守阵地，不能犯错。

10月28日　据称为攻克大场镇之日

我们队长因病住院。在其康复之前，上级派来了新的队长铃木中尉。他是×××郡人，让我倍感亲切。我们每天早晨都会面向祖国，朝皇宫遥拜。同时还将奉读敕谕，明确我们的本分。队长在训示中说：大家要团结一致，注意不要生病，今后自己将全力做好相关工作。

据说前线遭到敌军的袭击后陷入了苦战。但即便如此仍然攻占了敌方相当多的阵地，仍在继续前进。

10月29日

敌军不断退却，我军继续前进。最近两三天会占领敌军阵地的最后一部分。收到了妻子的来信。信上说孩子还没有出生，但自己身体状态很不错，估计马上就会分娩了。还收到了在东京的弟弟××的信。据称他也在为皇国而拼命地工作着。

10月31日

早上开始下了些雨，道路变得泥泞不堪。上至联队的段列部队，下至中队的段列部队，搬运弹药都变得十分艰难。阵亡步兵的尸体倒在那里大概一周了。头部和其他部位都已腐烂，看起来真是可怜。中队里连一滴水都没有了，只能用小河的水做饭。没有水真伤脑筋。前线部队的缺水状况好像比我们严重好几倍。

11月1日

我们中队也向前线转移了,今天为此做着准备。估计是前往刘家行西南方向约三里开外的地方。因为昨天下雨,今天道路上都有积水,更加险恶了。自不必说弹药搬运也变得更加困难了。但是想到前线的步兵部队正在不眠不休地坚持战斗,便决心不能因为这点小事而叫苦连天、灰心丧气。铃木中尉将被调往联队本部,来和我们道了别。

11月2日 雨

凌晨四点起床前往孟家宅搬运弹药。因途中下起了雨,道路湿滑,变得异常艰难。下午一点抵达了火伤场,被大雨淋成了落汤鸡。准备宿营的房屋被炮弹炸毁了,连个休息的地方也没有。下午六点再次前往孟家宅领取弹药,晚上十一点返回。天色昏暗,道路湿滑,摔倒了数十次,真是一场艰苦的战斗。为此还得到了队长的感谢。

第十三师团根据今天一点在刘家行电报局附近集合的命令抵达了各自的地点。途中残留着一些让人不忍直视的中国兵尸体,甚至还有女性的尸体。敌军遭到了我军重炮相当大的打击。着弹地点留下了一个直径十尺左右的圆形土坑。

马家宅在我忠勇将士的攻击下也于30日左右陷落。

11月3日 明治节

今天在战地迎来了意义深远的明治节。深深祝愿我大日本帝国繁荣昌盛。和战友遥拜了皇居,高呼了三声帝国万岁。

下午两点半从火伤场出发,向李家宅转移。中国的土地是黏质土,稍微下点雨,泥水便会直接粘在腿上,行军颇为艰难。下午五点才逐渐接近了目的地并宿营。

11月4日

度过了在李家宅的第一天。敌弹曾在宿舍附近五百米处爆炸,非常危险。附近有一条大河,有人划船去采菱角吃,还有人挖花生。很长时间没洗澡了,所以就往大缸里灌了热水,泡澡。这种大缸泡澡的方式在战场以外是看不到的吧。傍晚下起了大雨。

11月7日

昨天的雨到今天都没停,人马都很辛苦。我作为卫兵站岗值勤。寒气渗进了身体,有人因此而感冒。中队组织了步枪分队来应对可能发生的偷袭。

11月10日

目前的战况是白天比较平静,但到了夜间就激烈了起来,敌军的子弹连绵不绝。去上海取回私人行李的一行人已于下午五点左右返回。所以能睡上一个暖和的好觉。

11月12日

下午三点,我们根据大队的命令向罗店镇北方约二里的长寿桥转移。途中下起了瓢泼大雨,全身都被淋得湿漉漉的,而且道路泥泞,如同在泥田里行走。雨滴像子弹一样打在身上,让人困扰不已。下午五点半抵达长寿桥宿营。但宿舍不尽如人意。没有地方不漏雨的。前半夜负责马厩的值勤。马厩设在棉花田里,所以放马时一只脚陷在泥里完全动弹不得,弄得浑身是泥。凌晨一点交班后本想睡觉,却发现无处可以入睡。只好去漏雨的地方铺了些棉絮睡上去,结果冻得一整晚都没睡着。真是令人难以忘却的一晚。

11月13日

上午九点从长寿桥宅出发前往某地。一路上因为道路险阻,自行车和汽车都被遗弃在一旁,扔得到处都是。还看到了很多因为战事而外出逃难的中国百姓。从这一面来看也确实让人同情。行军五里多,在下午五点遭到了敌兵的猛烈袭击,无法前进。遂把身体藏在低洼的地方躲了大概一个小时。其间,折笠上等兵因腹部被子弹打中而阵亡。敌军的攻击依然没有停止,无奈之下只好到一町开外的房子里过了一夜。

很多子弹也射向了马群,有两匹马负伤。盖着稻草露营。

11月14日

上午九点从积福出发前往某地。在沿途的一些激战遗迹里看到了很多刚死不久的中国人尸体。偶遇了阿部××君。他迄今已经经历过数次激战却依然平安无事。我不禁提高了嗓门,高兴地和他大声聊了起来。行军一直在持续,直到凌晨两点半。在月光下毫无障碍地不断前行,但人马都已极度疲劳。在中国老百姓的家里做饭、睡觉,此时已是凌晨四点了。强行军约八里。遇到了和我同年入伍,出身于宫城县的佐佐木××君。虽然喊了他一声,但他不知道面前是谁,显得犹犹豫豫的。因为实在没有闲暇,所以未能和他聊天,让人感觉遗憾。

11月15日

早上八点从某地出发前往太仓。途中遭遇了敌军碉堡的阻击。发现有五六名残兵躲在一间屋子里,便直接用步枪击毙或用刺刀将其捅死。前线的景象真是可怖。晚上十二点抵达了南梅林宅,做好晚饭并完成宿营准备后于凌晨两点就寝。

11月16日

五点起床,从南梅林宅出发。上午十点左右开始下雨,导致原本就很艰难的行军变得更加艰难了。架设在小河上的太鼓桥让马匹渡河时非常不便,而且村里的道路也很狭窄,好不容易才让马走过去。粮食的补给完全中断了,只好去中国民居征收了南京大米和其他东西,保住性命后继续前进。晚上十点左右到达某地宿营。第一次尝到了砂糖和浊酒等物,让大家欣喜异常。甚至连迄今为止的疲劳也一扫而空了。

11月17日 雨

早上七点从某地出发。途中已经完全没有了路,只好行走在田埂上。敌军从没有建好的碉堡里撤走了。因为道路险阻,军马有很多已经倒毙。今天因为下雨道路更加险恶,行军二里后在某地宿营。敌弹从我们头顶飞过。见到了大野××君,两人很高兴地聊了会天。抓来了一个中国人帮忙做事,他却打算逃走,便当场用步枪将其击毙了。

11月18日 雨

雨依然在下,道路更加泥泞,战斗也越发激烈。敌弹不断袭来,和我们处在同一地段的步兵负伤了。距此一千五百米远的前线上,不断有负伤的步兵被抬回来,让人惊讶不已。卫生队在晚上也不休息,继续忙着搬送负伤者。今晚孩子就要出生了,是否平安我默然无法过问,实在是伤感不已。家里也因为母亲与妻子之间的裂痕而关系恶化。不知道家里的情况如何了,让人牵挂不已。可能现在正为孩子的出生而高兴吧。望能尽早收到通知。

11月19日

今天雨没有停,战斗也更加激烈起来。我们段列部队也忙于补充和领取弹药。各队都非常积极地去征收粮食。负伤士兵人数骤然增多。每位负伤者都收到了五根香烟,为他们高兴得流下了眼泪。因为此次降雨,天气也越发寒冷了起来。在此地即谢家桥镇的战斗到傍晚也因敌军的总撤退而告终了。友军不断地追击。身负重伤的士兵中有两人在傍晚时因伤势过重而死去。

11月20日 雨

枪声在今晨突然停止。我军继续前进,卫生队似乎也于七点出发了。每天的细雨造成了很大困扰。第三大队的段列下午一点出发。持续降雨使路况进一步恶化,人马都陷入了难以前行的状态。沿途有数名中国兵尸体。晚上八点抵达某地并宿营。

11月21日 雨

早上六点起床,八点出发,无论敌军逃往何处都必须前进追击。因为下雨,寒冷的程度又增加了,感觉极冷。有十几匹马因道路泥泞而摔倒,无法再站起来。掉进河里的马匹也不在少数,真是苦难的行军。中国的秋天已经早早到来,树上的叶子泛出了红色,完全是一副秋景。今天也从早晨开始行军,非常辛苦。下午六点抵达某地并宿营。此时雨停了,月亮也露了出来。

11月22日

早上八点继续出发,下午五点抵达陈家镇。忙着筹集大米、味噌、酱油等物。有人征收到了糯米,有人弄到了小豆,所以就用这些在战地做了牡丹饼吃,没有比这更美味的了。此后洗澡并返回。若战争如今天这样那就太好了。凌晨一点入睡。

11月23日

凌晨四点起床并做好出发准备,吃完饭。陈家镇的房屋上都挂起了日章旗以示对日本的友好,甚至在我们行军的路上还铺上了稻草以提供帮助。上午十一点三十分出发后,下午四点抵达南国。此时下起了小雪,是今年的初雪。因为吃得太多好像把肚子吃坏了。今后必须充分地保护好身体。

把脏乱的中国房屋打扫干净后才开始宿营。

11月24日

迄今为止连绵不绝的阴雨终于停了,迎来了好天气。今天在南国驻留了一天。附近的老百姓乘小船避难去了。敌军还未撤退,依然在负隅顽抗,与我军交战。第四分队的大里政一郎君因霍乱而死。

11月25日

凌晨五点从南国出发前往某地,依然能听到枪炮声。白霜飘落,这是自登陆上海以来的首次。由此导致天气更加寒冷了。下午四点抵达祝塘乡并宿营。这附近盛行养蚕业,所以田地里都种植着桑树,而且还建了制丝工厂。我们第五分队的二十四名士兵住进宿舍后每天都能杀两头肥猪吃。战争真是舒服。能尽兴地喝着浊酒。终于到了秋天应有的天气,整整一天万里无云,秋高气爽。心情也变得愉快。

11月26日 晴

上午九点从祝塘镇出发。我们的战机很早就已威武地开始低空飞行。前进了约二里距离,在下午六点左右抵达了一处无名村庄并宿营。飞来了很多步枪子弹，非常危险。

11月27日 阴

第十三师团几乎全都集合在同一地点，继续前进。遇到了若松步兵六十五联队机枪队的××××君。途中见到的房屋全都已经被烧毁了，可见百姓是非常可怜的。下午五点抵达泗河乡并宿营。抓到了两个学生兵，将其斩首了。

11月28日 晴

有五个像是中国学生兵的人突然冲到了我们宿舍前面。我也趁此机会用刺刀拼杀了两次。我军的×队征收来了两头三十贯重的猪和三十多只鸡，用此做了一顿美味佳肴。

能听到远处我军的重炮声。到泗河乡途中曾望见敌军正在很近距离挖掘战壕，看来是下定了抵抗的决心。但似乎枪声还未响起他们便已经逃跑了。下午五点左右前往某地时，遭到敌军碉堡的密集射击。我们段列部队的八百板上等兵右腕受了轻伤。傍晚，我军重炮队猛攻敌军炮垒，但对方顽强抵抗，还使用了迫击炮等武器。

11月29日 晴（张家桥）

我军的重炮没有停歇，继续射击着。全员拜谒了大里上等兵的英灵。据说昨天我军在通过上海道路时，曾以坦克队为先导，带领十厘米加农炮、十五厘米加农炮、气球队等向前行军，威风凛凛。下午一点左右，我军飞机因为故障坠落在中队西方一百米处。机体严重受损，里面的两名军官身负重伤。敌军迫击炮猛烈地射击，在我们西方两百米处引发了爆炸。

11月30日 晴（李家村）

凌晨零点起床，负责马厩的值勤。我军的十厘米加农炮在夜间持续射击。原本宁静的天地被震动得直抖，困乏的士兵都睁着眼。如往常一样六点起床，为七点的出发做准备。今天也仍旧没有前进，在原地待命。下午两点从张家桥出发开往敌前。迫击炮炮弹在距离很近的地方爆炸。五点左右到达某地并宿营。

十一月即将在战斗中结束。因为每天都是战斗、前进，所以感觉日子很短，有些惊讶。

12月1日 晴

每天的战斗都是在夜间进行。且此次战斗几乎全是炮战。敌军也是迄今为止抵抗最为顽强的，没有退却。晚上十点到联队段列部队领取了弹药。路程总共往返三里半，凌晨两点返回。收到消息称：步兵第一〇四联队已经占领了江阴城南门并在上面插上了日章旗。一共补充了两次弹药。

12月2日 晴

下午一点从江阴西方的村子向江阴城进发。我军威风凛凛地占领了江阴，高声呼喊万岁。我们中队也为此次胜利举行了盛大的庆祝活动，提振了士气。在今后的战斗中也将继续努力。在一个无名之地宿营。

12月3日 晴

早上六点从某地出发前往江阴城。途中听说敌军已经撤退，故无必要再继续推进。师团司令部派遣侍从武官向我们传达了谢意。今日久违的配发了酒、烟、饼。所以×分队全员聚在一起干杯并三呼万岁。在某地宿营，应会暂时进入休整。

12月4日　晴

晴空万里，在中国的旷野上度过了休整期的第一天。

大家各自清洗了衣物，还能心情放松地洗个澡。而且也有闲暇做做故乡的梦了。和战友、同志一起聊天也让人感觉愉悦。偶尔还会喝点浊酒，心情爽快以至于把各类烦心事抛到了脑后。啊！今天真是悠闲的一天。下午为马做了清洁保养。

12月5日　晴

目前我们正在为进攻南京做着准备。需要对人马多加留意，切实确保接下来的战斗不留遗憾。在此次驻留期间我们得到了放松的机会，再次提振了士气，为战争做好了准备。为皇国尽忠，是我们的重大使命。我也每天向神明祈祷故乡的各位能够平安无事，为国家尽忠。我们将不辜负后方同胞，全力奋战。

12月6日　晴

接到了命令：从谢绮花乡向南京进发。从联队本部领取了弹药并做好了准备，希望明天的行动不留遗憾。傍晚收到了弟弟××的明信片，上面说家里都很好，都在为我祈祷平安。

12月7日　晴

凌晨五点半起床，六点半出发，赶往目的地南京。途中看到了令人惊讶的江阴城城墙。附近有很多七零八落的中国兵尸体。炮声震耳欲聋，战斗已经开始了。

下午六点抵达小湖镇并宿营。

12月8日 晴

早上八点出发，几乎未做停留一直前进。白天相当热，汗流浃背。中国老百姓制作的土砖确实很不错。下午六点抵达了夏野镇□北方的西河巷并宿营。因为经历了强度颇大的行军，大家都很疲劳，路也走不动了。但都一边努力一边想着：这种程度的行军就不行了那怎么可以？

12月9日 晴

上午九点从西河巷出发前往姬庄。估计大概行军了八里。下午四点抵达某地并宿营。因为在村子里过夜，所以既无马料也无粮食。不得不担心今后的粮食问题。

12月10日 阴

和往常一样早上六点起床，八点出发。步兵、山炮、卫生队等队伍如长蛇一般蜿蜒了二里多。腿脚酸了，但已能够看到长江。这附近的水田比较少，大多是旱田。山上种植着松树。

中国老百姓的屋子上都挂着我们帝国的国旗，写着"欢迎大日本帝国"字样。镇江的难民有很多回来了。晚上七点抵达了镇江，行军路程约为八里。已经有其他师团入城了，我们也在里面过了一晚。镇江是到目前为止见过的最富有文化的城市。既有高大的建筑，也有电灯，是一座非常不错的城市。

来到中国后第一次在电灯下睡觉，可惜的是明天就不得不离开了。前线的战斗非常激烈。晚上十一点就寝。

12月11日 晴

段列部队上午十点向西方某个无名之地进发了。下午五点抵达某地后宿营。有一个曾在日本长期居住的中国人懂日语。他备好了茶水,欢迎了日军。

12月12日　晴

早上七点起床。因为睡眠充足所以精神百倍。今天本应是休整的,但是下午六点突然接到命令向某方向进发。夜间行军相当艰难。在月光下行军,晚上十一点抵达某地并宿营。

12月13日　晴

早上七点半从某地出发。经过长江附近的道路时,能清楚地看到我们海军的大批军舰已经停泊在江面。随处都有处决敌方残兵的现象。晚上八点抵达某地并宿营。

12月14日　晴◎

凌晨三点半向前线进发。向前行军时敌弹不断从头顶掠过。在势如破竹地向敌军中心阵地突进时,步兵六十五联队抓获了一千八百多名残兵,还有很多正规兵,全部加起来第十三师团共计捕获了五千名俘虏。出色地将他们全部解除了武装。根据命令,我们大队将攻占幕府山炮台后去东外村宿营,同时还告诫我们要注意残兵。今天的感想完全无法用言语形容。战俘绑着双手由步兵押送到广场集中起来。幕府山炮台扬起了日章旗,高呼万岁。我心中感慨万分,不断前进至东外村宿营。见到××××先生,感觉特别高兴。

12月15日　晴

第十三师团在南京城外的某地休整。上午忙于征收马料。敌方首都南京也被助川部队(第十六师团)于13日上午十点三十分攻占了。部队已经入城。

12月16日　晴

下午一点，我段列部队为了扫荡残兵派出二十名士兵前往幕府山地区。两三天前俘虏的中国兵中，有约五千人被带到长江边用机枪射杀。此后还被刺刀随意乱捅。我在当时也用刺刀捅死了大概三十名令人憎恶的中国兵吧。

踩着堆积如山的尸体用刺刀乱捅时的心情如同魔鬼一般，鼓足勇气奋力地捅下去之后，中国兵发出了呜呜的声音。里面既有老人也有小孩。一个不留地杀得干干净净。还曾借刀试着砍下了其首级。这种事情是迄今为止我从未做过的罕见事。见到了××少尉、×××先生、××××先生等人。大家都平安无事。晚上八点返回营地时，手腕相当酸痛。

12月17日　晴

今天举行了意义非凡的南京入城仪式。我作为其中一员也光荣地参加了。上午九点出发前往城内，各师团各部队都雄赳赳气昂昂地行军并在正午集合列队。朝香宫殿下的阅兵式非常精彩。我还在此后高兴地参观了南京城，今日盛况难以用语言形容。

12月18日　阴

今天是迄今为止最冷的一天。雪花也飘落了下来。上海好像也迎来了冬天。去南京城里征收了很多马料。

12月19日　晴

今天早晨罕见地下了很多霜。却是个晴天，白天天气暖和。被叮嘱了很多关于明天渡江准备的事宜。给家乡写去了关于南京入城的消息。家乡的人们如今正怎样牵挂着我们呢？我们士气昂扬的入城行动真是光荣至极。

12月20日　阴

凌晨四点起床，六点出发，应该会走南京的津浦铁路，从中山码头登陆浦口。早上月光在云中时隐时现。乘船或许要到下午了吧。下午四点完成登船并开始登陆浦口。上岸后马上向前进发，在附近河岸构筑起坚固阵地。敌军正顽强抵抗我军的登陆，这是显而易见的。有士兵不堪严寒开始放火，还有三人被手榴弹炸伤，送到联段（联队段列）去了。晚上八点抵达某地并宿营。

12月21日　阴

早上七点起床做好行军准备，十点出发。途中在山上和山坡处难得地看到了草木茂盛的群山，水也汇成小河不断流淌。

估计是一直在向西前进，但是完全搞不清具体方位。下午四点半，抵达了东葛镇并宿营。

12月22日　阴（亘子街）

从东葛镇出发继续前进。今天的行军和以往不同，并非强行军，所以非常轻松。沿着长江沿岸的铁路行军了大约四里后在某地宿营。滁县已经被占领，有日本军队住了进去。

12月23日　雨

上午十点从某地（亘子街）出发，向相反的方向前进。下雨后天气一下子变得相当寒冷，大家都觉得非常冷。在某地逗留了三个小时。有传言说山炮部队会全部在同一个地点集合。下午六点抵达了乌衣街并宿营。

12月24日　晴

早上七点半起床，今天确定了日常规范，终于要过军营般的生活了。大家都去征收必要的物品。山炮第十九联队到目前为止共有三十六人阵亡，一百九十九人负伤，战死或病死的马匹共一百四十六匹。

12月25日　晴

上午九点举行了传达圣旨的仪式，传达了对我等将士的慰劳之辞，对此感激不尽。师团长和联队长进行了训示。上海派遣军司令官松井大将会卸任，由朝香宫鸠彦亲王殿下就任新的司令官。从佐藤保吉先生那里收到了喜讯，说诞下了一个男孩。

12月26日　晴

去滁县补给粮食和马料，往返共八里。早上七点出发晚上七点返回，相当疲劳。士兵每天都忙着征收东西。在滁县举行了第十三师团的慰灵祭，见到了荻洲师团长。把滁县第一农业仓库中不知道几千捆的东西，包括谷物、大米、大麦、小麦、大豆、小豆、白芝麻都装了起来。

12月27日　晴

如往常一样七点半起床。点名时向我们传达了各方对攻占大场镇和南京的贺电。同时还告诫我们在目前警戒期间的各种注意事项。上午射击训练，下午遛马等。

12月28日　雨

在马厩负责后半夜的值勤。天气阴沉，到下午开始下雨，傍晚天气更加寒冷。雨水不久就变成了雪花。乌衣街的高地上也出现了像冬天一样的雪景。每天如果不征收粮食就吃不上饭。

12月29日 阴

昨天的雪一直下到今晨。上午十点三十分在上海举行了华中派遣军的阵亡者慰灵祭。我们联队应该派去了代表。我们此时也面朝上海，对死去的战友默默地祈祷。同时还有队长的训示，得知第十三师团在滁县，第三师团在镇江，第十六师团在南京，第九师团在苏州，台湾重藤部队在关东，各自担任警备任务。进而命令我们下个月20日前往华北的山东济南，需做好准备。

12月30日 晴

下午一点起，在第二大队本部前举行山炮联队阵亡者慰灵祭，而且师团长和联队长还诵读了庄严肃穆的悼词。我们郑重地向战友的英灵鞠躬，还为军马立碑并上前参拜。晚上，战友举办了盛大的歌会。

12月31日 晴

昭和12年终于要结束了。回想起来，今年真是繁忙的一年。农村正值繁忙之际收到了征召令，曾一度非常苦恼。为了迎接明天的元旦，大家立起了门松，领到了丰盛的食物。今天因为是年末，所以也非常繁忙。时隔一个月又能洗澡了。今晚以某种形式举办了忘年会，分队和中队都很热闹地送别了昭和12年的最后一天，同时准备迎接昭和13年之春。

昭和13年（1938）

1月1日 晴

可喜可贺，在战场上迎来了昭和13年的新春。起床时向皇宫遥拜，为天皇、皇后两陛下三呼万岁，祝我帝国永远繁荣昌盛。在中国的宿舍前立起了门松，升起了国旗。进而又于九点在本部的广场举行了1月1日的四方遥拜仪式。联队长发表了祝词。面向初升的太阳行礼，祈求今年的幸福和平安，同时还祈祷家乡也平安无事。下午我们联队也举行了歌会以庆祝元旦，非常热闹。大家都兴致勃勃地追忆往事，平安地度过了一天。此外还做了红豆饭来表示庆祝。

1月2日 晴

高兴地迎来了新年第二天，今天也是休息。大家都按照各自的喜好放松身体，下午再次举办了歌会。酒保也开了，能买到日用品。今年第一次收到了信（在此地）。

1月3日 晴

迄今为止未能收到的信一下子全来了，有十多封。为了回信甚至忙到忘记了吃饭。今天非常冷，白天冰雪也未融化。第七中队的某个士兵去附近征收东西时被当地人杀死了。

第一次收到了慰问袋。心情就像孩子收到礼物般高兴。

1月4日 晴

今天遛马时顺便也搬来些干草。即使是山炮部队也是需要练习步枪射击的，所以安排了有枪训练。对射击时的姿势动作等进行了学习和操练。上午九点举行了军人敕谕的奉读仪式，随后联队长进行了训示。向我们士兵告诫了今后的注意事项和方针等，讲得非常细，持续了一个多小时。御赐的清酒虽然只有一点，但是能够配发下来就已经很感激了。

1月5日　晴

我们去滁县领取了粮秣，还收集了一些柴火。因为要给国内回信，所以弄得一点空闲的时间也没有。战友中有人收到了很多包裹，便把香烟和牛奶糖分给了我一些。很高兴地吃了，愉快地度过了一天。

1月6日　阴

凌晨五点起床，牵马去滁县领取邮包。但因为对方还没分好，就只好两手空空地回来了。阴沉的天气导致温度更低了，还星星点点地下起了雪，冻得人瑟瑟发抖。不断有汽车驶向滁县。

1月7日　晴

昨天阴沉的天空到今日突然放晴，让人心情愉快。上午给我的爱马"迅鳞"钉上了马蹄铁。下午在马厩处理白天的工作。收到了××金重君的信，马上给他回信。

1月8日　阴

陆军创始日。上午十点，横尾联队长进行了阅兵仪式。天气非常冷。领到了酒、香烟、冰糖、柿种①、鱿鱼，还有金团。美美地享用了一番。今天也开心地庆祝了正月。

1月9日　晴

收到了家里寄来的包裹（真绵的巧克力和栗子）。我们段列部队最近两三天可能要向某方面进发了。队长告诫我们一定要注意预

---

① 日本用糯米、酱油、辣椒等制作而成的下酒零食，因形似柿种而得名。——译者注

防冻伤，在征收东西的时候不要白白丢掉性命。

1月10日　晴

乌衣街北边的津浦铁路今天开通了，汽车也可以通往滁县，士兵欣喜异常。如果能这样一直待在华中维持治安那真是很让人高兴的。今天是迄今为止未曾有过的晴好天气，十分暖和。小鸟无忧无虑地在低空或高空振翅飞翔。中国苦力今天对于我们的命令也变得淡然了，他现在面对日本军人不会再感到恐惧。我们读着杂志吃着点心，无忧无虑的，是战线上幸福的人。

1月11日　晴

收到了石川消防协会会长热情洋溢的慰问信，对此感激不已。由此便可不再担忧家里的事情，安心地奋战了。信上还详细地介绍了农作物的收获情况和贩卖价格。在高兴的同时，脑中也浮现出了今年丰收的景象，内心激动不已。想给他回信，但屋子里实在太黑了，让人苦恼。在煤油灯下是无法写信的。

1月12日　阴

武田部队9月4日在上海东部战线的奋战如鬼神一般勇武，地雷的爆炸仿佛要震碎大地。在震耳欲聋的冲锋号令下，敢死队的勇士手持白刃一跃而起，向敌军阵地发起了冲锋。

1月13日　阴

幸运的波斯菊开放了，真美。老家的院子里现在也应该满是鲜花了吧。陆军登陆后稍做休整，海军陆战队的勇士则在上海前线把弹片做成了花瓶，用来装饰台子。

皇后陛下所作之歌：安息吧。为了您，连生命都愿付出。

1月14日　晴

运输粮秣的汽车每天络绎不绝。我们都已经在吃晚饭了，运输车队却依然在天寒地冻的深夜努力工作着。想到这里，就对他们感激不尽。夕阳已经沉入了地平线以下，这番光景让人想起了战友在中国土地上唱起的军歌。前半夜在马厩值勤。

1月15日　阴

汽车发出巨大的轰鸣声，装上我们的必需品运往滁县。治安维持会成立后中国人似乎很高兴地欢迎了我们日军。他们的粮食显然是不够的，所以从我们这里领到一些后都很高兴。

1月16日　阴

分队全员从早晨开始就一直在搭建马厩。搬运茅草和木头之类的东西，忙个不停。已经可以很清楚地推测出来：可能会在此地长期驻留一段时间。每天早上都面向祖国祈祷平安。

1月19日　雨

昨天开始的降雨到今天也未停歇，下了一整天。因为下雨，所以什么事都干不了。以现在的天气状况来说下雨这种事应该是非常少见的。但雨水又冰又冷。全天在读杂志中度过。

1月22日　阴

无论是原野还是山上都变成了银白色的世界。越发寒冷了起来。在乌衣街洗了澡、理了发，价钱分别是二十钱和五十钱。找钱的时候发现对方给我的竟是中国钱，让人苦恼。上午保养了马具，为24日的出发做好了准备。富山军医布置了卫生事宜，是关于冻伤的，还说了一些预防的方法。

零下六度，但比国内要暖和一些。

1月23日　晴

起床后便向皇宫遥拜。将士每人都收到了陛下御赐的一支香烟，真是感激不尽。我们发誓今后会更加努力地为君国尽忠。今天的好天气在最近几天是少有的，忙着为25日的出发做准备。下午五点，师团的兽医官巡视了马厩。

1月24日　阴

为明天的出发忙着做各种准备。难得地配发了防寒的被服、裤子、衬裤、袜子、手套、帽子等，试着穿戴了起来。来到乌衣街后已经驻留了一个多月。虽然是个脏乱的地方，但是久居为安，就像是自己的故乡一样。心里有些留恋。

1月25日　阴

上午十点二十分出发，前往滁县。行军时因为穿着防寒的衣物，流了很多汗，不得不中途脱了下来。收到了吉村祯三君和缝隆海先生的书信。下午五点左右抵达滁县并宿营。又收到了中村充广先生的包裹。后半夜在马厩值勤。

1月26日　晴

上午九点从滁县出发前往张八峰。既是烂路也是险路，尽是坡道，还有一条大河。在山路上爬上和爬下。因为距离目的地还很远，所以一直强行军直到下午六点半才抵达张八峰并宿营。附近的民居为了防止盗贼的入侵，在四周筑起了土墙，还有两三处高耸的瞭望塔，显然一旦有事就能马上持枪战斗。远远地能听到我军炮兵发射炮弹的声音。

1月27日　晴

上午九点出发，前往三开镇。和昨天一样，全天都在山里行军。因为几乎都是砾石完全不适合耕作，所以也看不见一个人影。估计大家都逃跑了吧。下午四点抵达三开镇并宿营。

1月28日　晴

早上六点起床，七点半去明光镇。行军路程超过八里，下午六点左右抵达。明光镇看起来非常大。炮声到了晚上也未停歇。下发了酒、点心、大米、味噌等物。

1月29日　阴有雪

凌晨一点左右敌军曾用步枪实施过猛烈射击。早上六点起床后做好了出发准备。八点，我们中队展开炮列向敌方倾泻炮弹，战斗越发激烈了起来。因为铁桥受损严重，所以渡河需要花费相当长的时间。到了下午开始下雪，天气也变冷了。在寒冷的天气里等了五六个小时才渡河。下午三点左右，一艘船载着四匹马渡了过去。此时雪越下越大，甚至找不到能当柴火的树木。渡河行动直到深夜才结束，随后抵达宿舍入睡。因为铁桥被毁导致汽车无法通行，所以毫无疑问今后的粮食运输也会变得相当不便，补给品也会减少吧。敌军在我们山炮的猛攻下丢下尸体逃跑了。

1月30日　阴（燃灯寺）

晚上七点左右从明光西面的村庄出发追击敌军。在敌方阵地附近有五具友军的尸体还没来得及收拾，已经被雪覆盖了。敌军也有十二三具尸体被炮弹炸得没有了腿和头。在泥泞里强行军，追击敌军。下午四点展开炮列射击，能看到敌兵一哄而散地逃跑了。随着太阳的西落，敌兵基本上全都撤退。所以我们能在附近的村子里宿营了。收到了××村寄来的慰问袋。

1月31日　阴

凌晨五点起床，六点三十分之前做好出发准备并待命。早上七点前进了约十町的距离后发现战斗早已开始。枪炮声不绝于耳，时而有流弹从耳旁飞过。步兵在两千米外的前线遭到了敌兵猛烈的射击。早晨雾蒙蒙的，看不清前方，所以处于非常不利的态势。但立即摆好炮列向敌军猛射了过去，结果打乱敌军两个大队兵力的阵脚，逃之夭夭。联队炮兵有一部分留下来休整。看到他们全身都是泥土，非常同情。若与联队炮相比，我们此前所经历的辛苦根本算不了什么。附近一带的地形和水平线一样平坦，有敌军挖掘的战壕，也有一些敌兵尸体。上午十一点半前进后吃了午饭。到了下午天气更加寒冷。以至于到傍晚时已经冻得站不起来了。稍晚些时候才抵达了一个无名村落。只有大约两间半①宽度的房子里挤了二十个人睡觉。大家像土豆一样睡在那里。一月份到了最后一天。想到家乡在旧历正月可以进入休息，就更觉得战场上的辛苦有增无减了。

[以下省略]

---

① 日本长度单位，1间约等于1.82米。60间为1町。——译者注

19　目黑福治战地日记

所属：山炮兵第十九联队第三大队，大队段列，编成

军阶：伍长

住址：新潟县

职业：公司职员

收集来源：本人赠予

日记情况：长15cm，宽10cm的记事本。本人声称是从中国俘虏那里夺来的。所记内容止于1937年12月20日。纵向书写。主要用片假名书写，各处夹杂着平假名。

10月6日　晴天　上海

早上八点出发前往上海纺织工厂。途中十一点左右遭到敌军野炮袭击。第九中队有两名士兵负伤、一匹马阵亡、五匹马负伤。我们第一分队是最危险的。在距离三四米处曾有一枚炸弹爆炸，当时甚至已经做好了牺牲的准备。因为距目的地月浦镇尚有四里地，故颇感疲乏。途中降雨亦导致行军艰难。

10月7日　雨天　月浦镇

凌晨五点，我军飞机开始实施轰炸。八点左右抵达宿营地进入休整。将数十町宽的棉花田作为我军营地且兼做机场之用。晚间，我军重炮阵地炮声隆隆。一直持续到凌晨两点左右，营地附近有无数敌兵尸体。

10月8日　雨天　月浦镇

凌晨六点起床，在营地内待命。一场大雨让人变成了落汤鸡。和田圃一样，在棉花田营内待命的特务兵也正在休整。不久后又开始去搬运粮秣，真是可怜。来此地后最为难的是用水问题，必须要去一里之外才可取到饮用水。五点左右，遭到了便衣队的袭击，故追击了一里左右的距离。有两名士兵牺牲。每天都有数台卡车从前线将伤兵送回来。

10月9日　雨天　月浦镇

今天仍是阴雨。战地的大雨如同劲敌。昨夜梦到了家里的三个孩子，把慰问品里的小串珠分给了他们。梦见了三次故乡，和兄长、横野满次郎、富居贞太郎等人见了面。

早上六点，辎重特务兵开始将粮秣搬送到四里外的后方。看到他们的衣服因为连日的大雨而粘满污泥，切实感受到了特务兵战友的辛劳。同时还想到了酒井××君也是每天如此。所以一看到此番场景就会感慨自己还真是轻松幸福的。

抽了从日本带来的最后一支朝日香烟。想到往后就再也没有日本的香烟了，六人便一人一口地抽了起来。此时有军歌传了过来。第九师团、第十一师团、第三师团、第十三师团的集结将在近期完成。发动总攻的日子即将到来。

10月10日　雨天　月浦镇

一个月前的今天是收到动员令的日子。我军的炮火声从昨夜八点左右开始就没有断过，直至今晨八点也未停止。

今晨起床前梦见了故乡。家里生了个女孩，那孩子长得真像××。来到这个月浦镇后每晚都能梦见家乡，还梦见了母亲的手艺。今天仍是停留在棉花田里。没有出发的命令，战友都在为没有烟的生活而烦恼。

战友每天都和中国苦力一起工作。我因为是班长，所以每天的事情只有分配任务。因为身体上并不疲劳所以晚上会睡得很浅。但即便如此也不愿踩着雨中的泥巴外出闲逛。

10月11日　雨天　月浦镇

昨夜以来，友军的枪炮声逐渐迫近。因为将敌军逼出上海的包围战术即将成功，所以三四天内应该会发起总攻。敌军有十二个师，友军则是四个师团和若干预备队。因为听说敌兵会在崩溃之际举着日本国旗高呼万岁来伪装成我军，所以接到命令：自今日起严禁在战场上举起国旗。特务兵今天又领着几十匹马去搬送粮秣。感激涕零。下午雨过天晴，心情不错。

抓到了一个便衣队成员，将其斩首。怜惜之情逐渐变淡。

10月12日　晴天　月浦镇

没有向联队本部派出联络兵的工作，用烟杆打发了半日时光。无事可做，非常无聊。

今天也逮到了一个中国人，他被战友揍了一顿，其中一人把刺刀捅进了他的眼里，红色的鲜血流得到处都是。被他的坚强所震惊，翻译来了也仍是一言不发。估计是被砍头了。

10月13日　晴天　月浦镇

今天负责马厩值勤。为病马做过治疗后便无事可做，在宿舍里写了两三封信。接到命令：明天将离开月浦镇向李家纲进发。我们预备队□因为能进一步向战场突进而斗志昂扬。

敌军似乎已经丧失了斗志，今天只能听到间断的炮声。

听那些去过前线的战友说，敌军在前线附近抛下了数百具尸体，甚至望不到尽头。料想友军的伤员也会有不少吧。

10月14日　阴天　月浦镇

今天中午十二点三十分将启程出发，所以起床后整理了宿舍。在距离李家纲西面约一里半的位置有一个小村庄。下午四点到那里的中国民宅宿营。

该村庄留有老人、妇女、儿童共计六人。因为他们从师团司令部领到了良民证，幸福地处在军方保护之下，所以我们部队的士兵都时常送些剩饭给他们。而他们也高兴地表示了感谢。晚上七点左右有敌军飞机来袭，友军以高射炮还击，炮弹炸裂的景象如河边烟花般壮观。空袭共发生四次，一直持续到早上。

10月15日　晴天　李家纲

今天是友军发起总攻的日子。因我们距离前线遥远，基本听不到炮声，所以并没有切实感到总攻的气氛。

傍晚，久违的领到了日本清酒，每人一合。那味道真是难以名状。原本为了确保前线部队每天都有酒喝，我们第二线士兵是喝不上酒的。但今天财务部长特批发放了一些。

离开上海之后第一次洗澡。在一个大缸里倒入热水以代替澡盆。真是别有一番战地的氛围。

与××工厂的寅次君相见，倍感亲切。

10月16日　晴天　李家纲

上午九点起，进行了马匹驮载训练。结果我们班的一匹驮马跌落到了小河中，我只好跳入河里，在齐腰的水中把马牵出。但也因祸得福，奉命停止训练返回休息。

下午两点以后又进行了另一项演练：肩扛弹药箱、与联队段列进行联络。进而还实施了进入阵地后的冲锋等实战操练。

10月17日　晴天　李家纲

来此地之后天气一直不错，所以心情也很好。上午向约两百米外的阵地来回搬运了弹药箱，真是对炮手体力的考验。下午则进行了步枪射击操练。晚上十点，段列长、大队长来营告诉我们：部队明天终于可以上前线了。

得到了参与大场镇总攻的机会，大家都很兴奋。

10月18日　晴天　李家纲

上午完成了出发准备。听富冢准尉说，前线敌军阵地非常牢固，我们损失极大。虽然大家都在谈笑，但今天接到的确实是一道既悲壮而又令人激昂的命令。目的地尚未明确。

下午两点启程，沿途有无数敌兵的尸体。每当看到敌方阵地，就会联想起皇军的苦战之景。

在纵横交错的河川对岸一定存在着让皇军棘手的敌军阵地。下午六点抵达了目的地刘家行。此处距离前线约一千米，总宽度两千米。敌军炮弹经常飞来，让人既惊讶又欢喜（五十榴弹炮）。我们大队的战炮队径直在阵地展开了炮列。但第九中队遭到了敌方射击，两人阵亡、一人重伤。此后友军的步兵部队也有不少伤员被接连送回后方。目睹了前线的惨烈。即便到了晚上炮声也未停歇，机枪和步枪的声音如豆子般倾泻而下。虽然对大场镇的总攻安排在了23日，但2日从上海出发以来进行过大迂回，如今也不过挺进到上海西侧三里的位置。

10月19日　晴天　刘家行

做了些准备以确保前线能随时获得弹药补充，随后待命。位于右侧的野战重炮阵地与飞机相互配合，一同向敌方阵地实施了轰击，故去现场观看了一番。其射程有三千四百米。据称，我们大队的战炮队阵地距离敌前约五百米，因为只有五百米所以是非常近的，一旦起身就定会面对枪林弹雨。敌我双方都在紧紧张张地、毫无闲暇地挖着战壕以便藏身。步兵第一〇四联队的一个中队仅存二十人，而若松部队也出现了大量伤兵。还能看到新发田部队在接连不断地运送伤员返回野战医院。一边目送他们一边祈祷其中不会有我们××町的同乡。

10月20日　晴天　刘家行

今天在营内值勤。没有特别重要的事情，只是负责将当天的口粮分配给各个部队。

下午三点左右，敌方六枚榴弹曾在我们营地面前五十米处爆炸。特务兵的营地里有一名士兵阵亡，负伤者十余名，另有一匹军马当场死亡。因此我们便立即动起手来，尝试将营地改造为堑壕。否则如此下去一旦敌军炮弹命中，我们这些后方部队都无法活着回去了。

10月21日　晴天　刘家行

上午九点从营地出发，赶往前线输送弹药，十一点返回。

虽然已经挺进至敌前五百米地点，却无法用肉眼看清堑壕中的敌兵。我们第三大队的十二门大炮对其进行了扫荡式炮击，也终究无法在敌阵的硝烟中发现对方身影。

下午一点，从联队段列那里领到了弹药补充，我们待命。伤兵仍一如既往地被运了回来。步兵的各个中队加起来大约只剩下三分之一的人员了，显然牺牲是巨大的。至晚间，敌方炮弹倾泻而下，向我们后方部队的上空飞来，有不少人阵亡。虽然也有大量炮弹落在了我们营地，但幸运的是人马都平安无事。

10月22日　晴天　刘家行

不出所料，昨夜敌军的炮袭导致我军辎重队、重炮队损失惨重。有四人当场阵亡、十六匹马遇难，另有五六名士兵、八匹马负伤。

我们中队从清晨便开始深掘堑壕、巩固阵地。至正午又处在敌军的炮击之下，十分危险。结果决定转移阵地，另外构筑一个新的堑壕。下午六点，我们被任命为卫兵司令。晚上寒冷至极，难以入眠，执行了警备任务。敌军飞机似乎在远处的上海方向实施着猛烈地轰炸。

今晚有五六发敌弹打来，但距离较远，没有命中我们阵地。有二十余名敌方俘虏被押送回来，年龄从十六七岁至四十五岁不等。他们像埃塞俄比亚的士兵一样光着脚或穿着草鞋，竟还穿着夏天的衣服和短裤。

10月23日　晴天　刘家行

早上点名时听中队准尉说：上海每夜都在遭受轰炸，此前我们居住过五天的上海纺织第四工厂也被炸毁了，发生了火灾。不禁让人惦念起我们放在仓库里的那些个人物品和毛毯下落如何。

傍晚以后，敌军不断实施了猛烈炮击，炮弹接二连三地向我们段列阵地附近飞来。在后方五百米地点宿营的辎重部队中，有四十匹马、二十名士兵死伤。

因为我们躲在堑壕里，所以大体是安全的。但头上发生爆炸时会感到有些不适。

10月24日　晴天　刘家行

腹痛，从早上便开始休息。来战场之后明明特别注意身体状况却还是生病了。似乎大便里夹杂着红色的血块。

10月25日　晴天　刘家行

身体情况仍旧不佳，希望自己能早日康复。听说大场镇已经被攻陷了。或许能够按照预定计划在月末返回上海。今日全天未有进食。

10月26日　晴天　刘家行

昨晚开始一直腹痛，未能入眠。原本打算今天去接受诊断，但结果又决定再等一天看看情况。今天也坚决不进食。

10月27日　晴天　刘家行

在马厩里值勤。连续断食三天，身体非常虚弱。下午之后稍微打起了一点精神，应是身体略有恢复了。

下午开始少量进食。四点，有三枚敌方炮弹从我们头顶呼啸而过，落在后方一百米处爆炸。

晚上七点，敌军前线部队的步枪和机枪声骤然响起，持续约二十分钟后停止。铃木中尉继任了段列长，是福岛人。

10月28日　晴天　刘家行

昨夜密集的枪声似乎意味着敌兵的反攻，友军的步兵一一六部队有很多人阵亡。据段列长的战况报告称：再过三天上海的战斗大体将会结束。敌方已分裂成和战两派，基本丧失了斗志。

10月29日　晴天　刘家行

今天下午三点，荻洲师团长去第四野战医院探望了伤兵（位于我们右方一百米处）。据当时传来的消息，第十三师团将会在今天下午四点留下一个步兵大队后率全员发起总攻。这或将成为与各位的诀别。当然，该师团是坚信此次总攻能够全歼敌军的。不过料想在此战斗结束之后，仍需尽速将伤员送往上海医院，所以（师团长）希望他们能够辛苦一两天。

果然从下午四点开始，我们的横尾部队动用了全部的火炮

（三十六门），与我们师团配备的二十四门重炮和四门榴弹炮同时展开了射击。炮声之大，让人感觉天地都被打穿了。此次战斗似乎完全地逼退了敌兵，故到了晚上听不到任何枪声，一片寂静。营地里传出了能够早日胜利回国的声音，难以入眠。

淅淅沥沥地下起雨来。

10月30日　阴天　刘家行

××工厂的寅次（步兵一〇六）来看望我，说我们町出身的步兵有很多人阵亡了，我们两人能幸运地活着真是太难得了。枪声渐渐远去，敌方阵地冒起了三处大火。这显然证明了敌军的完全败退。

10月31日　雨天　刘家行

下雨，又想起了在月浦镇的艰苦岁月。战场的大雨是最可怕的。早上八点，奉命前往后方三千米处的联队段列领取炮弹。淤泥没过了膝盖，向前行动真是困难至极。军马溅出的泥水弄得满身都是。前进约五千米后为战炮队补充了弹药。

发现路边躺着六个友军步兵的遗体，向他们表示了感谢。

11月1日　雨天　刘家行

凌晨四点起床，外出七千米进行了弹药补充。今天又不得不满身是泥地，下午三点归营。

11月2日　雨天　刘家行

凌晨三点起床进行弹药补充，似乎要从营地撤退了。

下午四点接到了中队向火烧场转移的命令。因明天还将向罗店镇方向移动，所以下午六点在营地逐步完成了准备工作。班里有两名士兵奔赴前线输送弹药，结果下落不明。晚上九点才终于返回。

而其他班则有五名士兵落伍。我班士兵得以安全地返回真是非常幸运，可以放心了。当然，他们身上都沾满了泥水。

11月3日　阴天　火烧场

今天是11月3日明治节。起床后各分队都向天皇和皇后陛下欢呼了三声万岁。

大家都领到了皇室御赐的酒和点心。听闻国内因为此次战争的爆发而取消了明治节的庆典，我们这些军人却能够领到御赐的酒和点心并在战地举办典礼，实在是光荣而又感激。下午两点，向罗店镇转移。抵达了李家宅并宿营。

11月4日　阴天　李家宅

今天负责在营地内值勤。

在李家宅附近的河流里有不少红菱，看上去比国内更大更好，所以很多战友都去摘来品尝了。

11月5日　阴天　李家宅

敌弹又再次向我方营地飞来。上午有三名士兵去联队段列领取了炮弹。我闲着没事便给家里写信。

下午六点左右，收到了老家寄来的书信。一次来了十一封，真是没有比这更高兴的事情了。因为在一片漆黑之中无法阅读这些亲切的信件，所以便去充当了值勤卫兵。

11月6日　阴天　李家宅

全天担任卫兵。

班里的第一驮马病死了。全班人曾一起花了四小时帮助它，却最终未果。非常悲伤地给它放了一束花表示哀悼。

11月7日　雨天　李家宅

早上八点半冒雨去联队段列领取了炮弹。风雨交加，全身没有一处是干燥的。而雨水是最让人难受的。

11月8日　晴天　李家宅

担任卫兵司令。每次我出任卫兵之后身体状态都会出问题。这次又是如此，拉肚子了。故停止了值勤，回营休息。

11月9日　晴天　李家宅

身体情况依然很差，休息。战友去弄了些土豆回来。还有一人去上海取回毛毯和私人物品。敌军炮弹之声渐远，战斗将要结束了。

11月10日　晴天　李家宅

上午出去遛马并负责马厩的值勤。下午一点后，去弄了个大缸过来泡澡。因为已有十多天未洗澡，所以一边泡着澡一边仰望蓝天，真是倍感惬意。完全没有了战地的气氛。晚上用上海取回的毛毯保暖入眠。

11月11日　晴天　李家宅

上午参加了关于毒气的讲解说明。下午遛马。因为后方的任务太过清闲，反而让人有些犯难了。有流言说十二月间将能胜利回国，所以班里充斥着愉快的气氛。与波多君见了面。

11月12日　雨天　李家宅

凌晨一点作为大队联络员前往大队本部。但因部队随即又接到了立即启程的命令，又返回了中队。在大雨中前行了二里地。看到罗店镇的战场后，下午四点进入长寿桥宅休息。

11月13日　晴天　长寿桥宅

凌晨五点，大队的各个中队接到了补充弹药的命令。故各班都派出了两匹驮马前进约一里距离，去中队段列处补充弹药。

我们中队于上午十一点抵达并加入了追击的部队。

夜幕降临前后，在某无名村庄的村口遭到了敌兵的突然射击。我们都趴在河边被敌方猛烈的弹雨压得不敢动弹。其间中队第六班的一匹马被击中了。没过多久，又有一发子弹命中了第四分队一名士兵的腹部。那位可怜的战友仅过了三分钟便死去了。

晚上八点抵达了钱家石。做完晚饭并吃过后，我们接连开进了村子。村里的中国人欢呼着前来迎接。这让人切实体会到了来中国打仗的氛围。此处附近的农民全都已经收完了水稻并种下了豆子和小麦。豆子长到了七八寸高，小麦则有五六寸。

晚上十一点就寝。因太冷无法入眠。撑了两个小时后起床，与××出身的战友见面，得知落合准尉、新丰伍长都已牺牲。

11月14日　晴天　钱家石

起床后去征来了一头猪、三只鸡。久违的饱餐了一顿鸡蛋、鸡肉和猪肉。今天仍要出发实施迅速地追击，但追击战并不轻松。途中能看到几户农家挂起了日章旗，看上去像是中国人。弄来了些水牛，吃了一头，另一头代替马匹来使用。一头水牛的价格是二十钱，非常便宜。与××出身的炮兵皆川君聊了天。

11月15日　晴天

昨天开始连续急行军。凌晨五点终于抵达宿营地。做了晚饭吃过,早上七点起床。因身体太过疲劳,在室外用毛毯蒙着头又舒服地睡了两个小时。有不少战友终于忍不住去喝河里的水了,我也用水壶去装了几壶来喝。枪决了九名敌方败兵,我干掉了其中的两名,感觉畅快。

11月16日　雨天

凌晨四点起床,原本将于六点出发,但因为与其他部队的行程发生了冲突,一直休整到十一点。其间又枪决了三名敌兵。途经梅李南街西街。晚上十点在中国民房内宿营。

似乎在我们到来之前一直有中国人住在里面。所以我们吃掉了他们剩下的中国口味的炸猪肉条。发现了此处的三名残兵,便将他们打死。弄来了六只鸡。每天都能吃到鸡肉。

急行军展开追击且道路狭窄、路况不佳。其间班里有一匹马跌落河中,但夜幕将至很难把它弄上来。这家有糯米,所以就马上弄来做了牡丹饼。行军以来五天了,军队没有给养,全靠征收抢夺来果腹。

11月17日　雨天

五点起床,七点出发。途中见到了××军治君。

路况越发变差,人马都很不容易。途中有好几匹马都累倒了。前进的途中发现不少敌方钢筋水泥的碉堡尚未完工。看来是因为我军追击得太过迅速,特意构筑的阵地没有完成,更没有被使用。前往南京的路途似乎已经走完了三分之一。

下午三点左右遭遇了敌方强有力的部队。第三大队摆开了炮列直接进行了射击。但我们没有出动,进入无名村庄宿营。军队没有提供给养，故接到联队的命令：尽量去自行征收。结果弄来了不少鸡、猪、大米、小麦。

11月18日　雨天

面前的敌人凭借着坚固的碉堡顽强抵抗，步兵第一一六（新发田）联队已经有约四十人阵亡。我们宿营的村庄变成了临时的绷带所，伤病被源源不断地送了过来。今天又弄到了八头猪、六十多只鸡。中午把带来的酱油吃完了，所以只得在晚饭时把没有咸味的鸡肉和猪肉油炸好，当作副食来吃。前方的敌人似乎仍没有撤退的迹象。我们的强行军变得困难了起来。一想到步兵队的大量牺牲，真是希望他们能尽早撤走。

11月19日　雨天

面前的战斗仍未停歇，友军的伤兵仍不断被送来。看来敌军的碉堡太过坚固，除了使用肉弹已无其他办法。友军的苦战是可想而知的。下午派出了三名士兵和两匹马去领取炮弹。我则率领两名士兵前去征收物品。弄到了一头猪、一缸中国酒，让中国人背了回来。同乡××军治的左臂被炮弹击伤，送到我们宿营村庄的临时绷带所。因无生命危险故又被送往后方的野战医院。

11月20日　雨天

早上七点集合，前往后方一里半距离的联队段列领取炮弹。与××朝雄君见了面，愉快地聊了三十分钟左右。他因为身处本部所以在给养上比我更充足，给了我一些酱油丸子、糖馅丸子。下午一点又进入追击战，行军约二里地，在中国民居宿营。

战败国的人民真是可怜，给我们献上了自己家的鸡表示敬意。

征收到了两只鸡、三只鸭。

途中经过了谢家桥镇的激战地。听说在此地的奋战中，我们新发田部队有四十多名战友负伤，同乡的山炮小队长××君等人或死或伤。而敌兵也是尸横遍野，一片激战后的惨景。

11月21日

早上六点起床，用征收来的猪、鸡等物做了早饭吃过。八点出发，一路都是没膝之泥，有军马摔跤、士兵滑倒而跌入河中。我们班特别倒霉，马跌落河中七次，艰难之状难以言表，全身都是湿漉漉的。尤其是从今天开始还下起了小雪，是登陆以来最冷的一天。来到此地第一次见到了小松林。下午五点抵达一处无名村庄，打死了村里的五名青年，此外还有丧偶的妇女。在此地也看到了战败国的惨景。那个丧偶的妇女说全怪中国不好，让大家受累了，真是可悲至极。出任了卫兵司令。

11月22日　晴天

早上七点出发，天气放晴，心情不错。中午前后在香山乡和××伍长见了面。从此地又往前行进了一里半距离后，在江苏省江阴县陈野镇宿营。今天终于开始接到师团方面送来的给养，但大部分还是要依靠征收来满足。因为数万人的大部队要靠征收粮食来生存，所以很快便吃完了。

今天还在××工厂和寅治君见了面，他很精神。

晚上八点吃饭，吃了白面丸子。

11月23日　晴天　南国

昨晚八点半，第十三师团若能抵达距离中队前方七里处的无锡便可完成任务。看来战争即将要结束了吧。所以现在还是要继续打起一点精神来完成军务。但确实是很高兴的。一直觉得明年一月就能够实现胜利回国的梦想了。凌晨三点起床前进了约一千五百米，去第八中队补充弹药。敌兵在距离该地约一千两百米的村子里构筑起阵地以图反抗。

从友军的炮击来判断，似乎凌晨六点以后敌军已逐次撤退了。枪炮声在天亮之后便完全消失。在友军步兵实施追击之际，我们原地待命。或许是因为这一带流行养蚕，桑叶青翠如同国内的十月上旬。征到一头猪吃了。和×××町的木津君见了面，他一切都好。

11月24日　晴天

待命、休整。炮声渐远，估计先头部队会在明天抵达无锡。真希望尽早赶到无锡停留休整几日。连日的艰苦行军确是出征以来的初次体验。

南国前方一千米处是敌方阵前一千两百米的前线地带，在此地安置起了炮弹仓库。过了一夜。

11月25日　晴天

凌晨三点起床，六点与本队主力会合并前行了一里地。此后进入休整。似乎是敌军在前方约一千五百米处进行抵抗，导致我们无法继续前进。一直待命至下午。途中目睹了长泾镇的激战之地，且自登陆以来第一次降了霜，真是非常寒冷。下午三点在距离敌前一千米的位置宿营，征到一头猪作为晚饭。还弄到了一头水牛。此地名曰祝塘镇，我们中队在此地遭遇了霍乱，面临死亡的威胁。这病真可怕。

11月26日　晴天　祝塘镇

昨晚久违地洗了澡，清除污垢后心情愉快地入睡了。一如既往地于早上六点起床，七点半出发。班里的一匹马出了毛病，所以弄来了一头水牛。前进约二里后遭遇敌兵抵抗而无法继续前行。只得就地宿营了。住的地方有二十二名中国人，家里的东西全都被烧毁了，真是可怜至极。

11月27日　晴天

早上六点起床，八点出发。敌人撤退时把前方的桥炸塌了，所以无法往前行军，休息了约一个小时。途中在璜塘坡附近发现了不少战壕，里面的东西都是新的。看来是敌兵未交战便逃走了，只有一具尸体。沿途各村庄还冒着熊熊大火，中国的村民应该已经感觉到战争的恐怖了吧。下午四点在老刘玉村宿营。

晚上七点左右，发现了三名残兵，有一人逃走，另两人被处决。其中有一人是我用刺刀杀死的。至今天为止我一共杀死了六个中国兵。我们师团基本已经到达了无锡附近，任务即将完成。据说明天整个师团将会集中起来。

11月28日　晴天

早上六点起床，发现五名残兵被全部击毙了。

十一点前进了约一里半路程后第一次踏上了通往南京的汽车公路。时隔二十多天来终于又听见了踏响军靴向前行进的声音。下午四点通过了青阳镇，再前进一里距离后遭遇了敌兵。战炮队立即投入了战斗，我们则在后方一千五百米处摆好了二十五棚加农炮和十棚加农炮炮列。进而在猛烈的炮击之下继续向前挺进。

我们中队有一名士兵被子弹打中，无奈地停止了前进并进入宿舍。夜幕降临后敌弹又变得猛烈了起来，我们居住的房屋屋顶被击中了。这个村里有不少中国酒，大家尽情地喝着，一边唱歌一边喧闹了起来。

11月29日　晴天　南闸

早上六点起床。起床后为病死的大里正一郎上等兵举行了慰灵祭。在战场上病死真是很遗憾的事情。上午九点左右，我带着两个士兵去征收了一头猪回来。返回途中发现有一架我军飞机坠落在前方四间距离的地方，里面的炮兵大尉和另一人身负重伤。所以我们赶紧跑去把他们从飞机下面拖了出来。看到满脸、满身是血的两个人，真是感到了飞机的危险。由于敌方的阵地颇为坚固，友军从后方打出的重炮从早上就轰个不停。曾有敌方的炮弹落在我们宿舍隔壁，把房子炸坏了。我们真是死里逃生啊！不禁要感谢神灵对我们的眷顾。隔壁宿舍有三名士兵负伤。

11月30日　晴天　南闸

上午待命。下午两点前进了一里半后宿营。

敌军密集的炮弹不断飞来，但都偏离而去，从我们头上划过，所以算是平安无事。弄来了十二只鸭子，晚上用饭搭配鸭汤。

12月1日　晴天　南闸

今天是总攻江阴城的日子。

从早上开始，友军炮兵阵地的所有火炮就都发动了起来，实施了集中炮击。七点，又为各中队补充了两百发炮弹。八点半去联队段列处领取炮弹，遇见了××上等兵。如果攻下江阴的话，应能得到一些休息时间,所以一直祈祷早日实现。下午四点去大队本部联络军情并在那里过了夜。领到一包香烟,一盒糖果。

12月2日　晴天

根据大队本部接到的消息,今天早上第一〇四联队将从江阴城的南门入城,所以大队也将立即启程。上午十一点和大队本部一起行军,朝江阴城的方向挺进。途中在板桥镇和其他村庄看到了很多被我军炮火炸死的中国兵尸体。行军不久后便抵达了江阴城西门,城墙被我军打得千疮百孔,但因为很坚固并没有被彻底摧毁。西门处有五具我方士兵尸体,敌兵的尸体则数不胜数。晚上七点,在中华电灯公司内宿营。

12月3日　晴天　江阴城

凌晨零点三十分,为向中队通报军情向后方行军了二里。一路上没有见到一个友军。在中国人的地方让两个中国人前行带路,到处都很陌生,所以心里一直发慌。想到如果有敌方残兵出现后果将不堪设想,于是作为日本军人的自负便消失了,转而产生了一股胆怯之情。途中因为走错了一段路,一直行军到了天亮。早上六点半到达中队宿营地时,中队已经离开了。所以只好又循着其去向继续前行。自上海登陆以来第一次体会到了恐惧。

早上八点回到了中队。中队根据命令在钱家村附近宿营休整,以便准备向南京发起攻击。

12月4日　晴天　钱家村

休整。早上以后,有战友去附近村庄征收了物资,拿回来了不少东西。

12月5日　晴天　钱家村

休整。下午外出征收物资，烧掉了十七户中国人的房屋，击毙了村民。战败国的人民真是可悲。

12月6日　晴天

接到了命令：今日结束进攻南京的战备，备齐弹药及其他武器后随时等候进军的指令。晚上十点，得知明日将于五点半起床，六点半出发。我担任卫兵司令。

12月7日　晴天　钱家村

凌晨五点半起床，开始向首都南京进军。心里期待着早日与敌军遭遇。行军的艰苦（后续内容缺失）。

12月8日　晴天　陈壁镇

行军途中随处可见中国墓地的石碑，还看到了四周的松树林。

12月9日　晴天　埤城镇

行军途中看到中央军的十余名残兵均已被斩首。能听到远处飞机的轰炸声，但不见敌影。

12月10日　晴天　丹徒镇

早上六点起床，七点出发，向镇江前进。沿途是一片松树林，让人感觉如同在国内的山村中行军。晚上九点进入镇江宿营。

12月11日　晴天　镇江市

所在的镇江市是仅次于上海的华中大城市，也是国际性都市。我们居住在小学校园里。从其教室的情况可以清楚地看到，中方的教育方针一直都是抗日的。早上七点起床，十一点出发。下午五点抵达高资镇后宿营。

因为没有副食，便打算去弄头猪回来。外出一里半路程后到达了一处村庄，征收了三头猪。这个村子里有一个中国人曾在日本大阪和京都居住过二十一年，会说日语，所以和他聊了一个小时。他的妻子和小孩日语也非常好。据称五天前曾有中国兵来过这个村子，所以没剩下什么吃的，生活很困难。他说，日本兵来了我就放心了，也不知道是真是假。

12月12日　晴天　高资镇

早上七点起床，原地驻留一天进行休整。上午九点左右又去了一趟昨天会说日语的中国人那里。但是他不在，只有他的妻子。弄到了一头猪。下午五点开始向南京出发，夜间行军。晚上十点在一处无名村庄内宿营。

12月13日　晴天

凌晨三点起床，四点出发。目的是去攻占南京的幕府山炮台。沿途有不少地方聚集着敌方俘虏，据称其数量约为一万三千名，都是些从十二三岁到五十多岁的杂牌士兵，里面还有两名妇女。同时还不断有残兵前来投降。各部队所接收的俘虏总数约为十万。下午五点，已经能够眺望到南京城了，故在城外宿营。

12月14日　晴天　南京城外

敌方首都南京已经陷落。休整。上午去南京市内参观了一趟，顺便去征收了中国军马。城里规模之大令人吃惊。

12月15日　晴天　南京城外

本日休整。

12 月 16 日　晴天　南京城外

休整。到市内去征收物资，结果发现到处都是中国兵和日本兵抢夺过后的痕迹。下午四点，山田部队处决了敌兵俘虏约七千人。一时间，长江岸边死人堆积如山，一片惨状。

12 月 17 日　晴天　南京城外

上午九点从宿营地出发，参加了派遣军司令官的入城仪式，是一场历史性的庆典。下午五点，去执行了处决敌兵的任务，击毙了约一万三千人。最近两天内，山田部队处决了近两万人。似乎所有部队都需要处决关押的俘虏。

12 月 18 日　晴天　南京城外

凌晨三点左右开始刮风下雨。早上起床后发现四周的山顶已是皑皑白雪。这是入冬以来的初雪。南京城外已集结了约十个师团的兵力。进入休整。下午五点处决了残敌一万三千余人。

12 月 19 日　晴天　南京城外

原本应该原地休整，却在六点起床，去把昨天处决的一万数千名敌兵尸体抛入长江。一直到下午一点才结束。此后做了出发准备，并出任卫兵司令。

12 月 20 日　晴天

四点起床，六点出发。为执行新任务而渡河前进。下发了除夕物品：鱿鱼干、羊羹、梨、苹果、酒一合五勺。元旦物品：酒、橘子、五色梨糕、干鱼、鲷鱼、罐头、栗子、海带、金团。

后　记

　　这里有一份颇为贵重的资料：日军步兵第六十五联队第二中队田中三郎先生手绘的草图。其中，有四张与第十三师团山田支队在南京捕获的俘虏直接相关。这些草图作为屠杀万余名中国俘虏的证据，曾于1984年8月与其证词一道发表在日本的《每日新闻》上。但是在此之后，由于遭到了反对派的攻击，田中先生不得不对屠杀俘虏的人数进行修订。

　　当然，我也从田中先生那里听取过证词。其证词与其他当事人并无差别，能够成为屠杀万余名俘虏的证据之一。在调查过程中，我曾手持田中先生的这份草图与《每日新闻》记事的复印件进行过对照、确认。在听取证词之后我朗读了一遍。当事人都回答我说："这是事实，确凿无疑。"

　　从我的调查结果（包括当事人的证词、战地日记、其他资料）来看，田中先生草图中所描绘的内容是不容置疑的。我的这些调查结果，曾发表在《周刊星期五》（六号、十二号）、《南京大屠杀的研究》（晚声社）等处。目前尚无关于屠杀俘虏问题的具体反驳，我本人也不会去听。

　　反对派对于田中先生的攻击只会是徒劳的。但基于当时记录所做的证词遭到攻击或抗议一事，却作为事实遗留了下来。

南京大屠杀

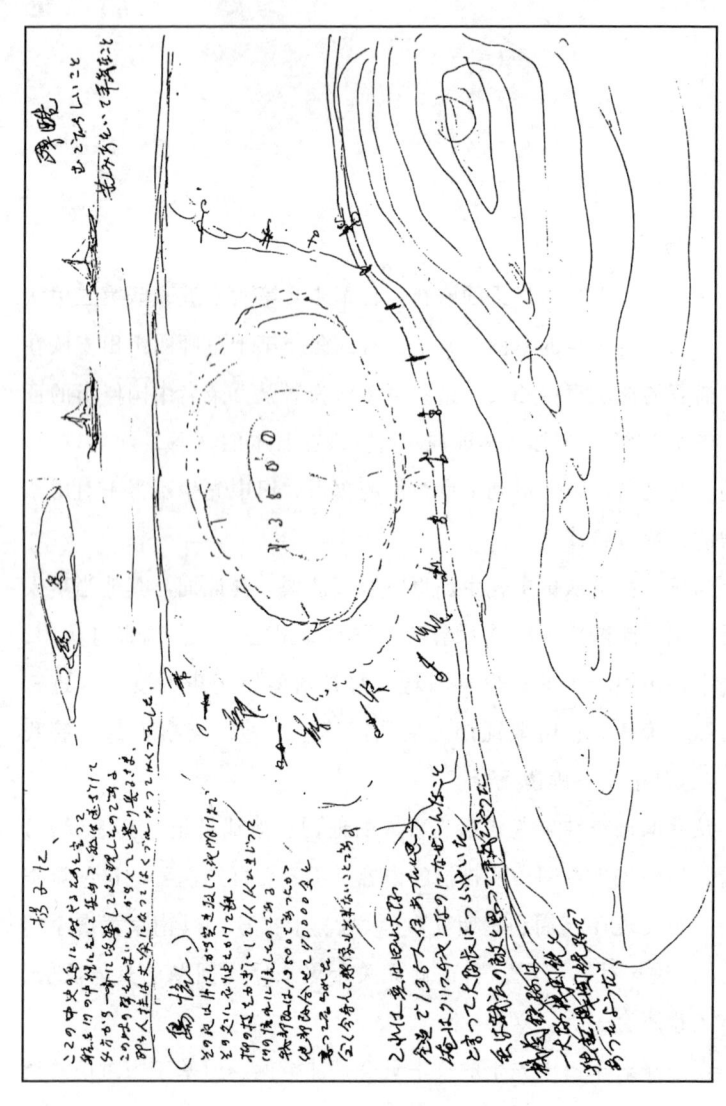

田中三郎手绘日军屠杀俘虏草图（原图）

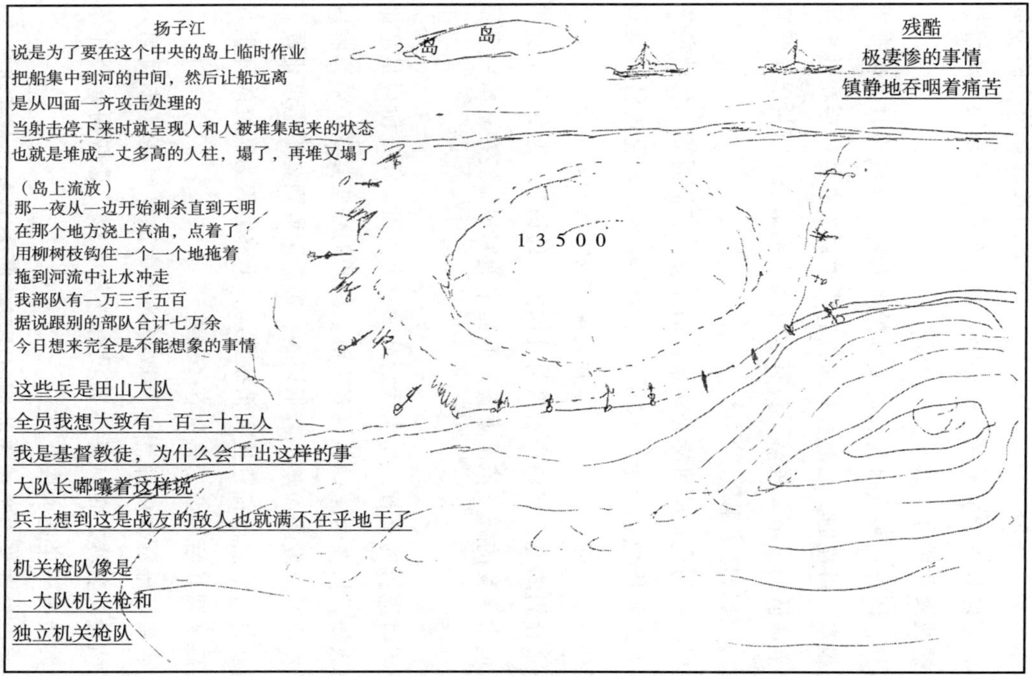

后　记

田中三郎手绘日军屠杀俘虏草图（文字翻译版）

残酷
极凄惨的事情
镇静地吞咽着痛苦

扬子江

说是为了要在这个中央的岛上临时作业
把船集中到河的中间，然后让船远离
是从四面一齐攻击离的
当射击停下来时就呈现人和人被堆集起来的状态
也就是堆成一文多高的人柱。塌了，再堆又塌了

（岛上流放）
那一夜从一边开始刺杀直到天明
在那久地方浇上汽油。点着了
用柳树枝钩住一个一个地拖着
拖到河流中让水冲走
我部队有一万三千五百
据说跟别的部队合计七万余
今日想来完全是不能想象的事情

这些兵是田山大队
全员我想大致有一百三十五人
我是基督教徒，为什么会干出这样的事
大队长嘟囔着这样说
兵士想到这是生战友的敌人也就满不在乎地干了

机关枪队像是
一大队机关枪和
独立机关枪队

说明：下划线文字系日后追记。

547

南京大屠杀

我着手此项调查的契机，是1988年决定参加市民团体所主办的"南京大屠杀实情调查记录访华团"之后出现的。访华团那股执着的态度也对我产生了深刻的影响。其中有一位访华团成员曾热情地劝勉我展开调查。

但是，调查这种大事我真的能够做得来吗？从我当时人生来看似乎是根本不可能的。当时我从来没有听说过福岛县曾存在过步兵第六十五联队的事情，虽然手头有本《南京大屠杀的证明》（洞富雄著），却也只是买来放着而已。

所以我最初设定的目标是非常低的。感觉若能得到一份此前未曾公开发表的历史记录就足够了，从自己的能力来说这已经是极限。唯一有信心的不过是在踢球和跑步中锻炼出来的体力。

原本计划的是，将调查结果与其他团员的调查一起作为单行本出版，但由于我的调查拖了太长时间而未能实现。实在是给大家添了不少麻烦。

我当时进行的调查工作大致划分为三个阶段。第一阶段是基础资料的收集，以及为了确认调查方法而展开的一些尝试；第二阶段是为了在报纸上发表而集中着手调查；第三阶段则是不愿停止调查的时期。每一个阶段都曾让人精疲力竭，但终究因为调查的日积月累而从后半期开始逐渐变得从容了一些。

在收集基础资料的过程中所取得的最大成果便是《步兵第六十五联队战友名簿》的入手。若没有这份名簿，或许调查会在不得要领的情况下半途而废吧。

至于以报纸发表为前提的调查，可能听上去会让人感到奇怪。说实在的，1989年12月在洞富雄先生府上见到本多胜一先生（当

后 记

时是《朝日新闻》的记者）时，我已获得了四十份当事者的证词、五六册作为一手资料的战地日记。本书收录的《宫本省吾战地日记》便是其中一份。本多先生当时为我撰写了新闻记事的初稿，但或许是因为证词仍显不足，结果未能刊登出来。不过这反倒成了我此后继续展开调查的动力。

或许我应该对此前的经历做一个简述。我在拿到《宫本省吾战地日记》后曾一度决定结束调查工作。因为这份日记中的证词已经十分明确了。它是一份尚未公开的、首次记载了连续两天实施俘虏屠杀的战地日记。更何况此前的调查工作已经让我很是发怵：在电话中被怒斥、吃闭门羹、请求提供证词的书信被退回，而且与当事人面对面的那种紧张感也是让人难以承受的。为了节省费用，我曾吃过很多方便面，甚至因为过量摄入咖啡和酒水而引发了胃病。我把这些事情全都告诉了从一开始便为我提供资料与建议的洞富雄先生，表示无法再将调查继续下去。结果他担心不已，进而让我和本多先生见了面。

在冬季休养了约三个月后，我把1990年9月18日定为目标，重新启动了调查工作。这段时间是整个调查中密度最高、收获最多的时期，共入手了九十份证词、七八册战地日记。虽然其主线与此前并无不同，但在一些细节上获悉了很多新信息，能够起到颠覆"自卫开枪论"的作用。

调查的结果再次被本多先生写成了新闻记事，并最终在1990年9月19日的《朝日新闻》夕刊（在综合版地区为20日早刊）上得到了刊载。读过这篇记事的日军家人与我取得了联络，让我进一步得知了《远藤高明战地日记》的存在。而且本多先生还帮我收集了过来。

在此以后，我开始感到中止调查将是一件颇为遗憾的事情。因为步兵第六十五联队是以预备役、后备役士兵为主体的，其士兵在当时都已经年龄不小了。即使在调查初期，当事人的年龄都已经超过了七十五岁，八十多岁的占据绝大多数，甚至还曾出现过九十岁老者的证词。访谈过的当事人相继离世。这不得不让人产生出了一种危机感。若不抓紧时间，则访谈调查将可能无法再继续进行下去。结果，我坚持开展工作，并最终获取了约两百份证词、二十册战地日记（若包括缺失南京会战部分记录的其他日记则总数为二十四册）以及其他相关资料。记录了证词的磁带，具体数量我没有数过，但估计已经超过了一百张。同时还在朋友的帮助下制作了十份视频资料。

可以说，刚一开始未能顺利将调查结果发表在《朝日新闻》的事情成了我此后继续展开调查的动力。这意味着，调查工作一定是要做得足够充分才行。但另外也留下了遗憾，即被屠杀的人数未能在其中得到很好的体现。

听取当事人的口述乃调查中至关重要的工作。从名簿中确认过住址、对方是否健在之后，我会首先寄去书信，而后才有可能获取证词。从证词中不仅能够了解到屠杀俘虏的事实，亦可获得各种各样的信息。尤其是经常可以得知战地日记的存在。此后还将不断重复上述工作。在一个人从事此项工作的时候，时常会产生孤独、紧张、焦躁之感。作为一名化学公司的员工，我的工作规律就是三班倒，因此会把换班时间或者午休时间用来展开调查。当然节假日也是如此，所以工作强度是很大的。

后 记

名簿上能够得知的对象（包括健在者、死去者的地址），我几乎已全部联系过了。但我的调查仍存在不彻底之处。因为欠缺基础知识而没有问到，由于视角的缘故而问得不够彻底，抑或是明明知道对方有战地日记却无法获得。这样未能入手的战地日记有十多册。

由于连续的徒劳往返，我的调查成果之间只能是点与点的联系。不过取得成果之后的欣喜却是很大的。虽然调查的主要范围是自己所在的县，但新潟县、宫城县、茨城县、东京等地我也曾到访过。结果因为乘车太多、运动不足而引发了腰痛。

但在这一过程中，县内外的朋友都帮助了我。尤其是为我提供了住宿与饮食。如果没有这些帮助，我是无法完成调查的，所以在这里我要列出他们的名字以示感谢。

提供住宿的"地区不便者协会"角野正人先生、桥本广芳先生；陪同前往访谈的本庄一圣先生；帮忙拍摄视频的桑折壮一先生；提供食宿的三瓶健造先生、管野政治先生；安排用餐和自行车的武藤类子女士、山内尚子女士；为不便者举办烤肉餐会却已离世的斋藤雷子女士；以及帮助我翻译中文资料的静冈汉语讲座教室的铃木和子女士。

此外，新潟县的高桥正博先生也为我提供过食宿；"无资金建别墅协会"曾以极为低廉的价格将山间小屋租借给我使用，点着蜡烛的生活让我过得很舒适，在此要向相关人员表示谢意。同时还有很多不愿留名的朋友也为我提供过帮助。

当然，我还要感谢一直为我提供资料与建议的以洞富雄先生为首的藤原彰先生、本多胜一先生、姬田光义先生、笠原十九司先生、吉田裕先生，以及南京事件调查研究会的各位成员。

感谢为我提供重要信息的共同通信社记者渊野新一先生、朝日新闻社记者向井贵之先生。

在校订方面，伊香俊哉先生给我帮了不少忙。他从编辑的角度为我指点了迷津；中川定先生则为我弥补调查中的不足，提供了颇为周全的帮助。进而，我还要向好心提供战地日记并同意将其出版的当事人、家属表示深深的谢意。

最后我还想多说一句：因为参加过南京会战的日军联队（以及海军部队）来自日本全国各地，所以务必想请各地的市民朋友、劳动者同仁也参与到调查中来。

当事人正在不断走向高龄，从我的调查经验来看，若其辞世则资料的消失将无法避免。从这一层意义上说，调查工作实际上是在和时间赛跑。可以认为国外的文献大多得到了公开，国内的这些资料却是迟迟未得面世的重要部分。

隐瞒自己祖父、父亲、邻家老者曾做过的事情，绝不意味着作为战后出生的日本人就可以逃避掉战争的责任。

小野贤二
1996年2月5日

译后记

　　本书是由日方专家小野贤二先生、藤原彰先生、本多胜一先生编纂出版的关于南京大屠杀的重要史料集。日文原著由日本大月书店1996年3月初版，2018年7月再版。

　　书中收录的19部参与过南京大屠杀的侵华士兵日记，大部分是小野贤二先生利用业余时间四处调查探访所得。其中详细记载了日军士兵在侵华过程中的所见所闻、所思所感（主要为1937年9月至1938年1月），以及能够佐证大屠杀事件确实存在的重要信息。同时再加上日方著名历史学家本多胜一先生对资料来源的介绍、藤原彰先生对日军战时情况的分析与术语的详细解说，使本书足以成为进一步考证大屠杀史实的重要参考资料。

　　众所周知，侵华日军在1937年12月上旬攻占南京之后曾在当地有组织地实施了一场为期一月有余、惨绝人寰的血腥屠杀。在那场人间浩劫中丧生的我国同胞多达三十万，而被掠夺或毁坏的物资与财产更是不计其数。在阅读并翻译本书的过程中我仿佛身临其境，看到了当时江浙地区的一片惨景，目睹了日军士兵的各种野蛮暴行，更深切地感受到了战争的罪恶与人性的泯灭，在持续酷暑的八九月间竟不寒而栗。譬如在斋藤次郎的战地日记中就曾记载了其如何在月光下提着刺刀一路追杀中国俘虏并在田里将其捅死，身边的军官如何用军刀劈开尸体头颅的场景（1937年12月13日），而堀越文男则在其日记中写下了自己第一次杀人后的心境："手法非常规范，但刀刃有点受损，没想到我杀人时内心竟如此沉稳，虽然曾一度惊恐，但心情逐渐平复了下来"，甚至"没有愤怒或兴奋的感觉，看到喷涌的鲜血很平静"（1937年11月20日）。这些刽子手，有些是从一开始便乐于屠杀、宣泄兽欲的狂徒，有些则是从思乡念家的普通农民被战争机器扭曲成杀人恶魔的。

书中关于屠杀士兵人数的具体记录显然具备极高的史料价值。尤其包括斋藤次郎、堀越文男、中野政夫、宫本省吾、杉内俊雄、柳沼和也、新妻富雄、大寺隆、远藤高明、本间正胜、菅野嘉雄、目黑福治等人在内的十余名侵华士兵，均在战地日记中明确记载了南京大屠杀期间仅日军第十三师团山田支队就俘虏并杀害了超过一万四千名中国士兵的惨痛事实。这无疑是日本战争当局发动血腥屠杀的历史铁证。而除此之外被日军频繁描述成"征收"或是"取得战利品"的抢劫掠夺行为也被一一记录在案，亦可有力证明日本帝国主义不容推卸的历史罪责。每当读到日军士兵的非人道暴行与我国同胞当时经历的种种苦难，我都会在愤怒与悲痛之余再一次谴责帝国主义的野蛮与战争的罪恶，并祈祷和平长存。

在拙记的末尾，我要对社会科学文献出版社的各位领导与同仁，尤其是李期耀老师为本书出版所做的大量工作表示衷心的感谢。同时亦要感谢日本千叶大学山田贤教授、国学院大学樋口秀实教授、上海交通大学翟新教授、武汉大学熊沛彪教授对我的指导与帮助，感谢上海师范大学硕士研究生石培琼同学、田波同学为本书翻译所做的协助。因日军日记中多有诋毁我国、扭曲事实之辞，本

译后记

书为忠实于原文而未加订正,还望各位读者在阅读时特别注意甄别。同时亦因译者水平有限,难免有疏漏误译之处,尚希读者批评指正。

刘 峰

2019 年 10 月 3 日

图书在版编目（CIP）数据

南京大屠杀：日军士兵战地日记／（日）小野贤二，（日）藤原彰，（日）本多胜一编；刘峰译．－－北京：社会科学文献出版社，2019.11
ISBN 978－7－5201－5714－8

Ⅰ.①南… Ⅱ.①小…②藤…③本…④刘… Ⅲ.①南京大屠杀－史料 Ⅳ.①K265.606

中国版本图书馆 CIP 数据核字（2019）第 216299 号

南京大屠杀：日军士兵战地日记

| 编　　者 / 〔日〕小野贤二　藤原彰　本多胜一
| 译　　者 / 刘　峰

| 出 版 人 / 谢寿光
| 责任编辑 / 李期耀

| 出　　版 / 社会科学文献出版社·历史学分社（010）59367256
| 地址：北京市北三环中路甲29号院华龙大厦　邮编：100029
| 网址：www.ssap.com.cn
| 发　　行 / 市场营销中心（010）59367081　59367083
| 印　　装 / 北京盛通印刷股份有限公司

| 规　　格 / 开　本：889mm×1194mm　1/32
| 印　张：17.5　字　数：406千字
| 版　　次 / 2019年11月第1版　2019年11月第1次印刷
| 书　　号 / ISBN 978－7－5201－5714－8
| 著作权合同
  登 记 号　/ 图字01－2019－3677号
| 定　　价 / 88.00元

本书如有印装质量问题，请与读者服务中心（010－59367028）联系

▲ 版权所有 翻印必究